翁同龢研究

2014

王忠良 主编

文匯出版社

我不畏不知爱身家其

为国事何

此康有为记谭嗣同语

谨赠

吾日馀纪念馆

甲午三月

汤志钧 廿年九十

汤志钧（著名历史学家，上海社会科学院历史研究所研究员） 题词

维新相国久闻名

灼灼光华四海钦

我来常熟、瞻故址

风霜百载感同心

杨天石

壬辰元月、五月

杨天石（著名历史学家，中国社会科学院近代史研究所研究员）　题词

兩朝帝師
一代荩臣

翁同龢纪念馆
董正来新夏
時為庚寅末月

来新夏（已故著名历史学家，南开大学历史系教授） 题词

序一：写在《翁同龢研究》创刊之际

汤志钧

20世纪50年代，有人根据翁同龢在戊戌政变后改缮的日记，说他和戊戌变法无关，我却认为翁同龢密荐康有为，与戊戌变法有关，日记则曾改缮。为了证实，我曾函翁同龢的重外孙钱仲联先生，钱先生的复信是：

> 文恭自放还乡后，先居于西城外锦峰别墅，嫌近市嚣，移居于西山白鸽峰墓庐，多闭门思过之语，对于变法的看法，则因谍者环伺，守口如瓶，外人无从得悉。

事隔多年，翁同龢与戊戌变法有关，似乎已为学界很多人接受，翁氏后人翁万戈所辑《新政·变法》，影行了南海布衣康有为《国势危蹙，祖陵奇变，请下诏罪己，及时图治呈》。翁同龢与变法有关，自成定谳；而详志里第，细述迁居，又非一般人所能记述。撰写近代人物传记，由当地对传主有过研究的学者承担，自有独到的风范。

王忠良、沈潜同志长期生活在常熟，工作在常熟，不久前对乡贤翁同龢还写过传记，如今筹刊《翁同龢研究》，真是一件很有意义的事。我想，他们的设想一定能实现，他们的《翁同龢研究》一定能更上一层楼。

2014年2月26日

（作者系著名历史学家，上海社会科学院历史研究所研究员）

序二：新的起点：《翁同龢研究》创刊词

王忠良

一滴水，可以汇成大海。一个代表性的历史人物，可以浓缩一段历史进程的投影。纵观近代中国风云变幻的历史舞台，翁同龢无疑就是这样一位颇具代表性的历史人物。

翁同龢出身文化世家、身处晚清政局，综其一生，伴随中国近代社会的急遽变迁，内里交织了个体生命因时代感召的心路行迹以及纷繁错杂的社会生活和历史图景。作为孕育于江南区域社会的代表性士绅，翁同龢及其家族的文化传承、精神绵延，又不失窥见区域社会的典型个案意义。在此意义上说，翁同龢不仅是具有全国影响的历史性人物，也是地方社会的标志性人物。

迄今一百多年来，学界在翁同龢研究领域取得了众多丰富的研究成果，也整理了不少珍贵的文献资料。但在泛政治化语境的传统叙事框架下，历史人物形象难免类型化、程式化甚至脸谱化。伴随 20 世纪 80 年代研究范式的转变与研究方法的更新，历史研究的视角得以延伸，逐渐由政治史向社会史、文化史等研究领域渗透与扩展，研究主题不再单一，而是立足于整体史观的视野把握，既追寻历时性的纵向脉络，也关注共时性的横向关系，寻求各因素之间的内在互动，并渐成细化和深化的趋势，这无疑有助于更加丰满、完善的历史认识。

鉴于此，常熟翁同龢研究中心与上海师范大学中国近代社会研究中心共同筹办《翁同龢研究》。我们的办刊宗旨，是要秉持知人论世、务实求真的学术理念，认真梳理学术脉络，把握时代脉搏，提倡学术争鸣，倡导问题意识，培植学界新人，逐步积累，不断探索研究新视域、新格局。作为研究翁同龢、翁氏家族以及江南区域社会历史的综合性学术刊物，本刊目前辟有瓶庐论丛、松禅书院、同和讲堂、名家访谈、江南春秋、学子新声等栏目。我们希望通过这一平台，集结海内外的专家、学者，联手协作，共同参与，以"横看成岭侧成峰，远近高低各不同"的多维视野，既立足疆界，进一步推动翁氏研究的深入，又开拓疆界，不局限于一姓一族，而是以翁氏研究为切入点，推动江南区域社会社会、经济、文化等综合研究，以期多层次、全方位地呈现中国近代社会的肌理与血脉、骨力与神韵。

　　但愿我们的努力，能够成为新的起点。重要的不是结果，而是不断摸索、追求的过程。我们相信，随着学术研究的范式转换与空间拓展，随着文献资料的不断开掘发现，翁同龢研究必将迎来更加广阔的天地。

2014 年 5 月 18 日

（作者系翁同龢纪念馆馆长，副研究馆员）

目　录

新书品评

研究综述

附录

后记 / 沈　潜

瓶庐论丛

翁同龢罢官问题考察

杨天石

　　维新运动刚开始，光绪皇帝颁布《明定国是诏》后的第四天，翁同龢即被罢官，开缺回籍。多年来，绝大部分学者都认为，这是慈禧太后反对变法的重要安排，光绪皇帝出于被迫，但是，也有萧公权、孔祥吉等几位学者认为，是光绪皇帝主动罢了翁同龢的官。本人在研究相关资料、反复思考之后，觉得前说无据，后说有理。由于这一问题牵涉到对戊戌维新史和慈禧太后、光绪皇帝等历史人物的认识，因作本文，进一步加以论证。

一、慈禧太后最初同意变法，不会在维新伊始时就处心积虑地加以反对

　　维新运动中，慈禧太后发动政变，下令捉拿康有为兄弟，杀害谭嗣同等六君子，软禁光绪皇帝，尽罢新法。慈禧太后的这些举措，铸就了一个铁杆顽固派的形象，也将自己永远钉在历史的耻辱柱上。人们想象，慈禧太后一开始就反对变法，老谋深算，之所以从光绪皇帝身边赶走翁同龢，目的在于削弱维新派的力量，警告光绪。人们的这种想象是合理的。然而，问题的关键是，慈禧太后是否一开始就坚决反对变法？

　　《翁同龢日记》1898 年 6 月 11 日（光绪二十四年四月廿三日）条云：

　　　　是日上奉慈谕，以前日御史杨深秀、学士徐致靖言国是未定，良是，

今宜专讲西学，明白宣示等因，并御书某某官应准入学，圣意坚定。臣对西法不可不讲，圣贤义理之学尤不可忘。退拟旨一道。①

"慈谕"，就是慈禧太后的"谕旨"。当年6月1日，杨深秀上《请定国是，明赏罚，以正趋向而振国祚折》，陈述"台湾既割，胶变旋生"的危急形势，要求光绪皇帝"明降谕旨，著定国是，宣布维新之意，痛斥守旧之弊"②。6月8日，徐致靖上《请明定国是折》，要求光绪皇帝立即施行新政，"求可求成，风行雷动，其有旧习仍沿，阻挠观望者，亦罪无赦"③。根据光绪皇帝所言，慈禧太后不仅读过这两份折子，而且给了积极评价："良是。"至于变法方向，慈禧太后指示，"今宜专讲西学"，以至于老成持重的翁同龢都觉得"过头"，要说一句，"西法不可不讲，圣贤义理之学尤不可忘"，在所拟诏书中特别强调，变法必须"以圣贤义理之学植其根本，又须博采西学之切于时务者"④。

《明定国是诏》是颁示天下的文件，光绪皇帝不会也不可能假传"懿旨"，翁同龢的日记也不会误记，因而，这一则资料的真实性应该无可怀疑。然而，活跃在其中的慈禧太后的形象实在和我们多年来的印象相差太远了。

又《康有为自编年谱》记载云：

五月初五日，奉明旨废八股矣。先是二十九日芝栋折上，上即令枢臣拟旨。是日，京师哗然，传废八股，喜色动人，连数日寂然。闻上得芝栋

---

① 陈义杰整理：《翁同龢日记》第6册，中华书局1998年版，第3132页。

② 孔祥吉：《救亡图存的蓝图——康有为变法奏议辑证》，（台北）联合报系文化基金1998年版，第71页。

③ 孔祥吉：《救亡图存的蓝图——康有为变法奏议辑证》，第96页。

④ 《翁同龢日记》第6册，第3132页；中国史学会编：《中国近代史资料丛刊·戊戌变法》（以下简称《戊戌变法》）（二），上海人民出版社、上海书店出版社2000年版，第37页。

折，即令降旨，刚毅请下部议，上曰："若下礼部议，彼等必驳我矣。"
刚又曰："此事重大，行之数百年，不可遽废，请上细思。"上厉声曰：
"汝欲阻挠我耶？"刚乃不敢言。及将散，刚毅又曰："此事重大，愿皇
上请懿旨。"上乃不作声，既而曰："可请知。"故待初二日诣颐和园请
太后懿旨，而至初五日乃降旨也。①

6月16日（四月二十九日），宋伯鲁（芝栋）上《请改八股为策论折》，
痛斥八股文的空疏无用，要求光绪皇帝特别下诏，在科举考试中"改试策论"②。
接着，光绪皇帝和顽固派大臣刚毅之间激烈辩论：皇帝要立即降旨，而刚毅则
坚决反对，惹得皇帝动怒，但是刚毅仍不屈服，抬出"请懿旨"相抗。6月20
日（五月初二日），光绪皇帝到颐和园请示。23日，颁布诏书，自下科始，"一
律改试策论"，维新派取得了一次重要胜利。

《康有为自编年谱》的上述记载本意是想说明光绪皇帝"上扼于西后，下
扼于顽臣"的情况，但是，恰恰是这条材料，说明了在"废八股，改策论"这
一问题上，慈禧太后支持的是光绪皇帝，而不是顽固派刚毅。③

关于慈禧太后一开始并不反对变法的情况，近人笔记中多有记载。苏继祖
《清廷戊戌朝变记》记载："正月，康初上之书，上呈于太后，太后亦为之动，
命总署王大臣详询补救之方，变法条理，曾有懿旨焉。"④"康初上之书"，
指1898年1月29日（正月初八日）康有为所上《请大誓臣工，开制度新政局
折》。在该折中，康有为陈述埃及、土耳其、高丽、安南、波兰、马达加斯加

---

① 《戊戌变法》（四），第147—148页。

② 孔祥吉：《救亡图存的蓝图——康有为变法奏议辑证》，第113—114页。

③ 慈禧太后支持部分改革的情况参见《翁同龢日记》第6册，光绪二十三年十二月廿三日条。当
时翁"论及兵须精练，借款之难，节省之难"，慈禧太后当即表示："绿营可尽裁，局员当尽撤。"
见该书第3081页。

④ 《戊戌变法》（一），第331页。

等国被侵略、受欺侮,以至被宰割、瓜分的惨状,警告光绪皇帝,"恐自尔之后,皇上与诸臣虽欲苟安旦夕而不可得矣"①!列强侵略、欺侮清王朝,慈禧太后与清王朝共命运,康有为的这段话打动慈禧太后是完全可能的;甲午战后,中国割地赔款,慈禧太后从维护满洲贵族和自身利益出发,在一定程度上同情或支持变法也是合理的。费行简《慈禧传信录》称:"适德人假细故,扰我胶澳,举朝无一策,帝复泣告后,谓不欲为亡国之主。后曰:'苟可致富强者,儿自为之,吾不内制也。'"②《清廷戊戌朝变记》还记载:慈禧太后曾对光绪皇帝面称:"汝但留祖宗神主不烧,辫发不剪,我便不管。"又曾对庆亲王奕劻等表示:"由他(指光绪皇帝——笔者)去办,俟办不出模样再说。"③这些资料都说明,慈禧太后最初曾经给予光绪一定程度内的变法自由。

苏继祖自称,他的书"采之都中上下口吻,证之京津先后见闻",但是,戊戌政变属于宫闱高层机密,人们所知甚少,苏著所述大多来自"访询",必然真伪杂糅。《慈禧传信录》的性质与之大体相同。二书所载上述各事,需要利用其他可靠资料验证,才能使用。

慈禧太后主张"讲西学"由来已久。1862年(同治元年),清政府在北京设立同文馆,培养外语人才。1866年(同治五年)12月,奕䜣上折,要求在同文馆内添设天文算学馆,以官方姿态迈开了向西方学习的第一步。在奏折中,奕䜣提出,以满汉举人等正途出身的五品以下、年龄在二十岁以上的京外各官入馆学习,慈禧太后批示:"依议,钦此。"当时,同治帝仅十岁。这一批示显然反映了慈禧太后的态度。不久,奕䜣再次上折,提出"识时务者,莫不以学西学、制洋器为自强之道",要求将招生范围扩展到翰林院编修、检讨、

---

① 孔祥吉:《救亡图存的蓝图——康有为变法奏议辑证》,第5页。

② 《戊戌变法》(一),第464页。

③ 《戊戌变法》(一),第331、342页。

庶吉士等高级文官。① 该折再次得到慈禧太后批准。1867年（同治六年）2月，
奕䜣提议以徐继畬为同文馆事务大臣，当天就又得到批准。3月，御史张盛藻、
大学士倭仁先后上折，反对设立天文算学馆，认为"根本之图，在人心而不在
技艺"，从而形成中国近代史上一次著名的改革与反改革论争。在这场论争中，
慈禧太后支持奕䜣，"上谕"称："同文馆招考天文算学，既经左宗棠等历次
陈奏，该管王大臣悉心计议，意见相同，不可再涉游移，即著就现在投考人员，
认真考试，送馆攻习。"② 其后，顽固派仍不肯罢休，通政使于凌等人继续上
折反对，杨廷熙更利用旱灾，要求两宫皇太后收回成命，撤销同文馆。6月30
日，慈禧太后命军机处起草上谕，指斥杨奏"呶呶数千言，甚属荒谬"，一场
争论得以平息。③ 与此同时，一场以军事现代化为主，包括兴办民用工业和新
式文化教育在内的"洋务运动"兴起，当时称为"自强新政"。应该承认，这
场运动为古老的中国引入了西方的先进生产力和近代科学文化，于中国的发展、
进步有益。

有意思的是，慈禧太后不仅要求部分文官和知识分子学习西学，而且也要
求光绪皇帝学。自1891年（光绪十七年）12月1日起，光绪皇帝即奉慈禧太后"懿
旨"，每日上午在勤政殿学习英文，由同文馆的两位洋教习授读。④ 这项学习，
一直坚持到1894年（光绪二十年）11月，才由慈禧太后下令，与"满书房"
同时停止。让皇帝学英文，今天看来平常，但在当时，却是旷古未有、惊世骇
俗之事。

慈禧太后既然支持同治年间的"自强新政"，她在甲午战后，国家蒙受奇
耻大辱之际，自然有可能同意一定程度上的"维新"。《慈禧传信录》记载，

---

① 中国史学会主编：《中国近代史资料丛刊·洋务运动》（二），上海人民出版社1957年版，
第24页。

② 《清实录》第49册，中华书局1987年影印版，第560页。

③ 《清实录》第49册，第640页。

④ 《翁同龢日记》第5册，第2482页。

慈禧太后曾对光绪皇帝说："变法乃素志，同治初即纳曾国藩议，派子弟出洋留学，造船制械，凡以图富强也。若师日人之更衣冠，易正朔，则是得罪祖宗，断不可行。"① 既给光绪皇帝以一定变法自由，同时又给光绪皇帝划定不可逾越的界限。这是符合慈禧太后在变法伊始时的心态的。该书载，光绪皇帝曾向慈禧太后表示，"徒练兵制械，不足以图强，治国之道，宜重根本"，并向慈禧太后推荐冯桂芬的《校邠庐抗议》，都得到慈禧太后的肯定。② 这也是符合慈禧太后的性格和思想发展逻辑的。辛丑和约之后，慈禧太后下诏实行新政，甚至预备立宪，虽是形势所逼，毕竟和她此前的思想性格相关。

维新派的重要人物张荫桓在和日本驻华公使矢野文雄密谈时曾称："太后具有开新之见。"③ 此说用以论衡"洋务运动"至维新初期的慈禧太后，不为无见。历史事实表明，慈禧太后与倭仁、徐桐、刚毅等顽固派毕竟有别，因此，当光绪皇帝开始维新时，她能表示同意，并且提出"专讲西学"的主张。在这一情况下，她自然没有急于从皇帝身边赶跑翁同龢的必要。至于她后来镇压维新派，那是由于维新活动超越了她许可的底线，触犯了满洲贵族集团的利益和她个人的权力，并不能证明她一开始就处心积虑地反对变法。

梁启超《戊戌政变记》称："自四月初十以后，皇上日与翁同龢谋改革之事，西太后日与荣禄谋废立之事。四月廿三日皇上下诏誓行改革，廿五日下诏命康有为等于廿八日觐见，而廿七日西后忽将出一朱谕强令皇上宣布，皇上见此诏，战栗变色，无可如何！"④《戊戌政变记》以慈禧太后和袁世凯为主要攻击目标，政治和个人感情色彩浓烈，科学性不足。此段说"慈禧太后日与荣禄谋废立之事"，梁启超并非荣禄营垒中人，何所据而云然？又说"西后忽将出一朱谕"，

① 《戊戌变法》（一），第 464 页。

② 同上。

③ 《各国内政关系杂纂》，日本外交史料馆藏，日本外务省档案，1-6-2-4。参见孔祥吉、村田雄二郎《罕为人知的中日结盟及其他》，巴蜀书社 2004 年版，第 252—253 页。

④ 《戊戌变法》（一），第 260 页。

光绪皇帝"战栗变色",梁启超当时并不在光绪皇帝身边,何从知道?清制,只有皇帝才可用"朱谕",慈禧虽贵为太后,也绝不能"犯禁"。光绪皇帝罢免翁同龢的"朱谕"现存中国第一历史档案馆,确为光绪亲笔,足证梁启超之误。

苏继祖的《清廷戊戌朝变记》有一条记载与梁著近似,为史学家们广为引用。该书称:"太后已许不禁皇上办事,未便即行钳制,故于未见康时,先去翁以警之。是日谕旨三道,皆奉太后交下勒令上宣者。皇上奉此谕后,惊魂万里,涕泪千行,竟日不食。"①这段文字写得历历如绘,似乎无可怀疑,然而,问题是,苏继祖并非朝廷重要人物,宫闱秘事,他何缘得见、得知?

《清廷戊戌朝变记》还有一条记载,被视为慈禧太后在变法伊始就有意破坏的铁证。该书称:6月8日(四月二十日)之后,翁同龢罢官之前,慈禧太后曾召见奕劻、荣禄、刚毅等人,声称"皇上近日任性乱为,要紧处汝等当阻之"。奕劻等同答"皇上天性,无人敢拦",刚毅则伏地痛哭,声称"奴才婉谏,屡遭斥责"。慈禧太后又问:"难道他自己一人筹划,也不商之你等?"荣禄、刚毅答称:"一切只有翁同龢能承皇上意旨。"刚毅并哭求太后劝阻。慈禧太后称:"俟到时候,我自有法。"②其实,这段记载的谬误是很明显的。当时,变法尚未开始,或者刚刚开始,光绪皇帝还几乎什么都没有做,慈禧太后何来"皇上近日任性胡为"之愤?如果是这样,她怎么可能在差不多同时又肯定杨深秀、徐致靖要求变法的奏折,训示光绪皇帝"今宜专讲西学"?

仔细考察晚清文献,关于翁同龢被罢官出于慈禧太后懿旨的各类记载,不是出于传闻,就是出于猜测,无一可以视为确凿有据的信史。

历史家治史,有时难免受到既定观念的制约。人们之所以易于认定慈禧太后是"罢翁"事件的主谋,其原因盖在于认定慈禧太后是铁杆顽固派,而又不很了解翁同龢与光绪皇帝这一对师徒之间关系的发展与变化。

---

① 《戊戌变法》(一),第464页。

② 《戊戌变法》(一),第332页。

二、罢免翁同龢出于光绪皇帝本意

研究是谁罢了翁同龢的官，首先要研究翁被罢前后的朝局和人事安排。

维新运动进入高潮前，翁同龢身兼军机大臣、总理各国事务衙门大臣、协办大学士、户部尚书等职，权倾一时。这一时期，翁同龢做了两件"吃力不讨好"的事情：（1）举借外债、内债。《马关条约》规定，清政府须向日本赔款两亿三千万两白银。翁同龢身为户部尚书，筹款还债是其职责。《马关条约》签字后不久，翁同龢即开始向俄、法、英、德等国借款。1898年（光绪二十四年）2月，翁同龢派张荫桓为代表，与英商汇丰银行签订条约，借款一千六百万英镑。此外，翁同龢又发行国债，以昭信股票为名向国内官民各界借贷，同时加征铺税、房捐等税。（2）处理胶州事件。1897年（光绪二十三年）11月，德国以两名传教士被杀为由，派遣军队抢占胶州湾，向清政府提出"六项照会"。交涉中，翁同龢担心事态扩大，采取"低颜俯就"的软弱态度，所拟答复德方的"照会稿"不仅奕䜣不以为然，连慈禧太后都觉得"甚屈"。12月11日，翁同龢在上朝时为自己的主张辩护，语气激烈，引起同僚惊愕。《翁同龢日记》云："词多愤激，同列讶之，余实不能不倾吐也。"①

上述两事都受到言官和个别地方官僚的批评。1898年（光绪二十四年）3月，御史何乃莹、徐道、高燮曾等人陆续上奏，批评发行昭信股票过程中的弊端。同年4月，安徽藩司于荫霖上奏，指责翁同龢办理胶州湾事件之不当，"外则徇德人之请，内惑于张荫桓之言，以至于今日无所措手"，同时指责翁同龢以江苏、江西等四省厘金作抵向英、德借债的失策，批评翁"独任私智，酿成巨

---

① 《翁同龢日记》第6册，第3067页。

祸"，要求他与李鸿章、张荫桓共同"让贤"。①5月29日，御史王鹏运上奏，指责翁同龢与张荫桓："办理洋务，偏执私见，不顾大局，既欲遇事把持，又复性成畏葸。"并指责二人在借洋债过程中有私纳回扣行为，要求将二人"声罪罢斥"。②

上述言官弹劾对光绪皇帝和慈禧太后有所影响。6月10日（四月二十二日），光绪发布上谕云：荣禄着补授大学士，管理户部事务；刚毅着调补兵部尚书、协办大学士，刑部尚书着崇礼补授。这是光绪皇帝宣布变法前的人事安排，必然经过慈禧太后同意，或者竟是慈禧太后的意旨。它的要点是，在翁户部尚书一职之上加了一个"管部大臣"荣禄，显然与言官对翁举借外债、内债的批评有关，但"上谕"并不曾免去翁的任何职务，更不曾触动翁的其他权力，可见光绪皇帝和慈禧太后对言官的弹劾并不过分重视，还不想对翁采取大动作。只是在五天后，情况才突然发生变化。6月15日（四月二十七日），光绪皇帝再次发布上谕，将翁同龢"开缺回籍"，同时命王文韶迅即来京陛见，直隶总督一职着荣禄暂行署理。这两道上谕相距时间极近，可见罢免翁同龢是突然起意，而非早有预谋，因此，不得不采取紧急措施：调王文韶来京以填补翁同龢的空缺，以荣禄署理直隶总督，填补王文韶入京后留下的空缺。倘使6月10日发布第一道上谕时就有罢翁之意，那么没有必要分成两步，更没有必要命荣禄"管理户部事务"，过几天再挪到"署理直隶总督"的位置上。

如果上述分析可以成立，那么，罢免翁同龢的直接原因就要从光绪皇帝发布6月10日的上谕以后找，而据《翁同龢日记》，这以后几天发生的事情又确实大有关系。6月12日，翁同龢与光绪皇帝之间发生严重冲突。《翁同龢日记》云："上欲于宫内见外使，臣以为不可，颇被诘责。又以张荫桓被劾，疑臣与

---

①《请简用贤能大臣并陈五事以救时局折》，《于中丞奏议》，沈云龙主编：《近代中国史料丛刊》（223），（台北）文海出版社1966年影印版，第136—141页。

②《权奸误国请予罢斥折》，《军机录副奏折（光绪朝）·内政类·职官项》，中国第一历史档案馆藏，缩微胶卷第405卷。

彼有隙，欲臣推重力保之，臣据理力陈，不敢阿附也。语特长，不悉记，三刻退。触几有声，足益弱矣，到馆小憩。"①可见，翁同龢和光绪皇帝当日的冲突有两方面内容：一是接见外国使节的礼仪，一是推荐提拔张荫桓问题。

清初以来，清朝皇帝会见外国使节的礼仪一直有重大争论，虽不断改进，但始终没有将"洋人"平等相待。光绪皇帝久有进一步改革的愿望，但屡屡受到翁同龢的反对。1898年（光绪二十四年）春，光绪皇帝批准外国使臣的车马可以直入禁门，但翁同龢反对。同年4月，德国亨利亲王访问北京，光绪皇帝准备在毓庆宫接见，同时批准其乘轿进入东华门，仍然受到翁同龢反对，以致惹得光绪皇帝"盛怒"，逐条驳斥翁同龢的意见，并且借指斥刚毅为名发泄了一通对翁的不满。②6月初，光绪皇帝拟在乾清宫接见外国使臣，翁同龢再次反对。12日，光绪皇帝重申此意，翁又一次反对，因而"颇被诘责"。从翁自己记下的这短短四个字，不难想见当年君臣互相辩驳以及光绪皇帝动怒的情况。

张荫桓是康有为同乡，长期在总理各国事务衙门任职，又曾出使美、日、秘三国，见识开通，支持维新，是光绪皇帝企图重用的人物之一。5月17日，徐桐参劾张荫桓"居心鄙险，唯利是图"③。同月末，王鹏运继续参劾翁同龢与张荫桓，"奸庸误国，狼狈相依"，但光绪皇帝不为所动，他一面表示要将王"交部议处"，一面要翁同龢"推重力保"，意在为重用张荫桓，扫除障碍。不料翁同龢很倔强，就是不肯推荐张荫桓，以致和光绪皇帝长时间顶撞，"臣据理力陈，不敢阿附也。语特长，不悉记"，从这短短的几句话中也不难想象翁顶撞光绪皇帝的激烈程度。

不幸的是，第二天又发生翁同龢阻挡光绪帝召见维新派人员之事。据《翁同龢自订年谱》记载：6月13日（四月二十五日）徐致靖奏保康有为、张元济、

① 《翁同龢日记》第6册，第3133页。

② 《翁同龢日记》第6册，第3109页。

③ 《参张荫桓贪奸误国折》，《军机录副奏折（光绪朝）·内政类·职官项》，中国第一历史档案馆藏，缩微胶卷第405卷。

黄遵宪、谭嗣同、梁启超为"通达时务人材"，求才若渴的光绪皇帝意欲即日召见，但翁同龢却主张"宜稍缓"。[①]14日早朝，翁在是否赏给张荫桓"宝星"奖章问题上又和光绪皇帝闹起别扭，他声明"只代奏不敢代请"，意在说明他本人不赞成嘉奖张荫桓，但是，光绪皇帝却马上决定，"张某可赏一等第三宝星"，当面否定了翁的意见。[②]

翁同龢推荐过康有为等维新党人，但是，翁同龢的维新理念、学术观点和康有为等始终存在差距。1898年（光绪二十四年）2月，光绪皇帝向翁同龢索阅黄遵宪的《日本国志》，翁的回答不合光绪皇帝的心意，很受光绪皇帝"诘难"[③]。康有为的《新学伪经考》早就被翁视为"说经家一野狐"[④]，及至翁读到康的《孔子改制考》，更有意拉开和康的距离。5月26日（四月初七），光绪皇帝命翁同龢传谕康有为，命其将此前进呈的书籍再抄一份，但翁同龢居然回答"与康不往来"。这自然引起光绪皇帝的惊讶，追问缘故，翁答："此人居心叵测。"第二天，光绪皇帝再次索要康书，翁同龢回答如前。两个人都很执拗，在光绪皇帝"发怒诘责"的情况下，翁同龢将此事推给总理各国事务衙门，但光绪皇帝仍然寸步不让，要翁亲自传知张荫桓，不料翁仍然拒绝，反问皇帝："张某日日进见，何不面谕？"[⑤]光绪皇帝贵为天子，何能忍受翁同

---

① 中国社会科学院近代史研究所近代史资料编辑部编：《近代史资料》第86号，中国社会科学出版社1994年版，第54页。

② 《翁同龢日记》第6册，第3133页。

③ 《翁同龢自订年谱》，《近代史资料》第86号。

④ 《翁同龢日记》第5册，第2696页。

⑤ 《翁同龢日记》第6册，第3128页。

龢的这种执拗和抢白！^①

　　翁同龢顶撞光绪皇帝的事件非仅上述数例，也非仅一时。1898 年（光绪二十四年）2 月，胶州湾事件发生后，光绪皇帝命翁同龢前往德国驻华公使馆谈判，但翁始终坚拒。第一次，翁称"此举无益"；第二次，翁称"未敢奉诏"。当时，翁为抗辩讲了许多话，其固执态度使在场的人都感到惊讶。翁在日记中写道："同人讶余之憨。"又过了几天，皇帝再次催促，翁仍然"顿首力辞"。在场的恭亲王奕䜣不以翁的态度为然，但也拿翁没有办法，只好改派李鸿章和张荫桓前往。^② 对此类事件，光绪皇帝都容忍了。

　　光绪皇帝不可能事事忍耐。颁布《明定国是诏》后，光绪皇帝急于任用新人，迅速推行变法，却一再受到翁同龢的阻挠和反对，这样，尽管翁同龢与光绪之间有多年的"师生之谊"，甚至有过"情同父子"的经历，然而在翁同龢一次又一次的顶撞之后，他已被光绪皇帝视为维新变法的障碍，其被"开缺"的命运就是必然的了。"开缺"上谕写道："协办大学士翁同龢近来办事多不允协，以致众论不服，屡经有人参奏，且每于召对时，咨询事件任意可否，喜怒见于词色，渐露揽权狂悖情状，断难胜枢机之任。"研究该上谕，可知将翁同龢"开缺"的理由有二：一是"近来办事多不允协"，其内容当即上述举借内外债及处理"胶州湾事件"，但是，前文已述，光绪皇帝对有关弹劾并不十分重视，写在这里，不过是顺手牵来的一条理由，而其真正原因则显然是，"每于召对时，咨询事件任意可否，喜怒见于词色，渐露揽权狂悖情状"，其所指，当即上述翁同龢与光绪皇帝的一系列冲突。这些冲突都发生于君臣"召对"之

---

① 有学者可能认为，上述各事，均出于《翁同龢日记》所载，戊戌政变后，翁为了避祸，曾对日记做了修改，因此不能完全相信。不错，翁在政变后确实修改过日记，但仅限于少数几处，今人已做过考证。参见孔祥吉、村田雄二郎《翁文恭公日记稿本与刊本之比较——兼论翁同龢对日记的删改》，《历史研究》2004 年第 3 期。更重要的是，翁去世的时候，光绪皇帝还健在，翁不会也决不敢修改日记中和光绪皇帝有关的部分。这是因为，第一，翁忠于光绪；第二，修改如有不实，将是欺君大罪。

② 《翁同龢日记》第 6 册，第 3089—3090 页。

间，光绪皇帝早已点滴在心，而慈禧太后则不会很清楚。即此一点，亦可以证明，"开缺"上谕为光绪亲笔，出自本意。

笔者的这一判断还可以从光绪皇帝颁发"开缺"上谕及其后几天内对翁同龢的态度得到证明。

人们熟知，戊戌政变前夕，当光绪皇帝感到大事不妙、危险在即时，曾通过杨锐、林旭带出密诏，要"诸同志"妥筹"良策"，并向康有为解释要他迅速离京，"将来更效驰驱"的意思。如果罢免翁同龢出于慈禧太后意旨，而光绪皇帝只是被迫，他一定会尽一切可能，寻找机会，向翁有所说明，至少，要做出某种暗示，或给予某种安慰，然而，种种事实说明，光绪皇帝表现得很严酷。

首先，颁发"开缺"上谕当天，光绪皇帝就不让翁同龢有和自己见面的机会。《翁同龢日记》载，当日晨入朝后，"看折治事如常。起下，中官传翁某勿入，同人入，余独坐看雨"①。只是在"同人"退朝之后，翁才"恭读"到那道决定自己命运的"上谕"。其次，第二天，翁照例要向皇帝谢恩。《翁同龢日记》载："午正二驾出，余急趋赴宫门，在道右叩头。上回顾无言，臣亦黯然如梦。"②此时，翁同龢可谓伤心至极，而光绪皇帝却"回顾无言"，任何表示也没有。当日傍晚，光绪皇帝命南书房王太监给翁送去纱葛，但这是端阳节的"例赏"，此外仍然"无言"。以上种种，说明光绪皇帝在竭力避免当面向"师傅"宣布这一出自本意的残酷决定时所必然会有的尴尬，也说明光绪皇帝除了"开缺"上谕所列举的理由之外，没有其他"隐情"须向"师傅"表白。

也许有学者认为，这种情况乃是由于光绪皇帝惧于慈禧太后的淫威，所以不敢有任何表示。其实，这完全是一种没有根据的猜想。翁同龢被"开缺"之后，光绪皇帝第二天就召见康有为，命其在总理衙门章京上行走，许其专折奏事，接着，一连串地颁发"新政"诏书，完全是一种放手大干的心态。倘使慈禧太

---

① 《翁同龢日记》第6册，第3134页。

② 同上。

后强迫光绪皇帝罢免翁同龢，而光绪皇帝又胆小到不敢向亲爱的"师傅"做任何表示，他必然瞻顾、徘徊，小心翼翼，何敢如此雷厉风行地迅速推动变法？

凡此都说明，翁同龢被"开缺"出于光绪皇帝本意，而非慈禧太后干预。

光绪皇帝锐意改革，求治心切，是其优点，但年轻气盛，操之过急，遇事冲动，是其缺点。翁同龢纵有不当，但总不应该轻率地将其赶出朝廷，自毁股肱。不久之后，罢免礼部六堂官事件再一次暴露了光绪皇帝性格中的这一缺点，感情用事，惩罚过重，打击面过大，因而引起慈禧太后和顽固派的强烈反弹。限于本文主题，这里就不论述了。

三、慈禧太后批准罢免翁同龢

那么，慈禧太后是否和"开缺"翁同龢毫无关系呢？也不，她是此事的批准者。理由很简单，慈禧太后长期掌握最高权力，罢免翁同龢这样的大臣可以说是当时的头等大事，光绪皇帝不可能不和慈禧太后商量。如果慈禧太后不同意，光绪皇帝绝不可能一意孤行。翁同龢被罢后，光绪皇帝曾告诉康有为，黜革高级官员的权力"握在太后自己手中"①。根据《清代起居注册》和《德宗实录》等史料，6月11日《明定国是诏》颁布后，12日、13日，光绪皇帝和慈禧太后分居紫禁城和颐和园两处，未曾见面，14日，光绪皇帝早朝之后，返回颐和园。当日正午，翁同龢也赶到颐和园，向慈禧太后请安，慈禧太后还关心地问了一句"远来饭否"，要翁"且下去饭"。②次日，光绪皇帝即颁发将翁"开缺"回籍的上谕。显然，正是14日下午光绪皇帝和慈禧太后的会晤，决定了翁被赶出朝廷的命运。

慈禧太后之所以批准光绪皇帝的要求而未提出异议，原因复杂。

---

① 《中国的危机》，《戊戌变法》（三），第509页。

② 《翁同龢日记》第6册，第3133页。

慈禧太后是个嗜权如命的人。同治皇帝去世，她选择年幼的载湉，就是为了便于继续控制国家权力。因此，在光绪皇帝成年之后，仍迟迟不肯归政，而且对任何危及她权力的人都坚决打击。翁同龢受到过慈禧太后的宠信。1865年（同治五年），被任命为弘德殿行走，教读同治帝。1876年（光绪二年），被任命为毓庆宫行走，教读光绪皇帝。此后，历任刑部尚书、工部尚书、户部尚书、军机大臣、会办军务大臣、总办皇太后万寿庆典大臣等要职，多次受到慈禧太后召见，所受恩宠，一时少见。但是，自1894年（光绪二十年）珍、瑾二妃事件后，宠信渐衰。当年11月，慈禧太后借口"有祈请干预种种劣迹"，将光绪皇帝宠爱的珍妃、瑾妃降为"贵人"。此事是慈禧太后打击光绪皇帝亲信的开端。事件中，翁同龢再三要求慈禧太后"缓办"，并且抬出光绪皇帝相抗，当面询问慈禧太后："上知之否？"①事后，御史高燮曾上折，直斥"懿旨"，慈禧太后召见翁同龢等人，指令批驳，但翁同龢却主张"以静摄之，毋为所动"②。12月，安维峻上奏，请杀对日妥协的权臣李鸿章，声称和议为"皇太后旨意"，尖锐地提出："皇太后归政久，若遇事牵制，何以对祖宗天下？"光绪皇帝指示拿交刑部治罪，但翁同龢却以安维峻"究系言官"为理由要求从宽处理。③这些，都会引起慈禧太后对翁的不满。当时对慈禧太后专权不满的还有侍郎汪鸣銮与长麟，他们在光绪皇帝面前指责慈禧太后只是咸丰皇帝的"遗妾"，与光绪皇帝"本非母子"，劝光绪皇帝"收揽大权"。1895年（光绪二十一年）12月，光绪皇帝被迫将汪、长二人革职，永不叙用。次年2月，慈禧太后为减少光绪皇帝与翁同龢等人的接触机会，决定裁撤汉书房，翁同龢的多年授读生涯自此结束。④一个月之后，御史杨崇伊参劾珍妃之师、翰林院

---

① 《翁同龢日记》第6册，第2754页。

② 《翁同龢日记》第6册，第2756页。

③ 《翁同龢日记》第6册，第2765页。

④ 《翁同龢日记》第6册，第2878页。

侍读学士文廷式"遇事生风"、"议论时政",结果,文被革职,永不叙用。一时间,北京气氛沉闷,翁同龢也"惶惶自危"。①

翁同龢是汉臣,他与光绪皇帝关系亲密,满洲亲贵早就不满。1896年2月,传教士李提摩太向大学士刚毅陈述,中国应该研究其他国家,慈禧太后应该有两个外国女教师,光绪皇帝应该有两个外国导师,要求刚毅设法让他见到皇帝,刚毅的回答是:"他对于皇帝没有影响,翁同龢最有力量,在内阁里汉人按照自己的意思实行一切,甚至恭亲王、礼亲王(都)是无足轻重的人,他宣称翁同龢蒙蔽了皇帝的视听。"②4月3日,在北京的维新派成员吴樵致函汪康年报告:"自毓庆宫撤后,盘游无度,太上每谓之曰:'咱们天下自做乎?抑叫姓翁的做?'"③这里所说的"太上",应指慈禧太后或另一位身份极高的贵族;"每谓之曰"的对象应是光绪皇帝。两份材料都说明,满洲亲贵对翁同龢日益增长的权力及其对光绪皇帝的影响深怀不安。但是,这以后的一段时期内,慈禧太后与翁同龢之间还维持着既不算好也不算坏的关系。1897年(光绪二十三年)9月,翁同龢还被加任为协办大学士,在官阶上再次上升。慈禧太后的特点是敢于重用汉臣,曾国藩、李鸿章、左宗棠都受到她的信任。没有充分需要,她不会轻易甩弃翁同龢。这种情况,一直维持到1898年(光绪二十四年)5月底恭亲王奕䜣去世。

据金梁的《四朝佚闻》记载,奕䜣去世前,曾对临视的慈禧太后"泣奏翁心叵测,并及怙权"④。又据光绪时期的御史赵炳麟称:"恭王卒,大事决同,刚毅腹诽触望,时京中为之语曰:'自言自语刚枢密,独断独行翁相公。'刚毅、

① 吴樵:《致汪康年》,上海图书馆编:《汪康年师友书札》第1册,上海古籍出版社1986年版,第481页。

② 李提摩太:《中国的维新运动》,《戊戌变法》(三),第558页。

③ 《汪康年师友书札》第1册,第480页。

④ 《戊戌变法》(四),第222页。

莲英合构同于太后，遂开缺回籍。"① 刚毅与翁同龢素不相合，他在奕䜣去世后成了领班军机大臣，权势有所增长，在慈禧太后面前说翁的坏话是必然的。当翁同龢仍然受到慈禧太后宠信时，刚毅等人的谗言不会有多大作用，但是，当翁同龢宠信渐衰时，刚毅之流的谗言就会发生影响。不过，6月10日的上谕仅任命荣禄为大学士，管理户部事务，并未解除翁同龢的户部尚书、协办大学士职务，说明慈禧太后也还没有决定甩弃翁同龢。但是，这以后几天光绪皇帝和翁同龢之间连续发生的冲突使情况急剧变化。张謇的儿子张孝若写道：

> 等到恭王一死，小人渐渐出头擅起权来，在太后那一方面，就要排斥翁公，使帝党孤立；在帝这一方面，此时已经怀了变政的决心，觉得翁公过于持重，常常掣他的肘，心上也不愿意。所以太后既要去翁，他也无可无不可。②

这里所说的"小人"，仍指刚毅。张謇是翁同龢的门生，与翁相知甚深。戊戌政变后，翁同龢曾将他和光绪皇帝关系的部分情况告诉张謇，张謇又告诉了张孝若。上述光绪皇帝觉得翁"过于持重"，自己苦于被"掣肘"等情，非局外人所能知，当亦出自翁同龢本人。张孝若叙述此段历史时，不采光绪帝被迫之说，而从慈禧太后和光绪皇帝两方面分析翁同龢被罢官的原因，是有道理的。但是，揆诸史实，光绪皇帝与翁同龢之间的关系恶化应是主因，而慈禧太后方面，则是次因。

（作者系中国社会科学院近代史研究所研究员）

---

① 《光绪大事汇录》卷9，《赵柏岩集》，《近代中国史料丛刊》（303），第480页。

② 《南通张季直先生传记》，《戊戌变法》（四），第245—246页。

从朝野反响看翁同龢开缺前的政治倾向

马忠文

长期以来，学界关于翁同龢开缺原因的讨论，多与其对戊戌维新的政治态度相关联。①对此，谢俊美教授有过详细的评述，兹不赘述。②不过，争论过后，将翁氏开缺归结到支持变法与举荐康有为似乎仍是主流观点，至少，大部分通史类著作和教材仍沿袭了这种传统说法。

然而，当我们今天把翁同龢视为支持变法的新派人物时，其实忽视了一个现象：在当时很多人的心目中，翁氏恰恰是一位"守旧"者。"新"与"旧"的判断标准可能随着时代的进步有相对的差异性，时人视为新潮、今人视为落伍的现象比比皆是，相反，今人视其为"新"而时人却视其为"旧"，倒是近代史上十分罕见的例子。如果对戊戌政变前时人的日记、书信以及官方档案等原始文献仔细爬梳，我们会发现，许多人心目中的翁同龢确实很"旧"，绝非政变后康、梁所说的那么"新"。

---

① 关于该问题的讨论由来已久，其中近40年来的相关论著有吴相湘：《翁同龢戊戌罢官原因》，《晚清宫廷与人物》第1集，（台北）传记文学出版社1970年版，第81—90页；谢俊美：《关于翁同龢开缺革职的三件史料》，《近代史研究》1993年第3期；戴逸：《戊戌变法时翁同龢罢官原由辨析》；俞炳坤：《翁同龢罢官缘由考析》；侯宜杰：《略论翁同龢开缺原因》，上述三篇文章均收入常熟市人民政府、中国史学会编：《甲午战争与翁同龢》，中国人民大学出版社1995年版。另见舒文：《翁同龢开缺原因新探》，《清华大学学报》1998年第1期；杨天石：《翁同龢罢官问题考察》，《近代史研究》2005年第3期，等等。

② 谢俊美：《20世纪翁同龢研究述评》，《江海学刊》2003年第6期。

一、在华外人对翁氏开缺的反应

说到戊戌年春翁同龢的政治底色，总是与这年四月二十七日翁氏开缺事件相关联的。翁氏开缺后，传言甚多，各方对翁的评价也不尽一致，彼此在细节上也互有参差。然而，这些头绪纷繁的传言，却为我们了解这一事件的原委提供了初始的历史场景。

戊戌年四月二十七日（1898 年 6 月 15 日），在恭亲王奕䜣病逝不久、朝廷颁布《定国是诏》的数日后，一位有着帝师崇高地位的军机大臣突然遭到罢黜，这在当时朝野产生的震动是不言而喻的。由光绪帝亲笔书写的朱谕公布了翁氏的"失职"状况："近来办事多未允协，以致众论不服，屡经有人参奏"，"且每于召见时，咨询事件，任意可否，喜怒见于词色，渐露揽权狂悖情状，断难胜枢机之任"。以皇帝的口吻如此措辞，很难说理由不充分。谕旨又称"本应查明究办，予以重惩，姑念其在毓庆宫行走有年，不忍遽加严谴"，所以仅令其开缺回籍，"以示保全"。[①] 这样的表述，似乎在法理之外也兼顾了不同寻常的君臣情谊，显得合情合理。但是，当时人们普遍认为此事幕后尚有不便形诸笔墨的深层原因，纷纷猜测不已。

清廷政局动向与西方列强在华利益及其对华政策密切相关，因此，一些在华外交官以及海关人员都对翁氏开缺表现出特别的关注。四月二十八日（6 月16 日），美国驻天津领事向华盛顿方面报告翁同龢开缺情形时说："多年来，他一直身居要职，且深得皇帝宠信。据认为，他相当诚实，心地善良，但极端排外，是顽固派中的顽固派。……据预测，翁的罢退意味着一个更为孱弱的统

---

① 《清德宗实录》卷 418，光绪二十四年四月戊申，《清实录》第 57 册，中华书局 1987 年版，第 484 页。

治时代的开始。"①英国公使窦纳乐也注意到，亲笔谕旨突然出现，使得中国政府高级官员们相当激动。四月三十日（6月18日），他在给英国首相兼外相沙侯（沙士勃雷）的信中说道："我最初相信翁的命运与6月11日及12日上谕里预示的自由改革，不是不相连的……但北京流行的意见，是现在恭亲王死了，慈禧又在伸张着她自己的权力。"窦氏所说"北京流行的意见"，无疑是指流行于京城士大夫中的看法，可见，当窦纳乐想从政见分歧的角度分析翁氏开缺的原因时，却发现中国人思考问题的角度与他并不相同，北京的士大夫似乎更强调高层权力斗争的因素。具体到翁同龢本人，窦纳乐认为，尽管翁头脑中那种"不变地来反抗革新及进步"的思想倾向比以前已有所改善，但总体上说，翁氏仍是"受人尊敬的，有学者风度的——一位守旧的中国政治家最优美的典型"。②"守旧的"又是"最优美的"，这种表述看似矛盾，恰好反映了西方人评判问题的平和心态。

同日，总税务司赫德致函英国《泰晤士报》驻北京记者莫理循，谈了他对清廷政局变化的看法。他说："这个星期里发生的事件（指四月二十三日颁布《明定国是诏》——引者）是重要的和意味深长的。它意味着一种过于守旧的政策的放弃。"显然，赫德对光绪帝实行新政十分赞赏，与其一贯建议中国实行改革的立场并无二致。对于翁开缺，赫德称："据说他利用了作为太傅的职权，过多地干预了这位皇帝关于实行民众参政的主张，可惜的是，这位皇帝没有把它实行得温和一些！"③同窦纳乐相比，赫德对北京官场的情况更熟悉一些，与翁同龢本人也有一定的私交，此时他也将翁视为妨害皇帝从事改革的守旧者，恐怕不全是偏听偏信。同一天，赫德又写信告诉远在伦敦的金登干说："事情的真相仍不明朗……翁氏的忙乱、守旧或许助长了一场宫廷政变，

①《美国新任驻天津领事向美国国务院报告》，1898年6月16日，转引自清华大学历史系编：《戊戌变法文献资料系日》，上海书店出版社1998年版，第699页。

②《窦纳乐致沙侯信》，《戊戌变法》丛刊第3册，第544—545页。

③骆惠敏编：《清末民初政情内幕——莫理循书信集》上册，知识出版社1987年版，第105—106页。

使大权落到慈禧太后手中，于是皇帝对他颁下无情的谕旨。"这里也涉及帝后关系及高层斗争，并认定翁是守旧的，罢黜翁氏完全出于皇帝的决定。[1] 当然，赫德本人的上述论断，也是以各种传言为基础做出的推断，到底出于什么原因，他也不能确定，所以用了"据说"、"或许"这样的字眼。五月初二日（6月20日），天津海关的洋员艾·爱·贺壁理致信莫理循说："（6月）15日的诏书（即翁氏开缺朱谕——引者）构成了一次政变。它的重要性在于即使不是真正废黜，也是实际上废黜了皇帝，这样说不算夸大……慈禧太后胁迫这位可怜的年轻皇帝革去了他最忠诚的支持者翁同龢的官职。"[2] 贺壁理得到的消息没有提到翁氏的政治倾向，只是强调太后逼迫皇帝赶走了他的师傅，这与赫德所闻截然相反。

可以看到，在事件发生后的几天里，窦纳乐、赫德、贺壁理等活跃在京津的外国人对事态极为关注，虽然他们得到的消息不尽确切，对事件的判断也不很清晰，并多少带有按照西方人的标准来观察问题的特点，但大体上还是反映出当时北京官场中流行的几种基本说法：其一，翁氏开缺与慈禧扩张权力有关，是皇帝的权力受到限制的一种反映；其二，相对于对光绪帝实行的改革而言，翁是守旧的；其三，翁氏开缺是光绪帝自己的决定，不过也有人认为是慈禧胁迫皇帝做的。这些说法彼此或有抵牾，正说明了官场传闻的不确定性。

---

[1] 中国第二历史档案馆、中国社会科学院近代史所合编：《中国海关秘档——赫德、金登干函电汇编（1874—1907）》第 6 卷，中华书局 1995 年版，第 863 页。此外，赫德给金登干的电文中也提及翁氏开缺之事。6 月 16 日，赫德致电金登干说："刚刚颁布的一些重要的谕旨，表明慈禧太后正在夺得大权。一道谕旨是将皇帝的师傅，一位大学士撤职；另一道谕旨是命令高级官员对其擢升官职等等感谢慈禧太后。奇怪的事情和新奇的做法完全可能发生。俄国人的地位正在不断提高。"6 月 18 日又致电金登干说，"中国人现在说，目前采取主动的是皇帝，不是慈禧太后。如果是这样，局势就会好些。"见中国第二历史档案馆、中国社会科学院近代史所合编：《中国海关秘档——赫德、金登干函电汇编》第 9 卷，中华书局 1986 年版，第 211—212 页。

[2] 骆惠敏编：《清末民初政情内幕莫——理循书信集》上册，第 106 页。

二、京内外官员和士人的评说

身在北京的各级官员和士人比外国人更关注此事的缘由。现在留下的文献虽然有限，但仍可以窥见时人的心态和见解。

翁氏开缺发生得似乎很突然，就连翁的同僚、户部左侍郎、总署大臣张荫桓也颇感意外。这一天张氏也在颐和园，直至午初，军机章京凌福彭（字润台）、军机大臣廖寿恒（字仲山）来访后，方知翁氏开缺之消息。这让他惊骇不已，急忙"往晤常熟（翁同龢），并询庆邸（奕劻）"①，意在打听内幕。张氏探听到的消息，在稍后他与日本公使的谈话中，略见梗概。张氏告诉日本人："翁氏免官，其原因之来甚远，先年日清事件主张开战者，即是此人。该事件以来，清国多灾多难，尔后翁所主张之诸多政策不合时宜。又由于翁氏在清廷内部往往被视为专权骄恣。此种状态渐为积累，遂导致此次结果。"张又言及翁反对皇帝与德亲王行握手礼，对陪侍外国使节态度消极并对皇帝"大放怨言"。② 显然，张氏是从追究翁同龢失职的角度来解释翁氏开缺原因的，在反对皇帝与德国亲王握手等涉外活动方面，张也认为翁太过守旧。

叶昌炽在四月二十八日（6月16日）日记中写道："阅邸钞，虞山师奉旨放归。朝局岌岌不可终日，如蜩如螗，如沸如羹，今其时矣。柬蔚若，得复云：'近日号令，但恨两耳不聋，鄙人亦求瑱甚切。'"③ 虞山，指翁同龢；蔚若乃吴郁生字，叶、吴均是江苏人，且为翁氏门生。从两人信函往来中透露的

---

① 任青、马忠文整理：《张荫桓日记》，上海书店出版社2004年版，第537页。

② 孔祥吉、村田雄二郎：《翁同龢为什么被罢官——张荫桓与日本公使矢野文雄密谈理读》，《光明日报》2003年10月14日，第3版。张荫桓对翁氏不谙外事早就有所批评，如1896年12月3日，张氏在会晤李提摩太时告诉他，"北京中国政府的衰弱，归因于恭亲王的体弱多病和翁同龢对外国事务的蒙昧无知。督察院的御史们权力很大，翁同龢也怕他们。"见李提摩太：《亲历晚清四十五年——李提摩太在华回忆录》，天津人民出版社2005年版，第239页。

③ 叶昌炽：《缘督庐日记钞》，《戊戌变法》丛刊第1册，第528页。

信息分析，叶昌炽与吴郁生对四月二十三日（6月11日）开始颁布的新政"号令"并不赞同，认为翁的放归与此相关。至少，他们是将翁置于新政的对立面，这与窦纳乐、赫德将翁氏视为"守旧"可谓一致。

与政变后康、梁连篇累牍大谈翁氏因"荐康"被开缺的情形不同，翁开缺当时，康、梁也显得未知就里。五月初七日（6月25日），梁启超致函夏曾佑称，"覃溪以阻天津之幸，至见摈逐"[1]。"覃溪"为清代学者翁方纲的号，这里代指翁同龢；所谓"天津之幸"，则指慈禧到天津阅兵之事。此时夏曾佑在天津编辑《国闻报》，与梁关系极密，以致被汪大燮斥为"康党"。[2]梁启超所说因阻天津阅兵而被罢官，应是康、梁对翁开缺原因的最早解释。不管从何得此消息，这样解释未免肤浅。五月十七日（7月5日），在梁致夏的另一封信中又说："常熟去国，最为大关键，此间极知其故，然不能形诸笔墨，俟见时详之。南海（康有为）不能大用，菊生（张元济）无下文，仆之久不察者，率皆由此而生也。"[3]仅仅相隔十天，其说法就有了新的变化，梁虽提及"常熟去国"与康、张、梁等新党人物不能得到相应安置有关联，但是，翁氏究竟是因为支持还是反对新政而获罪，仍是语焉不详。梁自称"此间极知其故"，只是"不能形诸笔墨"，但是，他知道的内情是否比其他官员更有权威性，并不能得到证实。有一点可以断定，在康、梁当时的言说中，重心也在官场的人事纠葛上，并未明确提及翁氏支持或反对变法的问题，更没有他们在政变后反复申说的翁氏"荐康"情节。

京外官员对此事也有反映。四月二十九日（6月17日），郑孝胥在南京闻知翁氏开缺的消息后，联系数日前颁布"明定国是"诏的背景分析道："翁

---

① 丁文江、赵丰田：《梁启超年谱长编》，上海人民出版社1983年版，第121页。梁启超在《戊戌政变记》中说："翁同龢知之，不敢明言，唯叩头谏止天津之行，而荣禄等即借势以去之。"这种解释已在政变之后。见《戊戌变法》丛刊第1册，第261页。

② 上海图书馆编：《汪康年师友书札》第1册，上海古籍出版社1986年版，第787页。

③ 丁文江、赵丰田：《梁启超年谱长编》，第122页。按：南海指康有为，菊生为张元济的字。

既逐出，拟旨者乃刚毅、钱应溥、廖寿恒等也。度其情形，翁必主上以变法自强，满洲人及守旧之党，遂构于太后而去之。翁去则上孤，而太后之焰复炽，满朝皆伧楚，而亡在旦夕矣。"① 郑氏是新派人物，又是翁极力赞许的后进，② 这可能是他揣测翁因主上变法而遭黜的原因。同在张之洞幕中的陈庆年则是另一种说法。四月三十日（6月18日）陈氏日记云：

> 朱强甫见过，知康有为等为侍讲学士徐致靖所保，著于二十八日召见。下晚，王雪臣招饮，知二十五日谕旨；或谓学士之子仁铸主张康学。康党如梁启超、谭嗣同并尊康，黄遵宪亦附之，故均见保。翁同龢喜康，徐以是深结于翁。二十七日忽有朱谕罪状，翁著开缺回籍……以是知二十三日有上谕变法，殆亦有翁主康说而然也。康之命意在解散君权，以便其改制之邪说。如朝廷知是保之由来，恐不免于罢斥。数日之内，能鼓动翁老至此，其势力甚大，令人生畏。彼固不料甫逾一日，失其所倚也。③

朱强甫、王秉恩（字雪臣）与陈庆年都是张之洞的幕僚。张与翁素不相能，又极力反康，"翁同龢喜康"、"主康说"的言论出现在张氏幕府中自然不意外。其实，朱、王等人也不了解真相，说翁氏喜康也是猜测，他们对翁氏开缺流露出幸灾乐祸的情绪。五月初九日（6月27日），张氏的另一位僚属恽祖祁在常州发电给张之洞："常熟端节出京，闻因谏事拂慈圣意。"④ 看来他听到的又是另一种说法，对于真实原因均不详知。

---

① 劳祖德整理：《郑孝胥日记》第2册，中华书局1993年版，第662页。

② 陈义杰整理：《翁同龢日记》，中华书局1998年版，第2852页。郑孝胥于光绪二十一年冬抵京参加引见，曾几次拜谒翁同龢，回到南京后即引起张之洞的冷落和疏远。参见劳祖德整理：《郑孝胥日记》第1册，第540—541页。

③ 陈庆年：《戊戌己亥见闻录》，《近代史资料》总81号，中国社会科学出版社1992年版，第113页。

④ 恽祖祁来电，光绪二十四年五月初九日酉刻发，初十未刻到，《张之洞存各处来电》，戊戌第2册，中国社会科学院近代史研究所图书馆藏，档号甲182/136。

当时的报章也从侧面反映出人们对此事的看法。五月初九日（6月27日）《申报》刊载了一篇题为《圣怒有由》的文章，称翁之开缺与恭亲王临终遗嘱有关。文章说：

> 此次恭忠亲王报疾之时，皇上亲临省视，询以朝中人物谁可大用者？恭忠亲王奏称，除合肥相国积毁销骨外，京中惟荣协揆禄，京外惟张制军之洞，及裕军帅禄，可任艰危。皇上问户部尚书翁同龢如何？奏称是所谓聚九州之铁，不能铸此错者。甲午之役，当轴者力主和议，会建三策……时翁大司农已入军机，均格不得行，惟一味夸张，力主开战，以致十数年之教育，数千万之海军覆于旦夕，不得已割地求和。外洋乘此机会，德距胶澳，俄租旅大，英索威海、九龙，法贳广州湾，此后相率效尤，不知何所底止？此皆大司农阶之厉也。于是，向之不满意于大司农者，至此咸不甘以仗马贻讥，交章劾奏，皇上保全晚节，遂令解组归田。①

这篇由"天津采访友人"所写的恭亲王遗言的情况，很具细节，犹如亲耳所闻。不论其确否，也不论《申报》刊此文章有无政治背景，有一点大约可以肯定，即当时荣禄治下的直隶官场在赞誉荣禄、张之洞、裕禄"可任艰危"的同时，已经流传着翁氏开缺系因朝廷追究甲午主战误国罪责的说法，只不过是借助于已经去世的恭亲王之口说出而已。如果联系到上述传言与荣禄的关系，以及张荫桓从庆王处打听内幕的情形，似乎可以断言，荣禄、庆王散布出来的内情也就如此，即翁氏开缺系因办理政务失当所致。

吴汝纶的记述也印证了直隶官场的传闻。五月十六日（7月4日），身在保定的吴汝纶致函周馥评论说："朝局倏忽一变，国师黯然南归。然此三年中，所失不小。以三尺法论之，似仍是情重法轻，不足相抵。惜人才希少，继之者

---

① 见《戊戌变法》丛刊第 3 册，第 381—382 页。

未必胜之。郑五作相，时事可知，顾念时危，恻然心悸。"①翁氏当国的三年，正是甲午至戊戌间，此间内忧外患，翁氏身兼枢译，难辞其责，故吴氏对翁的开缺毫无惋惜之情，甚至断言处罚太轻。无独有偶，文廷式后来也有相似的评论：

> 戊戌四月，恭亲王薨。不逾月而常熟开缺回籍。忠王平日亦不悦常熟，而比其薨逝，人尤危之。盖本朝厚待师臣，忠王未尝不体上意护持之也。然数年以来，失胶州、失旅顺、失长江之利，东三省隐与俄，广西、云南隐与法，江浙属英，闽属倭，皆欺中国臣民而徇外国之请。伊古以来，亡天下之魂，未有甚于今日！又行昭信股、西铺税、药牙税……削百姓，殆无生路。常熟任枢廷、译署，且兼户部，难逃天下后世之责矣。②

如果说吴汝纶的淮系色彩浓厚，议论不免有立场问题，文廷式则是翁同龢的得意门生，甲午时期最积极主战的人士，他后来对翁之失职亦不讳言，可见当时对翁氏有意见者不在少数。因此，上谕中对翁"近来"种种不胜任枢务的指责不能说是全无凭据。

那么，翁同龢本人又是怎样看待此事的呢？他虽然向弟子表示"人臣黜陟，皆属天恩"③，内心却另有想法。翁氏在日记中虽极力隐讳，仍露出蛛丝马迹。五月十二日（6月30日），翁氏离京前夕，孙家鼐（燮臣）、徐郙（颂阁）两位老友前来话别，很晚才离去。孙、徐似乎向翁氏透露了什么消息，使翁显得感慨万千。他在日记中写道："晚燮臣、颂阁来话别，直至戌正二（刻）乃去，

---

① 施培毅、徐寿凯点校：《吴汝纶集》第3册，黄山书社2002年版，第194页。

② 汪叔子编：《文廷式集》下册，中华书局1993年版，第761页。文氏又言："翁叔平尚书与余素善，余疏落，要不常相见。然比者以一人而兼任师傅、军机、总理衙门、督办军务处，又领户部，皆至要之职，而犹谓不能办事，又不欲居权要之名，一彼一此，迄无定见。以此召乱，谁能谅之？嗟乎！张茂先，我所不解也。"见《文廷式集》下册，第726页。

③ 唐文治：《茹经堂文集》，《戊戌变法》丛刊第4册，上海书店出版社1999年版，第252页。

真深谈矣。余何人也，仿佛谢迁之去耶？为之一叹！"①这段话，暗藏着翁氏对自己受黜原因的判断。20世纪70年代，台湾学者黄彰健最先对翁氏这段隐含深意的话进行了解读：明朝嘉靖年间内阁辅臣杨一清曾用计排挤比自己资历深厚的大学士谢迁。翁同龢显然是用这个"谢迁之去"的典故来暗示自己是在军机处遭人排挤才离职的，他当然不承认自己不胜枢臣之任，而是从派系斗争方面寻求原因。②翁离京后，其侄孙翰林院编修翁斌孙向叶昌炽透露，翁之开缺，"木讷令兄有力焉"。③所谓"木讷令兄"即指刚毅。可见，翁同龢坚信是刚毅从中作祟。翁氏门人几乎都持此论。沈曾植《寄上虞山相国师》诗云："松高独受寒风厄，凤老甘为众鸟侵。"又云："睚眦一夫成世变，是非千载在公心。"④所谓"睚眦一夫"，也指刚毅。孙雄、唐文治甚至认为在翁氏生日这天宣布将其开缺，就是刚毅这位阴险小人的恶毒计策。⑤

翁氏的政敌也对其开缺极为关注。六月初八日（7月26日），鹿传霖在家书中称："翁六吃洋债成头并为王幼霞（王鹏运）所劾，又以谏上带宝星、用文廷式触怒，遂被斥去。荣相本议入枢，裕（裕禄）代夔（王文韶，字夔石）督直，乃有人以其与礼邸姻亲，同枢不便为辞挤之使出，裕竟入枢，纯是一班唯诺敷衍之人。国事真不可闻。"⑥鹿氏不仅敌视翁同龢，对军机处的新调整也不满意，他对翁氏的评价毫不涉及政见新旧，纯粹从朝局变化和人脉关系发论，也算是一家之见。

从上述对翁同龢开缺事件的反应看，不管是在京洋人，还是京官士大夫，

---

① 《翁同龢日记》，第3137页。

② 黄彰健：《戊戌变法史研究》，上海书店出版社2007年版，第171—172页。

③ 叶昌炽：《缘督庐日记钞》，《戊戌变法》丛刊第1册，第529页。以"刚毅木讷"之语，暗指刚毅。

④ 钱仲联校注：《沈曾植集》上册，中华书局2001年版，第202页。

⑤ 唐文治：《茹经堂文集》，《戊戌变法》丛刊第4册，第252页。

⑥ 鹿传霖家书，戊戌六月，见《鹿传霖任川督时函札》，中国社会科学院近代史研究所图书馆藏，档号甲170。

甚至翁同龢本人，大多从朝中人事纠葛和权力斗争的因素去解释翁氏遭黜的原因；即使提及政见新旧，也多认为翁氏守旧；论者对翁既有同情，也有批评，也有追究甲午战后交涉失误的说法。但是，有一点是无可怀疑的，当时没有任何人明确提及翁氏"荐康"之事，即使康、梁本人也是如此。还有一个被人们忽视的细节：康有为政变后在香港首次宣扬翁氏"荐康"说时，唯恐世人不信，特别强调："有谓翁（同龢）为守旧党，实非也。"[①]这句解释，在不经意中恰好说明了一个事实，即在政变前很多人都认为翁氏是"守旧"的。

三、前辈学者的质疑与申说

本来身处政治漩涡中的翁同龢处处谨慎，甚至不惜顶撞光绪帝，抵制年轻皇帝的激进做法，其"守旧"倾向流露无遗，这一点其同僚刚毅最为清楚。不料，政变发生两个月后，翁氏却背负了"力陈变法，密保康有为"的罪名，遭到革职的重黜。这是刚毅等人在谈"新"变色的政治氛围中，秉承慈禧旨意，对翁刻意倾陷的结果。[②]当康有为"围园弑后"的密谋暴露后，六君子惨遭杀害，新旧之争终于超越了政见异同，外化为残酷的权力斗争，并染上了血腥色彩。被打入"康党"的翁同龢政治生命彻底结束。显然，翁氏是先成"康党"，才成"新党"的。他的"新"是被强加的，与其戊戌年春实际的政治态度已是风马牛不相及了。

正因为如此，翁同龢被革职后，刘坤一、张謇等人对于清廷将翁打入康案

---

① 《逋客问答》，《申报》光绪二十四年九月初二日。

② 马忠文：《翁同龢、康有为关系考论》，收入常熟市人民政府、中国史学会编《戊戌变法与翁同龢》，中央文献出版社2000年版，第224—253页；《张荫桓、翁同龢与戊戌年康有为进用之关系》，《近代史研究》2012年第1期。

皆不以为然，以为罪在莫须有间，对翁的遭遇极为同情。^①光绪三十年（1904），翁同龢逝世后，有论者在报章撰文对翁氏"荐康"公案提出异议："常熟于戊戌四月之间开缺回籍也，世以为太后恶其保康有为之故。其后十月之革职遭谴也，谕旨亦明斥其曾保康有为，此事几成为信史矣。虽然，常熟重门籍，而康非其主乡、会试所取之人；常熟重翰林，而康乃一甫通籍之主事。以其习向言之，恐未必契康若是。且常熟以二十七日开缺，而康适以其明日蒙召见，此亦不可解者也。"^②同样，其他熟知清末政坛内情者也对翁氏支持变法和"荐康"的说法提出质疑，但是他们的呼声十分微弱，没有引起太多的共鸣。

清季一些世家子弟，由于特殊的阅历和见闻，对晚清政局的看法多有独到之见，他们对戊戌年翁氏开缺问题的分析也是如此。近人刘体智（清季四川总督刘秉璋之子）称："常熟当国既久，以古大臣自励，颇不悦于维新异说之骤起，力诤于上前。至称康有为之才胜臣十倍，正负气之语。措词切直，更失帝眷。慈圣重临朝，憾者撮拾前说，以辞害意，遂获谴。然慈圣隐痛，在于甲午战祸之首。一日两诏，与吴大澂异案同罚，尤见微旨。"^③刘氏显然对这桩公案有过深入的关注。在他看来，翁氏失去光绪眷顾，实因抵制变法而起；翁并不悦于"维新异说"；翁氏十月革职则出于慈禧之意，微旨在于追究甲午主战之责，所谓"其才胜臣百倍"的荐康之语，不过是"憾者"（刚毅）以辞害意的名目。刘体智把翁氏开缺和革职的原因分别考量，非常符合历史的实际情况。

民国学者杨佛士是清末常熟学者杨泗孙的曾孙，戊戌时期后党人物杨崇伊的侄孙，翁同龢乃其乡前辈。因两家为世交，佛士为探讨翁氏开缺内情，曾遍访同乡前辈，广集口碑以释疑窦。他在文章中写道：

---

① 刘坤一：《复欧阳润生》，《刘坤一书牍》，《戊戌变法》丛刊第 2 册，第 633 页；《张謇年谱》，《戊戌变法》丛刊第 4 册，第 199 页。

② 《论客述翁故相遗事》，《中外日报》，光绪三十年六月初一日，见杨琥编：《夏曾佑集》上册，上海古籍出版社 2011 年版，第 202—203 页。

③ 刘体智：《异辞录》，刘笃龄点校，中华书局 1988 年版，第 166 页。

　　至于他（翁）得罪的原因，有些人与八月政变并作一事，就十月间的谕旨看，好像是对的，但实际并不尽然。……我根据在京有政治见解的老辈的说法，恐怕是当时几个不同方向的力量凑合而成的局面。当时同在军机的刚毅原是后党中坚，久已要甘心于老夫子；而同为帝党的张荫桓，把康有为窝在家里，天天商量怎样示威，怎样变法，他们觉得老夫子处事太过持重，太过考虑，有他在皇帝跟前，不但张荫桓做不着帝党的魁首，而且着实有些绊腿。又知道后党方面对于排挤翁师傅是百分之百的同意，更可以暂时利用一下。而光绪呢，那时正着了张、康诸人的迷，很想一下子把局面改变过来，也觉得老夫子的迂缓态度，不合脾胃，那年四月上旬，为了索取康有为著作，君臣间曾经抢白……所以戊戌四月间的事，是几个不同的力量凑合起来的，而以帝党方面的成份为多。至于十月间编管（交地方官严加管束称为编管）的谕旨"今春力陈变法，滥保匪人"等语调，那完全是后党架砌的话了……①

　　杨佛士的基本观点是翁氏戊戌罢官与变政及政变均无实际关系，翁氏开缺是多方面原因促成的，主要与失眷于光绪帝有关。史学家吴相湘对此极表赞同。他说："我们应该承认这一朱谕内容的真实，翁的罢免并不是莫须有之罪。……在这许多的原因凑合下，尤其是翁再三力谏帝不可与外人接近及不宜专讲西学的事实，是使力图振作的光绪帝决心罢翁的重要原因。但近二十年来刊行的近代史书中，对于翁与康有为的关系不加仔细探究，辄以翁的被黜是新旧党争遭受旧党倾陷的结果，谁知事实恰巧相反：翁不是旧党，也不是新党，实际上是孤立的，所恃的只是皇帝师傅关系，而又不能满足年少力图振作的皇帝心理与要求，当然只有去位的一途了。"② 作者的观点很明确，翁氏开缺与新旧之争

---

① 杨佛士：《略述翁松禅先生》（下），《畅流》1953 年 8 月第 7 卷第 3 期。

② 吴相湘：《翁同龢戊戌罢官原因》，《晚清宫廷与人物》第 1 集，第 89—90 页。

无关，只是不能满足皇帝一意趋新的心理而被罢黜。

不久前辞世的何炳棣先生在 20 世纪 40 年代就提出，考察翁氏戊戌年的政治作为，应考虑其实际处境。他认为，戊戌年春举荐康有为者乃张荫桓，而非翁同龢："当此之时，同龢所处地位最难，南北之争，英俄之争，满汉之争，以至帝后之争，同龢无不身当其冲。同龢非不知中国需改革之切，而不敢同尽废旧章之改革；非不知中国需才之殷，而不敢用驰突不羁之才；非不愿有所建树，而不敢以首领利禄为孤注。故于变法之论，未尝执义力主，亦未尝昌言反对。"[1] 翁氏的处境决定了他的态度。近人曾毓隽也有"翁同龢持两端，受新旧两派排挤"[2] 的判断，看来翁氏的处境确实比较艰难。

翁氏因所处地位特殊，可能没有很深地介入新旧党争之中，但其面对变法谨慎保守的状态则无可怀疑。当时的新旧标准也是多层面的，窦纳乐、赫德等外籍人士的评判不用说，以康、梁的激进主张衡量，翁氏自然属于落伍；就连光绪帝都对翁的持重表示不满，可见说翁"旧"绝不是没有根据的臆说。

醉心于西化改革的年轻皇帝受到张荫桓的影响，在戊戌年春越来越反感谨慎持重的翁同龢。在三月间德国亲王亨利访华觐见仪节安排上，光绪帝坚持按张氏拟定的西式仪节来接待，其中包括"握手"、"赐座"、"回拜"诸项内容，但遭到包括翁在内的"王大臣"的一致反对，直到慈禧亲自出面干预，光绪才不得不略有让步。[3] 翁氏开缺的第二天，皇帝在召见张元济时谈到，"外患凭陵，宜筹保御，廷臣唯诺，不达时务"，仅"讲求西学人太少"一句，便言之再三。这些话颇能反映皇帝当时的心态。按他的标准，廷臣中翁同龢自然难属"讲求西学人"。况且，据张元济所说，"自常熟去国后，举行新政，明诏迭颁，毫

---

① 何炳棣：《张荫桓事迹》，《清华学报》1943 年 3 月第 13 卷第 1 期，第 185—210 页。

② 曾毓隽：《宦海沉浮录》，《近代史资料》总 68 号，中国社会科学出版社 1988 年版，第 21 页。按：戊戌变法期间作者正在北京。

③ 对此，翁同龢戊戌年三月、闰三月的日记中有详细反映，兹不详引。

无阻滞，其融泄之情更有进于畴昔者矣"①。好像光绪帝在罢免翁氏后，阻力大减，行动自如了许多。大约同时，光绪又赏李鸿章、张荫桓"宝星"。李、张当然是公认的讲西学的人，奖惩之间实际上已反映出年轻皇帝对廷臣"讲求西学"与"不讲求西学"的区分。从这些情况来分析，光绪帝并不认为翁是能够赞助改革的人物，所以有学者推论翁氏开缺出于皇帝的决断，并非毫无理由。

同样，在20世纪三四十年代，学者陈鋆曾专门撰写《戊戌政变时反变法人物之政治思想》一文，将翁同龢列为典型的守旧人物加以分析。他认为翁氏开缺出于光绪之意；至十月革职则旨意出于慈禧，"或以翁本帝党，欲加之罪，正可藉此为辞，不必果以其拥护变法之故也"②。可见，党争才是翁氏受黜的主因。直到20世纪50年代初，胡滨仍撰文认为翁氏是守旧的，并引过一次小小的争鸣。③看来，学界对戊戌年翁氏的守旧倾向还是关注的，只是翁氏"荐康"说的声势过于强大，这些微弱的声音很快被遮盖了。

四、结语

正如一些前辈所指出的那样，后世对翁氏开缺原因的基本判断，与戊戌十月翁氏革职上谕的影响直接相关，这是造成人们认识误区的关键所在。开缺与

---

① 《致沈曾植》戊戌年六月十八日，《张元济书札》（增订本）中册，商务印书馆1997年版，第675页。

② 《燕京学报》第25期，1939年6月。

③ 1954年1月25日《光明日报》发表了胡滨《论翁同龢与戊戌变法的关系》一文，提出"从种种事情上看，翁同龢应是顽固守旧的人物，……足以证明翁同龢并未保荐康有为。……康、梁是维新人士，把翁看成积极分子，这不能不是历史上的错误。"1955年7月21日，张子扬在《光明日报》发表《关于翁同龢与康梁关系的一件史料》，认为胡滨的结论与事实不符，并举出一封翁氏自己承认举荐康梁的密信为证。很多年后，经过考订，学界开始指出这份翁氏手札是伪造的。参见黄彰健：《戊戌变法史研究》，第184—185页；孔祥吉：《关于翁同龢一封密函的订正》，《学术研究》2000年第3期；朱育礼：《翁康关系史料辨伪》，收入常熟市人民政府、中国史学会编：《戊戌变法与翁同龢》，第298—303页。

革职虽不无关联，但到底还是两起不同的政治事件。翁氏于《定国是诏》颁布后数日开缺，适值变法开始之时；而革职则在政变两月后，正当刚毅等反攻倒算之际。前后相隔半年，环境氛围迥然不同。然而，人们受到清廷上谕的影响，往往以翁氏革职的原因来逆推其开缺的内幕，认为革职是对翁氏以前支持变法的进一步追究。这样倒放电影式的逻辑推理遮蔽了真相，左右了人们对翁氏开缺问题的思路，致使我们的历史认识出现了不可避免的偏差。

当然，揭示戊戌年春翁氏"旧"的一面，只是出于恢复其本来面目的考量，这里并没有对其做出否定性评判的意味。况且，纯粹的历史评价是毫无意义的。事实上，戊戌时代的变法是多层面的，绝非只有康、梁变法一途。史学家陈寅恪曾言："当时之言变法者，盖有不同之二源，未可混一论之也。""至南海康先生治今文公羊之学，附会孔子改制以言变法。其与历验世务欲借镜西国以变神州旧法者，本自不同。"[1] 以后来者的眼光看，近代中国发展的道路正是"借镜西国以变神州旧法者"，直至清末预备立宪仍是这个渐进展开的改革方向。虽未明言，大约在陈寅恪看来，康有为"托古改制"的变法活动，得到的支持甚少，并非戊戌变法的主流；而乃祖"借镜西国以变神州旧法者"即"中体西用"者倒是切实可行的路子。萧公权也认为，翁同龢的思想大体属于"中体西用"的范畴，属于稳健的改革者。[2] 从反对康氏激进变法的角度说，翁同龢与陈宝箴、孙家鼐的政治态度完全一致。所以，谨慎与稳重在一定条件下也会表现为"守旧"，这样的"旧"比起那些漫无章法、急功近利的"图新"并非毫无意义可言。戊戌变法的失败除了应从保守势力的阻挠方面寻找原因，更应看到，改革者的急迫、忙乱、不切实际才是导致变法失败的主因，这一点已是学界的共识。

（作者系中国社会科学院近代史研究所副研究员）

---

[1] 陈寅恪：《读吴其昌撰梁启超传书后》，《寒柳堂集》，三联书店 2001 年版，第 167 页。

[2] 萧公权：《翁同龢与戊戌变法》，（台北）联经出版公司 1983 年版，第 83 页。

晚清政坛与翁同龢的操守

戴鞍钢

晚清政坛，在专制制度的桎梏下，大小官员们或噤如寒蝉，无所作为；或阿谀奉承，钻营谋私；或专横跋扈，胡作非为，少有洁身自好并以国家和民生为重，尽其所能，努力做事者，翁同龢则是这些为数不多者中的佼佼者。本文拟在前人研究的基础上，着重探讨其为官数十年中高洁的操守。①

一

翁同龢久历晚清官场，位高权重，曾与众多官员共事交往，目睹当时官场中人普遍热衷于钻营谋私的状况，他忧心忡忡，又无力回天，自叹："数十年来，忧患时多，安乐时少。"②但他始终能出淤泥而不染，秉持一贯正直的为人处世之道，交友审慎，近君子、远小人。虽留居北京近半个世纪，官场相识者无数，但引以为深知知己者很少。他在晚年回顾往事时曾自述："仆交游遍海内，求始终不渝者不过三数人。"③

---

① 前人有关翁同龢的研究，可参阅翁同龢纪念馆编：《20 世纪翁同龢研究》（苏州大学出版社2004 年版）等。

② 翁同龢：《致翁曾荣函》（1881 年 4 月 4 日），谢俊美：《翁同龢集》，中华书局 2005 年版，第 275 页。

③ 翁同龢：《致沈瑜庆函》（1903 年 4 月 30 日），谢俊美：《翁同龢集》，中华书局 2005 年版，第 635 页。

在曾共事的同僚中，翁同龢敬重的有阎敬铭。1885 年，翁同龢出任户部尚书，协助其政务的有阎敬铭。两人同心协力，相处甚洽，翁同龢称赞阎敬铭"虽以理财为务，然持大体，节冗费，与余最契，君子人也"①。阎敬铭能被翁同龢视为同道，并非偶然。他是陕西朝邑（今大荔）人，办事干练，在部严整，素为那些贪腐或渎职的吏胥所畏惧。在户部任职时，"每晨起入署，日晡而散，司员上堂取诺，穷诘再三，必尽其底蕴乃已。随身自备一册，视文牍要语伏案手自抄之。腹饥，市烧饼二枚，且哦且抄。勤劬耐劳苦，虽乡村老学究不逮"②。在翁同龢看来，只有这样的人，才当得上"君子"的称誉，才值得深交。

翁同龢还有一位至交，是潘祖荫。他是江苏吴县（今苏州）人，与翁同龢同为京城高官，历任要职，但亦能清白做人做事，深得翁同龢的敬重，视为至交，称"平生故人唯伯寅（指潘祖荫——引者）为莫逆"③。早在 1858 年，两人就相识相交，当时翁同龢出任陕西乡试副考官，潘祖荫任主考官，互为唱和，"极文字之乐"④。潘祖荫与阎敬铭相似，为官为人清正，"户、工二部部曹，事上官颇卑谄，工部尤盛，至有站班请安之举。潘文勤（指潘祖荫——引者）为尚书禁之，然各官惟潘堂入则谨避之，余则如故，足见陋习之难改矣"⑤。潘祖荫亦"尚俭，不乘肩舆，一车而已，驾车白骡已老矣"⑥。他和翁同龢都有一个雅兴，即书画造诣深，并喜欢收藏金石、书画、典籍，潘祖荫尤"善鉴别金石"⑦。他去世后，"家人相聚而泣曰：先尚书身后一无所有，只无数破

① 翁同龢：《松禅自订年谱》，《翁同龢集》，第 1045 页。

② 胡思敬：《国闻备乘》（民国史料笔记丛刊），上海书店出版社 1997 年版，第 17 页。

③ 翁开庆整理，朱育礼点校：《翁同龢自订年谱》，《近代史资料》总 86 号，中国社会科学出版社 1994 年版，第 32 页。

④ 翁开庆整理，朱育礼点校：《翁同龢自订年谱》，《近代史资料》总 86 号，中国社会科学出版社 1994 年版，第 7 页。

⑤ 汪康年：《汪穰卿笔记》，中华书局 2007 年版，第 111 页。

⑥ 徐一士：《近代笔记过眼录》，中华书局 2008 年版，第 80 页。

⑦ 徐一士：《近代笔记过眼录》，中华书局 2008 年版，第 81 页。

铜烂铁，堆积书房，不能易盐米也"①。

翁同龢政务之余，雅爱收藏书画碑帖，有人为钻营官职，私下托人向翁同龢赠送名贵书画数十件，向来鄙视这类官场小人的翁同龢自然明白其来意，丝毫不为所动，严词拒绝。②但当京畿地区遭遇水灾，急待赈济时，他义无反顾，亲自作画赈灾。时值"顺直水灾，常熟翁文恭（指翁同龢——引者）、南皮张文达（指张之万——引者）各作书画便面十，售资助赈，每件二金，都人未之前闻"③。即使被贬职返乡后，他仍时以国事民生为念，在致友人的信函中，曾这样写道："承手翰，闻米盐事，此民生国计大本原、大命脉也。"④他素来憎恨贪腐，曾直书："古人以蝗为贪吏所致。"⑤自陈："平生之志从艰处措置，饮食居处衣服皆非所志。"⑥遭贬返乡后，他经济拮据，除了陆续售让其所藏书画，曾感叹"箧中图书都捐尽，卖到《长江万里图》"⑦，还幸得张謇等门生故旧的接济，方才缓解生计之窘困。

二

翁同龢身处晚清政坛中枢，不时被慈禧太后召见，深知"高处不胜寒"和"伴君如伴虎"之险，他不得不为官谨慎，慎言避祸，但每当事关国计民生和民族利益的关键时刻，他都能不计个人利害得失，挺身而出，直抒自己的政见，在当时的社会背景下，实属凤毛麟角，难能可贵。

---

① 胡思敬：《国闻备乘》，中华书局 2007 年版，第 152 页。

② 时萌：《翁同龢书画散论》，《20 世纪翁同龢研究》，第 744 页。

③ 刘体智：《异辞录》，中华书局 1988 年版，第 115 页。

④ 翁同龢：《致徐鄂函》（1903 年 6 月 24 日），《翁同龢集》，第 641 页。

⑤ 翁同龢：《致俞钟銮函》（1903 年 9 月 27 日），《翁同龢集》，第 646 页。

⑥ 翁同龢：《致翁斌孙函》（1887 年 12 月 28 日），《翁同龢集》，第 364 页。

⑦《翁同龢书画散论》，《20 世纪翁同龢研究》，第 744 页。按：此图为其藏品中最珍者。

　　1873 年，同治帝亲政。同年秋，为所谓颐养太后，清廷谕令耗巨资重修被英法联军焚毁的圆明园。次年 2 月，圆明园重修工程正式开工。翁同龢见事关重大，考虑再三，于同年 8 月与李鸿藻、徐桐、广寿等人联名上书，奏请停止此项工程，直言"当此时势艰难，论理论势，皆有必须停止者"①。并详细分析了当时西北边陲有沙俄的觊觎和阿古柏的入侵，左宗棠正率兵西征，东南沿海有琉球事件和日本企图武力侵占台湾，亟须应对，强调："现在西路军事孔亟，需饷浩繁，各省兵勇欠饷累累，时有哗变之虞，加以日本滋扰台湾，势甚猛悖，沿海各口均需设防，经费尚不知从何筹措。以户部而论，每月兵饷不敷支放，江苏四成洋税，已奏明停解，捐输、厘金亦已搜索殆尽。内外诸臣，方以国帑不足为忧，而园工非一两千万莫办，当此中外空虚，又安得此巨款办此巨工乎？此势之不能不停止者也。"②

　　鉴于当时官场中人每有机会，多想方设法贪污中饱私囊的状况，翁同龢等人明确指出若继续兴办此项重修工程，势必滋生新的弊端，"在承办诸臣，亦明知工大费多，告成无日，不过敷衍塞职，内而寺宦，外而佞人，希图中饱，必多方划策，极力赞成。如李光昭者，种种欺蒙，开干进之门，启逢迎之渐，此尤不可不慎者也。虽曰不动巨款，而军需之捐例未停，园工之捐继起，以有限之财，安能给无穷之用。臣等以为与其徒敛众怨，徒伤国体，于事万难有成，不如及早停工，以安天下之人心"③。在翁同龢等人的极力劝阻下，已经启动的圆明园重修工程终告中止。但翁同龢此举，自然会令手握最高决策权的慈禧太后恼怒和耿耿于怀，即使以后"翁为光绪帝师傅，然太后实不喜之"④。但翁同龢并未因此退避三舍、明哲保身，事关大局时，他依旧不惧政治风险，勇

---

① 翁同龢等：《奏请停止圆明园工作折》（1874 年 8 月 28 日），《翁同龢集》，第 2 页。

② 同上。

③ 同上。

④ 许指严：《十叶野闻》，中华书局 2007 年版，第 55 页。

于任事，挺身而出，直抒己见。

1895 年，中国在甲午战争中惨败，被迫签订中日《马关条约》。翁同龢怒不可遏，力劝光绪帝拒绝这项丧权辱国的条约。站在他对立面的、极力督促光绪帝早日批准此项和约的，有时任军机大臣的孙毓汶等人。其中，孙毓汶绝非等闲之辈，当时他深得慈禧太后的赏识，"谕旨陈奏，皆毓汶为传达，同列或不得预闻，故其权特重云"①。1893 年，曾奉命总办慈禧太后六十寿辰庆典。主事后，大肆铺张献媚，规划自西华门、西安门，出西直门至颐和园，沿途分建经坛 16 座、经棚 48 座、戏台 22 座、彩牌楼 110 座、音乐楼 67 对、灯游廊 120 段以及灯彩影壁 17 座等景物。经慈禧允准后，即加紧施工，并奏准京内外官员报效经费以备庆典所需。②

中日战争爆发后，孙毓汶力主妥协退让，向来性情温和的翁同龢忍无可忍，不顾会冒犯其背后靠山慈禧太后的风险，义愤填膺，痛斥孙毓汶的求和主张，两人多次"论事不合，至动色相争"③。《马关条约》草签后，孙毓汶又力主早日准约，与翁同龢又起激烈争执，"孙谓：'若尔，日人必破京师，吾辈皆有身家，实不敢也。'常熟厉声责之曰：'我亦岂不知爱身家，其如国事何？'④"两者思想境界的高下，显然有天壤之别。但翁同龢毕竟难挽大局，1895 年 5 月 2 日，清廷批准了《马关条约》，中国的领土和主权遭受重创，翁同龢痛心疾首，怒曰："覆水难收，聚铁铸错，穷天地不塞此恨矣。"⑤之后，为挽救民族危机，翁同龢又协助光绪帝筹划变法维新，再次触怒了慈禧太后，终被罢官并逐出京城。

立志爱国爱民、有所报效，又操守高洁、两袖清风的翁同龢遭贬后，回到

---

① 台湾"国史馆"校注：《清史稿校注》，（台湾）商务印书馆 1999 年版，第 10418 页。

② 苑书义等主编：《清代人物传稿》下编第 4 卷，辽宁人民出版社 1988 年版，第 121 页。

③ 《翁同龢日记》，第 2720 页。

④ 康有为：《康南海自编年谱》，中华书局 1992 年版，第 26 页。

⑤ 《翁同龢日记》，第 2802 页。

离别多年的家乡常熟，内心不无愤懑，但回首往事，又胸怀坦荡，自觉于国于民已尽其所能，他曾不无自慰地写道："秋高气爽，出门闲眺，觉山翠迎人，湖光接天，以目力之尽为界，濒年以浮名而深受拘系，未尝有此一日之适。"[1]作为久历晚清政坛数十年的高官，又遭受如此严苛的无理惩处，只有如翁同龢这样"心底无私天地宽"的人，才能依旧拥有这样达观的心境。

（作者系复旦大学历史学系教授、博士生导师）

---

[1] 翁同龢：《致翁奎孙函》（1899年11月9日），《翁同龢集》，第514页。

常熟翁氏与湘乡曾氏之恩怨

朱育礼　朱汝稷

一

常熟翁氏自翁心存以进士起家，仕至宰辅兼帝师，"凡所规划，务崇大体"，"尤以人材为首务"[①]。江忠源、郭嵩焘、王茂荫等湘、皖籍人士，均得到他的荐举。他守正不阿，学问淹博，与寿阳祁寯藻"俱以实学为天下倡"[②]，在官场、士林中颇享清誉。长子翁同书由翰林出任贵州学政，后累迁至安徽巡抚；次子翁同爵官至陕西、湖北巡抚，署理湖广总督；幼子翁同龢中咸丰六年状元，先后为同治、光绪帝师，二参军机，入值总署，授协办大学士，推行新政变法。又，翁氏父子兄弟任各省学政者五，任乡、会试正、副考官者十二，得人最盛，天下英俊之士多出其门下。当时常熟翁氏门第之鼎盛，为汉族文臣之冠。

曾国藩、曾国荃募建湘军，收拾洪、杨，兄弟同时受封为侯、伯，又都久任督抚要职，曾国藩还入阁拜相，倡办洋务。当时之总督、巡抚、提督、总兵，半出其麾下，或经由他荐举。其子曾纪泽历任驻英、法、俄国公使，入值总署，是著名的外交家。湘乡曾氏，为中兴名臣之首。

翁氏与曾氏家族中，各有"立德、立功、立言"三不朽的君子，亦可称为

---

① 翁同书、翁同爵、翁同龢：《先文端公行述》。

② 钱仲联：《梦苕庵诗话》，齐鲁书社1986年版，第273页。

政治精英、文化精英。

翁心存"初入词馆，才名藉甚公卿间，然于词赋，实非所深好，独好经史实学、儒先说理之书及古名臣论奏"。主讲书院，除日课外，勉励学生修习朴学（汉学）。他作同治帝师，"授经之暇，则进讲《帝鉴图说》，退值则绅绎《大学衍义》、《帝学》诸书，曰：'此致君尧舜之本也'"[①]。翁心存倡导的经世之学，以汉学为主，亦采宋学，他教育学生："汉儒之学，如治田得米，宋儒之学，如炊米为饭，无偏重也。"[②]翁同书的学术思想，据曾国藩评说："在军中孜孜学问，寒暑不辍，笃守两汉经师家法，造次皆有依据。"[③]则是偏重于汉学的。

曾国藩治学之初，即致力于宋儒，检束身心，读书明理，每日躬行静思，精研《朱子全书》，以为义理之学最大，"考据之学，吾无取焉矣"[④]。后来他对汉学亦作过研讨，欲兼取二者之长，晚年作《劝学篇示直隶士子》，归纳儒学有义理、考据、词章、经济四科，而以"义理之学为先"，所以他始终是个理学家。

翁心存与曾国藩在学术思想上存在一定的差异，但他们在从师受业方面则是早有渊源的。翁心存幼年随父翁咸封赴海州学正任所读书，知州唐仲冕看到他作的论文非常欣赏，说："是童子当有名于世。"就收为弟子。[⑤]唐仲冕的儿子唐鉴，就是曾国藩做京官时"日就考德问业"，"亦且为义理所熏蒸"的老师。

翁心存与曾国藩又都是著名诗人，前者体近中唐，后者学黄庭坚。咸丰元

① 翁同书、翁同爵、翁同龢：《先文端公行述》。

② 陈澧：《体仁阁大学士赠太保翁文端公神道碑铭》，载《清代碑传全集》（下），上海古籍出版社 1987 年版，第 816 页。

③《曾国藩全集·书信（二）》，岳麓书社 1996 年版，第 1319 页。

④《曾国藩全集·家书（一）》，岳麓书社 1986 年版，第 55 页。

⑤ 翁同书、翁同爵、翁同龢：《先文端公年谱》。

年（1851），翁心存奉派为顺天乡试副考官，他有诗分别赠正考官杜受田，副考官柏葰、舒兴阿以及同考官、内监试诸人，却没有赠搜检大臣曾国藩的诗，大概是诗风不同，对方未必能欣赏的缘故吧。

学术观点和艺术风格不同，本属正常，翁心存治学汉宋兼采，但不立门户，不党同伐异，更不把学术分歧扩展到政治、人事方面。咸丰十一年（1861）十一月，他在《荐举人才疏》（密折）中，赞许理学家倭仁"体用兼备，足资辅翼"，把曾国藩与骆秉章、胡林翼同列为"笃实沉默"、"敦厚坚卓"的"君子之徒"，"先帝用之不疑"。① 至于曾氏对翁氏的疏远，始由治学之异趣，后来嫌隙则纯属政治原因，主要是曾国藩的无端猜疑与肃顺的介入。

曾国藩在咸丰元年（1851）上《敬陈圣德三端预防流弊疏》，言辞切直，咸丰帝阅后，"怒掷其折于地"，欲治罪，赖军机大臣祁寯藻、季芝昌劝解，还优诏褒答。咸丰四年（1854），他率湘军一万七千人东征太平军，先败后胜，收复武昌、汉阳等地，捷报至京，咸丰帝喜形于色，对军机大臣说："不意曾国藩一书生，乃能建此奇功。"又是这位祁寯藻却说："曾国藩以侍郎在籍，犹匹夫耳。匹夫居闾里，一呼蹶起，从之者万人，恐非国家之福。"咸丰帝沉默变色，收回已授曾国藩署理湖北巡抚的成命，改赏兵部侍郎衔，致使他客军悬虚于楚、赣、皖诸省五六年之久，有征剿之责，无察吏筹饷之权，粮饷仰给于地方，又未必能得到保障，如旅食之客，处境尴尬。他后来指斥祁寯藻等人"阴排善类"，就是指这类事。曾国藩对此一直耿耿于怀，事隔七年，在接待老朋友莫友芝时，犹"语次有讥讽祁春浦，过于激烈，退而悔之"②。而《中国近代秘史》云："请撤湘军削曾国藩兵权者为翁心存。"经萧一山引《庸盦笔记》考证，倡此议者乃祁寯藻、彭蕴章，而不是翁心存。③ 兹再举一例作佐证：

---

① 翁心存：《荐举人材疏》（密折），原件藏国家图书馆。

② 《曾文正公日记》咸丰十一年十二月二十二日，上海中国图书公司宣统元年（1909）影印本。

③ 萧一山：《清代通史》下卷，台湾商务印书馆1980年版，第411—413页。

咸丰三年（1853）三月，翁心存与贾桢、朱凤标联名上奏，"请畀江忠源统帅重任"①。江忠源以丁忧知县在籍，招募乡兵早于曾国藩，两人先后率兵出省征讨太平军，事例亦正同。翁心存既荐举江忠源升统帅重任于前，则不可能再请撤湘军削曾国藩兵权于后。王闿运也说，扼曾国藩的是"祁、倭两文端"（倭仁以大学士管理户部，猜疑曾国藩"广揽利权"，令他竟日惴惴，如临深履薄）②。祁寯藻与翁心存政见相近、学术相同、声气相投，曾国藩既视祁寯藻为政敌，也就把政敌的挚友翁心存同列为"阴排善类"的政敌。

咸丰后期，肃顺擅权，兼户部尚书时，议征洋药（鸦片）税，解除吸食鸦片禁令。当时，翁心存以体仁阁大学士管理户部，坚持不可，与肃顺当廷争执，"公正色曰：'若此，何以对先帝。'"凡是肃顺提出的近乎苛捐杂税搜刮民财之议，都极力阻止。③肃顺就视翁心存为政敌，大兴"五宇案"狱，欲置翁心存于死地。曾国藩得到朝廷重用，肃顺是举主，他既已把翁心存视为政敌，当然把举主的政敌也视为自己的政敌。

翁同书中进士、点翰林比曾国藩晚两年，道光二十三年（1843），两人分别出任广东、四川乡试正考官，事毕，又同回翰林院。道光二十八年（1848），翁同书出任贵州学政，两人同在词垣为词臣八年，竟未发现有互相投赠唱和的诗文，亦可见交情之淡。再过了十年多，翁同书任安徽巡抚后，曾国藩正率湘军谋攻安庆，两人同有防堵攻剿太平军、捻军之责，此时始有公牍来往，但客套话多，军事合作极少。当时任湖北巡抚的胡林翼，以前在贵州任安顺、镇远知府，与学政翁同书交谊颇深，他与曾氏兄弟之关系更似骨肉弟昆，在他的撮合下，曾国藩调剂军饷银一万两解往翁同书处，曾国藩尚未实授两江总督前，通过胡林翼先向翁同书推荐湘军营务处的李宗羲出任安庆知府，翁同书亦允准。

---

① 翁同书、翁同爵、翁同龢：《先文端公年谱》。

② 王闿运：《湘绮楼诗文集》第 2 册，岳麓书社 1996 年版，第 527 页。

③ 翁同书、翁同爵、翁同龢：《先文端公年谱》。

仅此一二例而已。

咸丰十年（1860）七月，曾国藩实授两江总督兼钦差大臣督办江南军务，有《复郭嵩焘、昆焘函》：

> 往在京师，如祁、杜、贾、翁诸老，鄙意均不以为然，恶其不白不黑，不痛不痒，假颟顸为浑厚，冒乡愿为中庸，一遇真伪交争之际，辄先倡为游言，导为邪论，以阴排善类，而自居于老成持平之列。三、四年间，尝以此为云仙亲家言之。今来示盛推翁公，殆以一荐之惠难忘。去年来示，盛推僧邸，仆与舍九弟曾私虑其不终。人固不易知，知人固不易也。[①]

此段文字未收入光绪二年（1876）长沙传忠书局印行的《曾文正公书牍》（原因详后），郭昆焘之子郭庆藩亦未摹刻在《八贤手札》中，直至1991年6月岳麓书社重印《曾国藩全集》时，据传忠书局底本补入。此信对了解、认识翁、曾关系颇为重要，今浅释如下。

郭嵩焘于咸丰八年（1858）经翁心存推荐入值南书房，次年咸丰帝派他随僧格林沁到天津帮办营务，起初尚得信用，后在防务与对外交涉方面与僧格林沁意见不合，又被派到烟台去查办税务。他颇思大力整顿，剔除积弊，但因同僚阻挠，并唆使僧格林沁上书弹劾，被降两级，调回原衙门，他心灰意冷，告病回乡。这就是曾氏兄弟所云"曾虑其（僧格林沁）不终"，颇自诩有先见之明，并以祁寯藻为德不终"阴排善类"的亲身经历，得出"人固不易知，知人固不易也"的结论。弦外之音是：曾、郭之遭遇既已如此，今翁心存虽对郭嵩焘有一荐之惠，又安能必保其善始克终哉，这就是曾国藩写此信的用意所在。此时的曾国藩，居高位，握大权，招致猜疑，同时他也猜疑别人。曾、翁关系的微妙之处于此可见一斑。

---

① 《曾国藩全集·书信（二）》，第1518页。

二

咸丰十一年（1861）正月，谕旨命翁同书来京另候简用，以湘军将领李续宜为安徽巡抚，未到任前由贾臻署理。翁同书于四月交印后即将启程，恰因团练首领苗沛霖借口有部下被寿州绅士孙家泰所杀，率部攻城。翁同书徇州民之请，登城防守。翁同书既已卸巡抚之任，已不再兼有提督军务、节制诸镇、兼理粮饷之权，故总兵博穿武公然不听号令，率防守之兵撤出城去。城中粮尽，也不能催令从省内调拨，寿州形势岌岌可危。早在咸丰九年（1859）六月，太平军攻定远、炉桥，翁同书札调苗沛霖增援，筹给苗部杂粮一万石。定远失守，翁同书被革职留任，移军寿州。苗沛霖后来不服调遣，擅设厘卡，杀辱官绅。翁同书"尝累疏言苗沛霖反侧状，中旨谓且镇抚之"①，钦差大臣、督办安徽军务胜保、袁甲三先后主抚。"钦、抚臣言苗事者前后百疏，卒持两端，不敢公言讨，日夜促湘军赴援。"曾国藩在咸丰十一年九月十三日的日记中记："是日接奉廷寄，是因翁中丞奏，寿州被苗练围，城旦夕将破，饬楚师拨兵往援。"②他是在八月初一日攻下安庆的，寿州失守在九月二十六日，在五十多天时间内，完全可腾出兵力去解围，而"湘军实无意及之"③，此亦亦犹似咸丰十年浙江巡抚王有龄向曾国藩请援兵，"语不及军饷，国藩以军未集辞"④之故智。而有清史研究专家谓，曾国藩任两江总督，督办苏浙皖赣四省军务后，"在培植羽翼，扩张势力的同时，又借朝廷之手，峻言参劾，排除异己。如咸丰十一年十一月参劾浙江巡抚王有龄（旋于兵败自杀），江苏巡抚薛焕（翌年被李鸿章

---

① 翁开庆整理，朱育礼点校：《翁同龢自订年谱》（《松禅自订年谱》），《近代史资料》总86期。

② 《湘绮楼诗文集》第2册，第700页。

③ 同上。

④ 《湘绮楼诗文集》第2册，第677页。

取代）……同治元年，指参安徽巡抚翁同书有弃城偷生之罪，结果翁被褫职逮问"①。湘军实无意救寿州，就是曾国藩有意坐视寿州失守，借刀杀人，若翁同书未被苗沛霖所杀，又不自杀，对其严参，亦可置之死地，堪称剪除异己最高妙之招也。苗沛霖攻入寿州后，入谒翁同书，求他上奏朝廷表白自己此举只是杀仇人，并非反叛。寿州士民为免遭苗部杀掠，也以此向翁同书吁请。翁同书因卸巡抚之任后，已无守土之责，故未以身殉职。为羁縻苗沛霖允与上奏，"别具密疏，言该逆阴鸷反覆，请速定计四路合剿，毋以微臣为念。疏入不报"②。翁同书才于十二月脱身赴京。

此时的京城里经历了一场宫廷政变，两宫皇太后垂帘听政（巡政），顾命八大臣中肃顺、端华、载垣被诛，其余五人均被放逐、罢免。曾国藩在日记中记："骇悉"、"悚仄"，"不知近有他变否？"可见他在举主被诛后惧受株连的惶恐心情。朝廷不久宣谕：查办肃党，除陈孚恩等六人外，凡与肃顺事权所属有关者，"朕以宽大为怀，不咎既往"。曾国藩涉险过关，但他对肃顺与自己的政敌祁寯藻、翁心存的起复重用，拜相兼帝师，则又疑虑重重，唯恐联合倒曾，致有不测之祸。殊不知翁心存从无"阴排"之意，反而在密折中赞誉他，以"先帝用之不疑"而为他释群臣之疑。但曾国藩当时并未察觉，他在忧谗畏讥中苦思对策，正好借寿州事件先发制人，用整肃军纪名义来对付"阴排善类"的翁心存。

同治元年（1862）正月初十日，曾国藩上《参翁同书片》：

> 军兴以来，督抚失守逃遁者，皆获重谴。翁同书于定远、寿州两次失守，又酿成苗逆之祸，岂宜逍遥法外？应请旨即将翁同书革职拿问，敕下

① 何瑜：《晚清这样集权体制度变化原因再析》，中国人民大学清史研究所主编：《清史研究》1992年第1期。

② 翁同书：《巽斋自订年谱》，翁同龢续抄本。

王大臣、九卿、刑部议罪，以肃军纪，以昭炯戒。臣职分所在，例应纠参，不敢因翁同书之门第鼎盛，瞻观迁就。①

朝廷即将翁同书革职拿问，交王大臣议罪，并谕曾国藩："该大臣不避嫌怨，甚可嘉尚。惟袁甲三与翁同书同办一事，而该大臣并未参劾，殊非委任之意。袁甲三且有督办军务之责，岂能辞咎，着交部严加议处。"②谕旨既已指责曾国藩对同办一事之两个人劾翁不劾袁，则亦洞鉴到他之用心了。

在王大臣几次集议翁同书失守寿州一案时，体仁阁大学士周祖培、工部侍郎宋晋为之辩话：翁同书已是卸任巡抚，虽在去年二月寄袁甲三谕旨中有翁同书"暂办寿州防堵"之语，但无专寄，且袁甲三亦未即传告。即使有专寄、传告，但在四月交印后，"暂办"即终止，故仍无守土之责。朝廷对苗沛霖剿抚未定，他攻入寿州仍是川北道衔，翁同书不死，是想为朝廷挽回抚局。翁心存的学生恭亲王奕訢是议政王，也不置可否，后来还是徇曾国藩之请，比照"统兵将帅守备不设，为贼所陷袭，以致失陷城寨者斩监候律"定罪。但朝廷似已预留转圜之地，先有懿旨，命祁寯藻、翁心存、倭仁、李鸿藻入值弘德殿，教皇帝读书，这样就可以推恩帝师的名义为翁同书减刑。翁心存病危，有旨暂释翁同书奉侍汤药；翁心存去世，又令翁同书守孝百日后再收监，又钦赐翁同书次子翁曾源进士，殿试再赐状元，以示对翁家的抚慰弥补。翁同书两年秋后不勾决，后减判充军新疆，至太原时，经西安将军都兴阿奏准调入军营效力，积功赏四品顶戴，因患痢疾，死于宁夏花马池，临终犹呼"冤乎冤哉"。特旨开复原官，照军营立功后病故例赐恤，赠谥文勤。礼部也奉旨准在扬州为翁同书建专祠，以示纪念。但死后哀荣，终不能使死者复生。不论此参片世传李鸿章代拟还是翁氏怀疑出徐子苓之手，但具名弹劾的即导致这个悲剧的怨府是曾国

---

① 《曾国藩全集·奏稿（四）》，岳麓书社 1986 年版，第 909 页。

② 贾熟村：《苗沛霖集团史事日志》，湘潭大学《曾国藩学刊》1997 年总第 6 期。

藩，他在同治七年（1868）、九年（1870）两次进京时，曾多次会晤翁同龢，并留别，似亦有修好之意了。

曾国藩去世后，刻印遗集由曾纪泽主持，他亦体会到其父生前已有与翁氏修好之意，又接曾国荃函示："《文正公集》闻已刻成开刷，望侄亲看一遍乃送人，是为至荷！或候至明（年）正月乃送人尤妙。余意将劾次青及翁氏父子等篇暂为隐讳，虽属俗见，然究有益于侄与栗诚仕宦于外也，即以厚德论，亦宜如此。且世乱方殷，最怕报复，祈侄留意。"① 所以他没有把《参翁同书片》收入光绪二年（1876）长沙传忠书局刻印的《曾文正公奏稿》，也没有把前面所引《复郭嵩焘、昆焘函》中那一段讥评朝中诸权要的文字收入《曾文正公书牍》。即使是以黎庶昌署名的《曾文正公年谱》中有此记载，但黎庶昌在审定时作了亲笔修改："参劾翁抚台一片，措词过激过重，《年谱》宜用轻笔。"② 作为曾门弟子，他也有将此事淡化之意。

次青是李元度之字，其女嫁曾纪泽嗣子曾广铨，两家联姻，谈不上报复。曾国荃所云"最怕报复"者，明显是指已为帝师、恩眷正隆的翁同龢。那么翁同龢是否"好蓄小怨"，常怀仇曾之心，不报不休，在曾国藩死后仇其子孙呢？笔者孤陋，仅知翁同龢在曾国藩处理天津教案后当面讥诮他，未见其他毁曾言行。在曾国藩死后，翁同龢尊称他为"先师"（翁同龢拔贡朝考，曾国藩是阅卷官之一），思读其遗集，对其弟、子及孙，既未实施报复，也没有公报私仇，相反，交谊日增而弥远，论述如下。

三

翁同龢与曾国荃的交往始于光绪元年（1875）二月，"访曾沅圃，长谈，

---

① 王澧华：《曾国藩家藏史料考论》，广西师范大学出版社1996版，第5页。
② 王平实：《曾文正公年谱作者考辨》，湘潭大学《曾国藩学刊》1996年总第5期。

得力于宋儒书，大略谓用人当反求诸己，名言甚多，知其成功非幸矣"[1]，"虚已下人为先，真虚则善言日至矣，真有道之言也。沉圃学有根柢，吾不如远甚"[2]。翁同龢于光绪八年（1882）十一月任军机大臣，十年（1884）正月十九日宴请曾国荃、阎敬铭、张之万、李鸿藻、广寿、曾国荃早来，长谈。"沉圃之学，老庄也，然依于孔孟。其言曰'抱一守中'，又曰'止念息心'，又曰'收视返听是为聪明'。其养生曰'神水华池，时时致念'。其为政曰'顺民心'。其处世曰'恕'，其临事曰'简'，其用兵则皆依乎此而已。"[3]又记："曾沉圃来长谈，饭蔬而去。其人似偏于柔，其学则贯彻汉宋，侪辈中无此人也。"[4]

光绪三年（1877），曾国荃任山西巡抚，时值丁戊严重灾荒，他致书翁同龢，极言山右旱荒情形，致人相食，请先拨银五十万两，再由各省捐资中扣还。当时翁同龢任户部右侍郎，对山西特大旱灾极为关注，他也摘抄了山西籍翰林李用清致夏同善备言晋省奇荒之信，详悉"哀鸿遍野，流亡满目"的惨状，故立即"允之"[5]。到了光绪十五年（1889）二月，翁同龢也因家乡灾情严重，春赈无着，夜访曾纪泽"恳其电致沉帅，拨巨款接济"（时曾国荃已调任两江总督）。翁同龢赠曾国荃吉林野山人参，曾国荃则在翁同龢请假回籍扫墓返京时送程仪[6]。两人的公私关系处理得均很好，丝毫没有因彼兄与此兄的交恶而受影响，这固然是曾国荃一秉乃兄与翁氏修好之遗愿，故翁氏亦以一笑泯恩仇之大度处之。

翁同龢也没有把曾纪泽当作冤家的儿子看待，他在同治九年（1870）五月十二日的日记中记："归答曾世兄，纪泽，号劼刚，行一，谈次觉其不群。"

---

[1] 陈义杰整理：《翁同龢日记》，中华书局 1993 年版，第 1117 页。

[2] 朱启连：《曾威毅伯逸事》，载《清代碑传全集》（下），上海古籍出版社 1988 年版，第 1699 页。

[3]《翁同龢日记》，第 1806 页。

[4]《翁同龢日记》，第 1810 页。

[5]《翁同龢日记》，第 1330、1333 页。

[6]《翁同龢日记》，第 2263 页。

光绪四年（1878）七月，清廷任命曾纪泽为驻英兼驻法公使后不久，两宫皇太后在养心殿东暖阁召对翁同龢，论及曾纪泽的学行，翁同龢当即对他作了赞许。曾纪泽临行前"拜翁叔平"，谈到了伊犁问题、白彦虎叛逃俄国等问题。又云："英交当固，宜宽其寻常求请之款，而与合谋拒俄。"又云："法国已衰，教王之权稍替，宜于换约时商量传教少、敛戢之法。"[①] 这些意见，对翁同龢以后处理对外关系足资参考。

曾纪泽是晚清杰出的外交家，光绪六年（1880）正月又兼任驻俄公使，使命是为收回伊犁，与沙俄另订新约，以替代崇厚擅订的《里瓦几亚条约》（十八条）。懿旨命惇亲王奕誴、恭亲王奕䜣、醇亲王奕譞、刑部尚书潘祖荫、工部尚书翁同龢专门负责批阅改订条约的奏折电报，拟定了积极备战与外交谈判同时并行的策略。

曾纪泽把驳原约各款的主要内容，写成六条节略，作为谈判的基调。俄方朝允商改，夕复游移，忽又命海军大臣率领舰队驶往中国，将派驻华公使布策到北京直接找总署交涉，并中止了与曾纪泽在俄国的谈判。消息传来，论势派恭亲王奕䜣主张还不如从速批准原约，以免俄国借口中国悔约而挑起战争。他在以总署名义的奏折中说："布策挟兵船而来，必且于十八条之外更多无理要求，应之则贻患尤甚，拒之则兵衅立开，深恐大局不可收拾。……臣等冒昧之见，倘曾纪泽与之妥议尚在十八条之内，将来奏到时应予批准。"[②] 如果照此办理，那么曾纪泽在俄国改约谈判的努力是白费了。恭亲王奕䜣是领班军机大臣、领班总署大臣，他定了调，其他的大臣就不能再有异议的了。但翁同龢却在《俄国交涉步骤折》中说："申曾纪泽前说（指六条节略）为第一着，如不允则缓索伊犁，仍给恤费为第二着……恭亲王不必再与布策接晤。"[③]

① 《翁同龢日记》，第 1376、1379 页。

② 《清季外交资料》第 22 卷，书目文献出版社 1987 年版，第 26 页。

③ 《中俄伊犁交涉各折摘要》，翁万戈辑：《翁同龢文献丛刊》之六《外交·洋债》，台北艺文印书馆 2003 年版，第 25—32 页。

他与醇亲王奕譞力排奕䜣屈从俄国武力讹诈而接受翻版的《里瓦几亚条约》之议，提出"辩论条约宜坚定，索偿兵费宜力杜"的主张①，并为两宫皇太后采纳，曾纪泽才能将改约谈判继续进行，最终索回了伊犁城及其南境二万多平方公里的国土，在通商贸易方面也为国家争回了一些权益。但霍尔果斯河以西的广大地区没有争回，对俄偿款从五百万卢布增至九百万，改订的新约仍是一个不平等条约。弱国无外交，这场虎口索食的斗争能取得成效，应归功于具有卓异外交折冲才能的曾纪泽，以及率军舆榇西征决心以武力收复国土的左宗棠，但亦不能忽略身在廊庙的醇亲王奕譞和翁同龢在关键时刻所起的定策作用，在这晚清的外交史上是应补书一笔的。

曾纪泽于光绪十二年（1886）冬回国，奉派在总署行走，三天后就到户部尚书翁同龢家拜访。翁同龢称他"于各国事务能得要领，其言曰：'总税务（使）赫德可用，但须急觅替人，切不可令洋人接手。'"②次年正月，曾纪泽兼任户部右侍郎，并管钱法堂事。此时慈禧令户部规复制钱，以替代咸丰年间所铸的当十、当五十、当百、当五百、当千的大钱。分管户部的东阁大学士阎敬铭意见是设局收买大钱。翁同龢以为大钱沿用三十年，势难能即行废止，现暂拟与制钱、银子并用，待后另铸制钱上市流通，再回收大钱。"曾侯意同。"③铸制钱是曾纪泽兼管的钱法堂的职责，翁同龢还请盛宣怀代购磨钱桶六只运京安装④。光绪十三年（1887）七月二十九日，曾纪泽在朝房告诉翁同龢，美国商人挟资五千万元，与李鸿章在天津订合同，筹办华美银行。隔了两天，曾纪泽再到翁宅，把合同内容告诉翁同龢，指出"合肥合同

---

① 《中俄伊犁交涉各折摘要》，翁万戈辑：《翁同龢文献丛刊》之六《外交·洋债》，台北艺文印书馆 2003 年版，第 25—32 页。

② 《翁同龢日记》，第 2068 页。

③ 同上。

④ 王尔敏、陈善伟编：《近代名人手札真迹》第 8 册，香港中文大学出版社 1987 年版，第 3723 页。

第六、七、八条最谬，大抵有铁路一语藏在其中"①。这三条的主要内容是：该行系奉旨成立的国家银行，由美国人担任总办，可在全国各地设立支行，有铸币权，凡中国筑铁路开矿办厂等重大建设项目与采购机器设备所需资金，均由该行审核经营借贷与采购业务。翁、曾二人均以为有损国家财政金融主权，翁同龢当即致信阎敬铭："顷晤劼侯，备闻银行颠末，真诧事也。"②后来盛宣怀向翁同龢解释，美国人只是逐十一之利。翁同龢复信云：此是"授权于彼"、"安可举一切工作器械听客所为耶"③。经二人的反对与廷臣的交章弹劾，筹办华美银行之议作罢了。

曾纪泽又赠翁同龢赫德新译的西学十六种书籍，所以翁同龢在致曾国荃信中说："劼侯晨夕晤聚，深获他山之助。"④两人政见略同，私交亦洽，这在《翁文恭公日记》中屡有记载，略举数例：

光绪十五年（1889）新正月初三夜，"邀燮臣、颂阁、劼刚饮"。十二日，"申初，赴劼刚之约，其家演剧、宴客也"。明年此日，"午后拜客，诣曾侯处，祝其夫人寿，观剧。十二人公送戏，余亦在内，每人十金，颂阁办。余另送如意一柄"。曾纪泽也赠翁同龢皮冠、玉管、西药等物，经常携稚子广銮到翁家看鹤，主人则以便饭来招待不速之客。曾纪泽诗集中有两首赠翁同龢的七律诗。一首题为《以团扇请叔平丈书自作诗未得，朝廊待漏，闻诵致他人诗，有"人与秋鹤同一病"之句，不无欣慕，归呈一律》，诗末两句为"请将垂露惊蛇笔，只录秋风病鹤诗"。另一首题为《叔平丈既书扇，乃"人与秋禾同一病"耳，再呈一律》，他把"禾"误听为"鹤"，盖两字音同声不同，按平水韵所分的平、上、去、入四声，"禾"属平声，"鹤"属入声。而按近体诗的

---

① 《翁同龢日记》，第 2134 页。

② 《松禅相国尺牍真迹》第 3 册，中华书局 1920 年影印本。

③ 王尔敏、陈善伟编：《近代名人手札真迹》第 8 册，（香港）中文大学出版社 1987 年版，第 3742 页。

④ 《翁松禅手札》，上海有正书局宣统三年（1911）石印本。

格律，此句第四字应用平声字，不能用仄声字，所以他有"遽听秋禾作秋鹤，愧余诗律未能谐"的自嘲之句①。两人诗书交流酬答，文字亦庄亦谑，且指名索件，亦可见交往之深了。

光绪十六年（1890）闰二月廿三日，翁同龢在日记中记："访劼刚，闻其疾，则鼓在门矣。惊怛返车告颂阁，颂阁已至曾处。访蔓臣……因偕往曾处，入哭，改其遗摺数处。嗟嗟！此人通敏，亦尝宣劳，而止于此，可伤也。"（据此，曾纪泽谥惠敏，翁同龢亦尝与议或采其议）曾夫人是陕西巡抚刘蓉（霞仙）之女，遣其弟刘麒祥与翁同龢、徐颂阁商订丧仪；襄助处理家事，又托刘麒祥送貂褂给翁同龢以表谢意，被"峻却之"。翁同龢致赙又多次祭奠，"不觉失声"。他对朋僚之丧痛哭流涕如此，是为国家失去一位贤能大臣，为自己失去一位知友、畏友而悲。这正如古人所云："一死一生，乃见交情。"他与曾氏之交情，还及于第三代。光绪二十一年（1895）八月十四日日记记："曾广銮来访，与谈，颇有志节，非复当年童嬉，耳聋亦愈，曾氏有后矣。"光绪二十三年（1897）十二月，光绪帝因时事日艰，诘责诸臣当以变法为急务。翁同龢答："宜从内政根本起。"即拟"裁绿营、撤局员，荐人才"之旨，犹称道曾国藩能自幕府、僚属中详加鉴别、选举人才②。光绪二十九年（1903）五月，曾纪泽夫人刘氏逝世，此时翁同龢幽居在虞山西麓的墓田丙舍（瓶庐），犹亲自撰、书挽联："是绎礼堂经训所遗，允矣人门称第一；与惠敏公海邦遍历，伟哉忠孝劻诸孤。"（自注：绎礼堂为刘霞仙著述处）挽幛"榆翟垂型"③，寄往曾侯府。翁同龢在临终前一年，以禁锢之身，挽刘氏夫人而追怀其夫妇的学行、政绩与持家之方，赞叹哀思之情，溢于楮墨间矣。

---

① 《曾纪泽遗集》，岳麓书社 1983 年版，第 313—314 页。

② 《光绪朝东华录》第 4 册，中华书局 1984 年版，第 1014 页。

③ 《翁同龢日记》，第 3460 页。

常熟翁氏与湘乡曾氏，同秉修齐治平之训，同具经世致用之学，同为朝廷重臣，又同处于国家危急存亡之际。他们审时度势，倡办洋务，推行新政变法，都属政治精英。难能可贵的是两家的父子兄弟都能捐弃私怨（尤其是翁同龢以德报怨），共纾国难。此精英所以为精英也，可以作鉴，可以垂训。

刍荛之言，敬求赐正。

（作者朱育礼系翁同龢纪念馆原馆长，朱汝稷系常熟市博物馆馆员）

翁同龢的学术宗主与交游
——兼论其对晚清学术的影响

戚学民

引言

翁同龢是晚清重臣，曾经任同治、光绪两代皇帝的师傅，两度出任军机大臣，管理过政治、经济、财政、外交、司法、教育等多方面事务，在同治、光绪朝许多重大政治事件中都有所表现。一百多年来，翁同龢的政治生涯也受到学界的关注，有关研究成果较多，回顾相关论文可知，翁氏在晚清政治方面的史事和影响更为学界重视，尤其是他在戊戌变法运动中的表现。① 除了政治之外，翁同龢的学术在晚清也有重大的影响，他曾数次出任乡试、会试的考官，实主一时风会，门人弟子极多，社会交往极为广泛。翁氏日记号称"晚清三大日记"之一，向来是研究晚清政治的重要史料，其中也记载了很多翁氏本人的学术观点和当时的学界情形，而且他的学术影响力久为学界所肯定。既然翁同龢的学术思想具有重要影响，研究其学术，并通过它来考察晚清学术当然有相当的意义。但是与对翁氏政治生涯的研究相比，对于其学术思想及其影响的研究总体是不充分的。

对于翁氏学术及其影响的有限研究中，刘师培、章太炎两人的看法最简单，却最有代表性和影响力。他们都认为翁氏对晚清学术影响重大，甚至造成了清代学术的衰落；对于翁氏本人的学术宗主，他们两人的看法也类似，都认为翁

---

① 有关翁同龢的研究的一般情况，请参阅《20 世纪翁同龢研究》，苏州大学出版社 2004 年版。

同龢学术驳杂，喜好经今文学①。章、刘两人为晚清民国学术大家，他们的意见有重要的参考价值。然而对于翁氏的学术宗主，章、刘两人未曾明确指出（喜好并非尊奉），学界目前也无统一的意见，有待全面和深入的研究。笔者研读《翁同龢日记》等有关文献，发现翁同龢学术确有所宗，对晚清学术和社会也确有重要影响，但翁氏的学术宗主与学界的意见有相当差异，相应地，对其学术的社会影响也当重作讨论。本文即为有关读书心得，不当之处，敬请方家批评指正。

一、翁同龢学术的背景

翁氏的日记起于咸丰八年六月二十一日（1858 年 7 月 31 日），迄于光绪三十年五月十四日（1904 年 6 月 27 日）。《翁同龢日记》展示了这一时期北京学术界纷繁芜杂的形态，在此种思想环境中，翁氏受到各种学术不同程度的影响，其自身学术面貌颇为庞杂。通过翁同龢的记载，我们可知当时的学术界存在汉学、宋学（程朱理学）、桐城派等学术派别，各学派各具特色，相互之间也确有区隔，都对翁氏有所影响。翁同龢在日记中多次评点交往者的学术宗主和特色，我们也可从中窥知其自身的学术素养。

程朱理学是清代官方承认的学说。虽然在乾嘉时期，考证学兴起，并被认为是清代学术的正宗。但是嘉、道之后，学术风气已经发生了变化，理学再度稳固了统治地位。《翁同龢日记》显示，19 世纪 50 年代之后，理学在京师颇

---

① 刘师培认为："适潘祖荫、翁同龢、李文田皆通显，乐今文说瑰奇。士之趋赴时宜者负策抵掌或曲词以张其义，而闿运、廖平遂用此以颠倒五经矣。又潘、翁之学涉猎书目以博览相高，文田则兼治西北地理，由是逞博之士说地之书递出而不穷。"刘师培：《清儒得失论》，《左盦外集》卷九，《刘申叔遗书》，江苏古籍出版社 1997 年版，第 1539 页。章太炎说："及翁同龢、潘祖荫用事，专以谀闻召诸小儒，学者务各得宋元雕椠，而昧经记常事。清学始大衰。"按，章太炎在《检论·清儒》中才发此议论，但是在此前的《訄书·清儒》中尚无此论断。章太炎：《检论·清儒》，刘梦溪主编：《中国现代学术经典·章太炎卷》，河北教育出版社 1996 年版，第 259 页。

为兴盛，翁氏记载最多的是与理学人物的交往，这些人与翁辈分不一，身份各异，但是分布最广。比如，同治二年八月廿一日（1863年10月3日），翁同龢"谒苏赓堂前辈（廷奎），劝余读《三国志》、《明史》，因言为学之道首从躬行，读先儒书须破门户之见，贵约取不贵博览，惧其杂也。又曰，诚敬二字一刻离不得，一生做不尽。又曰，宽以取人，严以律己。自言学《易》二十年，稍有所得，未敢下一注语。先生于《易》，主义理兼通，象数者也"。十月初五日，翁氏"送苏赓堂前辈，质以易理须求中字否，曰然，又曰一刚字不可忽，又曰先儒言孟子得《易》之用，至哉言乎。临别以沉潜笃实为训"①。

同治六年三月二十九日（1867年5月3日），翁同龢"访阎梦岩、张少民两同年"。他的看法是，"两君真学人哉，张尤邃于程朱之学，于平湖尤有得，可敬可敬"！四月初三日（5月6日），"夜。张少民同年来长谈，其持论格君以仁心为主，慎言义字，见义不真便是刑名法术，又云学要朴实，勿徒口说"。翁认为张少民"非迂拘不读书者，当敬事之"②。

同治二年六月廿三日（1863年8月7日），翁同龢记录了一个流寓北京的理学"奇士"："宋惠人来，此君刻挚坚卓，盖学道不惑之士，为余言，淮安裴君者住松筠庵，藏理学书甚多，亦奇士也。"③

理学人士中，对翁同龢影响最大的当数倭仁。倭仁与翁同龢之父翁心存同为同治皇帝的老师，本是翁同龢的长辈，又是翁同龢房师"吕文节师乙未房师"④，兼有太老师的名分。翁同龢奉旨在毓庆宫行走之后，和倭仁同为同治的老师。因此翁氏对倭仁极为敬重，而倭仁对翁氏颇为提携。同治五年六月初六日（1866年7月17日），翁同龢得到"艮峰先生赠《孝弟图说》一本，《弟

---

① 陈义杰整理：《翁同龢日记》，中华书局1989年版，第290、296页。

② 《翁同龢日记》，第530页。

③ 《翁同龢日记》，第283页。

④ 《翁同龢日记》，第455页。

子规》两本"①。同年八月初三日（9月11日），"艮峰相国以日记二册见示"②。
是年十二月朔，翁同龢"看艮峰先生日记毕，竟有着落"。第二、第三天，他
继续读倭仁日记，并写出读后感。"读艮翁日录，先生刻苦自厉，字字从肝鬲
中流出，异于空谈无实之学。"③同治六年（1867）中，翁同龢多次和倭仁密谈。
九月初三（9月30日），倭仁移居城内菜场胡同。第二天，翁同龢也暂宿城内。
"住城寓，与艮峰先生谈，以《历代说约》见示，作者道光中刘云墩也。"④
此后，九月初十日（10月7日）、九月十三日（10月10日）、十一月廿五日（12
月20日）、十二月初二日（12月27日），翁同龢都"住城寓。与艮翁谈"⑤。
翁同龢从同治四年（1865）底初入毓庆宫行走至同治十年（1871）倭仁去世为
止，一直和后者保持较密切的联系。

　　正是在这样的理学氛围中，翁同龢深受影响，所以在公开的文字中，我们
不难理解翁同龢说自己服膺朱子之古文。⑥

　　桐城派是主张程朱理学的文派。在咸、同年间，这一派人士对翁同龢也有
影响。同治三年七月廿四日（1864年8月25日），翁同龢记，"赵价人、王少和、
彭芍亭先后来。少和论文总以桐城为主，劝余读果亲王所刻《古文约编》，并
许假所藏方评《史记》"。第二天，翁同龢就"从少和假得《史记》首函"。
第三天，翁氏"访少和，得读其《龙壁山房近稿》一卷，询知所假《史记》红
蓝笔评点者望溪也，黄紫笔圈者熙甫也"。接下来一段日子，他点、读《史记》，

---

① 《翁同龢日记》，第472页。

② 《翁同龢日记》，第489页。

③ 《翁同龢日记》，第504、505页。

④ 《翁同龢日记》，第557页。

⑤ 《翁同龢日记》，第553、571、573页。

⑥ "当时帘前被慈命，蒙养工夫重心性。进讲惟闻谟训辞，退朝还主程朱敬。"翁同龢：《悲歌行，
次醇邸纸诗韵》，《翁同龢集》，中华书局2005年版，第709页。"范公吾乡里，朱子吾服膺。"
翁同龢：《被酒走笔简任澹斋》，《翁同龢集》，第737页。

直至同年九月十一日（10 月 11 日），"临方评《史记》毕"，以后即使读《公羊》，也"以姚姬传先生点本临一过"。日后翁同龢被任命在毓庆宫行走，成为同治的老师时，还曾经点校《史记》①，临过姚评《汉书》②。

根据翁同龢的记载，汉学在咸丰、同治、光绪时期的北京仍有重要的影响，某些主汉学者也身居高位，但是他们基本持汉宋调和的立场。据说翁同龢父亲翁心存就有相当的汉学素养，曾主张汉宋调和，而其兄翁同书也好朴学。根据翁同龢等的记载，翁心存"幼奇慧，七岁能属文，十三遍诵经史"③，"初人词馆，才名籍甚于公卿间，然于词赋，非所深好，独好经史实学，儒先说理之书及古名臣论奏"④。他主讲常熟游文书院，苏州紫阳书院，勉肄业生以朴学。⑤他说："汉儒之学如治田得米，宋儒之学如炊米为饭，无偏重也。"⑥翁同书的汉学基础深厚，即使在军中，也"孜孜学问，寒暑不辍，笃守两汉经师家法，造次皆有依据"⑦。翁同龢幼承廷训，也曾从兄同书问学，因此他也有相当的汉学修养。其父去世后，前辈中主汉学者地位最高而对翁同龢有影响的是祁寯藻。同治三年（1864），翁同龢因父丧守制在家，这年下半年，翁同龢与祁寯藻往还，并听取了祁的教诲。这年六月廿五日（7 月 28 日），翁同龢访祁寯藻"问疾"⑧。七月廿一日（8 月 22 日），又谒见祁氏。六天后的七月廿七日（8 月 28 日），

---

① 《翁同龢日记》，第 488—490 页。

② 1867 年 2 月 11 日，翁同龢在厂肆得"南监本《汉书》。秉烛临姚姬传先生点本一册，将以赠赵元卿也、第二天"临姚评《汉书》尽一函"。尽管翁同龢不是为了研究桐城义法而抄书，可是他家里藏有姚评《汉书》是不争的事实。《翁同龢日记》，第 512 页。

③ 翁同书，翁同爵，翁同龢：《先文端公行述》，同治刻本，第 3 页。

④ 《先文端公行述》，第 11—12 页。

⑤ 《先文端公行述》，第 7 页。

⑥ 陈澧：《体仁阁大学士赠太子太保翁文端公神道碑铭》，黄国生主编，陈澧著：《陈澧集》（第一册），上海古籍出版社 2008 年版，第 212 页。

⑦ 曾国藩：《曾国藩全集》（第 22 册），岳麓书社 1994 年版，第 1319 页。

⑧ 《翁同龢日记》，第 336 页。

翁同龢"晨诣寿阳相国，勖以多读唐以前书，语良久始退。相国深于汉学，于宋儒之学亦能条贯靡遗，不仅以词章考订见长也"①。这次会晤后第三天，翁氏就开始读《史记》等古籍，虽然借这部书是受了王少和的影响，但是此后数月的读书实践证明，祁寯藻的建议对他影响更大。他不仅数次谒见祁寯藻，而且接下来点读了《左传》、《公羊》、《礼记》、《论语》、《孟子》，买了《十三经注疏》阮刻本和卢见曾雅雨堂本《国策》，这些都符合祁寯藻"多读唐以前书"的教诲。显然翁同龢接受了祁氏的主张，修正了王少和的意见②。

在翁同龢接触的社会人士中也时有主汉学的人士。比如翁氏同治三年八月廿八日（1864年9月28日），"访胡石生（澍，己未举人，绩溪人，年三十八，行一）谈良久。石生善篆隶，长于经学，为皖南知名之士，兼通医理，欲延伊来诊仲渊也"③。而他对主汉学者的判断并非轻率的断语。光绪八年五月初九日（1882年6月24日），翁氏记："送王益吾行，甚凄恻。益吾长于经学，人开张，可用才也。"④此处的王益吾就是王先谦，系晚清著名学者，有《荀子集解》、《清经解续编》等著作，也支持汉学主张（但是他并非今文经学的

---

① 《翁同龢日记》，第342页。另：1860年4月12日，翁同龢谒见春浦相国（祁寯藻），相国讲睽、塞二卦义，曰："知进退存亡而不失其正者，其唯圣人乎？二氏即知之，而不免失正耳。"又曰："释氏之学原出老子，老子以圣人之道为可道，故卑而弃之，然不能以之治末世。""圣人之以礼治天下，圣人之不得已也。人情日开，节文亦日密，然礼之本不外仁义，仁义之本不外一心，养心之道，圣贤仙佛无二致也。"此段议论正可以看出"主汉学"又"不废宋学"之一斑。《翁同龢日记》，第49页。

② 翁同龢此后数月主要读书过程如下，同治三年十月七日（1864年11月5日），翁同龢读《左传》，十月八日读《公羊》（以姚姬传先生点本临一过），十月九日读《礼记》。十月十一日读《左传》，同日"购《十三经注疏》阮刻本，得雅雨堂《国策》"。十月十二日，"谒祁相国，壁悬钱南园临《论坐帖》，极奇伟。相国指谓余曰：试观其横画之平，昔石庵先生自称画最能平，此书家一大关键也"。十月十八日、二十日、二十九日，翁氏点读《国策》。十月廿三日，他又谒见祁寯藻。十一月朔日这天，翁氏"谒祁相国，属查张九龄《千秋金镜》一书有刊本否。访赵益甫（之谦，乙卯孝廉，年三十六），益甫，会稽名士也，善分书，能画，通训诂之学，搜讨金石甚富，有《续寰宇访碑录》。饭后借源佺到厂，得闽版苏批《孟子》甚精"。接下来两天，他点读《孟子》一遍。同年腊月十三日，翁同龢读《论语》。腊月十七、十八两天，他续读《国策》。《翁同龢日记》，第341—364页。

③ 《翁同龢日记》，第348页。

④ 《翁同龢日记》，第1662页。

支持者）。翁同龢有时也会读一些汉学著述，他交游较广，或买或借或受赠的书籍中也时有汉学书籍。如同治二年九月廿一日（1863 年 11 月 2 日），翁同龢"借得泽古堂丛书内惠氏栋《读说文记》，席氏子《读说文记》两种"①。从翁同龢喜好收藏和校勘古书来看②，他也确实有相当的汉学素养。某些诗文也透露他对清代考证学的了解和推崇③。

据翁同龢记，佛学在同光时期也有相当影响，上层士人多有信奉者。同治五年四月廿二日（1866 年 6 月 4 日），翁同龢"午赴汪鹤生、荃荪叔侄、史勖斋、王芷汀丈之招于法源寺吃斋，坐客徐荫轩、汪慕杜、刘子重"。"此数君皆通内典，修净土者也。"翁氏自己也"与宝珠长老谈"④。翁同龢自己也不时游冶佛寺，与寺僧谈话⑤，晚年且自号"松禅"，足征佛学对他的影响。

翁同龢非常喜好金石学和书学，是近代知名书家，日记中有大量他访碑、观拓片的记载，不胜枚举，这方面后人相关研究较多，故不再赘言。

综上所述，翁同龢受到（程朱）理学、汉学、桐城派、佛学等多方面的影响，其学术也相应较为驳杂，对于这一点，章、刘之说较为切实。根据前引章、刘观点，关于翁同龢乐今文经学的说法由来已久，但是我们考察《翁同龢日记》等资料，翁氏的学术世界里无法确定公羊学或者经今文学的价值，因此翁氏乐今文之说有证据不足之嫌。各派学术都对翁同龢有不同程度的影响，汉学只是众多影响因素之一，虽然有较重要的地位，但是汉学一般指的是东汉贾、马、许、

① 《翁同龢日记》，第 294 页。

② 《翁同龢日记》，第 341—342 页。

③ 翁同龢：《题李竹农〈半万卷斋图〉，用册中顾南崖韵》[同治七年（1868）十月十一日]："峨峨李膺门，表表双树阙；乾嘉诸老辈，朴学鲜俦匹。洪钟发铿訇，圭璸荐芬宓；文辞丽以则，考订密而质。津逮东南人，研经知务实；仪征与高邮，高弟最超轶。训诂得师承，后生慕儒术。以上谓啬生先生。"《翁同龢集》（下），第 673 页。

④ 《翁同龢日记》，第 457 页。

⑤ 同治二年七月廿日（1863 年 9 月 2 日），翁同龢记："饭后偕筹侄到报国寺与祥林谈片刻，此僧见解不俗。游善果寺，三年前曾一以此。游法源寺。"同年 10 月 24 日，"晚访行趄和尚，坐谈至暮"。《翁同龢日记》，第 286—287、293 页。

郑之学，并不等于经今文学。有关翁同龢乐今文说的见解，不仅得不到其《日记》的支持，少数几条翁同龢阅读"今文经"的材料，也都不能证明他"乐今文说"。《翁同龢日记》载：咸丰十一年十一月初四（1861 年 11 月 6 日），翁同龢"到三槐堂见新得书，皆精好（历朝文纪诗纪，《元文类》，季沧苇手批《通鉴》），《唐左编》、《明会典》。携《公羊疏》（疑是闽本）、汲古精抄《宋高僧诗》等十册（不全）、《李翰林集》（明刊）、《万寿盛谱》（明抄）、明内阁《通鉴纂要》（每本有"广运之宝"、"表章经史之宝"，共一百册，最精好）归"①。这是翁同龢买《公羊疏》的最早、也是少数几条记载之一，但是从他购买书籍的眼光和对书的介绍看，他看重的当是版本价值，而不是经义。同治三年十月初八（1864 年 10 月 6 日），他"读《公羊》，以姚姬传先生点本临一过"。且不说联系前后，这是他接受祁寯藻的建议，读唐以前古书的行动的一个部分，而且翁氏仅仅只读了一天，读的也是姚鼐所点的本子，分明有来自桐城派的影响。他也曾教光绪读《公羊》②，但是联系前后，可知这只是授读的儒家经典系列中的一部，且为时也较短，此前翁氏曾经给光绪讲过《四书》、《左传》等经典，因此这条材料也无法证明翁同龢"乐经今文说"。因此，关于翁同龢"乐今文说"的成说证据薄弱，实有可疑之处，不过这一说法流传已久，虽有疑问，也不宜贸然否定，期望这个问题将来能得到直接的材料证明。

二、翁同龢学术中的阳明学因素

虽然翁同龢学术较为驳杂，但是如认为他学无宗主，也不尽然。因为有很多条证据表明，翁同龢对阳明学有明显的好感，其思想中阳明学意味甚浓。这

---

① 《翁同龢日记》，第 148 页。

② 光绪十二年三月二十（1886 年 4 月 23 日），翁同龢记是日"满书毕，入讲《公羊传》"。《翁同龢日记》，第 2009 页。

一点很少见诸翁氏公开的文字，因此也不为学界所关注，但是《翁同龢日记》等处却有多条相关记载。

第一，翁同龢本人承认对阳明学的仰慕。同治五年三月廿四日（1866 年 5 月 8 日），翁同龢记："谒吴竹如先生并送其行。先生深于程朱之学，力辟陆王之非。予于陆王之学只是浮慕，尚何敢辨，独于先生之言亦不能无所疑耳。其所论学问之道当从笃诚入手，此语当尽伸也。"① 吴廷栋是前辈和理学名臣，曾和曾国藩等一起向唐鉴问学，学宗程朱，在晚清时期有相当大的影响。面对这位前辈的质疑，翁同龢称自己对陆王之学只是"浮慕"，不过是谦辞。实际上他并不赞同吴廷栋的批评，"独于先生之言亦不能无所疑耳"，此后也没有放弃自己的学术立场，这足证其阳明学的坚定立场②。

第二，《翁同龢日记》多次记载他读阳明学的有关著作，并显示出对阳明学有相当的造诣，对其他持阳明学者的立场有较准确的判断。《翁同龢日记》有四十多年的连续记载，始于咸丰八年六月廿一日（1858 年 7 月 31 日），他奉旨典试陕西。咸丰十年三月廿一日（1860 年 4 月 11 日），回到北京后的翁同龢记自己这一天"读阳明《传习录》"。第二天，翁氏夜读《孙夏峰语录》。孙奇逢是明末清初尊奉阳明学的北方大儒③。第三天，翁同龢不仅读《夏峰集》，并且还对孙氏之学作了评论，他认为"夏峰之学本于阳明，而不及阳明之精萃"④。这个见解有一定的道理，也可以看出翁氏本人对阳明学自有造诣。此后多年的日记中有多条读阳明学相关著作的记载。同治三年正月初一（1864

---

① 《翁同龢日记》，第 457 页。

② 另外，翁同龢曾为赵粹芳的王阳明书扇面题诗，开头就是"平生不废姚江学，尤喜庐山大字书"。如果这是翁氏自书扇面，毫无疑问这是他本人学术宗主的一个明证。但是这是给别人写的诗，所以不能排除指的是扇面主人的喜好。不过，愿意在有王阳明图像的扇面上题词，并且写出这样的诗句，也可以从侧面说明翁氏对阳明学的喜好。翁同龢：《瓶庐诗稿》卷六，《为赵粹芳题王文成书扇》，《翁同龢集》（下），中华书局 2005 年版，第 806 页。

③ 《翁同龢日记》，第 49 页。

④ 《翁同龢日记》，第 49 页。

年2月8日），翁同龢反省："自念华发垂颠，修名未立，自今以始，当以著诚去妄为第一事，日夕自勉而已。"这一天，他"读《陆象山集》，耿天台（明嘉靖时人）《学案要语》"。第二天，他仍读《陆象山集》①。陆象山被视为心学的先驱，"陆王"学术并称。而耿天台即耿定向，属于阳明后学。而且翁同龢日后读到有心学倾向的学者的著作时，常怀亲切感。光绪二年二月初五日（1876年2月29日），翁同龢"看《持志塾言》，极切实，此等书真予良药"②。《持志塾言》为清末学者刘熙载的著作。刘即主阳明学③，《持志塾言》为语录体，分上、下卷，有"立志、为学、穷理"等篇目，收多条刘本人语录。其《为学》篇有云："学也者，学其性之所固有也。圣人之教，无非要人用力于仁义礼智。仁义礼智，非性所固有者而何。""益其事之所不能，正是复其性之所固有，故欲尽性，则学无已时。""学求尽人道而已，践形复性，那有不从人身上责成之事。"④"学要得头脑清，莫先于辨义利之界；要得脚跟实，莫切于严诚伪之关。""穷理莫先于去其昏迷，居敬莫先于治其散乱。""论学当先在大同处着眼，如辨义利之界，严诚伪之关。先儒之指无不同者，后人失大同而争小异，非为己取善之道矣。""孝弟忠信之行，日用饮食之质，学未有切于此者。"⑤刘熙载在北京时，即与倭仁论学，过从甚密。而翁同龢在紫阳书院读书时，刘熙载曾去讲学。《持志塾言》中这些话，强调仁义礼智为性所固有，认为学求尽人道，从人身上责成，确实有很强烈的心学意味。翁同龢认为切实，且是针对自己的"良药"，可见其为学宗尚之一斑。而且据翁氏晚年《松禅自

① 《翁同献日记》，第309页。

② 《翁同龢日记》，第1187页。

③ 《清史稿》列传二百六十七《儒林传一》刘熙载本传称，刘"与大学士倭仁以操尚相友重，论学则有异同。倭仁宗程朱，熙载则兼取陆王，以慎独主敬为宗，而不喜《学蔀通辨》以下掊击己甚之谈"。《清史稿》，中华书局1998年版，第3370页。

④ 刘熙载：《持志塾言》，同治丁卯仲秋板，第3页。

⑤ 《持志塾言》，第3页、第4页、第8页。

定年谱》所称，他早年即学习阳明学学者的著作。道光二十二年（1842）翁同龢十五岁时，其父即"以刘蕺山《人谱》册示之，日夕读之，懔懔恐失坠"①。刘宗周是明末阳明学的重要传人，黄宗羲等著名学者曾向他问学。应该说从少年时期起，阳明学就在翁同龢心中留下了很深的印记。《翁同龢日记》的记载，正好可以印证《松禅自订年谱》的回忆。

第三，翁同龢论学的主脑是"诚"。《人谱》是刘宗周重要著作。刘宗周的学说，其门人黄宗羲认为是以"慎独为宗"②，近人也有认为他以"主意"为主，并且是阳明学后学中"主意"派的集大成者③。刘宗周很重视"诚"。其易箦语为："为学之要，一诚尽之矣，而主敬其功也。敬则诚，诚则天。若良知之说，鲜有不流于禅者。"④《人谱》重要的观点是，慎独实践，要害在"去妄"⑤。这个观念在翁同龢心中留下深刻的烙印，所以我们在《翁同龢日记》中数次看到翁氏对"诚"的重视。前引同治三年正月初一（1864年2月8日）翁同龢的反省，要害正是"著诚去妄"，"日夕自勉"⑥，而别人的议论得到他赞同的也是"诚"。前引同治五年三月廿四日（1866年5月8日），翁同龢给吴廷栋送行时，吴批判陆王之学，翁不支持他的批评，但是却认为吴氏"所论学问之道

---

① 翁同龢：《松禅自订年谱》，《翁同龢集》，中华书局2005年版，第1025页。

② 黄宗羲：《明儒学案》，沈善洪主编：《黄宗羲全集》第8册，浙江古籍出版社1992年版，第890页。

③ 钱明：《阳明学的形成与发展》，江苏古籍出版社2002年版，第244—251页。

④ 《明儒学案》，《黄宗羲全集》第8册，第930页。

⑤ 刘宗周：《人谱》之《续篇二》中记过格首先专门论"妄"。"'妄'字最难解，直是无病痛可指。如人元气偶虚耳，然百邪从此易入。人犯此者，便一生受亏，无药可疗，最可畏也。程子曰：'无妄之谓诚。'诚尚在无妄之后。诚与伪对，妄乃生伪也。妄无面目，只一点浮气所中，如履霜之象，微乎微乎。妄根所中曰'惑'，为利、为名、为生气；其粗者，为酒、色、财、气。"又《人谱》续篇《改过说》一二两节都在说去妄。刘宗周：《人谱》，吴光主编：《刘宗周全集》第二册，浙江古籍出版社2007年版，第10、17—19页。

⑥ 《翁同龢日记》，第29页。

当从笃诚入手，此语当尽伸也"①。同治八年十二月廿六日（1870年1月27日），翁同龢"听艮峰先生讲巧言令色足恭章"，尽管可能是属于程朱一路的教诲，但是他却着力在"诚"字上："自知有此病痛，此后当切戒，诚字一刻不可离舍。"② 这一论学主旨也可以说明翁同龢宗尚阳明学的倾向。

《人谱》要求"敦大伦以凝道"，称"人生七尺堕地后，便为五大伦关切之道，而所性之理，与之一齐俱到。分寄五行，天然定位。父子有亲，属少阳之木，喜之性也；君臣有义，属少阴之金，怒之性也；长幼有序，属太阳之火，乐之性也；夫妇有别，属太阴之水，哀之性也；朋友有信，属阴阳会合之土，中之性也。此五者，天下之达道也，率性之谓道是也。然必待其人而后行。故学者工夫，自慎独以来，根心生色，畅于四肢，自当发于事业，而其大者先授之五伦。于此尤加致力，外之何以极其规模之大？内之何以究其节目之详？总期践履敦笃。愲愲君子，以无忝此率性之道而已"③。与此相应的是，翁同龢在实践中则重视孝。他曾以此自警，咸丰十年九月十三日（1860年10月26日），"余与五兄以细故忿争，识之以自儆，不学无术，孝悌之志衰矣"④。他也以此教育后辈，光绪五年四月十八日（1879年6月7日），"明日孙女祝官遣嫁，傍晚祭祖，勖之以孝、敬、和三字，触动中怀，泪不可收"⑤。而且他也以"孝子"来向皇帝引介其门人张謇⑥。

第四，翁同龢结交其一生好友孙家鼐的纽带也是阳明学。同治元年（1862），

---

① 《翁同龢日记》，第457页。

② 《翁同龢日记》，第668页。

③ 刘宗周：《人谱》，吴光主编：《刘宗周全集》第二册，第7、8页。

④ 《翁同龢日记》，第79页。

⑤ 《翁同龢日记》，第1423页。

⑥ 1894年5月28日，翁同龢记"卯正上御乾清宫西暖阁，臣等捧卷入。上谛观第一名，问谁所取。张公以臣对。麟公以次拆封，一一奏名讫，又奏数语。臣以张謇江南名士且孝子也，上甚喜。退至南斋写名单，一面递上，一面持名单出乾清门，宣呼良久始齐，遂带引见讫"。《翁同龢日记》，第2694页。

翁同龢与孙家鼐均被任命充会试同考官。这使得两人得以相识，这一年三月廿七日（4月25日），翁与孙氏夜谈学术，接谈之后，翁氏对孙氏大为钦佩，竟愿"以兄事之"。据翁记载："晚与燮臣谈。燮臣沉潜好学，服膺阳明之书，立志甚远，余欲兄事之。"[①]事隔六天，两人第二次谈话，翁氏的好感更加强烈。"与燮臣谈，燮臣凝厚而开展，余兄事之，冀其有所箴益。"[②]此后翁同龢还有对孙的赞叹。同治二年五月廿四日（1863年7月9日），翁同龢又访孙家鼐，"谈良久"，并再度感叹"益友哉"[③]。

根据翁同龢的记载，孙家鼐对于阳明学信仰坚定，并且鼓励翁同龢坚持对阳明学的信仰。正是基于相同的学术，两人从此订交，在孙家鼐离京前两日，同治三年四月十九日（1864年5月24日），翁同龢"晨诣燮臣，待树南来同换帖，遂归"[④]。大概此时孙、翁两人正式结拜为兄弟。孙翁两人的友谊持续了三十多年，感情非常深厚。《翁同龢日记》中大量记载两人交往的情况，粗略统计两人的交往次数达到八百次以上，尤其在光绪五年（1879）至光绪二十年（1894）期间，两人同为光绪的老师，翁同龢记载两人交往次数每年在三十次以上，这还不包括翁氏没有记载的两人同值的情况。两人交往的频密程度在翁同龢交往的人中首屈一指。而且两人互动往还的事项也异常广泛，从私交说，包括互相诊脉、代拟谢恩奏折、相互请托为亲友说项办事、代租房屋等等。且这段友谊一直持续到翁解职离京为止。光绪二十四年四月（1898年6月），翁同龢奉旨开缺回原籍。五月十二日（6月30日），孙家鼐、徐郙来道别。在这次长谈中，孙、徐二人对翁同龢做了高度评价，称其去职仿佛明代因弹劾宦官而去职的名相谢迁。"晚燮臣、颂阁来话别，直至戌正二乃去，真深谈矣。

① 《翁同龢日记》，第196页。

② 《翁同龢日记》，第198页。

③ 《翁同龢日记》，第279页。

④ 《翁同龢日记》，第326页。

余何人，仿佛谢迁之去耶，为之一叹。"①

值得注意的是，孙家鼐的论学和孙、翁交往过程中的一些方式都具有阳明学的特征。孙家鼐的一些做法颇似阳明学中的"讲学"。同治三年（1864），孙家鼐奉旨提督湖北学政。孙离京前，翁同龢于四月十四日（5月19日）"访燮臣"，他记录了孙家鼐对他的龟勉之言。"燮臣言：读阳明书，当知入九华山静坐一段为最不可及，他人处此必以死生争之，则事或败矣。又曰：吾辈当体圣人中和之旨，勿与人竞尺寸之功，则私念自消。皆名言也。"② 这段话正体现孙家鼐对阳明学的认知水平。今天的学者公认，王阳明学有三变，其中在宸濠之乱后遭遇毁谤，"变服入九华山，坐团标间"③，是他思想的一个重大转折时期，"致良知"的命题正是他在此次不幸遭遇后提出的。孙家鼐的议论，正反映出他对这个变化的高度认同，说明他对阳明学的精髓有深入的了解。同年四月廿一日（5月26日），翁同龢"送孙燮臣登程，燮臣劝余读陈文恭五种遗规"④。同治十年六月初八日（1871年7月25日），翁同龢"邀孙燮臣便饭，主客二人，自戌初谈至亥正而散。燮臣以母老乞养，进退倬然，其议论和平中正，洵有道之士矣"。其言曰：'傲为恶德，其病在于骄且吝，偏于词章考据者往往如是，即经济道德一涉此病，即无进境矣。'意盖葳余也。""又曰：'上果以尧舜汤武为心，必有尧舜汤武之佐。胆生于识，识生于上下千古之议论。'亦名言也。"⑤ 这些记载揭示孙家鼐的行动基本和明代阳明学者的讲学相同。这种交往方式正说明孙、翁两人的友谊建立在阳明学的基础上，也进一步佐证翁同龢的学术宗尚是阳明学。

综上所述，翁同龢本人的学术思想在驳杂的背景下也体现出一定的宗主倾

---

① 《翁同龢日记》，第 3137 页。

② 《翁同龢日记》，第 324 页。

③ 毛奇龄：《王文成传本》卷二，《西河文集》，台湾商务印书馆 1968 年版，第 997 页。

④ 《翁同龢日记》，第 325 页。

⑤ 《翁同龢日记》，第 863 页。

向，其中有着浓厚的阳明学因素。

三、翁同龢主要交游者与阳明学的密切关系

《翁同龢日记》还揭示出 19 世纪末光绪年间京师某种学术风气的变化，特别是翁氏的前辈、同年、同事或门生中的一些重要人物也与阳明学有密切的关系。徐桐、李鸿藻和翁同龢的关系较为密切，自翁同龢被任命为同治的老师始，他和徐桐、李鸿藻交往频繁，日渐亲近。《翁同龢日记》中多次记载和徐桐①、李鸿藻的交往②，显示他们的关系非同一般，如光绪五年七月十二日（1879 年 8 月 29 日），翁同龢记"夜邀荫轩，回忆平生，不胜感慨，又况莲舫永逝，兰孙居忧，斯会渐零落矣"，可证那时他已将徐桐、李鸿藻视为好友③。翁同龢、徐桐、李鸿藻和前述孙家鼐的共同身份特征是曾任帝师，而《翁同龢日记》的记载揭示他们之间还有一个共同点：支持阳明学。

揭示这一点的关键人物是豫师。在《翁同龢日记》中，我们发现翁氏记载了二十一次和豫师的交往信息。

咸丰十年三月十五日（1860 年 4 月 5 日），翁同龢"访豫锡之（师）、何白英，均未见"④。

光绪五年七月十三日（1879 年 8 月 30 日），翁同龢记"拜客归，邀孙谷庭前辈，志春圃、豫锡之、梁檀圃、朱敏生饮。锡之著《论语解》，得力于姚江之学，考其行事，一似未然"⑤。

---

① 如 1878 年 1 月 2 日，翁同龢"夜赴荫轩招，莲舫、绍彭同坐，情话甚畅。《翁同龢日记》，第 1333 页。

② 如 1879 年 7 月 24 日，翁同龢"出城拜客，晤兰孙长谈"。《翁同龢日记》，第 1430 页。

③《翁同龢日记》，第 1436 页。

④《翁同龢日记》，第 48 页。

⑤《翁同龢日记》，第 1437 页。

　　光绪六年五月初六日（1880年6月13日），翁同龢"拜西城客，晤豫锡之，锡之深于禅，而于阳明之学多所发明，惜眼已盲，无所用矣，独称许今年墨卷第二作"①。

　　光绪十一年五月初七日（1885年6月19日），翁同龢"午初拜客，晤豫锡之，谈道甚洽"②。

　　光绪十一年十一月十九日（1885年12月24日），翁同龢"申初赴芝庵、锡之招，陪穆春岩将军，燮臣、箴亭亦在坐，戌初二散"③。

　　光绪十一年十一月廿一日（1885年12月26日），翁同龢"急归，待客不至，穆将军今日接关防也，客齐已点灯矣。客者穆春岩、豫锡之、福箴亭、麟芝庵、孙燮臣也，亥初散"④。

　　光绪十一年十一月廿八日（1886年1月2日），翁同龢"晚赴燮臣招，陪穆将军，豫锡之，麟芝庵，福箴亭同坐，戌正散"⑤。

　　光绪十六年十二月廿六日（1890年2月4日），翁同龢"诣颂阁谈，午赴豫锡之约，伊住一庵曰圆通观，在西长安街双塔寺后，同坐者孙燮臣，无他客，蔬肴情话颇潇洒，晚散"⑥。

　　光绪十七年正月十二日（1891年2月20日），翁同龢"是日邀数客，申初坐待福相至，酉正毕，谈至戌正罢，肴尚佳。李中堂（兰孙）、福中堂（箴亭）、麟冢宰（芝庵）、豫大臣（锡之）、孙总宪（燮臣）、徐侍郎（颂阁）"⑦。

　　光绪十七年正月十六日（1891年2月24日），翁同龢"晚赴燮臣招，锡之、

①《翁同龢日记》，第1485页。

②《翁同龢日记》，第1940页。

③《翁同龢日记》，第1982页。

④同上。

⑤《翁同龢日记》，第1983页。

⑥《翁同龢日记》，第2421页。

⑦《翁同龢日记》，第2425页。

芝庵、颂阁同席，暮散"①。

光绪十八年十月初七日（1892 年 11 月 25 日），翁同龢"诣乐善公所，应豫锡之约，公所在四牌楼北大街西，锡之所创建也，讲书，试时文甚勤。待孙五兄至，未初始坐，三人坐小屋深谈，申正始散，看甚精"②。

光绪十八年十一月廿一日（1893 年 1 月 8 日），"未刻诣孙兄处公请豫锡之，芝庵、颂阁作陪，申集，酉正散，孙兄承办，尤厨菜不佳"③。

光绪十九年正月初一（1893 年 2 月 17 日），"拜恭邸及西城诸贵游，出城祝兰孙中堂生日，留饭，伊蒲、豫锡之、钱子密、陈竹芗同坐，畅谈甚乐"④。

光绪十九年二月十六日（1893 年 4 月 2 日），"午初二刻到直隶会馆，先哲祠，赴兰孙李相国之招，客未至，未初始坐，散后归寓，天将暝矣……是日同集者徐荫轩、钱子密、豫锡之、许筠庵、汪柳门也"⑤。

光绪十九年十一月十六日（1893 年 12 月 23 日），"午赴麟芝庵之招，同坐者徐、李两协揆，钱子密、豫锡之、徐颂阁也，似是消寒之局"⑥。

光绪十九年十一月廿二日（1893 年 12 月 29 日），"午初赴徐荫翁消寒第二集，李兰孙、钱子密、豫锡之、麟芝庵、徐颂阁也，酉初散"⑦。

光绪十九年十二月十七日（1894 年 1 月 23 日），"是日消寒第三集，客甫齐而余疾作，勉强送酒，眩不可支，遂偃卧，汗出如浆，气涌如沸。……徐荫轩、李兰孙、豫锡之、孙燮臣、麟芝庵、许筠庵"⑧。

---

① 《翁同龢日记》，第 2426 页。

② 《翁同龢日记》，第 2560—2561 页。

③ 《翁同龢日记》，第 2571 页。

④ 《翁同龢日记》，第 2581 页。

⑤ 《翁同龢日记》，第 2590—2591 页。

⑥ 《翁同龢日记》，第 2650 页。

⑦ 《翁同龢日记》，第 2651 页。

⑧ 《翁同龢日记》，第 2658 页。

光绪二十年正月初六日（1894 年 2 月 11 日），"午赴兰孙招，荫轩、子密、芝庵、锡之、筠庵及余也，归日暮，甚适"[1]。

光绪二十年正月十一日（1894 年 2 月 16 日），"巳正出城拜数客，泥泞，遂赴许筠庵之约，同坐者徐荫轩、李兰孙、麟芝庵、豫锡之、钱子密也，午坐，申正散"[2]。

光绪二十年六月初五日（1894 年 7 月 7 日），"诣孙兄处陪六舟、锡之饮，颂阁、渔溪在座，申初坐，酉初二散"[3]。

光绪二十五年七月廿六日（1899 年 8 月 31 日），"昨日海口厘捐总办全善（五品衔知县）来，带豫锡之信，勖我讲学，可感"[4]。

除了《翁同龢日记》，翁氏书信也披露了一次未载入日记的与豫师的交往：

这是翁同龢于光绪十五年（1889）初和豫师的一次会晤。据光绪十五年六月十三日（1889 年 7 月 10 日）翁氏《致谭钟麟函》称："文卿年世仁兄大人阁下：初闻阁下过西安遇一僧，一针而愈，为之狂喜。时正在闱中也。出闱后遇豫锡之，始得其详，犹未尽信。昨手书烂然，照我几案，乃益信天之佑助贤人君子为不爽，非吾侪私庆而已……弟近来颇有文字之役，所云入闱，盖阅中书卷也。"[5]

虽然翁同龢只记录了二十一次和豫师的来往，但是考虑到翁氏的身份，这已经是不同寻常的交往记录。考察两人的交往记录，翁同龢和豫师的关系较一般应酬亲近，而且其发展趋势是由疏到亲，而这种关系的格外不同寻常之处是阳明学在翁、豫两人交往中的重要作用。咸丰十年（1860），翁同龢可能就听说了豫师的情况，然而拜访会晤未果。光绪五年（1879），翁同龢初次会见豫师，这是在一次多人的聚会上，这次聚会中豫师就以鲜明的阳明学立场引起翁同龢的注意。如前所述，翁氏本人的阳明学素养较高，尤其重视实践，所以他对阳明学有相当

---

[1]《翁同龢日记》，第 2664 页。

[2]《翁同龢日记》，第 2666 页。

[3]《翁同龢日记》，第 2705 页。

[4]《翁同龢日记》，第 3221 页。

[5] 翁同龢：《致谭仲麟》，《翁同龢集》（上），中华书局 2005 年版，第 420 页。

的判别能力，因而对豫师的行为持怀疑态度。第二年，他单独拜访了豫师之后，终于对豫师的学术有了较为准确的了解，认为豫氏"深于禅"，但是也承认其"于阳明之学多所发明"。事隔五年之后，翁同龢记载了他和豫师的第三次会面，"谈道甚洽"。虽然没有详细的说明，但是我们可以推测，他们所谈的"道"与阳明学有关。因为，豫师确实喜欢论道，他曾著有《周易研几》，阐发自己对《周易》的独特理解。而他撰写的另一本《会辅堂汉学商兑赘言》则正面为阳明学辩护，显示他对阳明学确有信仰。这与翁氏的喜好正相符合，所以两人谈"道"当与此有关。此后数次交往又有了其他参与者，主要是同样持阳明学立场的孙家鼐。进入19世纪90年代后，他们的交往次数更多。特别重要的是，光绪十七年（1891）和光绪十八年（1892），翁同龢、孙家鼐和豫师三人有两次小范围的深谈。鉴于这三人最明显的共同点是对阳明学的尊崇，谈话的重要内容之一就是从阳明学的立场论道，应该说这两次深谈实际上就是阳明学者的"讲会"。翁同龢曾以一首诗记录了光绪十八年（1892）初三人聚会谈话的部分内容，可以证实他们的论道立场和谈论话题就与阳明学相关。这次谈话当中豫师拿出了其先人临《怀仁圣教序》，回顾了其先人的行事及其与翁同龢之父的友谊。翁同龢提到豫师先人"归来七十鬓未繁"，"参禅讲学静有得，余事研究篆与蝌"。可见豫师自述家族对阳明学和禅学的信仰。同时他称豫师："矩门先生门可罗，残年觞我安乐窝。微阴酿雪花萼活，对坐已觉春风多（是日立春）。睦亲收族我所敬，尽敬茕独兼癃疴。扫除异说尊鲁叟，如抉毒雾瞻羲娥。直从忠孝发根柢（丈之先世有忠孝赐匾），匪止艺事恢余波。我诗述德兼志感，毋以韵语相谯诃。"从中可知豫师的卫道努力和忠孝之行深得翁氏的认同和赞赏。[1] 总之，豫、孙、翁三人的"讲学"进一步加深了他们的相互认同和友谊。所以在这两次会谈之后的一年，翁同龢记录了十一次有豫师参加的聚会。而此前翁同龢与豫师的七次聚会时间跨度长达十三年。

---

[1] 翁同龢：《矩门丈招饮西城圆通观，出示先德禹民公临怀仁圣教序敬赋》，《翁同龢集》（下），第792—793页。

这后十一次聚会参与者更多，主要有李鸿藻、徐桐、翁同龢、孙家鼐、麟书、徐郁等人，形式是大家轮流做东，虽然这些聚会主题当是娱乐（如消寒等），但是这不仅显示豫师交往的层次较高，而且表明他和翁的关系变得密切。可惜他们的进一步交往随着光绪二十年（1894）甲午战争的到来而告一段落。光绪二十五年（1899），去职赋闲在家的翁同龢收到豫师托人转交的信，鼓励翁氏讲学，让他颇为感念。这也是目前所知的两人交往的最后记载。

豫师，字锡之，《清史稿》只有简短的记载。《清史稿·徐桐传附豫师传》曰："有豫师者，字锡之，内务府汉军。进士。官至乌鲁木齐都统，以讲学为桐所倾服。方太后议废帝，立端王载漪子溥儁为大阿哥，桐主之甚力，实皆豫师本谋也。"①

这个记载过于简单，我们根据豫师的《青海奏疏》中的自序可知他的简历。豫师是"汉军世仆"，"自幼随任南方"，"由咸丰二年壬子恩科文进士"，"引见后补授内阁汉本堂中书"，"升内阁侍读，充咸丰八年戊午科四川乡试副考官。九年，补授山东道监察御史，转掌陕西道监察御史。嗣由俸满截取知府报捐，分发甘肃补平凉府知府。同治五年七月，蒙恩简放甘肃兰州道。因军务微劳，先后奉旨：赏加按察使衔布政使衔"②。同治九年（1870），豫师任青海西宁办事大臣，协助湘军平定青海回部。事后论功升任乌鲁木齐都统，但是因健康原因辞职，至少光绪五年（1879）已经回到北京。豫师在北京的情况我们不太清楚，根据翁同龢的记载，可知光绪六年（1880），豫师眼睛已盲。他住在北京"西长安街双塔寺后"的圆通观里，而且还在"四排楼北大街西"办了一个"乐善公所"，集中诸生讲学，试时文。

有确切的证据表明，豫师尊奉阳明学。他撰有《〈汉学商兑〉赘言》，正面为阳明学辩护。在写于光绪丁亥（1887）十月的该书《自序》中，豫师称撰写该书的动机是因为佩服《汉学商兑》"驳斥俗说，揭明圣学"，"卫道之甚严"，

---

① 《清史稿·徐桐传附豫师传》，第 3267 页。

② 豫师：《自序》，《青海奏疏》，北京民族文化宫图书馆 1981 年版，卷一页五 a—b。

"而又惜其立言之未善也"。他认为儒学的根本是讲学："讲学出孔子。学也者，习也；性者，天事也；习者，人事也；俗习则于性日远，学习则于性日近。孔子曰：习相远也。程子曰：习与性成，是学习也。此圣经贤传教世尽人合天之法，原在学习其事，不在学习其文也。"他反对清代考证学者徒以传经为汉儒，认为汉儒不仅在传经，主要是能"砥行砺节"，"皆从心地上勘人"。宋儒之成为大儒，也是因为"精研义理"，"自有学习一段功夫"。因此"汉儒、宋儒各因其时以为教，其教法不同，其学习则无不同"。他认为清代学者对宋学的批评是出于心底之私，冒为汉学以沽名钓誉。"近代俗士，嗜好名利，填满胸臆，心性之地不可问，操存之功不能作，以至越理堕行，读宋儒书刺促不安，故诋其说以为禅，盖自宽也。假汉儒传经之业，校错简、考奇字，冒为汉学，以要名誉而便嗜利。故巧藉汉儒一二语以为依据，采宋儒一二语以为诋毁，语言浅陋，原不足以有害圣学。"因此，在他看来，方东树出面为宋学辩护是有一定道理的。但是方的错误在于"不求于学习之本务，而争论于文字之间，以讼解讼，仍是纸上学问，一番空话"；更主要的是"《商兑》所论，有非阳明、白沙、石台等语，其弊亦与执汉儒驳宋儒无异，所谓方嗤人堕泥，自复落水"。他于是"于简中逐条分著"之外，还"特将为学大旨举之"。总之，豫师认为方东树迷失本原，陷入意气之争，而批评阳明学是错上加错，所以他要特别撰书加以纠正。[1]

在《〈汉学商兑〉赘言》中，豫师反驳所谓"心性之学是禅学"的观点，并且为王阳明"致良知"说正名：

> 会辅堂赘言……孔子承尧舜禹汤文武心法，子思述之为《中庸》，开章便是个性字。性字无着，人不能视。故次章即言，不睹不闻又言不可离；则性字在人身，已有可玩索处，而犹虑人之不解也。人不识性，人未有不识情，故从情以溯之。性曰：喜怒哀乐之未发谓之中，中即性也。发而皆

---

[1] 豫师：《〈汉学商兑〉赘言》，光绪戊子仲秋开雕本塾藏板。

中节，谓之和，即率性也。植之谓执中是措施允当意，乃用中，非执中矣。又引颜子服膺未执中，亦差。又引固执为执中，更误。盖尧舜之允执，如天之枢，居所不动，自然斡运，纯乎天也。颜子拳拳，犹才杂人力在内，此所谓几圣。至择善固执，乃求诚功夫，全是人力，颜子成德之诣。故有所得而无失，择善失教人辨择非能得善。可知固执是何等用力拳拳。是念兹在兹，境地更大不同，苟有志于圣贤，而不徒求于语言之末者，可不潜心体认哉。近代无识小儒动讥禅学，究不知禅为何事，一味狂诋。植之平心较论，固有斟酌而终未敢断以为是也。佛氏为西方之圣神明，其德垂教不朽，西域被其教者，化凶顽归诚信，千百年来安之其道，固亦盛矣。但利于夷而不利于华，梁唐间士民狂惑，上扰朝政，故韩子辟之，原为救时之论，后世小儒，不察其害之所在，而概攻之，固亦惑矣。浸假至于吾教之言心性者，亦谓之禅而概诋之。夫圣道，中道耳。偏于中者或滞于迹象，或蹈于玄虚，固是差。偏于玄虚者，谓禅学之害，偏于迹象者又何学之害乎？佛经流入中国不下数十万卷，本梵音而以华言译之也，其经字偶同于儒书理之常，而佛家不必以同于儒言即谓之儒。儒家何以偶同于佛言即谓之禅？不求本意而从责之文字之间，陋矣。植之以佛旨为明心，植之未受教于佛，焉知字作何解，心字作何解？就儒书论，明明德，两明字，明字两解：自诚明，自明诚，两明字又两解。心字如养心、尽心、操心等类，不胜举，各有其意，不得举一谓该圣学。其不得谓明心二字可该禅学，明矣。以我所不得解者而强为之解，岂为定论。故余谓讲学责其是玄虚则可，责其入禅学则不可，以余本未曾学禅也。孔子曰：盖有不知而作之者，我无是也。可不戒诸？指阳明良知为禅学，尤大谬。良知本孟子，非禅，明矣。良为固有之知，即朱子所谓本体之明未尝息者。朱子为初学入门立论，故本八条目之格物说大学，始教也。阳明为半途而非者立论，故本三纲领之明明德说大学正意也。盖人从耳目之知，则为格物。从固有之知，则为明德。初学不从耳目之知，固无由识义理。不得固有之知，不能合天理。

阳明是朱子进一解，非另一解也……①

另外一则从阳明学立场为"性理"说作辩护：

会辅堂赘言：黄氏、顾氏禁言心，戴氏禁言理，植之引而正之，足破三子之愚，以解初学之惑，不为无益。然能发其病，而不能发其受病之源，仍是在文字上讨生活。夫黄顾诸子，惟不以成己之学为务，所读圣经贤传故，不求诸身心得力之端，而徒争诸文字，吹疵之末，排人矜己，予智自雄。不知圣贤苦口，只是一片救世深心，吾人力学，是自己性命大事，乃徒快一时口舌，并无半点受用。孟子所谓哀哉者，良足悲矣。夫经传用字原各不同，在玩其意而微会之。心字，理字，本无定解。《论语》记言心者原有六处，皆是指心志之心，非心理之心。除有心哉、无所用心、简在帝心、天下之民归心四处不论外，如从心句重欲字，其心句重仁字，统观其文，大略道心即谓之仁，人心即谓之遇，此《论语》文例。孟子则谓仁是人心也，以心字代仁字。因时人远视乎仁，故切指之，凡见数十条不胜举，亦间有指心志之心言者，如他人有心、心为甚等类，亦当分别论之。理字不概见，孔子以礼代理，孟子谓礼义之悦我心差近。凡应作理字者皆以心字代之，此孔孟用字不同而用意则无不同。且孔子不言气而孟子言义气，孔子祇言善而孟子言性善，非另生一义，实申明所未发。亦如尧舜祇言中，孔子言中庸也，才是立言，不是学舌。理字程朱畅言之，亦是申明前圣未发之意。学者必能身体力行，有得于心，始能将圣贤言语融会贯串。自立一说，发前圣所未发，为后学指路，不是勦说成言。是此非彼，一篇空话。植之引阳明满街都是圣人语非笑之，岂以阳明真谓市侩为圣人乎？阳明亦不过以粗浅语警醒学者，如孟子人皆可以为尧舜语同。就其后陷溺

---

① 《〈汉学商兑〉赘言》卷二，第八页 a 至九页 b。

言之，则市侩与尧舜迥异；就其初禀赋言之，则市侩与尧舜何殊。阳明尝与弟子论《十室之邑》章，譬之坚金，孔子受天者千镒万镒，常人受天者亦有十镒八镒。常人若能淘炼出来，分量虽与孔子不同，成色却与孔子无异，极为醒快。夫学人久视圣贤为高远、不可及，不但不肯习其事，办事绝不敢作此想，得此大声疾呼，唤其回头，良足感痛，而顾可非笑之哉！恨不能起植之于九京而面诘之。[①]

《〈汉学商兑〉赘言》从正面为阳明学辩护，在近代思想史上有其价值，笔者将另作文申论。此处值得注意的是，《〈汉学商兑〉赘言》后有徐桐所作《附则》八条，其中之一就是为阳明学辩护：

今之言学者，病王甚于病陆，皆蹈袭清献之绪言，未尝深体其用意之所在也。清献知明季讲学之弊，全在光景门头卖弄精魂。故力辟王学，以卫吾道。此而谓不善学王者承流之弊则可；若王氏良知之说正非无据，未可尽情诋毁也。其显而易明者，孟子"良知"、"良能"之说，是已见诸《学》、《庸》、《论语》者，亦可互证。《大学》言孝弟慈，特引《康诰》"保赤"一语，以证慈之本体，良知也。《中庸》云："人莫不饮食也，鲜能知味也。"五味谁不知之，而曰鲜能知者，何哉？道在日用至近，而人不知圣人教人，在日用不知处，求其固有之知。夫固有之知，良知也。又云"夫妇之愚不肖，可以与知与能"，此即孟子良知良能之说所由来。及其至，虽圣人亦有所不知不能，非良知良能而何？孔子诲子路曰："知之为知之，不知为不知，是知也。"子路圣门升堂弟子，何至有自欺之弊？只是气质有几分疏浮，未曾体验得。圣人教他当下体认分明，以复真知，是良知也。阳明以学者泥于章句，自锢真知，乃以良知为宗旨，启迪学者。

---

① 《〈汉学商兑〉赘言》卷二，第十五页 a 至十六页 b。

用心良苦，方氏随声附和，以为诟病，过矣。①

在文末，徐桐又特地说道："今读锡之都护《商兑赘言》，实获我心。附识数则，以资参证。噫！吾道不明，谁之咎欤？斯文未丧，不能不厚望于扶翼名教之巨儒矣。光绪十有四年十月襄平徐桐附识。"②

此引文证明《清史稿·徐桐传附豫师传》说豫师"以讲学为桐所倾服"是有根据的。而我们要进一步强调的是，豫师让徐桐"倾服"的"讲学"的重要内容之一应该就是阳明学。徐桐本人确实对阳明学深表赞同。除了此处的引文，徐桐门生恽毓鼎的记载也可以证实这一点。

光绪十六年闰二月廿七日（1890 年 4 月 16 日），恽毓鼎记：

> 饭后衣冠入城，在徐荫轩师相处论学至三点钟之久。师云，主敬主静不可分为二，世人诋周子为禅学，只缘错认静字故也。又云，一字彻始彻终。道之大原出于天，此一之最初；唯精唯一，此一之极至。不思而得，不勉而中，浑然天理，一私不杂，此境非圣人不能。学者只从主一入手，到得纯熟后，或者有无所用主之一境。至于用功之时，则不可存此心而妄希高远也。又云，今训诂之学盛兴，动斥义理为空虚之说，不知子臣弟友何者是虚？孟子云，践形尽性，有物有则。义理不外形色，世人跳不出子臣弟友圈子，即跳不出义理二字，安得以空虚目之……余因问：姚江良知之说究竟如何？先生云，良知之说未可厚非，阳明实从《学》、《庸》、《语》、《孟》中体验出来，特以此提倡，学者不善领略，遂专守良知求顿悟，遗却居敬穷理下半截工夫，走入弄精魂一路，故其门人当时已多走作，后世亦遂群起而攻之。余因问，良知固出孟子，若《学》、《庸》、《论语》则未之前闻。先生云，

---

① 徐桐：《附则》，《〈汉学商兑〉赘言》卷四，第二页 b 至第三页 b。

② 《〈汉学商兑〉赘言》卷四，第五页 a 至 b。

良知之义非孟子杜撰。《大学》云，如保赤子，心诚求之，虽不中不远矣。未有学养子而后嫁者也。《中庸》云，人莫不饮食也，鲜能知味也。甘苦酸咸不知之，而其所以知甘苦酸咸者，则人日习而不知，然则此所以能知者，非良知乎？《论语》云，知之为知之，不知为不知，是知也。子路气质虽觉略粗，何至如此自欺？夫子所云，正欲其向良心上讨取真儆，炯然不昧也。非即阳明所谓一点良知，是便知是，非便知非，更瞒他一些不得，亦只不要欺他云云之旨乎？推之《易》云，颜子有不善，未尝不知。此知亦即良知。不过孟子以前未尝道破良知二字，其理则可参取也。大凡学问门径不同，而及其至则无不同。譬如适京师者，或自崇文门入，或自彰仪门入，或自东西二便门人，其所人虽别，而其至京师则未尝有别也。但当潜心理会，身体力行，不必过分门户，主张太甚。又云，前西宁办事大臣豫公（师），现在西城建一乐善公所，每月十六日集诸生讲学。此公虽姚江之学，而其所讲则多有启发处，亦一时儒者也……①

不久，恽毓鼎按徐桐的要求去拜谒了豫师。在日记中又一次记载了徐桐对豫师的称赞。光绪十六年十二月廿八月（1890年12月28日），"晴。至西单牌楼二条兴隆街圆通观，访前西宁办事大臣豫锡之先生（师）。此公讲求宋儒之学，于当街庙设立乐善公所，月课诸生而为之讲学，有古儒者之风。荫师称其知行并进，煞有见地，命余以后学礼见之。坐谈一时许，予质以素日所疑二条，均发挥亲切，足相启发"②。

恽毓鼎原来学主程朱理学，他听乃师徐桐的议论，发问阳明的"良知说"如何，徐桐的回答与他在《〈汉学商兑〉赘言》附则中所说相近，并对豫师大加称赞。由此可证徐桐本人对阳明学持赞同态度。

---

① 恽毓鼎：《恽毓鼎澄斋日记》，浙江古籍出版社2004年版，第66页。

② 《恽毓鼎澄斋日记》，第73页。

豫师与李鸿藻的关系也非同一般。李鸿藻为豫师《青海奏稿》所撰序称："锡之豫君，为吾异姓昆仲。壬子，同释褐，相识于保和殿，立谈订交。时予在词林，锡之为中书舍人，尝晨夕过从，以道义文字相切酬。每晤对，恒至漏深不忍去。十年如一日也。然锡之性敦谨，恂恂如，不能言。久之，以御史乞外，历政有声……太子太保协办大学士、吏部尚书、年愚兄李鸿藻拜书。"①

李鸿藻的学术主旨少有材料说明，但是从这则序言看，他和豫师是同年，而且是"晨夕过从"，"十年如一日"，"以道义文字相切劘"的好友。在豫师回北京之后，两人也时有过从，保持了友谊。鉴于豫师对阳明学的信奉，我们可以推知，和他切劘"道义文字"的李鸿藻也应是阳明学的支持者。前文引述的多条翁同龢与李鸿藻的交往的材料（如有豫师参加的几次消寒聚会，翁、李也大都参加，且李还做过两次东道）也可以从侧面说明这一点。

这些情况说明，徐桐、李鸿藻也是阳明学的支持者，加上前述的翁同龢、孙家鼐，则晚清咸同时期，曾任帝师的人大都赞同阳明学②。

---

① 李鸿藻：《青海奏疏序》，《青海奏疏》，卷一页一 a、页二 b。

② 曾任同治帝师的倭仁，虽然被学界认为持程朱理学，而他本人最初服膺阳明学。参阅李细珠：《倭仁与道咸同时期的理学》，郑大华编《思想家与近代中国思想（中国近代思想史研究集刊第一辑）》，社会科学文献出版社 2005 年版，第 58—90 页。实际上转宗程朱之后，倭仁对阳明学的态度还是比较温和。据道光丙午年（1846）《倭艮峰日记》，他曾表示不要批评姚江之学。"友人读《杨园集》，喜其驳斥姚江，恐此亦是偏见。我辈读书当返躬内省，择善力行。徒事辩驳，长傲助矜，于身心何益乎？""明季王学盛行，国初陆平湖、张仪封诸君子昌言排击，不遗余力，因时救敝，不得已也。今之学姚江者几人哉，何必重翻旧染，再起争端耶。学者惟当返身为己，求至于圣贤之归，而勿遽逞说以长气矜则善矣。"《倭艮峰日记》，一册，不分卷，国图藏抄本，页五，页十五。又据《翁同龢日记》：同治二年三月廿七日（1863 年 5 月 14 日），"自去岁奉谕翰林等官讲求实学，两掌院遂定十日一讲之例，先接见一周，至是艮峰先生始与诸翰林讲论，令每日各疏所行之事、所读之书于册，以备考订。童屺山前辈日记称每晨诵佛观心云云，又指时人小楷诗赋为异端；又有翰林六人联名具说帖，谓日记可以无须呈览，艮峰先生唯唯而已"。陈义杰整理：《翁同龢日记》，中华书局 1989 年版，第 266 页。此处所说的倭仁的做法，极似阳明后学者记"功过格"的办法。北图藏倭仁日记抄本，也是逐条记载自省之言，正可印证。又张家骧也曾任光绪老师，光绪五年二月十九日（1879 年 3 月 11 日），是日翁同龢记："张家骧奉旨在毓庆宫学习行走。访晤子腾，同志同值，可喜也。"《翁同龢日记》，第 1407 页。按张家骧学术待考，但是他是同治元年进士，是翁同龢的门下士，后来与翁过从甚密，翁同龢得知张在毓庆宫学习行走，为"同志同值"而高兴，似可征其学术好尚之一斑。

四、余论

综上所述，我们从《翁同龢日记》考察 19 世纪后半期（咸丰、同治、光绪年间）翁同龢的学术宗尚。翁同龢受到理学、汉学、桐城派、佛学等多种学术不同程度的影响，其学术也较为驳杂，与此同时，我们发现翁同龢对于阳明学有特别的喜好，其论学宗旨和读书记录都显示阳明学的影响。阳明学对翁同龢的人际交往也有影响，他和孙家鼐因为对阳明学的共同信仰而成为多年的好友，且在两人的交往中颇有类似阳明学者"讲学"的举动。

从翁同龢社交圈子里我们还看到当时北京高层中多位信奉阳明学的人士，除了孙家鼐之外，还有豫师、李鸿藻、徐桐等。曾任西宁办事大臣和乌鲁木齐都统的豫师，对阳明学有高度的认同，曾经撰写《会辅堂〈汉学商兑〉赘言》为阳明学辩护。豫师的同年李鸿藻和好友徐桐也对阳明学表示赞同。由此，我们发现清代同治、光绪的几位老师，大都是阳明学的支持者。

根据上述研究，我们来讨论翁同龢对晚清学术的影响。鉴于翁同龢本人对阳明学的宗奉是较为确定的，如果说他对晚清学术有所影响，那么他这一学术好尚与晚清阳明学的复兴有一定关系。

我们不主张夸大翁同龢个人对晚清学术的影响，但是揭示翁同龢、孙家鼐、徐桐、李鸿藻、豫师等人喜好阳明学的史实，对深入研究晚清思想史有一定的意义。晚清学术的一个重要特点是阳明学的复兴。对于阳明学复兴的原因，学界有一些讨论[1]，比如阳明学著作的刊行，某些社会人士的推动以及日本阳明学的影响等。这些解释都有一定的道理，但是也未尽完善，比如晚清阳明学复兴的社会机制和内在机理等方面还有待继续研究。通过翁同龢

---

[1] 关于晚清阳明学复兴的一般情况，请参阅张昭军著：《清代理学史》（下卷），《晚清时期的陆王心学》第五章，广东教育出版社 2007 年版，第 274—353 页。

的记载我们看到，晚清时期，特别在同治、光绪时期，阳明学在北京的上层人物中已经有相当的影响，翁同龢、孙家鼐、徐桐、李鸿藻等清政府最高层官僚因为各种原因（如家庭教育等等）对阳明学有不同程度的信仰，并且公开为阳明学扩大影响（如徐桐）。阳明学成为这些官员人际交往的重要纽带（如翁同龢、孙家鼐、豫师等），主阳明学者们的公开活动（如豫师所办乐善公所定期讲学），或者私下联系（如翁同龢、孙家鼐、豫师三人密谈）也具备了如明代阳明学者社团"讲学"的形式和性质。鉴于翁同龢、孙家鼐、徐桐、李鸿藻等人帝师的身份，他们对阳明学的宗奉和好尚本身就是晚清学术的重要变化。

而翁同龢、孙家鼐、李鸿藻、徐桐等帝师的学术好尚对晚清时期阳明学复兴的影响似当引起重视。因为李鸿藻、徐桐、孙家鼐、翁同龢不仅是帝师，而且是清廷的重要官员，他们往往出入军机处，并兼管吏部、工部、礼部等重要部门，更经常担任会试的考官或殿试阅卷大臣。因他们实际是主持风会的人物，其学术倾向就不再是个人的品位，而可能对整个国家的方方面面产生重要的影响[1]，其可能影响途径之一就是科举考试。翁同龢等主持风会之人的好尚很可能成为举人们追逐的方向。比如，同治元年殿策问试题就是有关学术治道。此科状元徐郙，是翁同龢在紫阳学院的学友，也是其名义上的门生（翁是这一年会试的考官之一），在策问卷中就调和各家学说。"究之象山鹅湖义礼之辨，朱子未尝不为心折。若以学成致用而论，陆氏固尝居乡御寇，王守仁江右粤西战功尤著。而程子、朱子致君泽民，其展布亦章章可考，未有空谈心性而无所表见者，亦足徵体用之一源已。"[2] 徐后来与翁同龢、孙家鼐关系非常密切。而 1894 年光绪甲午科

---

[1] 比如，1882 年 6 月 23 日，翁同龢在"毓庆宫进讲"，即"略言圣学以正心诚意为本，勿视为迂谈"。这里很可能就是以自己的学术倾向影响年幼的光绪皇帝。陈义杰整理：《翁同龢日记》，中华书局 1989 年版，第 1662 页。

[2] 仲光军，尚玉恒，冀南生编：《历代金殿殿试鼎甲朱卷》，花山文艺出版社 1995 年版，第 870 页。

殿试状元张謇也是翁同龢的门生，并且为翁氏亲手录取。其殿试试卷中说："且夫民生至重也，学术至博也，人才至难也，国计至剧也。朱子谓四海之广、善为治者乃能总摄而整齐之。戊申封事、则要之于格物致知，以极夫事物之变推之。至谏诤师保而归本于人主之心，其言尤恳切详尽焉。臣伏愿皇上万几余暇，留心于《大学衍义》，而益致力于朱子之《全书》、以求握乎明理之原，而止于至善之极。"①出题虽然还是遵照朱子学说，但是其间透露的消息极富意味。因为《大学衍义》是光绪皇帝的教材，而张以"归本于人主之心"为"恳切而详尽"，也令人联想起乃师的好尚。

康有为也许是一个例子，他背弃其师，宗奉程朱的朱一新，转向"公羊学"，并依靠阳明学（陆王心学）使向他初次请益的梁启超大为折服，从而使得梁氏退出以训诂为重的学海堂，转投康氏的万木草堂②，而康有为最终在1894年甲午年会考得中。有关戊戌时期康有为的学术是否宗阳明，尚有疑问。但是这一说法也很有意思，考虑到前述翁同龢等人的好尚，这一切就别有意味。假如康有为、梁启超此前真的"好尚"陆王心学，那么后来聚讼纷纭的"翁同龢荐康"说和梁启超代孙家鼐草拟《京师大学堂章程》就更加耐人寻味。

翁同龢、孙家鼐等人还可以影响朝廷的旌表等事项，借助国家的力量来扩大自己所宗尚学术的影响。光绪二年（1876），江西学政陈宝琛奏请以先儒黄宗羲、顾炎武从祀文庙就是这样一个典型事件，翁同龢是其中的一个关键角色。当时议者多以为未可。此事《翁同龢日记》可提供佐证。光绪十一年十一月初一日（1885年12月6日），翁氏记"是日会议黄梨洲、顾亭林两先生从祀孔庙礼部具驳稿，余未画，孙燮臣画"。第二天，"盛伯羲来议黄、顾从祀事，请伊属稿，留晚饭，谈至戌正，余先睡"。初三日（8日），翁记"早再访伯寅，以伯羲语告之"。初四日（9日），翁同龢"访伯羲（原文作熙，

---

① 《历代金殿殿试鼎甲朱卷》，第1039—1040页。

② 梁启超：《南海康先生传》，《饮冰室合集·文集》之六，中华书局1989年版，第57—61页。

引者按）未见，不知奏稿如何也"。初五日（10日），翁同龢"到南斋与伯寅语，其时伯羲尚未送来摺稿也。燮臣入，乃将吾家人续送件携入。阅盛稿，极博赡透快，乃与伯寅定议，我二人并孙子授、孙燮臣、龙芝生、盛伯羲联衔同奏，并托伯寅至内阁，于礼部摺内代写另奏字"。十一月廿一日（12月26日），翁同龢等十人（国子监六人加潘祖荫、周家楣、徐树铭、孙家鼐）连衔递交议从祀摺。奉旨交大学士、六部、九卿、翰詹科道再行妥议①。不料，内阁议论并不赞成。光绪十二年二月初五日（1886年3月10日），翁同龢"诣内阁查议顾、黄两先生从祀，未议，内阁先出一稿，引上谕数条，未加出语，谓不得为躬行实践之儒云云，而洪给谏良品别出一稿，则诋黄学术不正，并及顾矣，画一阅字遂出"。于是翁同龢与潘祖荫、盛伯羲等商量再草一摺。二月十五日（3月20日），"是日内阁递会议黄、顾从祀摺，仍驳"。翁同龢"与潘伯寅、孙燮臣、孙子授、周小棠、盛伯羲、龙芝生七人连衔申前摺语、奉上谕：'兹据额勒和布等仰稽列圣垂谟，参考廷臣议论，请照礼臣原奏议驳，即着毋庸从祀文庙，仍准其入祀乡贤，以重明禋而昭矜式。'"②《清史列传》记载，孙家鼐在此事件中也有重要作用，他"与潘祖荫、翁同龢、孙诒经等独请旨准行，比仍议驳。后卒从家鼐议"③，今按以翁同龢领衔的《遵议黄宗羲等从祀文庙摺》和《遵议先儒黄宗羲顾炎武从祀疏》内均称黄、顾两人学术醇正，"皆有传经之功，卫道之力，崇正遏邪之实效"。其中黄宗

---

① 《翁同龢日记》，第 1978—1979 页。

② 《翁同龢日记》，第 1998—2000 页。

③ 《孙家鼐传》，王锺翰点校：《清史列传》，卷六十四，北京：中华书局 1987 年版，第 5093—5097 页。

羲既得阳明学的正宗、精髓，又推崇朱子，无偏私之弊①。尽管这是盛昱起草的奏折，但是其中也反映了翁同龢、潘祖荫、孙家鼐等人的主张，可见在朝廷崇程朱正学的压力下，清政府官僚们推崇某些儒者的苦心。而我们看到，光绪二十三年（1897），孙家鼐列名主编《续西学大全丛书》，其中就收入了译名为《心学公理》的西方心理学教材。徐桐也曾经利用修撰国史的机会，坚持要将"从邵子先天入手，继阐明良知，亦不攻朱学"的纪大奎补入《儒林传》。缪荃孙不允，以致产生龃龉，后叶昌炽勉强受命，却心怀歉疚②。此事既是前述徐桐受豫师影响，支持阳明学的又一旁证，也是他利用权力表彰特定人物时倾向阳明学的证据。凡此皆可以看出"帝师"的学术好尚已经超越个人的喜好，对晚清学术产生多方面的影响，而他们对阳明学的支持既是晚清阳明学复兴的一个重要表现，也可能是阳明学复兴一个重要的动因。至于翁同龢、孙家鼐等帝师的个人学术好尚与国家思想导向之间的关系，以及影响晚清学术隆替的社会机制等问题，仍有待未来的研究。

（作者系清华大学人文学院历史系教授）

①"黄宗羲编定明《儒学案》，综二百年学术升降之原，会通融贯，虽出自蕺山，而于姚江末派，痛于斥绝，故河东姚江两得其正。创修宋元学案，条分派别，祗斥邪而扶正，不伐异而党同，其称朱子谓致广大尽精微，综罗百代，推挹可云极至。"至于其学术之实效，"明季心学盛行，颜山农、何心隐、李贽之徒，标目狂禅，荡无礼法，细心不谨，束书不观，学术既坏，国运随之。黄宗羲排斥其根株，顾炎武痛绝其支蔓，自二儒兴而禅学息矣，禅学息而朴学起矣，绝续之交，固由景运之隆，亦该故儒教泽之力，所谓阐明圣学传授道统者非欤？"翁同龢：《遵议先儒黄宗羲顾炎武从祀疏》，《翁同龢集》，第47—50页。

②"（《叶缘督日记》）丙申八月二十八日：夏闰枝来述筱珊因与掌院争纪恢斋入《儒林》，大考为所中伤。日前接见同署诸君，昌言不讳。丁酉九月三十日：补撰《儒林传·纪大奎传》一首，东海相国之意也。大奎从邵子先天入手，继阐明良知，亦不攻朱学，又旁涉二氏术数，疑龙、撼龙诸说，其学颇不纯。东海师初以属筱珊，致龃龉，吾不能却，即此愧吾友矣。"柳曾符：《柳诒徵与缪荃孙》，《劬堂学记》，上海书店出版社2002年版，第173页。

翁同龢与光绪朝的立嗣风波

王忠良

翁同龢（1830—1904）是中国近代著名的政治家。从 1856 年（咸丰六年）状元及第后步入政坛，他不仅先后身膺同治、光绪两朝帝师，而且历任国子祭酒监及管理国子监事务大臣，并多次出任学政、乡会试考官、阅卷大臣。授擢内阁学士，都察院御史，又先后任刑部、工部、户部尚书，加太子少保衔，两授军机及总理各国事务衙门大臣，凡同、光年间的内政外交重大朝政活动，无不参与。帝师之尊、宰相之位、枢臣之重，仕途经历为有清一代所罕见。身处波诡云谲的同光朝局中，翁同龢已然显现出了自己越来越重要的影响力。本文依据《翁同龢日记》进行梳理，就翁同龢在光绪朝立嗣危机以及随之引发的继统之争中的思想脉络稍加述论。

一

1874 年（同治十三年）12 月 16 日，身患天花的穆宗同治帝病情日趋加剧，两宫皇太后在养心殿东暖阁召见军机、御前大臣等表示："数日来圣心焦虑，论及折奏等事，裁决披览，上既未能躬亲，尔等当思办法，当有公论。"① 当时在场的翁同龢在日记里写道：

---

① 翁万戈编、翁以钧校订：《翁同龢日记》，中西书局 2012 年版，第 1113 页。

皇太后调护过勤，焦忧过甚，不免流涕，前后凡四刻退。未退时诸王奏言，圣躬正值喜事，一切章奏及必应请旨之事，拟请两宫太后权时训谕，俾有遵循。命诸臣具折奏请。退后同至枢廷拟折稿……甫散，又传再见，趋入，待齐入见于西暖阁，皇太后谕，此事体大，尔等当先奏明皇帝，不可径请。①

两宫皇太后召见过后，由翁同龢与弘德殿同事、军机大臣李鸿藻共同拟定奏稿并诸大臣签名，于 12 月 21 日联衔具折奏称："皇上于本月遇有天花之喜，经钟郡王、惇亲王等合词吁恳，静心调摄。……惟现在尚难耐劳，诸事深虞旷误，所有内外臣工、各衙门陈奏事件，可否一应呈请两宫皇太后披览裁定，俟来年二月十一日（按：1875 年 3 月 18 日）后再照常办理。臣等不胜激切待命之至，伏祈圣鉴。"② 这一请求两宫太后权且训政的折稿，让慈禧冠冕堂皇地重新走上了政治前台。

1875 年 1 月 12 日，同治帝不治崩逝，因身后无嗣，清廷第一次面临必须从皇帝子嗣外寻找皇位继承人的严重局面。帝嗣的选立，不仅事关皇脉之延续，更关乎国家之命运。"有子立嫡，无子立后"是宗祧继承的原则。按照清代的祖宗家法，应从皇族近支中选一位晚辈作为嗣子接续帝统。同治帝系"载"字辈，他的下一辈为"溥"字辈。但为了独揽皇权，慈禧坚决要求立"载"字辈继位，否则她就成了"虽尊而疏"的太皇太后，没有任何理由再行垂帘听政。出于维护自身的专权私欲，慈禧决意立其妹夫醇亲王奕譞之子载湉为帝（即光绪帝），以弟继兄，以便用皇太后名义继续保持垂帘听政的格局。

就在同治帝去世的当天，两宫太后在养心殿召集皇亲贵戚、满朝文武重臣，

---

① 翁万戈编、翁以钧校订：《翁同龢日记》，中西书局 2012 年版，第 1113 页。

② 李宗侗、刘凤翰编：《李鸿藻先生年谱》，见王云五主编：《新编中国名人年谱集成》，台湾商务印书馆 1981 年版，第 219 页。

议立嗣君。翁同龢当天日记记述了亲历选嗣的过程：

> 太后召诸臣入，谕云此后垂帘如何。枢臣中有言宗社为重，请择贤而立，然后恳乞垂帘。谕曰，文宗无次子，今遭此变，若承嗣年长者实不愿，须幼者乃可教育，现在一语即定，永无更移，我二人同一心，汝等敬听，则即宣曰某。维时醇郡王惊遽敬唯碰头痛哭，昏迷伏地，掖之不能起。"①

日记接着写道：

> 诸臣承懿旨后，即下至军机处拟旨，潘伯寅意必宣明书为文宗嗣，余意必应书为嗣皇帝，庶不负大行托付，遂参用两人说定议。②

根据翁同龢与潘祖荫的建言，以醇亲王之子入承大统，明定"俟嗣皇帝生有皇子，即承继大行皇帝为嗣"，继嗣同时继统，得旨允行。载湉当晚从醇王府被迎入宫，1 月 15 日允准垂帘旨，16 日宣布次年（1875）改元光绪。慈禧二度垂帘的局面正式形成。

二

论者认为③，迎醇亲王之子入宫的上谕，潘祖荫"意必宣明书为文宗嗣"，翁同龢"意必应书为嗣皇帝"。前者用意"在隔断醇王与光绪的父子关系"，后者用意"在继穆宗之统绪，非别立一君"，排除将来废立的可能性，从而为

---

① 翁万戈编、翁以钧校订：《翁同龢日记》，第 1123 页。

② 同上。

③ 参见高阳著：《翁同龢传》，黄山书社 2008 年版，第 47 页。

光绪立嗣寻求合乎情理的解释。由此,翁同龢得到了醇亲王的极大好感,得以成为光绪帝师,也为此后的青云直上奠定了基础。

耐人寻味的是,因为光绪帝为醇亲王之子,1875 年 1 月 14 日,醇亲王"请开一切差使",次日内阁集议。《翁同龢日记》写道:

> 恭邸曰,宜开去差使,又数条,大略朝会不与之类。请予亲王世袭罔替。万礼部曰:醇亲王之称如何。恭邸曰,但愿千百年永永是此名号。余参酌数语,唯唯否否,良久始罢。……与荣仲华、潘伯寅论此事,余曰礼隆于缵绪则义绝于所生,与伯寅合。又曰他缺皆开,惟神机营重镇不可离,与仲华合。①

由此次廷议可见,奕䜣认为宜如所请,但保留醇亲王的永久名号,防止因其为皇帝生父而操控政权的可能;翁同龢则主张醇亲王的其他差缺均可开去,"惟神机营重镇不可离"。

清代神机营创建于 1861 年,是清廷在内忧外患逼迫下以西方近代武器装备训练的禁卫军,选拔八旗精锐为营伍,寄予"步武祖宗神勇、重振八旗雄风"的重任,由醇亲王亲自掌管。如今作为嗣君生父的特殊身份,不便主持其事。翁同龢出此正中下怀的想法,来自于他对醇亲王的倾心敬重,始于父亲翁心存 1862 年入值弘德殿期间,醇亲王在书房专司照料督责,两人就相识交往。翁心存去世后,翁同龢承继父志,受命为同治帝师,也是得力于醇亲王和恭亲王的推荐,授读期间更是备受其关心和帮助,此后时相往来,建立了笃深的友谊。1870 年 5 月 27 日的《次韵题醇邸小像》诗作,可见翁同龢内心的感恩衷曲,诗曰:②

---

① 翁万戈编、翁以钧校订:《翁同龢日记》,第 1124 页。

② 朱育礼、朱汝稷校点:《翁同龢诗集》,上海古籍出版社 2009 年版,第 21 页。

亮直端严大体持，万民所赖四方维。

殊恩久巳隆三锡，累疏犹闻做十思。

试展画图知有志，等闲诗句亦无欺。

俗工岂识丹青妙，会向麒麟阁上移。

从来德业贵操持，抑抑常严礼仪维。

学到反求方是学，思如不合且深思。

先朝彝训求无忝，入告嘉谟矢勿欺。

更愿贤王调玉体，忧时容翚巳潜移。

　　时任户部侍郎、内务府大臣的荣禄，字仲华，号略园，满洲正白旗人，在醇亲王的赏识培植下，由神机营"充翼长，兼专操大臣"而起家。翁、荣结识，也是由醇亲王从中撮合。此次翁同龢主张为奕譞保留"神机营差使"，与荣禄心思可谓同心契合。翁氏 1875 年 1 月 17 日日记：

　　议醇亲王折，已具稿矣，略言该王公忠体国，宜允所请，一切差使概行开去，以节劳勚，又每年派往东、西陵一次，又朝会无庸入班，又大政事则备顾问，有应奏者准其陈奏，皆空语也。余具疏责以大义，并请留神机营差使以资弹压。同人中知之者徐荫轩、殷谱经、黄恕〈皆〉，皆愿联衔。[1]

　　翁同龢的奏议，一时得到了同为弘德殿行走的徐桐（荫轩）、礼部侍郎殷兆镛（谱经）、礼部侍郎黄倬（恕）等同人的附和，为此"皆愿联衔"。但随后的两天里，黄倬、徐桐又不愿列名，先后退出。正当翁同龢"未喻其故"时，

---

① 翁万戈编、翁以钧校订：《翁同龢日记》，第 1125 页。

同治皇后之父、吏部右侍郎崇绮前来长谈，以神机营"章程之谬，人才之杂"，劝他"不必请留醇邸"。① 在"然耶否耶"的纠结中，翁同龢一夜未眠，思量再三，还是决定第二天一早单衔上奏"请酌留神机营差使"一折。据 1 月 20 日日记，递折后奉懿旨："照王大臣等所请，其神机营应行一切事宜与管营王大臣随时商酌，派伯彦诺谟祜、景寿管神机营事务。"② 也就是说，神机营差事改由僧格林沁之子伯彦诺谟祜、工部尚书博启图之子景寿（奕䜣妹婿）管理，但有"与管营王大臣随时商酌"的一句旨令，依旧隐操（稳操）枢府大权，为醇亲王适时干预留有了余地。

翁同龢的单衔密折虽留中未发，慈禧未予采纳，却赢得了醇亲王和荣禄的称许，也为他日后进阶枢廷重臣积累了不可或缺的人脉。就在此折上奏的第二天，翁同龢又奉懿旨，派偕恭亲王、醇亲王、荣禄，以及时任都察院左都御史、内务府大臣魁龄一起，办理查勘同治帝惠陵陵基事宜。随后，自 1875 年（光绪元年）2 月 18 日启程至 3 月 22 日回京，在前往惠陵相度地势、督修陵工的短短一个月内，翁同龢与醇亲王、荣禄相伴而行，相从密切，彼此赋诗酬唱，其中大部分又是与醇亲王的唱和之作，③ 关系之亲密已非同寻常。

三

再说在选储立嗣的重大问题上，由于慈禧打破了皇位传统继序的成例，无疑牵涉到了祖制恪守与继嗣继统间的复杂矛盾。如何理顺同治、光绪两帝之间

---

① 翁万戈编、翁以钧校订：《翁同龢日记》，第 1125 页。

② 翁万戈编、翁以钧校订：《翁同龢日记》，第 1126 页。

③ 收入《翁同龢诗集》中的《次韵醇邸示诗》、《次韵醇邸梁格庄行宫志哀诗二首》、《次韵醇邸登华盖山志感》、《次韵醇邸招游西山别业》、《次韵醇邸见简》、《卢沟旅次醇邸示诗次韵奉答》、《偕荣侍郎步月桥上次醇邸韵》、《上巳出都醇邸有诗谨次其韵》、《奉贺华峰得子次醇邸韵》、《次韵上醇邸》、《次韵醇邸见示之作》、《次韵醇邸蕉花图》、《文炳骏图为醇邸赋》、《樱扇为醇邸赋》等，均为此间所作。

的平衡，虽有翁同龢、潘祖荫的意见定议，但由皇嗣继承危机带来的政统不畅，依然令那些秉持儒家道统的官绅士子心忧，不少人认为，慈禧不为穆宗立嗣，终是朝廷的一大隐患。

光绪帝即位后不久，围绕继嗣继统一事风潮骤起。

1875 年 2 月 20 日，先是内阁侍读学士广安旧事重提，奏请太后将立嗣时所称"皇上将来生有皇子，自必承继大行皇帝为嗣，接承统绪"的内容"颁立铁券，用作奕世良模"。要求把既定承诺用刻铁券的方式固定下来。[1] 慈禧看过奏章后大怒，传旨斥责了一番。3 月 27 日，因不堪忍受慈禧心狠手辣的折磨与凌辱，年仅二十二岁的同治帝皇后阿鲁特氏服毒自杀。御史潘敦俨"默念穆宗嗣统未有定议，孝哲毅皇后又仰药殉"，疏请表彰"穆后潜德，更谥号"，结果被罢官免职。[2] 慑于慈禧大权在握的淫威，满朝文武无不起戒慎恐惧之心，非议虽多却不敢谏言。

殊不知，1879 年 4 月震惊海内的吴可读尸谏事件，使一度沉寂的继统之争再度成为热门话题。

吴可读（1812—1879），字柳堂，甘肃皋兰（今兰州）人。道光进士，授刑部主事，晋员外郎。1861 年丁母忧，归讲兰山书院，之后入都补原官。1872 年，补河南道监察御史。在任御史时，吴可读以直言敢谏而名动朝野，其中两疏最为时人所传颂：一是甫任不久，上疏请免各国使节觐见皇帝所行的跪拜之礼，主张随各国礼俗以示宽大，不必斤斤计较于礼节争论而损国家利益。二是 1874 年上疏弹劾滥杀无辜的乌鲁木齐提督成禄。当时，成禄诬良为匪，妄杀百姓又虚报战功，被陕甘总督左宗棠奏劾后撤职查办，初议为"斩立决"，后因朝中有意偏祖成禄，改为"斩监候"。吴可读认为判罪太轻，怒不可遏

---

[1] 朱寿朋编：《光绪朝东华录》（一），中华书局 1958 年点校本，第 22 页。

[2] 《清史稿》第 41 册，卷 445，中华书局 1977 年标点本，第 12463 页。

地上疏争辩，奏求皇上"请斩成禄以谢甘民，再斩臣以谢成禄"①。结果因戆直的言辞触怒了权臣，也令皇帝不快，反被连降三级，回家乡重掌兰山书院。1876年起复为吏部主事。

1879年4月11日，吴可读借同治帝及其皇后归葬惠陵之机，请命随扈而行。在葬礼结束后的返京途中，他住进了蓟州（今河北蓟县）马伸桥三义庙，先写好密折封存，遗书嘱为转呈吏部代递；并在白绫上书写"九重懿德双慈圣，千古忠魂一惠陵"一联后，服毒自尽，以尸谏的行为抗议慈禧不为同治帝立嗣。遗疏中说：

> 窃以为两宫皇太后一误再误，为文宗显皇帝立子，不为我大行皇帝立嗣。既不为我大行皇帝立嗣，则今日嗣皇帝所承大统，乃奉我两宫皇太后之命，受之于文宗显皇帝，非受之于我大行皇帝也，而将来大统之承，亦未奉有明文，必归之承继之子。②

遗疏将慈禧强立载湉为帝指责为"一误再误"之举，进而斥责：

> 懿旨内有承继为嗣一语，则大统之仍归继子，自不待言。罪臣窃以为未然。……名位已定者如此，况在未定。不得已于一误再误中而求一归于不误之策。惟有仰乞我两宫皇太后再行明白降一谕旨，将来大统仍归承继大行皇帝嗣子。嗣皇帝虽百斯男，中外及左右臣工均不得以异言进，正名定分，预绝纷纭。

5月7日，吏部将吴可读遗折代奏呈上，部分廷臣当天已看到遗折内容。

---

① 郭岚、李崇洸编：《携雪堂全集》卷4，光绪庚子浙江书局刊本。
② 《光绪朝东华录》（一），第725—726页。

当天的翁氏日记称:

> 是日奉两宫懿旨,吏部主事吴可读伏毒自尽,遗有密折一件,请议立穆宗毅皇帝承嗣大统。①

吴可读以死规谏之举,关系到帝国继统的大事,遗疏言辞又如此激烈,事发后,朝野议论沸沸扬扬。慈禧在吏部上奏后当即下旨:"吏部奏主事吴可读服毒自尽,遗有密折,代为呈递,折内所称请明降懿旨,预定将来大统之归等语,前于同治十三年十二月初五日(按:1874 年 1 月 12 日)降旨,嗣后皇帝生有皇子,即承继大行皇帝为嗣。此次吴可读所奏,前降旨时即是此意。著王大臣、大学士、六部九卿、翰詹科道将吴可读原折会同妥议具奏。"②言下之意,立嗣继统问题在原先的上谕里已经解决,遗折所请纯属老调重弹。众议纷纭面前,慈禧虽自知理亏,却并未就此简单压制,而是先定下上谕基调,因势利导地要求群臣奏疏讨论,看似广开言路,实则暗示借众人之口为自己辩护。

5 月 9 日,遗疏先小范围传阅,翁同龢就在当天"始见吴御史密折"。5 月 15 日日记:

> 是日召见东暖阁,首问书房功课……次问吴可读折,具以古今典礼、本朝不建储之说对。上意踌躇良久,则又以大统所归即大宗所系,次第详陈,仰蒙首肯再三。③

日记显示,慈禧召对商讨继统事时,翁同龢的回答显然得到了太后的鼓励。

---

① 翁万戈编、翁以钧校订:《翁同龢日记》,第 1125 页。

②《光绪朝东华录》(一),第 727 页。

③ 翁万戈编、翁以钧校订:《翁同龢日记》,第 1456 页。

为此，他和徐桐、潘祖荫等同僚联名起草奏折，成稿后又找多人商议，5月19日："访荫轩未值，拟折稿送之。"① 次日与同仁讨论，"绍彭、伯寅（即潘祖荫）俱从余议，同事孙、张二君亦同"②。5月21日内阁集议，将所拟折底交恭亲王等征求意见，"恭邸意以为不然，而不加驳诘，枢廷但惟惟而已"，唯有惇亲王"阅之坠泪"。③ 入奏前又专访汉军机领衔沈桂芬，"以所拟底交之，彼甚以为是也"④。预定大统之归，即为变相的建储，兹事体大，翁同龢等为此煞费周章，格外谨慎，"往还颇费辞矣，两至馆上斟酌折头"⑤。反复斟酌修改后，至月底递奏。由内阁大学士、军机大臣在翁同龢等联衔折基础上递呈的《遵议预定大统疏》指出：

> 窃思吴可读所陈预定大统，此窒碍不可行者也。我朝家法，不建储贰，此万世当敬守者也。臣等恭绎同治十三年十二月懿旨，于皇子承嗣一节，所以为统绪计者，至深且远。圣谕煌煌，原无待再三推阐。今吴可读既有此奏，而懿旨中复有即是此意之谕，特命廷臣集议具奏，若不将圣意明白宣示，恐天下臣庶，转未能深喻慈衷。

奏疏进而认为：

> 臣等以为诚宜申明列圣不建储之彝训，将来皇嗣蕃昌，默定大计，以祖宗之法为法，即以祖宗之心为心。总之，绍膺大宝之元良，即为承继穆宗毅皇帝之圣子。揆诸前谕则合，准诸家法则符，使薄海内外咸晓然于圣

① 翁万戈编、翁以钧校订：《翁同龢日记》，第1457页。

② 同上。

③ 同上。

④ 翁万戈编、翁以钧校订：《翁同龢日记》，第1459页。

⑤ 翁万戈编、翁以钧校订：《翁同龢日记》，第1457页。

意之所在，则诒谋久远，亿万世无疆之体，实基于此。[①]

针对建储与立嗣之间的复杂矛盾，折中给出了"绍膺大宝之元良，即为承继穆宗毅皇帝之圣子"的处理方案，也即确立先建储、后立嗣的思路，换句话说，先解决继统，继统者就是同治之嗣。因感念懿旨中"将来绍膺大统者，即承嗣穆宗毅皇帝之子"之句，就出自他和徐桐、潘祖荫联衔的"折中语"，翁同龢在 5 月 30 日的日记里，不无"感涕交集"的内心激动。[②]

此间，翰林院侍读学士宝廷、翰林院编修黄体芳、御史李端棻等大臣各上一疏，更有出自国子监司业、清流健将张之洞之手的奏疏，明确提出了"将来缵承大统者，即承继穆宗为嗣"[③]的继嗣与继统合并解决的办法，与翁同龢等人的见解不谋而合。最后，由礼亲王世铎领衔具疏，奏称"吴可读以大统所归，请旨预定，似于我朝家法未能深知，而于皇太后前此所降之旨，亦尚未能细心仰体，臣等公同酌议，应请毋庸置议"[④]。次日颁下懿旨：

> 皇帝受穆宗毅皇帝托付之重，将来诞生皇子，自能慎选元良，缵承统绪，其继大统者，为穆宗毅皇帝嗣子，守祖宗之成宪，示天下以无私，皇帝亦必能善体此意也。[⑤]

懿旨还责成将吴可读原折及王公大臣等会议折，翁同龢与徐桐、潘祖荫的联衔折，以及宝廷、张之洞等奏折和有关谕旨，另录一份存毓庆宫，以便将来查考遵行。对"以死建言"的吴可读，最后以"孤忠可悯"之语加以褒奖，并

---

① 《光绪朝东华录》（一），第 741—742 页。

② 翁万戈编、翁以钧校订：《翁同龢日记》，第 1459 页。

③ 张之洞：《遵旨妥议折》，《张之洞全集》第一册，河北人民出版社 1998 年版，第 9—13 页。

④ 《光绪朝东华录》（一），第 741 页。

⑤ 《光绪朝东华录》（一），第 749 页。

著交吏部照五品官例议恤。尸谏风波就此了结。

结语

　　诚如论者指出：光绪朝的继统之争，恰好反映出清朝最高权力结构中的某些变态，说明在最高统治权的承接上，制度外的因素（垂帘听政）是如何破坏既成制度，固守定制者又是如何擎着"祖宗之法"的神圣旗号来力图维护制度。吴可读以命相抗后，终以集思广益的形式基本解决了摇动朝局数年的大统问题，使此前不明不白的继统立嗣关系得以理顺，使前朝、当下、未来找到了平衡点，使政局得以稳定、意见得以统一，慈禧的垂帘听政和光绪的继位传绪有了"合理合法"的解释，也使朝野官绅的心结有所释怀。[①] 当然还要看到，吴可读尸谏尽管未能阻止慈禧的垂帘干政，却开创了晚清京官不避权贵、直言敢谏的风尚。值此扑朔迷离的同光政局，翁同龢、张之洞等人为立嗣风波提出解决之道，无不以经世匡时为己任，标榜风节，屡上封事，由此集结起被时人称为"清流党"的政治派别。

　　就事论事地说，置身于这场继统之争中的翁同龢，较之内阁集议时不少臣僚"不敢参议，不得擅请，不能预拟"的表态，不仅敢于任事，而且办法得体，显然愈加得到了慈禧的信任和器重。时隔仅二十天，立嗣风波中联袂而起的翁同龢和潘祖荫，就分别调补工部尚书、刑部尚书，便是一个明显的例证。

（作者系翁同龢纪念馆馆长、副研究馆员）

---

① 参见郭卫东：《论光绪朝的继统之争》，《清史研究》2009 年第 1 期。

刘铭传与翁同龢兄弟的恩怨

贾熟村

刘铭传（1836—1896），字省三，安徽合肥人。翁同龢（1830—1904），字声甫，号叔平，江苏常熟人。翁同书（1810—1865），字祖庚，号药房。为翁同龢之长兄。刘铭传比翁同书小二十六岁，比翁同龢小六岁。

咸丰四年（1854），太平军克庐州，刘铭传在籍筑寨团练自保。六年，太平军为解天京之围，在安徽发动了强大攻势，陈玉成率部包围了庐州，安徽巡抚福济督战不力，奉旨革职回京，以翁同书为安徽巡抚。五月，太平军进攻六安，刘铭传率团练参加战斗。六月，随署安徽按察使、庐州知府马新贻出城作战，由马新贻介绍，翁同书认识了刘铭传。九年（1859）八月，太平军攻打肥西，刘铭传配合清军作战，以战功被翁同书保奖千总，授予五品顶戴。十一年（1861）正月，皖北练总苗沛霖与寿州练首寻仇，围攻寿州，翁同书被困于寿州城内，刘铭传率团练救援，翁同书心怀感激，在给翁同龢的书信中屡屡提及刘铭传其人。同治元年（1862），刘铭传随李鸿章至上海，连年镇压太平军、捻军，被封一等男爵。[①]

同治九年（1870），发生"天津教案"，法国以兵力要挟。六月，清廷命刘铭传兼程赴直隶，统带淮军，以备缓急。九月，刘铭传奏请陛见，获准。此时，

---

① 谢俊美：《翁同龢与刘铭传的交往》，《海峡两岸纪念刘铭传逝世100周年论文集》，黄山书社1998年版，第365页。

翁同龢已是同治皇帝的师傅，官衔已是太仆寺正卿。二十八日，刘铭传陛见。[①]他到京的第三天，就去东直门外南横街头条胡同看望翁同龢，不巧，这天翁同龢因与李鸿藻有约，外出不在家，未能见到。第二天，刘铭传第二次往拜，这一次因去得太早，翁同龢尚未退朝回家，还是未能见到。刘氏的两次登门拜访，使翁同龢大为感动。十月初四日，清廷命前任直隶提督刘铭传督办陕西军务。[②]翁同龢前往刘铭传下榻的法源寺回拜，由于事前没有约好，这一天，刘氏到贤良祠看望也来陛见的两江总督曾国藩了，以致两人又未能晤面。初六日，翁氏又一次往法源寺"再访刘军门，不值"。原来李伯雨要随刘铭传赴陕西，刘铭传到兵部与李伯雨磋商有关事情去了。此外，刘铭传还朝拜慈禧太后，向她谢恩，请训。初九日，翁氏再次"访刘省三，仍未晤"。京官清苦，地方官至京，例须向京官送礼，名目繁多，如节敬、炭敬、别敬等等。十三日，刘铭传到翁宅，与翁同龢告别，这次两人总算见了面，晤谈中，各言仰慕之情，"刘铭传留别"，翁"受之"。次日，翁至法源寺送行，刘铭传已经出京了。

光绪六年（1880），中俄伊犁交涉，关系紧张，俄国出动陆、海军进行威胁，清政府备战。命刘铭传迅即来京，备咨询。当时，翁同龢已任工部尚书，奉旨与惇亲王奕誴，恭亲王奕䜣，醇亲王奕譞等处理伊犁交涉问题。十一月初一日，刘铭传受到慈禧太后召见。第二天，他递上《筹造铁路以图自强折》，奏称他"每念中国大局，往往中夜起立，眦裂泣下，恨不能竭犬马以图报于万一也"。"中国自与外国通商以来，门户洞开，藩篱尽撤，自古敌国外患，未有如此之多且强也。……而俄地横亘东西……尤为腹心之患。……此时之持满不发者，非畏我兵力，以铁路未成故也。不出十年，祸且不测。日本一弹丸国耳……恃有铁路，动欲逞螳螂之臂，藐视中国，亦遇事与我为难。臣每私忧窃叹，以为失今不图自强，后虽欲图，恐无及矣！自强之道，练兵、造器，固宜次第举行，

① 陈义杰整理：《翁同龢日记》，第 804 页，中华书局 2006 年版。

② 马昌华，翁飞点校：《刘铭传文集》，黄山书社 1997 年版，第 551 页。

然其机栝，则在于急造铁路。铁路之利，于漕务、赈务、商务、矿务，以及行旅、厘捐者，不可殚述，而于用兵一道，尤为不可缓之图。""中国幅员辽阔……画疆而守，则防不胜防，驰逐往来，则鞭长莫及，惟铁路一开，则东西南北呼吸相通，视敌所驱，相机策应，虽万里之遥，数日而至，虽百万之众，一呼而集，无征调仓皇之虑，无转输艰阻之虞。且兵合则强，兵分则弱，以中国十八省计之，兵非不多，饷非不足。然各省兵饷，主于各省督抚，此疆彼界，各具一心，遇有兵端，自顾不暇，征饷调兵，无力承应，虽诏书切责，无济缓急。若铁路造成，则声势联络，血脉贯通，节饷裁兵，并成劲旅，防边防海，转运枪炮，朝发夕至。驻防之兵，即可为游击之旅。十八省合为一气，一兵可抵十数兵之用。将来兵权，饷权，俱在朝廷，内重外轻，不为疆臣所牵制矣。""若一旦下造铁路之诏，显露自强之机，则声势立振，彼族闻之，必先震詟，不独俄约易成，日本窥伺之心亦可从此潜消矣。""本年李鸿章奏请沿海安设电线，此亦军务之急需。但电线须与铁路相辅而行，省费既多，看守亦易。或者以铁路经费难筹，无力举办为疑……今欲乘时办力，莫如议借洋债……息可从轻，期可从缓。""查中国要道，南路宜修二条：一由清江经山东，一由汉口经河南，俱达京师；北路宜由京师东通盛京，西通甘肃。虽二费浩繁，急切未能并举，拟请先修清江至京一路，与本年议修之电线相表里。"[1]

在这一天，翁同龢在日记中写道："刘省三铭传来，初见也。伊封奏言开铁路事。"初三日，又写道："刘省三赠虢季子敦打本并其诗一册，比（此）武人中名士也。"初十日，又写道："刘省三有赠，力却之。"[2] 翁同龢热爱古文物，虢季子敦是稀世国宝，刘铭传赠其打本，一定给翁留下深刻印象。

刘铭传请修铁路的奏折，得到李鸿章的强烈共鸣和大力支持，十二月初一日，李鸿章上《妥议铁路事宜折》，认为"刘铭传年力尚强，英气迈往……近

---

① 《刘铭传文集》，第43页。

② 《翁同龢日记》，第1525页。

见各国环侮，亟思转弱为强……若蒙圣主授以督办铁路公司之任……即待其效于十年之后，尤属责无旁贷"。他写信给张佩纶说："省三回津，日趣复奏铁路事，此乃鄙意所欲言而久未敢言，幸于吾党发其端。"①

李鸿章还写信给醇王奕譞，请他支持修筑铁路。翁同龢为奕譞拟定复信，认为运销煤、铁，实有厚利，其他百货，不能保其销路之加多。田庐可徙，坟墓不可徙。铁路可试行于煤、铁之矿，开垦之地，以及屯军设防之一二口岸。言外之意，就是不同意刘铭传优先修筑清江至京师的铁路。

光绪七年（1881）正月十六日，通政使司参议刘锡鸿又上《罢议铁路折》。刘锡鸿曾任清政府驻英、德等国使节，亲身接触过西方资本主义文明，却反对引进先进的生产工具和科学技术。他承认"火车实西洋利器"，又认为"断非中国所能仿行"。综其理由：一是无处筹此巨款；二是山川之神不安，旱涝之灾易召；三是委员吏役，自肥囊橐；四是关卡不一，时刻无定，无利可图；五是不利于禁民惰游，节制侈靡；六是借洋债为之，不仅不能裕饷，反而会受累生患；七是铁路即造，必又争言兵不可裁；八是因开矿而造火车，耗资大而利小，入不敷出；九是村愚尤易为惑，民情不可尽恃。最后，他指出："明知不可，犹有建议者，盖由洋匠觅生理者立说相煽，华人之好奇喜新，不读诗书而读新闻纸者附和之；洋楼之走卒，沿海之黠商，捐官谋利者鼓其簧舌怂恿上司，投其所好，以致上闻。"刘锡鸿还有《密陈不可借款造路片》，他说出使外国前后，都曾与英国公使威妥玛相见，威妥玛多次对他大谈修造铁路之利，他以无资为辞，威妥玛称英国可以借给，他晒其包藏祸心，告以中国不可愚弄；国之存亡，在德不在强弱。以是知铁路固彼人挟以祸中国，万万不可听从者也。后来，翁同龢看了刘锡鸿的这份奏折，非常赞赏，认为言言中肯。就在刘锡鸿递上此折这一天，清廷发出上谕，称李鸿章、刘坤一等奏，均系为慎重起见；创办铁路，无论利少害多，且需费至数千万，安得有此巨款？若借用洋债，流

①贾熟村：《刘铭传与李鸿章的特殊关系》，《海峡两岸纪念刘铭传逝世一百周年论文集》，第296页。

弊尤多；叠据廷臣陈奏，佥以铁路断不宜开，不为无见；刘铭传听奏，著无庸议。这一轮关于兴筑铁路的辩论即告一段落。[①]

光绪九年（1883），中法关系紧张，战争即将爆发。十年三月二十六日，清廷命刘铭传入京，备咨询。五月二十日，刘铭传至天津见李鸿章。闰五月初一日，刘铭传受到慈禧太后的召见。次日，刘铭传上《遵筹整顿海防讲求武备折》，奏称："自泰西各国争开商埠以来，或占海疆，或吞藩属，无端欺藐，遇事生风，一波未平，一波又起。……今中国战不如人，器不如矣，不思改图，后将奚立？朝廷虚怀下问，询及刍荛，仰见圣主廑念时艰，力图振作，无任钦佩。惟自古办极大极难之事……或狃于成见曲示沮挠……反谓忠浄之士，好为激烈之鸣。""若谋富强，图久安，尤非铁路不可，此中利害，臣已于光绪六年具奏，并由李鸿章详细复陈，毋庸再渎。""海防以船为命，无师船即无海防，各国皆然，中国岂能独缓？综计沿海七省，须备兵船百只，方可敷战守。……自海防议起，环顾海内，惟李鸿章一人，留心讲求，选将造器，稍为可观。……朝廷廑念海防，似宜另设海部衙门，于南、北洋、闽、广要区，各设海军学堂……习业专精，再令出洋游历。……一俟妥筹船费，按岁递加，岁必造船数只。"此外，他还建议："沿海设防，宜分缓急重轻，以期扼要；各海口炮台，亟宜改建，以严防守；长江、太湖水师，急宜改制，以收实用；福建船政局、上海机器局宜加紧整顿，以求实济；筹购大批枪炮，以节经费而免欺蒙；稽查军机，整顿矿务，宜特设军器局，切实经营，以专责成；酌裁募勇，参用练军，以节饷需；严定赏罚，以求将才；设局译刻西书，引导合进，以广人才。"[②]

五月二十九日，刘铭传已与翁同龢见了一次面。闰五月初二日，翁氏回拜刘铭传。初四日，清廷赏刘铭传巡抚衔，命督办台湾事务，镇、道以下均归节

---

① 贾熟村：《李鸿章与中国铁路》，《安徽史学》1995 年第 2 期。

② 《刘铭传文集》，第 52 页。

制。①十二日，刘铭传请训，即日出都。

六月十五日，法国军舰炮击基隆，炮台被毁。十六日，刘铭传督队击退登陆之法军。二十日，翁在日记中写道："讲铭传电：十五日，小挫。次日，大捷，扑营，我分两路包抄，杀百余人，生擒一人。"此后，翁在日记中还常常记载有关刘铭传的信息，八月二十二日："北洋据刘铭传电：十三日，鸡笼失守，伤亡甚多，十六攻淡水，危甚，彼已登岸占一地矣。电旨饬福建往援，催杨岳斌赴漳、泉一带，令刘铭传就地招勇而已。"二十三日，"厦门电：孤拔驻基隆，省三退淡水，十四至二十，炮未绝，台均毁，我军入垒坚守。省三电：危万分，法携机器，自取煤用，无术制之。台南两口亦可虑"。二十四日，"闻淡水已失，刘省三往台南，孤拔追之"。二十五日，"南洋电：十七日，刘五路优兵，攻复基隆，杀法人五百人，夺炮九尊（一云八尊），夺洋枪三千杆（一云二千）"。九月初一日，"基隆虽捷，尚未收复（早间得之于劻公）"。初六日，"省三甚迫，饬南、北洋由蚶江渡援"。初七日，"刘璈寄四十金，却之。其子浤又送物，受台布三匹，线香廿指，茯苓一个，余均还。夜，复刘兰洲书，并其子数行，将往台省亲也"。刘璈字兰洲，为湘军左宗棠最得意之人，时任台湾道道员，是湘系势力在台湾的代表，颇有才能，建树不少，惜湘淮畛域甚重，居功自傲，对刘铭传不放在眼下，遇事动辄与刘抗争。十三日，翁又在日记写道："刘璈之子（浤，竹溪，行一）来见，据云：去岁赴越南探情形，历云、粤边疆而归。复回湘募勇七八营赴台，往还三次，今将往台省视云。语未可信。此人一面烟气，狂妄人也。言台事能详，刘道专意陆战，其余各营，勇皆空额。刘省三专重淮军二营。台绅林维元，巨宦，肯出资募四营，为台北督办孙开华所扰，林竟逃去。又力言澎湖副将周善初冒领饷银寄家云云。（近递说帖于邸），此人真光怪陆离哉！"②二十四日，又写道："闻赫德等得外国信，

---

① 《翁同龢日记》，第 1837 页。

② 《翁同龢日记》，第 1578 页。

云刘铭传不守淡水,被本地人窘辱不敢打仗。"十月二十三日,又写道:"刘省三参刘兰洲掣肘。"后来,刘璈因此被革职,查抄家产。后改为斩监候,又改为流放黑龙江。

光绪十三年(1887)八月,黄河在郑州决口,灾情极重。清廷命户部预筹的款,以应河工及赈灾之用。户部尚书翁同龢等上《筹措河工赈需用款办法六条》,其中第二条称:"购买外洋枪炮、船只、械器等项及炮台各工拟令暂行停止也。查各省购买外洋枪炮,各项船只,以及修筑洋式炮台各工,每次用款动需数十万两,均须由部筹拨,竟有不候部拨已将本省别项挪用,遂致应解京、协各饷,每多虚悬,迨经饬催,辄以入不敷出转请部中改拨他省。窃计十余年来,购买军械存积甚多,铁甲快船,新式炮台,业经次第兴办,且外省设有机器制造局,福建设有船厂,岁需经费以百万计,尽可取资各处,不必购自外洋。迩来筹办海防固属紧要,而河工巨款,待用尤殷,自应移缓就急,以资周转。拟请饬下外省督抚,所有购买外洋枪炮、船只及未经奏准修筑之炮台等工,均请暂行停止,俟河工事竣,再行办理。"清廷批准此项奏折,命各省督抚自光绪十四年起,斩行停止购买外洋枪炮、船只,停筑未经奏准修筑之炮台。[1] 刘铭传听到这个消息,喟然太息曰:"人方棊我,我乃自抉其藩,亡无日矣。"[2]

光绪十四年(1888)十月二十七日,清廷从海军衙门奏,准津沽铁路公司续办津通铁路,将阎庄至天津铁路西接通州,东接山海关。十一月初六日,直隶总督李鸿章以六火轮车进呈清廷,当时,紫光阁铁路已筑成。[3] 于是,又引发了新一轮的铁路大辩论。张家骧,字子腾,浙江鄞县人。同治元年进士,历任编修、山东学政、山西学政、侍讲、侍读、侍讲学士、内阁学士、工部右侍郎、

---

[1]《翁同龢传》,第 324 页。

[2]《刘铭传文集》,第 525 页。

[3] 郭廷以:《近代中国史事日志》。

吏部右侍郎①，也是光绪帝的师傅，与翁同龢天天见面，翁称他为"同志同值"②的密友。早在光绪六年第一次铁路大辩论时，张家骧已经率先单衔递上《未可轻议开造铁路折》，称开造铁路约有三弊，受到李鸿章的驳斥，申述铁路大利有九。

现在，又进行新一轮铁路大辩论，十二月二十一日，翁同龢与侍郎孙家鼐又会奏《电线与铁路相为表里，电线即行，铁路势必举办，然此法可试行于边地，不可遽行于腹地折》，反对兴修津通铁路。孙家鼐，字燮臣，安徽寿州人。咸丰状元。历任修撰、侍读、内阁学士、工部侍郎，与翁同龢同为光绪帝师傅。③

在此前后，翁同龢在日记中也曾屡记有关铁路之事。十二月十五日，他写道："在朝房晤奎星斋，言铁路事，欲邀余连衔抗疏，婉辞之。然民情惚惚，诚以不办为宜。"二十二日，"庆邸邀余至月华门，云醇邸致意，铁议可停，并托转告同人。……醇邸函来，言已电止勘路，浮言当息云云，颇怪上斋连衔，目为灌夫，意可知矣"。二十九日，"火轮驰骛于昆湖，铁轨纵横于西苑，电灯照耀于禁林，而津通开路之议廷论哗然，朱邸（案：指醇王奕譞）之意渐回，北洋（案：指北洋大臣李鸿章）之议未改。历观时局，忧心忡忡，忝为大臣，能无愧恨"。在翁氏看来，中国出现了轮船、铁路、电灯等新鲜事物，都是他身为大臣的失职，年终总结，不胜愧恨！

光绪十五年（1889）正月初五日，他又写道："铁路议仍不得罢。"次日，又写道："得伯述函，合肥（案：指李鸿章）以铁（路）事颇讪诮，余置之，不足道矣。"伯述，即汤伯述，为李鸿章幕僚，翁氏之亲戚。

正月十五日，慈禧太后懿旨谕定安，曾国荃、张之洞、刘铭传等，"前据总理海军事务衙门奏请，由天津至通州接修铁路，当经降旨允准。嗣据御史余

---

① 赵尔巽：《清史稿》第 41 册，中华书局 1977 年版，第 12420 页。

② 《翁同龢日记》，第 1407 页。

③ 《清史稿》第 41 册，第 12430 页。

联沅等先后奏请停办。均谕令总理海军事务衙门会同军机大臣妥议具奏。兹据会商筹议，逐款胪陈，详加披阅，所陈各节，辨较精详，敷陈剀切。其于条陈各折内似是而非之论，实能剖析无遗。惟事关创办，不厌求详。在廷诸臣，于海防机要素未究心，语多隔膜。该将军、督、抚等身膺疆寄，办理防务，利害躬亲，自必讲求有素，着按切时势，各抒所见，迅速复奏，用备采择。"军机大臣将此旨及有关铁路各折片寄给了刘铭传。二月初八日，刘铭传上《复陈津通铁路利害折》，奏称："查阅海军衙门会奏一折，洞中窥要，纤悉靡遗，微臣意正同符。""窃维天下大业，惟断乃成，万国纷挈，惟一乃定。五大洲幅员辽阔，驾驭为难，于是铁路与电报兴焉。此固囊括中外之机缄，统一环球之功用也。仰维朝廷屡垂明诏，锐致富强，倘通盘筹划，综揽势机，苟有加于铁路者，抑何苦轻贻众谤，效法西人？无如外审海疆之形势，内揆战守之机宜，纵览环球，计实无能逾此。故臣于十年前即有创修铁路之奏，徒以格于迂论，议不果行。今者圣明在上，与在廷王大臣坚持定见，决意举行，臣等方额手称庆，以为从此推行尽利，庶几富强可以立致，敌患可以潜消。不谓言者转疑为资敌也。""尤可怪者，谓铁路为开辟所未闻，祖宗所未创。不知人事随天道为变迁，国政即随人心为旋转。今之人既非上古先朝之人，今之政岂犹是上古先朝之政？使事事绳以成例，则井田之制自古称良，孤矢之威本朝独擅，行之今日，庸有济乎？泰西制造之精，日新月异，中国踵而行之，已居人后，若再因循坐误，一旦变生仓卒，和战两穷，其将何以自立？"俄国修铁路六千一百里，"其经略东方壮志，已可概见。际此中俄无事，尚能未雨绸缪，待其既发而后乘之，必且噬脐莫逮！预防之法，断非铁路不为功。微臣所为瞻顾旁皇不能自默者，此也"。"臣自督办台防，适值法人肆扰，占踞基隆，向非仗国威灵，沪尾一捷，全台重地且属他人。无他，无铁路、兵轮为之手足也。故和议甫成，即请开办铁路，明知山路崎岖，溪流梗阻，凿山开道，筑路建桥，费巨工艰，视内地且将倍蓰；所为不辞劳怨，毅然独行者，良以台疆千里，四面滨海，防不胜防，铁路一成，则骨节灵通，首尾呼应。此中利害，自非身亲大难，未易决其深微。""人情乐与观成，难与谋始。往者削平发捻，全恃抬枪、劈山炮制胜疆场。湘军老将狃视前功，语以西国后膛枪炮，恒鄙夷不屑。及与法交锋，始叹格林炮、黎意枪运用之灵，命中之远。夫物之精粗，经用而始显；事之利害，亲历而后知。今之訾议铁路，必为异时赞美铁路之人。优愿皇上宸断独操，宣示大计，俾天下晓然：铁路一事，为安内攘外刻不容缓之急图。使知非一隅之利，乃四海之利；非一时之利，乃万世之利；非一二人之私利，乃千万人之公利。众志既协，财力自充，成效既彰，浮言自息。臣身膺疆寄，目击时艰，大局所关，不容自己。"①

综上所述，可见刘铭传是个带兵的军人，往往要亲临战场指挥作战的，对铁路、军舰在战争中的地位和作用，有切身的深刻体会，因此，他一再大声疾呼，要求修筑铁路，加强海军，认为这些都是安内攘外刻不容缓的急图，是关于国家存亡的重大问题。翁同龢没有带过兵，没有打过仗，对修建铁路，加强海军的重要性缺乏亲身的体会。再加上他是户部尚书，是国家财政的主管，他深知国家财政是何等的困难！他朝思暮想、深思熟虑的是，千方百计地要不用钱、少用钱、缓用钱。他本心是铁路最好不要修，后来迫于刘铭传等的压力，认为田庐可徙，坟墓不可徙，大干线不可修，可在工矿、兵营最小规模地试办。河工救灾之款，不可缓，加强海军之款可缓，洋债不可借。铁路、轮船、电灯的出现，他感到是他身为大臣的严重失职，深感愧恨！在修筑铁路，加强海军方面的不同意见，在双方都不可能是愉快的。但是，这似乎并未太多地影响他们的私人关系。他们之间的私交还是不错的。

（作者系中国社会科学院近代史研究所研究员）

---

① 《刘铭传文集》，第46页。

翁同龢与王蓉洲

钱文辉

　　翁同龢在京任官时期，常熟同乡友人王蓉洲与之交往甚密，友谊甚笃。据《重修常昭合志·人物志》载，王蓉洲名宪成，蓉洲为其号，清道光二十五年进士，历官刑部主事、河南京畿道御史、户科给事中，卒于赴任福建汀漳龙道员途中。《翁同龢日记》（陈义杰整理，中华书局 1989 年 4 月第一版。以下简称《日记》）中记及王蓉洲事甚多，据《日记》，可考知王氏之确切生卒年，且可知王氏历官的若干细节，以及王氏家眷子孙情况，庶几可补王氏行状之不足。

　　关于王蓉洲的生卒年，《日记》咸丰十一年辛酉（1861）二月廿九日（4月8日）记曰：“补祝王蓉丈六十寿。”同年三月一日（4月10日）记曰：“价人为王蓉丈祝生辰也。”据此，可知王蓉洲生于嘉庆七年壬戌，即 1802 年，三月一日（4月10日）为其生日。《日记》同治五年丙寅（1866）十月二十五日（12月1日）记曰：“闻王蓉丈谢授汀漳龙道，遂于朝房晤之，立谈数语。”《日记》同治六年丁卯（1867）二月初二（3月7日）记曰：“蓉丈明日行矣，廿年故人，依依不尽。”同年三月十九日（4月23日）记曰：“闻王蓉丈行至王家营暴病而殁，二月二十六日也（指同治六年，即 1867 年，二月二十六日，阳历为 3 月 31 日——笔者注）。为之呜咽。蓉丈待余至厚，垂老外转，不获一试，命矣夫！命矣夫！”据此，可知王蓉洲在同治五年（1866）十月二十五日（12月1日）左右受命任汀漳龙道员，六年（1867）二月初三（3月8日）离京赴任，二月二十六（3月31日）因暴病卒于赴任途中。《翁同龢集》（谢俊美编，国家清史编纂委员会文献丛刊，中华书局出版）后附“本书涉及人物生平简介"中，将王蓉洲生卒年定为"？—1866"，不够精详。据以上日记所记可知，王氏生年应为1802年，卒年不是1866，应为1867年。享年六十六岁。

王蓉洲长期在京任刑部主事，后转任河南京畿道御史及礼科给事中的具体时间，据《日记》可获知。《日记》咸丰十一年辛酉（1861）六月十一日（7月18日）记曰："王蓉丈得京畿掌道。"同年七月初六（8月11日）记曰："王蓉洲丈迁礼科给事中。"据《日记》所记，也可补正《重修常昭合志·人物志》所言王蓉洲历官"户科给事中"之误，王蓉洲所迁之官阶应是翁氏所记的"礼科给事中"。

王蓉洲在同治五年（1866）十月受命任福建汀漳龙道员，翁氏依依惜别。《日记》同治六年（1867）一月十八日（2月22日）记曰："作送蓉丈诗。"（此诗即翁氏《瓶庐诗稿》卷一之长诗《送王蓉丈观察闽中》）诗中自注"君尝与先公同寓"，可知翁、王两家为世交，王蓉洲与翁同龢父亲翁心存曾同寓同宿；诗中曰"三世渊源重师友"，指翁之父翁心存与王之父王家相，翁之祖父翁咸封与王之祖父王应筠也有交情（王家相、王庭筠在《重修常昭合志·人物志》中均有列传）。王蓉洲比翁同龢年长近三十岁，两家又是世交，所以翁氏在《日记》中称王为"蓉洲世丈"、"蓉丈"。至于诗中翁何以称王为"师友"，并在"万金难抵云天谊"句下自注"龢为刑官时，尝治狱失平，君救正之"，这就需回溯到作此诗近二十年前的翁、王交谊之事：

道光三十年庚戌（1850），二十一岁的翁同龢应礼部拔贡考试，朝考列一等第五名，复试擢第一。朝廷"钦点京职"，以七品小京官分发刑部，任江西司行走（司员）。当时刑部下设十八个清吏司，分管十八省刑狱。江西司负责复议审核江西省上报的重大案件。翁同龢首次踏上仕途，而且是刑部，一切都很生疏，翁同龢自言"初入署治事，见刑杖，急起避之，同人皆笑"。（翁同龢自订《松禅年谱》道光"三十年庚戌二十一岁"条。该年谱由翁开庆整理，朱育礼点校，翁同龢纪念馆编印）不久，即遇上江西一件自嘉庆末一直拖到当时的陈年旧案：当地土著与客家人为争夺一处荒山发生械斗，互有伤亡。因土著得到地方官绅支持，诬告客家人聚众造反，客家人不服而上告刑部。待刑部复议时，江西司内一老主事力主以客家人租种土著田地为由判定客家人犯奴仆伤主罪。翁氏反对这种意见，认为双方斗殴，互有伤亡，不能定奴仆伤主罪。老主事自恃资历比翁深，官阶比翁高，不理会翁氏意见，双方争执不止。后来时任刑部主事、江西司主稿（案件定稿者，相当于司主任）常熟同乡王蓉洲居中调停并说服老主事，使此积案按翁氏意见得到妥善处理，此事受到当时刑部尚书周祖培的赞赏。自此，翁同龢常向王蓉洲请教办案之事。翁年轻气盛，办案执着，不免得罪人，王朝夕与翁相处共事，不时给予指点，补救得失，翁氏自言在江西司"昕夕与共者，王丈蓉洲宪成"、"是时年少，锐于治狱，每自矜其能。王丈实左右余，其不至为小人之归者，王丈之力也"。（《松禅年谱》咸丰"四年甲寅二十五岁"条）

翁同龢视王蓉洲为"师友"，直至王氏在1867年去世，近二十年间交谊不衰。因王蓉洲长期在京供职，又是书法家、收藏家，翁氏离开江西司小京官职位，考中状元后在朝廷任职，他常在闲时与这位常熟前辈切磋，鉴定、题识书画典籍。这方面的交往，《日记》中屡屡记及：咸丰十年庚申（1860）十一月初四（12月15日）记曰"王蓉丈以宋拓《麻姑坛记》属题，此帖余曾见之，以告蓉丈，蓉丈以三金易得"；咸丰十年庚申（1861）十二月廿九日（2月8日）记曰"蓉丈所得《阁帖》第七卷，纸墨虽旧，然是复刻"；同治四年乙丑（1865）一月廿五日（2月20日）记曰"访王蓉丈，见所藏《晨史祀孔子奏铭》残本，较余所得者有仙凡之别矣"。同年三月廿三日（4月18日）记曰"王蓉丈来，以《瘗鹤铭》见示。借伯寅藏本对勘，始知是复刻，内'未'字、'石'字均失势"；同治六年丁卯（1867）一月十七日（2月21日）记曰"题蓉丈《商彝图》三截句，书于伯兄诗后"。王蓉洲离世后，翁同龢因母丧在常熟守制时，见王氏之藏帖，惆怅感伤不已，《日记》同治十一年壬申十二月十二日（1873年1月10日）记曰："雨峰来，见王蓉丈所藏褚《圣教帖》，为之惆怅，盖所收零落尽矣。"

　　翁、王友谊，也体现在翁对王之家眷、后裔的体贴关注上。王蓉洲之继室遗媚、诗画家韩畹香去世①，翁亲至寄居京城僻巷的蓉洲之子王宝史处吊慰，《日记》同治八年己巳（1869）十一月初八（12 月 10 日）记曰"宝史者，王蓉洲丈之子，去年来京，旅居僻巷，其继母韩太君，即画兰能诗之韩畹香也，蓉丈既殁，而夫人亦以卒病没，可伤也"；王蓉洲之孙王济之，也得翁同龢的呵护照顾。《重修常昭合志·选举志》载，王济之为光绪十七年（1891）举人，并注明："王承藻，字济之，宪成（宪成为王蓉洲之名）孙。"早在光绪四年，翁氏曾托朝廷同僚荐王济之去书局任职，《日记》光绪四年戊寅（1878）三月初六（4 月 8 日）记曰："致书方子颖荐王济之（自注：蓉洲之孙）书局。"在光绪十七年秋闱济之新中举人后的次年春，翁同龢安排王济之担任京城祭祀言子礼仪的"执事"一职，《日记》光绪十八年壬辰（1892）二月十八日（3 月 16 日）记曰："巳初出城，诣常昭会馆祭言夫子于并福堂……余主祭，二庞赞……新中四人执事（自注：王济之、胡复修、孙小川、黄君谦）。"翁同龢还赠王济之泥金行楷四屏条，此大幅书法珍品洋洋千言，取先哲贤吏言行十五条，陈述交友、修身、养性、育德之道。尾书"济之世一兄大人属书即清正挽"。翁、王为世交，称世交之晚辈为世兄，济之排行大，故称"世一兄"，所谓"大人"；是对济之新中举人后的敬称。此行楷四屏条的字里行间，饱含着翁同龢对世交后辈的拳拳关怀之心，也折射出翁同龢对"师友"王蓉洲的情

---

① 韩畹香，《重修常昭合志》卷二十一《烈女志·才媛》有其传："韩淑珍，字畹香，汀漳龙道王宪成室。能诗善画，尤工墨兰，能以指蘸墨，作巨幅。闺中风雅，翰墨争传，时人比之鸥波眷属。"

谊之深。①

再者，此屏条落款处并未标明书写日期，书法界以前有人估计是翁氏中状元后不久的早期之作，此说或可商议。《日记》中有一处值得注意：在翁氏安排济之担任祭言子仪式中的执事之前二日，即光绪十八年（1892）二月十六日（3月14日），《日记》记及"午后写应酬字极多，腕稍振"，这很有可能是指为新中举人王济之写行楷四屏条之事，此年翁氏六十三岁，属中晚年时期。此时正值光绪帝亲政三年，翁氏意气风发，辅佐明君图强变革时期，行楷丰润俊朗，雍容大度，正是翁氏此时期心志意态的反映。当然，笔者上述看法因缺乏坚实信证，也属一种估计，或可再作商议，提出来是为了就教方家，引出讨论。

（作者系常熟翁同龢研究会理事长）

---

① 从翁氏日记及书札中窥见，在赠王济之行楷四屏条之后，翁氏仍然与王有联系，并对他的健康情况深表关注。《日记》光绪二十六年庚子（1900）闰八月十四日记曰："借得邓翊廷先生（琳）《虞乡志略》抄本看之（金门从王济之借）"，可知1900年翁氏曾通过外甥俞钟銮（"金门"为其字）从王济之处借书阅读；光绪二十八年壬寅（1902）冬，翁氏致俞钟銮函曰："昨示济之病状，殆成废人，为之永叹。"（《常熟翁相国手札》第七集，有正书局1916年版）可知到1902年，济之重病病几成废人，引起翁氏惋惜长叹。其时翁氏自身困居于山麓丙舍，仍深为王蓉洲裔孙的病状担忧，由此亦可证翁氏与王蓉洲之友谊。

小状元翁曾源

赵　平

　　常熟翁氏家族在晚清人才辈出，地位显赫，《郎潜纪闻》概括为"两朝宰相，再世帝师，三子公卿，四世翰苑"；还可以补一句"叔侄联元"，翁同龢咸丰六年状元，侄翁曾源同治二年状元，人称"小状元"。翁曾源是常熟最后一位状元，观其一生，可说是中国科举史上最幸运而又最不幸的状元。

　　翁曾源字仲渊，号寔斋，是翁同龢三兄翁同书的次子，兄曾文，弟曾桂。翁曾源生于道光十四年（1833）五月二十二日，仅小翁同龢四岁。常熟翁氏是文化世家，以诗书忠厚之泽传家。父亲翁同书在兄弟几人中才品最高，于书无所不通，强识善悟，精声音训诂之学，积书千卷，皆经手勘，古文简劲，诗宗宋人。但科举考试并不顺利，于道光十二年（1832）二十三岁时顺天乡试中举人，经三次会试，道光二十年（1840）三十一岁时中进士，改翰林院庶吉士。道光二十三年（1843），典试广东，回京后擢武英殿协修，随即擢纂修。道光二十五年（1845），十二岁的翁曾源和弟弟翁曾桂随母钱氏进京，而兄翁曾文留在家乡参加府试和院试，这年和翁同龢一起入泮，成生员（秀才）。道光二十八年（1848），翁同书派任贵州学政，携家眷一起到贵阳。咸丰元年（1851），翁同书奉朱批仍留任。翁曾源在贵阳生活了五年，和弟弟翁曾桂在父亲身边读书，聘请的西席是祖父翁心存的小门生何亮清，翁心存称这位小门生"品学俱长，人亦温雅"。翁曾源学业进步很快，咸丰二年（1852）寄《牺尊赋》一篇给祖父过目，翁心存读后很高兴，在日记中称赞"颇典丽"。

　　咸丰三年（1853），翁同书学政任满，正月返京。十二日抵成都，四川总督裕瑞送来谕旨一道，着即驰扬州，前往琦善江北大营报到。到达河南卫辉，从邸报知"蒙恩超擢为翰林院侍讲学士"。在这里与夫人子女分手，"令眷口进京，而只身赴扬营"。

曾源等抵都后住在南横街，和弟弟在祖父身边继续读书。咸丰五年（1855），曾源二十三岁，正月上元日祖父为他定婚姻于蔡氏，十九日成嘉礼。许滇生赠仲渊喜联："重亲致欢，王谢家声方衍庆；两美必合，刘樊仙耦正宜春。"上联言翁、蔡两家亲上结亲，门当户对；下联言郎才女貌，喜结良缘。三月，曾源、曾桂、曾荣、曾翰四兄弟考录国子监，都被录取，曾源第五、曾桂十一、曾荣廿一、曾翰廿八，成为监生，取得了参加乡试的资格。这年秋闱，四兄弟参加顺天乡试，均落选。翁心存在日记中说："吾家四孙初次观场，本无奢望也。"

曾源咸丰三年到京，正是太平军横扫清军时，国忧家难，自己科举考试又不得志，他写诗遣怀，有未刊诗稿《寔斋草》（现藏常熟图书馆古籍部），起咸丰三年，迄咸丰六年，共一百十五首。从中可知曾源这几年中的生活和所思所感。

曾源到京后，八月得知留在家乡长四岁的兄长曾文于七月病卒。翁曾源于岁末作《别岁》诗："伯氏（长兄）年弱冠，才思齐邱迟（梁代才子，八岁能属文）。高歌惊四筵，雄豪那可追。方谓前程远，飞腾浩无涯。南北暂相别，聚首自有时。五载西南奔（随父在贵州），春风鳜鱼肥。一别成永别，使我心伤悲。不愁残腊去，但愁与君辞。世事多变更，志气亦少衰。"表达了悲伤之情。明年又写长诗《忆亡兄绂卿》，"挥涕作此诗，悲伤志隐衷"。曾源已离乡八年了，但军阻归不得，他思念着家乡，"江乡风波阻归帆"，"千里还家惟讬梦"，"无端悲感郁胸臆，拔剑长歌惆怅极。偶指吴会向云间，愁隔江南与江北"。

洪秀全金田起义后以秋风扫落叶之势席卷东南，咸丰三年定都南京，派兵西征、北伐。腊月廿六日夜，安徽庐州（合肥）失守，扬州、镇江一带战火纷飞。翁曾源忧心忡忡，于咸丰三年写的《庐州吟》、咸丰四年写的《竹西（扬州）

被兵》，足为信史观。咸丰三年腊月，林凤祥、李开芳率领的北伐军逼近京畿，清廷调派蒙古族虎将僧格林沁围剿北伐军。翁曾源于除夕所作《守岁》，写出了京城紧张状况和期望清军前线捷音的心情："虎旅守析津（大兴县），阵布常山蛇。岁暮盼捷音，浮云望眼遮。……今夕长安道，金吾（皇帝亲兵）禁无哗。九衢太寂寞，但闻官鼓挝（敲打）。积雪云阴沉，欃枪（彗星，借喻太平军）光已斜。寄语枕戈士，年华勿蹉跎。元夜夺昆仑，奇计古来夸。"咸丰四年《元旦有感》，表达了"拭目望太平"的心情："虫沙（百姓）遇浩劫，乱离堪嗟痛。禾稼遭蹂躏，谁能事耕种。何时摧石头（石头城金陵），何人破铁瓮（借喻太平军）。"翁曾源站在士大夫立场上当然仇视太平军，但在诗中发表的见解颇有新意。安徽巡抚江忠源是湘军早期名将，曾国藩初次见面后说："吾生平未见如此人，当立名天下，然终以节烈死。"祖父翁心存也器重他。《清史稿·翁心存传》："又荐湖北按察使江忠源，请畀统帅重任，寻即擢为巡抚。"江忠源带几千兵守庐州，遭到太平军重重包围，援兵受阻，弹尽粮绝，围三旬而城破，江忠源殉节投水自尽。守城之将历朝有"人在城在，城亡与亡"之训条，但曾源以国事为重，提出了不同看法，在《庐州吟》中歌颂了江忠源的忠勇，诗末却说："於戏！江公膺此疆隅寄，不失城亡与亡义。即今满地皆干戈，一死何裨于国事。"曾源视太平军为"盗贼"，但他明白农民起义是官逼民反。咸丰四年《寄吉卿弟（翁同福子曾禧）》中说："孰谓莠民（乱民）非赤子（子民、百姓）……激之使变伊谁罪，拙在催科有几个。单父弹琴基治理，方知清净是经纶。"《韩诗外传》卷二："子贱治单父，弹鸣琴，身不下堂，而单父治。"让百姓休养生息，才能筹划治理国家。

翁曾源从贵州回京已是二十一岁的青年，正是思想活跃，情绪易冲动，充满想象力的时期。十年寒窗，功名未遂，他曾迸发过投笔从军的冲动。咸丰四年，他在《浩歌行》中写道："奈何岁月如逝川，读书十载芸窗（书斋）前。埋头伏案守青毡（世家旧物的代称），欲登云路竟无缘（科举不顺利）。既非上哲资，可窥圣与贤（当不上圣人、贤人）。又无静养功，可学仙与禅（成不了仙人和佛）。"因此他感慨道："胡为七尺躯，竟如稊米（小米）然。胡为尘凡骨，不能奋飞焉。徒令青铁砚，磨穿一生矻矻抱简编。……我将试马春郊外，黄金为勒锦为鞍。腰插大羽箭，手拓三石弦（要用三石力气拉的弓弦）。短衣不掩胫，射杀伏虎南山巅。"他要"投笔从军去"，像汉代终军、晋代祖逖那样在沙场上建立功勋，在天子的凌烟阁留下功臣图像。青年时代的翁曾源竟有这样的豪情壮志。但出身文化世家的翁曾源，通过科举考试取得功名是他必走的道路。他深知自己羽毛未丰，"有如鸿鹄羽未丰，何能高举而蹁跹"。要实现鸿鹄志，自己必须修学。他在寄给二弟曾纯的诗中说："读书十载驻天边（指在京城），甘自韬藏耻乞怜。大海骊龙怀径寸，不求光彩只求圆。"他要修炼成如骊龙颔下的宝珠那样丰满完整。他有一位三朝元老重臣的祖父，好运气正在悄悄地等待着他。

科举考试的路极不平坦，对许多读书人来说是很漫长的。我邑是文化名邦，三年一次的秋闱乡试，每次至多几个人中举，有时甚至脱科。第二年春闱会试，能中进士，更是凤毛麟角。但翁曾源是天下第一幸运儿，他的举人和进士都是朝廷赏给他的。

咸丰六年（1856）正月，翁心存升任国史馆正总裁。十一月初一，发恩旨："馆中总裁、副总裁加恩有差……翁心存以吏部尚书协办大学士。"奉上谕"翁心存在馆四年，续办稿本，悉心纂辑。伊孙监生翁曾源着赏给举人，一体会试，钦此"。这年翁曾源二十四岁。

咸丰九年（1859），翁曾源和翁同爵之子，后为翁同龢嗣子的翁曾翰一起参加会试，但都未考中。曾源留在北京读书，有时代叔父写摺件。咸丰十一年（1861）七月十八日到国子监任学正（相当于今天的大学教授）。

同治元年（1862年）又是会试年，翁同龢担任十八房同考官，两位侄儿回避，不能入场，翁同龢"为之邑邑（不愉快）"。这年翁家发生了大灾难。正月，翁同书从安徽巡抚任上调离进京，曾国藩以其"办理寿州事件失当"严参，部议以失守罪入狱论死。遭此晴天霹雳，年老的翁心存病倒了。十一月初六，恩旨暂释翁同书归家服侍父亲。晚上七点钟到家，呼大人不应，老父已不能说话，犹微瞬儿子，有泪涔然。第二天早上三点，翁心存带着不安和恐惧离开了人世。翁心存是三朝元老，官居大学士、上书房总师傅，深得两宫皇太后的信任，恭亲王、惇亲王、醇亲王等满族亲贵的授课师傅。翁同书在处理苗沛霖上有过失，但罪不至死，朝廷本无意严办，但曾国藩当时是清政府的擎天柱，不能拂其意，才将翁同书入狱论死。朝廷觉得有点对不起翁家了。翁心存去世后，朝廷特简醇亲王奕谩带领侍卫十名前往翁宅奠醱，加恩晋赠太保，照大学士例赐恤，入祀贤良祠。诸孙皆蒙恩赏，翁曾源赐贡士，可直接参加殿试，翁曾桂赏举人，著为刑部候补郎中。按当时科举考试的规则，春闱参加会试，录取者称贡士，再经复试，淘汰几名三等以下的，然后经过殿试，分出三等：一甲（状元、榜眼、探花）赐进士及第，二甲赐进士出身，三甲赐同进士出身。因此翁曾源在下次会试年必成进士。

因小皇帝同治登基，同治二年（1863）开恩科。殿试只考策论（策为策问，试者按问逐条对答；论者，议论时事），重书法，字要黑、大、光、圆。翁氏一门善书，翁曾源的书法功底很好，习王羲之小楷《黄庭经》，行、楷亦从帖学来。为了迎接殿试，三月至庙中习字，又练习写策论。翁曾源小时候身患痼疾，咸丰八年复发，据《翁同龢日记》，三月忽发旧疾，四月十一日夜又发病，而四月二十一日出场殿试，却"身体甚好"，而且发挥出了水平。第二天宫中传出"源侄写作甚好，可望前列"。翁同龢在日记中感慨地写道："源侄近年为病所困，深虑不能成名。今邀先人余荫，得与庭试，从容挥洒而出，意若其有天佑乎！"廿四日小传胪，"传胪"就是唱名。这天读卷官在二百多名殿试卷中筛选出十本（一甲三本、二甲七本）呈请皇太后点定后宣布姓名。早上九时，陪同曾源出席小传胪的仆人刘升驰报曾源得一甲第一名，令翁同龢悲喜交集，涕泪满衣矣！

后世有人说，这个状元是皇太后送给翁曾源的，这是不明白殿试规则的猜想。进士可以送，状元却不好送。殿试派读卷官八人，每人看三十本左右，卷面的姓名、履历都是密封的，要到定名次后才能拆封。读卷官阅卷后加以标识，分为圈（○）、尖（△）、点（、）、直（｜）、又（×）五等，或记其瑕疵数字。每人先就分得之卷标识高下，再轮阅他人之卷，就各桌上互看，谓之"转桌"。第一阅者打圈，后阅者不用点，即不能打低两级；第一阅者打直，则后阅者不能打尖，即不能打高两级。最后推首席总核，大抵前列者必八人皆圈。选出十本后，状元一般由首席点定。这次阅卷官前三位：大学士倭仁、协办大学士瑞常、吏部尚书宝鋆。倭仁是一位纯正的理学家，即便慈禧、恭亲王要让他违反规则，将翁曾源列为一甲，也是办不到的。因此翁曾源能独占鳌头，首先是凭他的真才实学，殿试卷八个圈才能进入前十名，其他都只是顺水推舟而已。翁曾源的殿试卷后来由翁同龢印出，送给学生作范本。

时值国恤家忧，翁家决定停止一切筵宴，只在常昭会馆延客小坐。廿五日传胪，即全体进士金榜题名，因为还在咸丰皇帝守丧期内，朝廷也低调处理。小皇帝不御太和殿，不鸣赞。新进士出班，行三跪九叩礼，送榜出东长安门。三鼎甲上马不簪花递酒，仍到前门关帝庙拈香，翁曾源和榜眼龚叔甫、探花张香涛（之洞）一起到常昭会馆，同乡毕集。家乡有人作一联："不乡试，不会试，却中了状元及第；无房师，无座师，才算是天子门生。"为翁曾源的幸运传神。曾源时年三十一岁。

在科举考试时代，金榜题名是人生最得意时，更何况点了状元。然而这位小状元又是极不幸的人，中状元后一直在疾病的痛苦折磨中挣扎，终其一生，废人一个。

小时候，翁曾源脑部受伤（外伤或吃错药），留下了痼疾。一般史书上都说是癫痫（羊头风），这种病患者倒地后口吐白沫，曾源的病状不如此，据《翁同龢日记》所记："又发病，三刻始苏。发时唇青身挺，手足动摇，痰堵脉数（心动过速）。苏后起步偬偬，呼之良久始觉。"同治三年（1864）七月初九，皖中名士胡石生来诊，说是痉厥，非癫痫。

翁曾源中状元后，授翰林院修撰。十二月，经部议父亲翁同书加恩改戍新疆军台。同治三年（1864）三月父亲启行，曾源随行，送到保定，因儿子有旧疾，山行劳顿，父亲坚决让他归，四月十四回到北京。四月廿一日，翁同书行至山西途次，甘肃都统都阿兴奏请留营，一场大祸终于消弭了。但翁曾源的病越发越严重，几乎无十日不发病，有时一天发病三五次。请名医、同僚及门生中精医者诊，均称无把握。又请各路针灸名手施针，又访能以水治病的医者，毫无起色。

同治四年（1865）四月十八日，散馆考试。翰林院有庶常馆，凡进士朝考得庶吉士者咸入馆进修，三年期满则散馆。御试诗赋，依等第先后分别授以翰林院编修、检讨等职，或改以主事、知县用。考试这天，翁曾源没有发病，列二等，任国史馆纂修，挂个名，留在家中治病。病甚剧甚频，医亦屡易，御医来诊亦无用。发展到起立而仆，洗头又坠地伤面，跌伤头顶，伤耳及唇，折两齿。进而发狂，发狂时力大倍于平时，张目欲裂。又出现神志不清、语言颠倒。有时狂语大闹，有时不卧不语，不索饮食，悲呻沉迷。同治十年（1871），翁同龢陕西门生王弼庭来诊脉，称有把握，服药后，病情稍有好转。这年十二月二十二日，翁同龢母亲许太夫人去世。

同治十一年（1872），翁同龢丁内忧，携母亲棺椁回籍安葬守孝，翁曾源夫妇挈子女四人随之离京返家。到家后，十月初，九翁同龢带了翁曾源及曾源长子翁斌孙一起乘舟经无锡、常州、奔牛至孟河，请当地名士、名医费晋卿诊脉。费君已七十三岁，替三人分别诊脉开方，对三人的身体、病情剖析入微，令翁同龢钦佩不已。翁告诉费君，曾源的羊痫风十四年矣，费君谓病根株已深，能去七分为妙矣。为了怕打扰别人，翁氏三人是隐瞒了身份去求医的，曾源的诊费付了四个银元，翁同龢和斌孙各付了两个银元。回家后，服了费君的药，直到过世，曾源的病没有根除，但病势得到了控制，不再那么频繁，那么剧烈了。同治十二年（1873）十月廿八日，翁同龢在日记中记："仲渊以新诗两首示我，研炼特甚，隶事（使用典故）亦富，殆不痴矣，可喜！"翁同爵曾在西乡买田千亩建翁氏义庄，得到朝廷的褒奖。并在西郊建有别业，前面是山前塘，后面是吾谷枫林，用古诗"园林依绿山"意取名"依绿草堂"。翁曾源回乡后就住进依绿草堂。

翁曾源在京，翰林院有差使，就有官俸。这次是辞职回家疗养，则有了生计问题。同治十二年（1873）五月，翁同龢咸丰六年同年浙江人沈仲复在上海当道员，为曾源在校选书院得一馆地，每日四十文。八月，沈将七、八月修金寄来。修金微薄，但恐怕是靠人情挂个名，一旦沈调走就有问题了。光绪元年（1875）一月，翁同龢为曾源谋上海馆事致书冯竹儒。光绪三年（1877），翁同龢途径上海访刘芝田，提起曾源束修，对方无言以对。幸好翁曾源返乡后，两位叔叔遵照翁心存遗命已作了安排。同治十三年（1874）三月初四，翁同龢在日记中记："五兄（翁同爵）定议，遵先公遗命，于遗产中拨二百亩列为石梅祠、顶山、鸽峰祭田，余田悉归先兄一房管业。深合小子夙昔之志矣。"分得一部分田产，可以维持生活了。

翁曾源就这样在病痛和清贫中度过了后半生，光绪十三年（1887）七月十三日在家乡去世，终年五十四岁。

翁曾源过世后，其棺木一直权厝在翁氏义庄，到光绪二十八年（1902），才由长子翁斌孙主持，于十二月十六日安葬于湖桥新茔，常昭县令和乡绅出席了葬礼。

以翁曾源的出身、智商、才学，本可以平步青云，留京可升公卿之位，外放可当巡抚、总督这样的封疆大臣。同科的探花、换帖兄弟张之洞就是晚清声名显赫的重臣；他的弟弟翁曾桂外放任道员，晋布政使摄巡抚印。但因患痼疾，翁曾源大半生在病痛的煎熬中度过，一事无成，这是万分不幸的。曾源过世后，俞樾送挽联："三秋桂（指举人），三春杏（指进士），皆从天上颁来，只独占鳌头顶上；文端孙，文勤子，何意山中归卧，竟长辞绿野堂前。"对他一生的幸与不幸，吐露出十分惋惜与无可奈何之情。

翁曾源对翁氏家族的绵延作出了贡献，他生下四个男孩。长子斌孙，十七岁成举人，十八岁中进士，清末担任直隶提法使，二品衔。斌孙过继给曾源长兄曾文，生三子，其次子之廉又过继给翁同龢之孙翁安孙，是翁同龢的曾孙、翁万戈的父亲。翁曾源在京城发病的九年中，生下三男一女。次子熙孙（辑夫）留在家中；三子顺孙（寅臣）出嗣给翁同爵儿子翁曾荣；四子康孙（惠夫），光绪七年（1881），弟弟翁曾桂妻亡无子，以康孙为嗣子。

后世野史如《清稗类钞》中记载的都是捕风捉影的戏谑之言，只能助酒后茶余的戏谈，而邑志书又没有留下翁曾源的完整史料。今主要据《翁心存日记》、《翁同龢日记》和《翁殿撰寔斋草》（抄本），勾勒出翁曾源一生大致的轮廓。

（作者系常熟理工学院副教授）

甲午镜鉴

甲午战争深刻影响世界历史

戴 逸

两个甲子以前，爆发了震撼世界的中日甲午战争，清廷败于东邻小邦，从此国势阽危，山河更加破碎。创深痛剧之下，从戊戌变法到辛亥革命，神州剧变。其他日、俄、英、法、德、美、朝等国，与此战密切相关，受到不同程度的影响。甲午战争既是决定中日两国命运的重要战争，也构建了 20 世纪初的东亚格局，并对世界历史产生了深远影响。

激发中国民族觉醒

中国近代史上发生了许多次对外战争，在甲午战争前，已有鸦片战争、英法联军侵华、中法战争，可说是烽火连天，硝烟弥漫。而中日甲午战争比以前的历次战争规模更大，损失更重，失败更惨。割地赔款，丧权辱国，随之而来的是列强争夺势力范围，掀起了瓜分中国的浪潮，国家和民族的生存面临严重威胁。

甲午战争前，中国虽已受到帝国主义的侵略，但当时正在搞洋务运动，先进的有识之士早已看透了洋务运动的弱点，认识到它不能够挽救中国，但对一般人来说，洋务运动造成一种假象，开了工厂，造了铁路，设了轮船、电报，建了海军，办了学校，引进了西方的科学技术，挂起了求富求强的招牌，给人一种希望和幻觉，似乎中国也在前进、发展，似乎"中学为体、西学为用"的洋务运动也能救中国。甲午战争的失败，使一切都破灭了。三十年洋务运动的成果经不起日本的一击，一点幻想和自我安慰的余地都没有了。

这真正是创深痛剧、刻骨铭心，中国人民从来没有遭到这样严重的灾难，从来没有经受这样的奇耻大辱。北洋舰队在威海卫的覆灭，不仅是中国海军的惨败，也宣告了早期富强努力的失败。当时，清朝的北洋舰队在军事上、技术上是很先进的。在人们心目中，它的存在是中国进步的象征、强大的象征、希望的象征。甲午战争的失败，无情地证明了这种象征的虚假性。这对中国的打击实在太沉重了。特别是败在日本手里，日本是个小国，在历史上一直受中国文化的影响，号称同文同种，它的近代化也刚刚起步不久。败在日本手里，太不光彩、太不甘心了。而日本侵略中国更加凶狠，割地赔款，毫不留情，可说是心狠手辣，彻底戳穿了清朝这只纸老虎，同时，给中国人民在物质上、精神上造成的伤害极为严重，可谓史无前例。

甲午战争的失败对全民族造成重大的冲击，使得人们从封建主义的沉沉大梦中觉醒，重新观察周围的世界，重新评估自己的地位和能力，重新选择应该走的道路。

甲午战争失败以后，全国震动，一片沸腾，呈现出前所未有的民族觉醒，前所未有的议论、争执、探寻、追求。鸦片战争、英法联军侵华、中法战争以后从来没有过这种景象，民族危机带来了新的转机。历史的辩证法就是这样。历史总是迂回曲折地前进的。一个有生命力的、伟大的民族，历史上既有挫折，也有胜利；既有苦难，也有欢乐，它不会永远胜利，笔直地上升、前进，也不会永远失败，直线下跌，一败涂地。历史总会给人们以机会，胜利和失败相间隔、相交叉。历史上的胜利往往随之而来会有失败和倒退，而历史上的挫折也会增长人们的智慧，锻炼人们的力量，而得到未来胜利的补偿。中日甲午战争的情形就是这样。

《马关条约》的签订，激起了全国的悲愤和抗议。三年以后，发生了戊戌维新运动；五年以后，发生了义和团运动；十六年以后，发生了辛亥革命。一个误国、辱国、卖国的清政府倒台了。一连串的历史事件，每个事件既是前事

127

之果，又是后事之因，中日甲午战争是这一历史链条中极其重要的环节。如果没有甲午战争的失败，就不会激起中国这样迅速地奔跑。这证明了中华民族经得住严重的挫折和失败，能够从中吸取教训，能够在摔倒以后迅速爬起来，寻觅新的道路，作出新的努力。

甲午战争的意义非常重要。中国受到了重大挫折，但能吸取教训，发奋努力。这次战争确实是中国近代史上的重大转折点，它的意义就在于激发了全民族的觉醒，一种要求改革和进步的觉醒、富强意识的觉醒、爱国主义和自救的觉醒。

刺激日本扩张野心

甲午战争在日本史上同样影响深远，是日本向殖民强国过渡的转折点。

19 世纪本来是欧洲人的时代，英国、法国、德国、俄国，加上美国，列强主宰世界，国际上战略局面比较简单，其他国家都是殖民地附属国，任人蹂躏，任人宰割。当时，最有希望赶上去的是东方的两个国家，一个是日本，一个是中国。

中日近代化的步伐，除了欧美列强之外，算是比较早的。19 世纪 60 年代，中日两国以不同的方式开始起步，中日两国既是近邻，又是竞争对手。此前，日本也闭关锁国，也受到西方列强入侵的威胁，但与中国不同，并未因此发生大规模的战争。1853 年，美、俄舰队先后到日本，次年，日美签订《神奈川条约》，虽然美国施以军事威胁，但却并未真正动武。1864 年 9 月，英、美、荷、法四国舰队炮击日本下关，但联军登陆后，当地长州藩迅即求和，战争规模很小。

当时列强之间存在矛盾冲突，英美两国都感到扶植日本来牵制沙俄是合算的。历史的机遇向日本露出了微笑，日本也及时抓住了这个机遇，通过开展"明治维新"，走上了富强之路。

甲午战争是中日这两个东亚竞争对手之间的较量。结果，中国失败了。当然，中国的失败有其自身复杂而深刻的原因，但由于中国的失败，日本才能够脱颖而出，成为东亚一霸。

甲午获胜，日本掠夺的利益之大，连它自己也始料未及，全国都沉浸在胜利的狂热之中。日本经甲午一战，实力大大增强，这进一步刺激起它向外掠夺的野心。不过，俄法德三国干涉还辽事件，逼使它冷静下来，清醒地估算出前途的障碍，卧薪尝胆，十年生聚，终于在日俄战争中打败了俄国，由此赶上了欧美列强，也走上了一条不断对外军事扩张的不归路。

导致列强分化组合

甲午战前，在东亚事务中发挥作用的国家主要有四：中、日、俄、英。此外，法、德、美、朝等国也扮演着重要角色。甲午战争造成东亚力量此消彼长，导致列强分化组合，直接影响着世界战略格局的变化。

最关心甲午战争进程的，除了中日双方之外，要数力图向远东扩张势力的沙皇俄国。1895 年 2 月和 4 月，战争即将结束之时，沙皇政府召开了两次大臣特别会议，准备和日本公开对抗，其方针是不能让日本赢得太多。但当时沙俄在远东没有强大的海军，横贯欧亚的西伯利亚铁路也尚未竣工，真打起来没有把握，于是联合了法德两国进行干涉。甲午战后，沙俄加紧了对中国东北地区的侵略，另一方面也为了对付英日同盟，俄国于 1902 年与法国结盟，以保护"两国在远东的特殊利益"。

英国当时在中国获得的侵略权益最多，势力范围最大，它千方百计要维护既得利益，保持优势地位，于是主张"维持现状"。当时英、俄矛盾是全球性的矛盾，两国在争夺伊朗、土耳其和朝鲜等战略要地的斗争中互不相让，剑拔弩张。于是，扶植日本抵制俄国扩张，就成为英国的重要政策。

英国虽然在甲午战争中支持日本，同时也不希望清政府受到过分削弱而垮台。甲午战前，英国把中国当成它与沙俄之间的缓冲来对待，一度还考虑过缔结"英中同盟"。但清政府暴露出的腐朽无能和不堪一击使得英国舆论和政府政策发生了转向。因此，当战争后期清政府主动提出缔结中英同盟时，英国政府未加理睬。在选择东亚的同盟者时，英国把目光投向了新兴的日本。英日同盟终于在几年后变成现实。

甲午战争前后，法、德、美等国也力图在东亚扮演更加重要的角色。中法战争中法国"不胜而胜"，1885 年以后，清廷被迫签订《中法新约》、《中法越南边界通商章程》、《中法界务条约》等一系列不平等条约，承认法国对印度支那诸殖民地的宗主权，中国西南门户洞开，法国侵略势力长驱直入滇桂。甲午战争后，德法两国通过参与"干涉还辽"，分别"租借"了胶州湾和广州湾；法国还在滇越边境勘界中捞到了好处。美国则凭借雄厚的经济实力，借助《马关条约》的规定，从 1894 年到 1900 年几乎将其对华出口贸易额增加了五倍。1898 年 12 月，美国总统麦金莱宣布："正在中国发生着重大事件，美国并不是一个漠不关心的旁观者……我们的目的，是要用一切适当的、合于美国政府传统的手段，来促进美国在该地区的巨大利益。"次年，美国独立提出"门户开放"政策，主张保持中国的领土完整，反对列强的血盆大口把中国撕裂得一干二净。

朝鲜是甲午战争前后东亚矛盾冲突的焦点所在。日本在朝鲜疯狂地推行"大陆政策"，视之为入侵中国东北的桥梁，急迫地要在这个进出日本海的锁钥上建成入侵亚洲大陆的桥头堡。此时沙俄也把扩张重点放在了东北亚地区，19世纪 80 年代中期，沙皇曾力图把朝鲜变成保护国。英国则从维护优势地位出发，希望朝鲜成为缓冲地区，终于在 1885 年借口俄国军舰在海参崴集结，强占了朝鲜的巨文岛。甲午战后，朝鲜一步步沦为日本殖民地，李氏王朝转而向沙俄寻求庇护。1904 年，日俄为争夺朝鲜和中国的东北发生战争，次年日本战胜，独霸朝鲜，朝鲜人民则开展了蓬勃的反日斗争。

改写东亚历史进程

中日甲午战争对 20 世纪世界历史最深刻的影响是：日本脱颖而出，进而打败俄国，从而与欧美列强并驾齐驱，继续一步步走向第二次世界大战的深渊；中俄两国先后失败，国内又都推翻了专制的王朝体制，经历了不同的曲折发展道路，并最终选择了社会主义道路。

甲午战争中，日本虽然是战胜国，但战争并没有给日本人民带来幸福和欢乐。日本统治者对外选择了侵略扩张的道路，对内必然加紧剥削和压迫人民。甲午战争取得胜利，统治者大发战争财，野心无限膨胀，更加疯狂地扩军备战。1904 年，与俄国为争夺中国东北而大打出手，日本战胜，更加肆无忌惮地侵略中国。此后，占领东北，以至发动全面的侵华战争，日本在军国主义的道路上越走越远。"多行不义必自毙"，日本军国主义在第二次世界大战中彻底失败，也把日本整个国家拖向毁灭的边缘，日本人民深受侵略战争的毒害。

而中国与俄国在失败以后，经历了不同的曲折道路，走向社会主义。如果不是甲午战争的失败，或者中国的失败不那样惨重，日本也就难以崛起，俄国也就不至于失败，那么，20 世纪初的历史将会大不一样。我们主张历史发展有其内在的必然性，这是就宏观历史而言，资本主义将走向社会主义，这是必然规律。但我们并不是宿命论者，在总的必然性范围之内，历史发展会有多种可能和多样选择，客观历史的形成并不是一个既定的、绝对的、唯一的过程，其中存在许多偶然性，历史的具体进程和各种情节不是上帝预先安排好的，而是人们在一定条件下自由创造的。历史给人们提供种种机会，允许人们选择，要求人们创造，等待人们开辟。甲午战争的失败并不是命中注定的，中日双方的主观努力是决定胜负的重大因素。

甲午战争中，中国失败了，失去了赶上历史潮流的机会；日本则崭露头角，崛起于东方，大大影响了 20 世纪初世界力量的对比。从这个意义上说，甲午战争影响了世界历史进程，改变了东亚地区的力量对比，塑造了 20 世纪国际新格局。

（作者系中国人民大学清史研究所教授、名誉所长、博士生导师，北京市文史研究馆馆长，中华炎黄文化研究会副会长，国家清史编纂委员会主任）

甲午战争的历史文化反思

谢俊美

甲午中日战争已过去了一百二十年，从战败的那一天起，中国的有识之士就从未停止过对它的反思，从政治、经济、军事、外交、人事等各个层面分析总结，希图从中找到失败的原因和教训。在此，从历史文化层面，对之进行一点反思。

中国海陆战败原因

甲午战后，有人在《军学》杂志上著文指出："战争之胜败，纯以学术优劣为标准。我国昔时筑垒购舰，固不遗余力，然运用纯物质之学术，未能深于研究，故船垒虽称坚固，而深通学术之将帅竟乏其人。夫物质恃学术运用而始有效果者也。"这里说的"学术"，主要指科技原理方面的文化知识，"纯物质之学术"是指枪炮船舰之类军事武器，意思是说尽管拥有这些军事武器，但如果没有懂得和掌握这些军事武器的理论和技能，即没有军事文化知识，也还是不行的。

从甲午中日战争前中日军事力量对比来看，中国在这场战争中未必注定要失败。甲午战争爆发后，当时上海《申报》发表了一篇题为《论日本情见势绌，中国宜乘机制胜》的评论，认为中国理顺师直，正义在握，并且地大物博，人多兵众，而日本理逆师曲，失道寡助，加上地狭物匮，兵少饷绌，在这种情况下，中国完全可以"以大制小，以顺制逆"，打败日本。这篇评论有一定道理。就军事而言，当时中国陆军有马步兵九十多万，参加过镇压太平天国农民起义和收复新疆的战争，参加过中法战争，在镇南关战役、守卫台湾战役中，有与敌交锋的经验。不足的是，甲午战前十年中，基本缺乏新式训练。日本陆军现役不足十万人，预备役二十五万，虽训练有素，但未经战阵。海军方面，中国的北洋舰队为当时东亚第一舰队。其中"定远"、"镇远"两铁甲舰均为七千五百吨，被日本视为最大威胁。所谓"日本之畏定、镇二船甚于虎豹"。海军训练、素质，中日差距不大。所以，就陆、海军力和武器方面相较，中国未必不能打败日本。但残酷的事实是，中国海、陆皆败，而且败得很惨。

有人说，甲午战败，是因为中国的军队没有近代民族意识和国家观念。该批评没有错，问题是军队为什么会成这个样子？我们首先要了解研究对象当时所处的历史环境和背景，这样得出的结论才会接近历史真实。当时统治中国的清朝是一个由满族权贵建立的，还处于中世纪落后状态，而且日趋腐朽的封建君主专制政权。清军入关，曾大肆杀戮汉族人民，对各族人民实行残暴的种族统治，种族矛盾很深。以秘密会党为形式的反清斗争绵延历久，几与清朝相始终。就在甲午战前十年，清政府刚刚镇压了太平天国、捻军、苗民、回民等起义。在这种"防民甚于防寇"的统治背景下，统治者不可能对民众进行战争动员，不可能对民众进行国防教育，朝廷如此腐朽，民众不会为它而战，为它牺牲，根本不可能有抗敌御侮、保家卫国的民族意识和国家观念。所以，一经与敌交战，少有舍身拼命的。甲午战争爆发后，清政府先是出动淮军，继而增调湘军，但无论是淮军，还是湘军，因为安闲太久，"将佚兵疲"，士兵"不习劳苦"，早无战志。军队无杀敌报国的信念，非但不会去与敌人拼死作战，反而会扰乱社会。卫汝贵统兵入朝作战，所部不少士兵身背马枪、鸟枪、鸦片枪，被人戏称"三枪"军队，纪律败坏，沿途烧杀淫掠，引起公愤。李鸿章闻之，打电报给卫氏，要他约束部队，为其（指李鸿章）"留些颜面"。军纪如此败坏，焉有不败？1894 年 11 月 27 日，李鸿章在给丁汝昌、戴宗骞等威海陆海军将领的电报中称："半载以来，淮将守（炮）台、守营者，毫无布置，遇敌即败，败即逃走，实天下后世大耻辱事，汝等稍有天良，须争一口气，舍一条命，于死中求生，荣莫大矣。"自战火延烧到东北境内，清廷又从各省临时招募，辽东战场最多时达到两百多营，十多万人。给养、管理、指挥分属十多个不同的系统，互不统属，各自为政，也互不援救。海城之战，清军以十倍于敌之兵力围攻海城六千日军，五战五败，未能攻下，原因就是无统一指挥，各路统兵大员位垺势均，互不相属。这些新招募的大多是不识字的农民，其中不乏游民，与其说是兵，倒不如说是一群"乌合之众"，素质极差，甚有抗命不从的。因仓促编练，枪炮非所习，一经战阵，"见敌即溃"，"望风而逃"。且每次溃退，尽弃军实。据日方统计，日军在牙山、平壤、九连城、凤凰城、金州、大连湾、旅顺口等地一共缴获大炮 607 门、枪 7384 支、炮弹 267 万余发、子弹 7745 万发之多。其后在牛庄、营口、威海卫、澎湖等地，清军遗弃的大炮达数百门，枪弹不计其数。李鸿章哀叹："淮军部队遗弃大炮，令我寒心，再发再弃，当如之何？"大批武器弹药的遗弃，不仅削弱了自己装备的总实力，而且反过来大大加强了日军的装备。旅顺口之战，日军以缴获的卫汝贵部快炮，"登山俯击"清军炮台。田庄台之战，日军用盖平、海城清军所遗弃的数百门大炮，列阵辽河南岸，轰击清军。士兵素质如此低下，加速了清军的战败。

有人说，甲午战败与中国将帅缺乏近代军事文化素养有关。这一说法也不可否认。清军素质固然差，但当时清军军事统帅和领兵打仗的将领的军事文化素养也好不了多少。纵观甲午战争的全过程，无论是领导这场战争的最高机构军机处的军机大臣、督办军务处大臣、兵部尚书和侍郎，还是各路统兵大员，都是不懂近代军事、缺乏近代军事文化知识和修养的人。军机大臣是清一色进士出身，督办军务大臣、兵部尚书、侍郎不是进士、举人，就是满蒙出身，具有特定身份的人。这些人不用说从未出过国，了解中外大势了，甚至连近代军事著作都未读过。由他们指挥战争，结果可想而知。战争爆发后，军机大臣中分为主战、主和两种不同意见，正如《申报》上的一篇评论所指出的那样，主战者"多为矜节气者"，以翁同龢、李鸿藻为代表；主和者"多为老成持重者"，以孙毓汶、徐用仪为代表；其他为中间派。平壤之战、黄海海战后，慈禧转向主和，要翁同龢前往天津见李鸿章，探询俄国态度。翁氏当着太后面表示："臣为天子近臣，不敢以和局为举世唾骂也。"这是最为典型的例子。主战派要抗击日本侵略，表示不能示弱，但他们对于"敌势军情，懵焉不识"，而负责实际军事的李鸿章却"主和避战"，先后挽请英、俄出面调停。待到调停不成，方才仓促备战，对于开战，既无把握，更无决心。英国公使欧格讷直言告诉总理衙门大臣："日本所志甚大，不在赔款，各国私议，至少须两千千万元，犹不能保无他索。中国果能致死，则将倭打入海去，更无他法。"甚至还说："中国喜事（指慈禧太后六旬万寿庆典）似可不办，何暇更及筵宴事耶？""倭布置已好，中竟是瞎子。"话虽尖刻，但点到了要害。1894 年春，慈禧太后六旬万寿庆典筹备活动正处于热火朝天之时，内外臣僚正准备进献以邀宠幸，日本正是看准了这一点，深知中国不会有战争准备和交战决心，以为机会可乘，遂借朝鲜民变一事，挑起战争。日本为了侵略中国，发动这场战争，已谋划了十多年，当然不会轻易接受清政府的求和。无论是主战派，还是主和派，当时对日本执意要同中国决一死战，全然不知。当初李鸿章说过，今日办海防，练海军，"旨在防日"。可是，他到马关议和时，与伊藤博文首次见面却说"中国素未准备与人交战"，可见他说的"防日"是有名无实，从来就没有做过防止日本发动侵略战争的应有准备。身为国家大员，朝廷倚为柱石，天下亿万生灵安危所系，竟将国防置于如此地步，令人震惊！与龚自珍同时代的清代诗人王昙在《咏汉武帝》诗中写得好："和议终非中国计，雄兵方遏帝王才。"无战守的和，最终只能是败降。日本早将中国视为假想敌，要对中国发动战争，还谈什么"和议"，只有"雄兵"，建立强大的国防，与之血战到底，中华民族才能屹立于世界！李鸿章的作为真可为千古殷鉴。

难以应对近代战争的落后海防

在三十年的海防建设中，无论陆军还是海军，都不研究近代战争的特点，灵活运用近代战争的战略战术。虽也曾选派一些人员赴西方国家留学，学习军事技术和战术，但大多数为学堂学生和中下级军官，从未抽调高级将领赴西方国家学习军事理论、军事思想和军事技术。而留学归国的，除海军中一些学生被任命为舰管带和大副外，其他大多数不被重用，几乎没有一人进入军机处和兵部，任总兵、提督的少之又少。甲午战争中统兵将帅都还是当年镇压农民起义起家的"湘淮耆宿"，这些人大多为耄耋之人，暮气沉沉，已不能领兵打仗。战场上他们采用的还是当年的旧营制、旧战术。有人指出："今日陆海各军，用器尚新，而将领无西学"，"对于西方国家所践行的战争原则、战略战术毫无所知"，由于洋枪洋炮原理复杂，要有专门的知识和技能，因此，不少将领对于洋枪洋炮的操练积极性不高，甚有干脆"置而不用"。"兵不谙器"，成为军中一个普遍的现象。少数将帅平日养尊处优，爱财如命，不知国计外情，克扣军饷、朘剥士兵，以肥私囊。嫖妓女，抽鸦片，甚至有终年不在营中，不知训练为何事者。淮军名将刘铭传当时就指出："湘淮两军，已成强弩之末……令人忧之。"后来的事实验证了他的担忧。战争中，无论海军、陆军，统兵大员不战而逃的，如叶志超、方伯谦、龚照瑗、赵怀业、黄仕霖等，数不甚数。国家花费了数千万银两，练海军、办海防、练新兵，养育了那么多海陆将帅、官兵，却落得个如此的惨败。

1874年日本侵略台湾事件发生后，清政府开展海防大讨论，此后中国开始了海防建设。先后编练北洋、南洋、福建、广东四支海军，重点建设北洋海军，海军建设"旨在防日"。中法战争后，又设立了总理海军事务衙门，由光绪帝生父醇亲王奕譞主持。但这个衙门不是负责统一编练、指挥全国海军，研究如何防日，而是挪用海军经费去为慈禧太后修建颐和园，以"昆湖易渤海，万寿山换滦阳"，结果造成在甲午战前六年中，北洋舰队"未添一舰"。北洋海军的覆灭，还败在近代军事文化水平低下。平日训练"不无粉饰"，指挥水平不高，军官抽鸦片、挟妓夜宿、克扣军饷，腐败现象同样存在。舰炮所用弹药少而质差。日军占领威海后，北洋海军从刘公岛发炮轰击，炮弹落至威海炮台，竟不炸裂。

日军"剖而视之，见其中皆泥沙。另有未裂各弹，验试皆空无所有"。海军覆灭的要害还在于：自战争爆发后，根本就没有制订与敌争夺制海权的战略决策、与日本海军作战的方案。黄海海战是一场遭遇战，沉五伤四，但"定远"、"镇远"两大主力舰犹在，对敌仍构成威胁，可是丁汝昌借口修船，不敢出巡，日军在花园口登陆，清军早已获得情报，但北洋舰队龟缩威海港内，不敢出击，致使日军长驱直入。而李鸿章则令丁汝昌将余舰株守港内，不准出海击敌。由于这一错误决策，结果造成北洋舰队"坐待倭人之围攻"，最后全军覆灭。平壤之战、黄海海战之后，日军大举调兵入侵中国东北，有人在《申报》上建议实行"围魏救赵"、出奇制胜之策，"捣虚批隙之计"：乘日本派重兵进攻东北、国内空虚之际，中国可以充分利用兵多，以长江水师、福建、广东水师"移师东伐"、"直捣扶桑"，"径驶长崎、对洲两岛（即对马海峡），以攻其不备"。可惜这条极具军事价值的建议，并没有被采纳。两江、两广的督抚们，借口他们所拥有的水师舰只都是铁皮包裹的木质战船，吨位小，航速低，不能在海上与日交锋。结果只能眼睁睁地坐视日本对中国侵略的加深扩大。

战败促进觉醒

《马关条约》签订的消息传到国内，举国震惊，"今日报传割台湾，神州赤县同一哭"。革命老人吴玉章在回忆录中说："我还记得甲午战败的消息传到我的家乡（四川荣县）的时候，我和我的二哥曾经痛哭不止。这真是空前未有的亡国条约！这使全中国都为之震动。从前我国还只是被西方大国打败过，现在竟被东方的小国打败了，而且失败得那样惨，条约又订得那样苛刻，这是多么大的耻辱啊！"这段回忆代表了当时许多青年对战败的悲愤之情和对国家未来前途命运担忧的心理感受。战败促进了民族的觉醒。人们开始从思想文化层面进行深刻反思，并提出相应的补救举措。康有为认为甲午战败，不是败在"炮械军兵"，而是败在文化。他说："中国之割地败兵也，非他为之，而八股致之也。"八股有"锢智慧"、"坏心术"、"滋游手"三大害，只要有其中一害，就可以使国家变弱而亡。举朝六部九卿，"无一能任事变者"，问题出在八股上。大小官吏，为了升官，心思所注，全在诗艺八股。认为日本取胜"非其将相兵士能胜我"，是其国"遍设各学，才艺足用"所致。"日本之骤强，由兴学致极盛。"中国要避免危亡，必须从文化下手。改科举、废八股、兴学校、开民智、育人才。梁启超也认为甲午之败，败在愚民：中国人口虽号称四亿，未为少也，"然而妇女不读书，去其半矣，农工商兵不知学，则去其十之八、九矣"。而剩下之一二者，"苦盖咿唔于四书五经"，与教无与，与国家安危无与。"徒令民不识不知，无才无用，国焉有不败乎？！"康、梁从思想文化教育入手的反思，直接促成了稍后的维新变法运动。

甲午战争中国海陆虽都败绩，但在局部地区、个别战役，以及当时一些有关如何御敌作战的言论主张仍具有一定的价值。一些战略战术也并非不成功。日军突破鸭绿江防线后，侵犯凤凰城一带，依克唐阿率部在收复宽甸，聂士成率部在收复摩天岭、连山关战斗中，采用"避众击寡"、"主动出击"、"前后夹击"等积极主动的防御方针、灵活机动的战略战术，打得敌人损兵折将，先后收复宽甸、长甸等城，守卫了辽阳以东直至鸭绿江边的广大地区。日本随军记者写道："敌军似不使用其惯用的防御手段，而以攻势的姿态前进，真是奇中又奇。"这颇有点像现代游击战争的战术了。光绪帝虽颁诏嘉奖，但未将此一有效的作战方式在全军中加以推广。又如辽阳知州徐庆璋，广泛发动民众，组织民团，抗击日军。全境"周围七八百里，无民不团"，有力配合了官军作战。日本海军围攻威海卫时，有意思的是，两个美国人毛遂自荐，力言可用烟幕法御敌，即利用在海上散布烟雾，再配之鱼雷快艇和军舰，攻击敌舰。但这一战术，清廷最终也未采纳。日军入侵东北后不久，时值严冬，有官员建议利用天寒地冻，敌人行军、给养困难，采用持久战来打击敌人。袁昶在一份奏折中说："倭人外强中干，国债山积，彼亦何能持久？！""倭人素性剽悍，利在速战，彼内筹饷糈，亦甚易匮，不能持久。"甚至提出主动放弃一些地方，诱敌深入、歼灭敌人的主张，即"窃思兵法，善弃者乃能驭，地有所不守，城有所不攻"。当时甚至有人提议"挖地营"，同敌人开展地道战等。可惜这些有价值的建言和献策以及成功的作战经验，甲午战后并未能很好地加以总结。直到 20 世纪 30 年代中国共产党人开展革命游击战争，尤其是日本发动全面侵华战争后，领导和开展抗日游击战争，游击战、持久战、地道战等战争思想才逐渐上升为系统的军事理论，成为中国近代军事思想文化中最宝贵的一部分。在对战争的反思中，人们从失败的惨痛中还隐约地看到中国社会制度的缺失。1981 年笔者参加盛宣怀档案资料整理时，看到"镇远"舰枪炮官曹嘉祥等人战后的一次座谈会上的发言资料，曹氏说："我国海军章程，与泰西不同，缘为我朝制所限，所以难以尽仿，所以难以操胜算也。"从军事惨败的背后，看到了封建君主专制的落后。告诉人们：虽有近代化海军，但如果没有相配套的管理制度，我们还不能"以操胜算"。此后，中经戊戌变法，尤其是义和团运动，开始编练新军，开办军事学校，派遣留学生出国学习军事，培养军事指挥人才。随着科举的废除，文人从军、知识分子军人化，成为晚清社会的一股风气。但人们更多的是开始把目光聚焦于社会制度的变革，以孙中山等为首的民主革命派开始走向了历史的前台。

（作者系华东师范大学教授、博士生导师）

"主战"与"主和"是甲午战争伪问题

翁万戈

甲午战争，笔者认为不是"主战"与"主和"两派的问题，而是强邻压境之际，抵抗与投降的问题。晚清时中国较之日本，是大国，但腐朽已深；日本是小国，但自明治维新，即蓄志征服中国，积极准备。其初步是占领朝鲜，然后灭除中国海军。清廷有识者自应看出这侵略的计划。只有抵抗，才能图存。所谓"主和"，只是顺从敌人的计划，步步投降，直至灭亡。

是和是战　不由选择

西方列强侵略中国早于日本，其"分水岭"为鸦片战争。从 1841 年英军对中国的虎门炮台突然袭击，到 1842 年 4 月清廷向英军求和，8 月初英舰队开到南京城下，结果是清政府投降，签了丧权辱国的《南京条约》，中国开始沦为"半殖民地"。条约的主要内容是割让香港，赔偿烟价及军费，五口（广州、厦门、福州、宁波及上海）通商。以后又加上各种特权，而且引起了其他"列强"的勒索。总之，投降政策是一个无底洞，实际上终将亡国。

所以，《南京条约》刺激了林则徐和魏源的近代化思想，把陈旧而行不通的"以夷治夷"策略改为"师夷长技以制夷"，这就是日本明治维新所走的道路。但中国那时的基本问题是清廷已腐朽到不可救药，而大权揽在已入晚年的慈禧太后手中，甲午正是她六十大寿的那一年，自然是倾向主和，好享受歌舞升平的"盛世"。

但最不幸的是，日本趁朝鲜内乱出兵，伺机占领这个中国的属国。1894年7月23日，日军攻占朝鲜王宫，扶立了傀儡大院君，与中国绝交；然后在汉城以南的牙山偷袭其口外的中国海军及运输船，揭开了甲午战争的序幕。这也表现了日本侵略时惯用的"偷袭"战略——这一战略此后被反复使用，一直到1941年企图毁灭美国舰队的"偷袭珍珠港事件"。

其实，论甲午战争而以清廷主战、主和两派为重点，是不了解历史的。日本不宣而战，中国并无主动的选择，只能为自卫而战。至于战而败，败而沦陷为日本的殖民地，一直到1945年第二次世界大战日本投降为止，这是我们必须深思、详察及反省的。

甲午一败　无战可主

甲午战争的过程以朝鲜平壤之战到黄海之战为初期（1894年7月25日到9月17日），清军在朝鲜与日军兵力相当，但清军总指挥叶志超以保命为主，树白旗撤退，急急奔渡鸭绿江回国，可称逃而不战，把朝鲜拱手让敌。这就到了中日海军的主力战，在鸭绿江口外大东沟展开：日本军舰十二艘，中国北洋舰队十艘。以航速与火力而论，日方占优势。这次海战中，提督丁汝昌受伤不退，"致远"管带邓世昌牺牲，"经远"管带林永升冲锋，"定远"管带刘步蟾、"镇远"管带林泰曾苦战，这场海战打压了日本的气焰。

第二期（1894年9月18日到11月21日），战争主要在陆地发起，日军进犯鸭绿江口的中国国土，情势急转直下，清军近三万人，与侵犯日军相埒，但清廷任命的诸军总统宋庆无能，三天内防线崩溃。最后旅顺口被占，日军血洗全城，清军首领逃亡。日本海军获得重要根据地，中国的黄海已向日本开放。

第三期（1894年11月22日到1895年2月17日），主要战场转到山东半岛的大门威海卫。威海卫南帮炮台守兵仅三千人，誓死抵抗两万五日兵，而丁汝昌坐镇指挥的口外刘公岛成为孤岛，但日军占领威海卫城后八次进攻悉被击退。最终，旗舰"定远"中鱼雷搁浅，转为炮台抗战，弹尽时刘步蟾下令沉船，自杀殉国。2月11日，丁汝昌拒降自杀。"镇远"舰继任管带杨用霖亦自杀殉国，不做降将。1895年2月17日，威海卫陷落，黄海门户洞开，北洋舰队覆没。

从以上史实看来，中国并不缺乏战舰及为国舍身的将士，而缺乏应敌的战略。逃入港口既不能守卫内海，又不能保全实力；而无能的陆军任敌人包抄后路，把"固若金汤"的旅顺及威海两大港口拱手让人，使辽东、华北门户洞开。至此，大势已去，主战派已无战可主，而主和派索性投降。《马关条约》是日本套在中国脖子上的锁链，使晚清更近于末日。

炮火验证　只能主战

清廷临终前的最后一次气喘及吐血，是义和团"扶清灭洋"运动。清王朝不堪一扶，而洋势正炽，已成燎原之势。清室在"剿"、"抚"两政策中犹豫不定，而大势不等待濒亡政权的堕落，便把它卷入了与列强八国联军在天津、北京等中国心腹区域的血战。结果是慈禧挟光绪帝逃到西安，而"主和专家"李鸿章被派为全权大臣乞和，签署了《辛丑条约》（1901年9月7日）。

列强彼此间的矛盾，并不能减轻中国的衰颓。1902年1月30日，英日结成同盟对付俄国。俄拒撤东北驻军，并拟排除日本在东北的一切势力。1904年2月8日，日本舰队潜袭旅顺，而中国宣告中立。俄军溃败后，美国调停，1904年9月5日，日俄签订《朴次茅斯和约》。日人其后与俄人勾结，相互规定势力范围。大清"发祥地"之东三省已成异域！

1908年11月14日，光绪死，次日，慈禧亦寿终，末代君主溥仪登基。皇族集权，置变法立宪于不顾。随后爆发辛亥革命，中华民国成立，清帝退位，但北洋军阀时期随即开始。孙中山为顾全大局，让袁世凯当上了中华民国第一任大总统。但这并不能满足袁的野心，他为了取得日本对他称帝的支持，在1915年5月接受了日本提出的"二十一条"中的大部分条款，并准备在1916

年元旦加冕为"中华帝国大皇帝",将民国五年改为"洪宪元年"。但就在宣布启动帝制的 1915 年 12 月,蔡锷在云南起义,其他各地纷纷响应,连袁世凯的重要部将也不从命,于是袁世凯在忧愤中去世,这位"皇帝"变成了"笑柄"。

可是甲午主和派的势力并未终止,而日本侵吞中国的行动也大肆扩张。袁氏手下大将段祺瑞继任北洋军阀首脑,各系继续内战,直到 1927 年蒋介石北伐胜利,结束了军阀时期,但国民党与共产党却分裂了。同时,日本扩大侵略,制造各种"事变":1931 年发动"九一八"事变,并接着侵占整个东三省;1932 年又发动"一·二八"事变在上海进犯,遭到中国十九路军英勇抵抗。而此时蒋介石急于"清剿"红军。到 1936 年 12 月 12 日,张学良、杨虎城在西安扣押蒋介石,很快地由"西安事变"推动国共合作,与日本作长期抗战。

可以说,自 1894 年开始的甲午中日战争中主和、主战之议,到 1936 年有了定论——为了抵抗侵略,保卫国土,只能主战。自 1894 年甲午战争爆发到 1945 年第二次世界大战结束,中国在半个世纪的炮火考验中,认识了主战的正确性。

(作者系翁同龢五世孙,收藏家、艺术家、美国著名华人社会活动家)

翁同龢：甲午年时的执着与梦想

李　刚

翁同龢与皇帝的同盟是稳固的

翁同龢，江苏常熟人，出身官宦之家。其父翁心存，咸丰朝累官至体仁阁大学士，后授读同治皇帝；长兄翁同书、次兄翁同爵，皆封疆官至巡抚；其本人更是青出于蓝，二十一岁选为拔贡，二十三岁中举，二十七岁以一甲一名进士及第（状元），同、光两朝帝师，并历任刑部、工部、户部尚书，两度入值帝国军机，可谓做官做到了人臣之巅峰。

翁同龢与光绪皇帝的亲密同盟关系，是符合历史逻辑和史实的。翁氏两代皆显宦，任两朝帝师，从个人权力角度出发，帝荣他荣，帝辱他辱；从道义伦常角度，出身科举的翁氏一门接受的是传统纲常理念熏陶，辅佐圣主已经成为他的家族文化基因。虽然翁同龢父子得到接近帝国权力核心的角色分配是来源于慈禧太后，但慈禧太后改变不了这种"帝、后"二元权力架构下不可调和的矛盾，更无法撼动真正的中国传统士大夫内心"修身、治国、佐幼主"的政治抱负。尤其是当事人的个人权力边际已经接近天花板时，慈禧太后给予臣下的角色设计有可能在实际操作中发生偏差，甚至成为她的对立面。并且可以想见的是，翁氏一门在行走于高层"权力的游戏"中也是有其切实可行的独到心得的。

臣下之间，门生故旧关系，尚且足以结成铁桶一般的政治联盟。皇帝与帝师，更是如此。对于光绪皇帝来说，没有比他的老师更亲近的政治关系，哪怕是他的父亲醇亲王奕譞。作为执掌海军衙门的奕譞，在慈禧面前的示弱、乖巧和逢迎，当然可以解释为对自己儿子的政治保护。但作为父亲，他的爱护却导致他不能与皇帝一起进行风险太大的政治赌博，因为一旦失败，政治生命与家族性命可能会双双失去。奕譞在这种难度极大的政治中庸里如履薄冰，也技术高超，使得醇亲王一系在短短三十年里出了两代皇帝（载沣承袭父亲奕譞爵位，任其子宣统皇帝的摄政王）。这两代皇帝当得都很憋屈。翁同龢不一样，儒家道德给予他的欲望动力更强大，他与光绪皇帝如果放手一搏，有可能带来一劳永逸的效果——彻底排挤掉慈禧太后，虽然这种可能性并不大。

光绪皇帝对老师的倚重和信任是属于发自内心的真诚和深刻。某次，翁同龢身体有恙，数日不能赴会军机，在其他军机大臣已经出席的情况下，皇帝依旧谕令休会。

翁同龢在清末两次重大的历史事件——一为甲午战争，二为戊戌变法中，都扮演了极其重要的角色，这两次历史事件不仅影响清帝国的命运，而且历史影响绵延至今。许多史家利用原始材料，主要是奏章、谕旨等官方文件，得出皇帝与翁同龢也有矛盾的结论，甚至有到后来皇帝甚于太后更反感翁同龢的论断，从历史人物的情景心理出发，当然不能排除皇帝对于老师在某些做法上的不满，或者瞬间的情绪化反应，但需要注意的是，虽然很多谕旨的发出者名义上是皇帝，实则太后才是幕后主使。光绪皇帝如果真的想把翁同龢除掉，无异于他想砍掉自己的左膀右臂。

翁、李矛盾的真相

李鸿章，起于太平军起事时期的曾国藩幕府，自此仕途通达，长期担任直隶总督，并掌北洋财政、军事、人事大权，兼总理各国事务衙门大臣，边学习，边吃亏，边积累，边与西方强国打交道。他与翁同龢的关系历来是清末历史研究的浓重一笔。两个人关系极差，似乎已经成为公认。

关于翁、李矛盾的根源，史料见诸史家研究、时人笔记、风闻。咸丰年间，李鸿章亲自操刀，完成了一份老师曾国藩都无法完成的高水平奏折——弹劾翁同龢的哥哥翁同书。翁同书先是在安徽巡抚任内面对太平军攻势，临阵脱逃；在处理地方团练问题时发生重大失误，导致朝廷当了一次地方团练之间相互攻伐的工具，在地方上带来重大的人员伤亡和政治代价。客观地说，这两件事情，翁同书都应该被问责治罪。但李鸿章分析问题、破解问题的功力在弹劾翁同书的过程中发挥得淋漓尽致："臣职分所在，例应纠参，不敢因翁同书门第鼎盛，瞻顾迁就。"

戚其章先生在《晚清史治要》中的评断是合理的："清人和近人之笔记中多有翁、李交恶以至相倾之说，后人治史者引以为据，俨然已成定论。其实，此说所据大都来自道听途说，或捕风捉影，或张冠李戴，与真实的历史是有相当距离的。"并分析道，"甲午战争爆发之前，翁主张预筹战备，以备不测；李则认为有万国公法在，日本不敢悍然挑起衅端；战争初起时，翁倾向主战，李则寄希望于列国调停，以息战讲和；黄海之战后，李仍相信俄国能保朝鲜，翁则对此表示怀疑，认为恐不足恃"，"翁、李确实政见不同"。

是什么导致了翁、李的政见不同？上述基于公事上的家族旧恨到底能在翁、李关系之间起到一个什么程度的作用？后者是不能准确解答的，前者是可以大体分析解答出来的。

个人修为、所处角度、信息渠道的不同，肯定都是导致政见不同的关键点。但除此之外，还有更关键的。

有一种说法是，李鸿章组建北洋海军，清廷应允每年划拨白银四百万两以为海军经费，但这笔钱常常被户部尚书翁同龢克扣。

据海军章程："凡添购大批军火，应由海军衙门核明，另行添拨，不在常年经费之内。"海军衙门在名义上统筹南北洋海军人事、财政大权，这个关键机构被慈禧太后的心腹醇亲王掌控。翁同龢执掌户部是在海军衙门成立之后。也就是说，北洋海军的大宗军费来源并不是通过翁同龢的户部来走账。这一点非常容易理解，类似于现代某些国家军费来源有其特别渠道进行划拨，财政部年度拨付经费只占其少部分。

在户部工作期间，翁同龢写过这样的工作感想："渐台液池之兴作，神皋跸路之修治，其繁费实无纪极。内府不足，取之外府；外府不足，取之各路，于是行省扫地尽矣。"

户部掌全国之财，常项支出、皇室土建以及部分陆海军费的划拨，都要向户部伸手。翁同龢认为自己对于北洋海军建设已经竭尽全力："以北洋地居沿海，拱卫京师，图自强即以固根本"，"无不竭力筹维"，甚至"北洋历次报部销案，多与例章不符，一经奏准，均系照案报销……并未拘于常格"。

1889 年 5 月，向天津外国银行借"洋债"一百万镑，续借银三千万两，清政府走上借债度日的道路。

在筹措堵塞郑州黄河决口经费时，户部向慈禧太后上折条陈《筹备河工赈需用款办法六条》，其中第二条这样写道："窃计十余年来，购买军械存积甚多，铁甲快船，新式炮台，业经次第兴办，且外省设有机器制造局，福建设有船厂，岁需经费以百万计，尽可取资各处，不必购自外洋。迩来筹办海防固属紧要，而河工巨款，待用尤殷，自应移缓就急，以资周转。拟请饬下外省督抚，所有购买外洋枪炮船只及未经奏准修筑之炮台等工，均请暂行停止，俟河工事竣，再行办理。"

朝廷没钱，户部缺钱，北洋海军的事情，户部已经承担不了，干脆暂停。

对于慈禧太后寿辰庆典大肆操办的现实，翁同龢痛言此为"声色之戒"，与户部满尚书福锟联名奏请"停止庆典寻常工程"。慈禧太后在压力之下，甚至决定"发宫中撙节银三百万两佐军饷，制钱万串交直隶"。

而对于李鸿章来说，在和平时期为筹建、扩充海军，多多拿钱，多次表达阶段性建设成果，战时再强调北洋海军的军力不足，这个逻辑在反对派那里是站不住脚的。据翁同龢门生王伯恭在《蜷庐随笔》（后任袁世凯总统府顾问）中记述：在他与老师翁同龢讨论和战问题的时候，翁同龢说过这样一句话："吾正欲试其良楛，以为整顿地也。"

不从最负面阴暗的角度来分析翁同龢的这句话——是不是翁就等着北洋出丑，借机发难李鸿章？并没有确凿的证据。但可以看出，对于北洋海军军力如何、能不能打仗，翁同龢其实心里并没有底。

但对于翁同龢来说，这个仗，还必须要打，打赢了，就树了皇威；打输了，就得换掉李鸿章。无可争议的是，李鸿章到底还是慈禧太后的人，人事结构不变，北洋海军就还是慈禧太后的北洋海军。

但以上分析并不能忽视的是人性的复杂。从某种程度上来说，翁同龢与李鸿章在斗争的同时，又是相互爱护、惺惺相惜的。

甲午战争爆发之后，大臣们多有弹劾李鸿章避战误国，翁同龢在日记中写道，这些批评意见"多传闻失实"；有官员主张立即撤换李鸿章，翁同龢认为："环顾盈廷，实无人可代此任者，所奏毋庸置议。"甲午战争失败以后，翁同龢与李鸿章多次互访，"相与咨嗟，甚至涕也"。

甲午对日是和是战，其实陷入的是两难困境："和则犯千古之不韪，战则尤兵将不可恃。"

有没有之外的第三条道路？

翁同龢对中日"持久战"的态度

第三条道路就是"持久战"。

甲午战争之初期，两江总督刘坤一即主张"以坚忍持之"。类似"与倭人抵死相持，百战不屈，百败不挠，决之以坚，持之以久"这样的持久战思想在官员中并不孤立。

海关总税务司英籍人赫德也对中日甲午战局的走势做了类似分析："日本在这场新战争中，料将勇猛进攻，它有成功的可能。中国方面不免又用它的老战术，但是只要它能经得住失败，就可能慢慢利用其持久的力量和人数上的优势转移局面，取得最后胜利"，"中国能发挥持久的力量，在三四年内可以取胜"。

英国政府虽然在这次战争中站在偏日本的立场，但在命海军部情报处提供中日战争报告的文件中也指出了"持久战"对于中国的重要性："不管从哪个角度讲，中国军队都是前途未卜的。……总的来说，他们都是缺乏训练，没有组织，没有合格的指挥人员。因此，在现有条件下，中日如果交战，只能有一种结果。"指出中国的出路："中国要想取胜日本，只能通过大幅度拖延时间，譬如说两年或三年。"

1880 年，中日两国进行琉球交涉之时，翁同龢就指出："倭患起，东南无宁岁，台湾首当其冲。"1884 年，日本蓄意在朝鲜制造亲日政府，制造甲申事变，他判断："将来高丽内政，日恐当干预，不可不为预防计"，"听之，则失我屏蔽，藩篱尽撤，益形猖獗，后将无以为国"。

这样的论断之所以听着很高明，只是因为今天的人把一百年前的人都当成了白痴，其实当时有这样评估的人大有人在，并不算什么了不起的远见卓识。

在翁同龢的《倭事杂记》中摘录了诸多"速战论"主张，有力地反驳"主和论"，却不提及"持久战"舆论。由此可见，翁同龢对于中日战争的认识其实是肤浅的。

翁同龢在甲午战争中的可贵与可悲

1894 年 6 月，侵朝日军已超过一万人。6 月 25 日，对于李鸿章过于保守派兵朝鲜半岛的局面，翁同龢对光绪皇帝说："李相添兵仅以三千勇屯仁川、牙山一带，迟回不进，嘻，败焉。"7 月 16 日，光绪帝接受主战舆论的要求，谕令军机大臣、总理衙门大臣会议讨论，会上翁同龢"力主添兵"，建议调集东三省及旅顺防兵速赴朝鲜。在复议的奏折中，翁同龢列名第一，明确自己的主战态度，并表达出"佐少主，张国威"的政治态度。

李鸿章在日本强势入朝的压力之下，派卫汝贵、马玉昆、左宝贵等人率军入朝，开赴平壤；并雇用英国商船"高升号"分批运兵两千增援牙山清军。翁同龢在这个时间表达出了坚决的敦促态度。

7月25日，日军在丰岛海面偷袭中国运兵船，随后，又向牙山的中国驻军发起进攻，正式挑起甲午战争。面对惨重的损失和接下来不可避免的紧张局势，翁同龢认为"无赏罚奖惩，无以振士气"，要求严办北洋海军提督丁汝昌，"不治此人罪，公论未孚"，北京方面遂议定丁汝昌"革职戴罪自效"。同时，翁同龢建议朝廷起用宿将，全国征兵，对日宣战。

对于李鸿章正企图借"高升"号被击沉一事，幻想英国出面干涉，一再请求"稍缓"宣战时日，军机处、总理衙门"准如所请"，但翁同龢对此并不同意："此数日且勿宣布，失此机会可惜。"

8月1日，清政府对日宣战。到该月底，侵朝日军已达四万多，而中国部署在平壤一带的兵力只有日军之一半，不仅在军力上处于劣势，而且没有明确的组织架构，呈各自为战之势。翁同龢多次要求"添军"。

紧接着，在9月16日，中国军队失去平壤，清军溃退过鸭绿江。次日，日本海军在鸭绿江口的黄海海面挑起海战。

黄海战后，翁同龢为北洋陆海军接连败北所震怒，要求朝廷严惩李鸿章。并立即通过盛宣怀向德华、汇丰等外商银行商借巨款，计划向"不通商国"转购铁甲快船。此外，翁同龢还接受了德籍顾问汉纳根的两项建议：立即采购军舰、雇用外籍兵力，弥补海军损失，"购智利快船七只，并人械同来"；改革军事体制，"募新兵十万人，以洋法操练"。但朝廷和谈方针既定，汉纳根的建议被搁置。

日军占领朝鲜之后，接着又于10月中旬分两路向东北发动大举进攻。翁同龢建议起用被慈禧太后排挤出政治舞台、废置在家的恭亲王奕訢，事实证明这是一个完全无奈和没有出路的办法，奕訢虽然再次被起用，主持军机处、总理衙门并督办军务，但今天的奕訢已经不是十年前或二十年前的奕訢，多次被慈禧太后整治的奕訢不仅没有了当时的锐气，更重要的是，他也丧失了应对时局的能力。

接下来，以皇帝为首的主战派被进一步排挤，慈禧太后亲信荣禄补授步军统领（提督九门步军巡捕五营统领），下有八旗兵力三万、绿营巡捕五营万余人，全面接管京城卫戍、治安。新设立的督办军务处以奕䜣为督办大臣，奕劻为帮办，主战派翁同龢、李鸿藻与荣禄、长麟会同商办。凌厉锋芒只属于四十年前的奕䜣，这个时候，他没有任何选择，只能对慈禧太后言听计从。帝国军事最高权大部落入亲慈禧太后的政治势力手中。此后，荣禄与翁同龢，"共事，几于无日不因公事争执"。

尽管如此，在翁同龢等主战派官员的极力推动下，督办军务处先后从全国各地调集了数十万援军开往关外前线。但颓势无法挽回，除聂士成、依克唐阿两支部队在零星地区取得小胜外，其余清军多遭败北。

11月下旬，旅顺失守，紧接着，金州、复州、海城尽为日占。奉天告急，"陪都"、"山陵"的沦陷可能，给清政府统治者以沉重的心理打击。"龙兴之地"、沈阳皇陵一旦陷落，似乎就昭示清王朝气数已尽。这在非常迷信的清皇室看来，是不能接受的。

此后，美国出面调停，慈禧太后求和心切，派人赴日议和。但翁同龢认为"和议虽开，战备仍宜克修"，主张"和战"。此后，光绪帝任命刘坤一为钦差大臣负责关外军事。

到威海失陷，清政府决定向日本求和乞降。

对于议和，翁同龢说："臣于和议向不敢阿附，惟兹事亦不可中止。"他既不反对，也不赞同，但建议"移守关军与前敌合击"，发起冬季攻势，派出湘军大队出关应战。

1895 年 4 月 3 日，李鸿章将马关和约内容电达北京，翁同龢看到条约之苛刻，当即"头晕目眩"，"声泪俱下"，他在日记中写道："覆水难收，聚铁铸错，穷天地不塞此恨也。"

到了 1898 年 9 月，戊戌政变，慈禧太后将翁同龢革职，事由之一便是翁的甲午主战之罪："信口侈陈，任意怂恿……以至不可收拾。"1904 年，翁同龢去世，彼时，慈禧太后已经完全把持朝政，虽有所谓包括帝党成员在内的官员求情，但仍以此为由，拒绝开复翁同龢。

虽然白纸黑字写得堂而皇之，究其根本，"主战"或"主和"其实在慈禧太后看来并不重要。重要的是，翁同龢选择一直与光绪皇帝站在一起，包括站在一起反对慈禧太后，这才是慈禧太后这位"无冕女皇"真正在意的，她对权力爱得有多深，对翁同龢一干人等就会恨得有多深。

战与和，对整个国家与国民有大意义，有大影响。对于掌管一个国家和民族的人来说有更大的意义和影响，并且，是战是和，恰恰是他们才能决定的。对于他们中的大多数人，决定的根据其实只有一个——是否还能保有权力。

（作者系新锐历史学者）

专家访谈

坐实文献资料　拓展研究视域

——访中国社科院文学所张剑研究员

张　剑　王忠良

王：张剑先生，您好！谢谢您在百忙中接受我们的访谈。

张：不客气，都是老朋友了，随便聊聊吧。

王：2011 年，您整理的《翁心存日记》由中华书局正式出版，为学术界、为翁氏研究提供了一份弥足珍贵的文献资料。请问您是从什么时候开始关注翁氏家族文献的？

张：关注翁氏家族文献，要从我个人的主要研究方向之一——家族文学说起。2001 年，我跟随陶文鹏先生攻读在职博士学位，博士论文题目是《宋代晁氏家族与文学》（2004 年完成，其主体部分以《宋代家族与文学——以澶州晁氏为中心》为名，2006 年由北京出版社出版）。在研究宋代家族文学的过程中，我感到尽管宋代文献已较前代大为丰富，但缺失仍多，许多想法无法得到文献的有效支撑，许多细节还只能依靠悬想或推测，心里感到不满足，产生了到文献更为丰富的清代去探一探的念头。恰好 2006 年文学所与遵义市联办"纪念郑珍两百周年诞辰暨遵义沙滩文化（国际）学术研讨会"，我提交的是关于晚清大儒莫友芝的研究论文，于是便想能不能就莫氏家族做做文章？我个人的治学习惯是一切先从文献做起，而且要挖深井，文献不掌握七七八八一般不动手。在搜辑莫氏家族文献的过程中，我惊叹其文献的复杂与丰富，同时又发现在莫友芝交往的对象中，有不少令我更感兴趣的家族，常熟翁氏家族就是其中之一。这个家族，门第辉煌，命脉绵远，影响巨大，在家族研究中极具典型性和代表性。于是我一方面将搜辑的莫氏文献陆续整理为《宋元旧书本经眼录·邵亭书画经眼录》（中华书局 2008 年）、《莫友芝年谱长编》（中华书局 2008 年）、《莫友芝诗文集》（人民文学出版社 2009 年），一方面开始调查搜集翁氏家族文献，如果要说一个具体的时间起点，应该略后于对莫氏文献的关注，大约是在 2007 年。不过，无论关注莫氏文献还是翁氏文献，都可说是我研治家族文学的自然延伸。

王：日记整理前后花费了多少时间？能否请您回顾一下《翁心存日记》整理的过程？

张：日记整理前后大约花了三四年的时间吧。翁同龢是被学界关注的重点，谢俊美先生等人已经捷足在前，但他那本《常熟翁氏》（中国人民大学出版社 1999 年）却给我提供了不少翁氏家族其他成员的线索。特别是翁同龢的父亲翁心存，身为咸丰朝体仁阁大学士，又是翁氏家族兴起的关键人物，却长期乏人关注，而且其文献遗存量庞大，除《知止斋遗集》十六卷刻本外，其他均系稿钞本状态，无人整理，我有责任也有兴趣把其文献先整理出来。因此大约自 2007 年下半年起，我已在国家图书馆借阅《知止斋日记》胶片，并开始整理了。不过由于当时还承担有国家课题《宋代家族与文学研究》，又分心于莫友芝文献，因此《翁心存日记》的整理是断断续续的。2009 年年初，我的国家课题结项，莫氏几种文献也先后出版，才开始集中精力和时间投入到《翁心存日记》的整理中。

整理过程十分艰苦，因为从我居住之处到国图，来往路上要花三个小时左右，而且去国图时是上班高峰，回家时又逢下班高峰，公交车上拥挤不堪，根本没有座位，一天下来，身心极度疲惫。由于去趟国图不容易，就特别珍惜时间，中午一般不出去吃饭，怕耽搁时间啊，但常饿肚子也不是办法。后来国图的朋友、《文献》编辑部的张燕婴和张廷银给我出了个主意，由张燕婴中午去食堂吃饭后再买两三个包子带回编辑部，然后打电话叫我过去。他们的办公室在四楼，我看书的善本室在二楼，这样来往方便，吃包子又不费时间，一般十分钟之内就可以搞定，真为我解决了大难题。我现在见了张燕婴还开玩笑："我可欠了你一千多个包子呵。"

就这样，到了 2010 年下半年，《翁心存日记》的整理工作基本完成。我所在的社科院不坐班，但我所在的《文学遗产》编辑部每周要求上两天班，我就常常早去晚归，尽量在那两天里干完单位所有的工作，以保证有较充分的时间去图书馆。那两年，我可能是在国图善本室出现频率最高的读者，后来被善本室的同志推荐，获得了国家图书馆 2010 年度的"文津读者奖"（共十名）。

《翁心存日记》整理完成后，由于疲惫，兼之长期伏案，颈椎、腰椎都出了毛病，我一度不想做人名索引。但刘跃进老师、陆林老师他们都说大规模的文献如果没有人名索引，将不便利用，价值也就小了一半，我爱人也极力怂恿，愿意帮忙整理，因此最后还是硬着头皮做了。从文献整理规范的角度和之后读者的反映看，当时的选择无疑是正确的。另外，日记的出版，还得到了中华书局俞国林兄的大力支持，他作为责任编辑，不仅正我疏失，而且为我提供了许多"特殊"政策，如为了不影响出版速度，他先排印出日记正文进入编校程序，同时耐心等待我做人名索引；在编制索引的过程中，他又为我出了不少好主意，如以人物出现的日期而非出版物的页码为索引内容，就出自他的建议。某种意义上可以说，日记的整理及出版，不是我个人的成绩，而是众位师友合力促成的。

王：您认为《翁心存日记》的历史文献价值体现在哪里？

张：翁心存是道、咸两朝的重臣，他留下的日记达二十七册之巨，内容丰富，价值是多方面的。这主要是因为：翁心存进士及第后，历职丰富，由翰林院庶吉士历官编修，右中允，翰林院侍讲，左右庶子，国子监祭酒，奉天府府丞兼学政，大理寺少卿，内阁学士，工部、户部侍郎，工部尚书兼署左都御史，刑部尚书兼管顺天府尹，兵部尚书，吏部尚书，以户部尚书协办大学士，体仁阁大学士，历充上书房行走，日讲起居注官，经筵讲官，教习庶吉士，实录馆、国史馆、武英殿总裁，上书房总师傅，广东、江西学政，福建、四川、浙江、顺天乡试考官等，咸丰九年（1859）因病奏请开缺，咸丰十一年（1861）起复，以大学士衔管理工部事务，充弘德殿行走（同治帝师）。因此，其日记也相应反映出道、咸两朝的政治、经济、军事、科举、礼仪、吏治、民俗、天象、地理状况等。

如第一次鸦片战争、第二次鸦片战争以及咸丰八年的顺天科场案、咸丰九年的户部官票案，在《翁心存日记》里均有不少记载，可以使历史事实得以更清晰地呈现；翁心存多次出任学政或典乡试，每赴一地，均于路程远近、驿站设置、地理风貌、年成分数、谷价低昂、吏治民情、兵防水利及一切时事详细记录，可以为研究科举文化、地理环境、地域风情以及农林水利等提供有用的信息。翁氏日记非常详细地记录各种礼仪制度以及恭理帝后丧仪、勘修陵墓工程的具体过程，可以为研究清代礼制和陵墓建筑提供诸多参考。翁氏日记所载名人佚事甚多，如柳如是、杜堮、刘喜海、程恩泽、刘熙载等，可以为研究人物传记提供宝贵资料。翁氏日记当然还是研究翁心存本人及翁氏家族的第一手资料，据此可以纠正古今人等诸多研究之失。举一个例子，如咸丰八年，任陕甘学政的翁同龢奏请开缺回京调养疾病，有人认为其回京的真正原因是担心肃顺借户部官票兑换案和五宇奏销案迫害父亲，然据《翁心存日记》，知翁同龢回京确因足疾严重，抵京时间是咸丰九年四月三日申初，此时户部官票兑换案和五宇奏销案还未发生呢。……以上不难看出《翁心存日记》所蕴含的广阔和丰厚的历史文化价值。

《翁心存日记》出版后，得到了学界的利用和好评，这是令整理者十分欣慰的。如南京大学徐雁平教授就利用《翁心存日记》，统计出19世纪北京年平均沙尘天数达22天，纠正了以前自然科学工作者据《翁同龢日记》得出的10.4天的结论（见徐雁平《从翁心存、翁同龢日记的对读探究日记文献的特质》，《南京大学学报》2013年第3期）。复旦大学杨煜达教授等在"全球变化研究国家重大科学研究计划项目"中，利用《翁心存日记》，重建了19世纪中叶北京沙尘天气情况，分析发现当时北京年平均沙尘日多达31.36天，高于近六十年来北京沙尘天气的平均水平，而19世纪中叶的北京沙尘天气中扬沙、浮尘和沙尘暴天气的构成和现代基本相似。他们认为《翁心存日记》是迄今为止发现的记录天气现象最为详细的历史天气日记,在气候学史上具有重要意义。(见杨煜达等《19 世纪中叶北京高分辨率沙尘天气记录:〈翁心存日记〉初步研究》,《古地理学报》2013 年第 4 期)再如武汉大学谢贵安教授利用《翁心存日记》研究《清实录》的修纂和清实录馆的管理与运作,也有系列研究成果发表(见谢贵安《从〈翁心存日记〉看清代实录馆的修纂与运作》,《史学史研究》2012 年第 4 期;《〈翁心存日记〉所见〈清宣宗实录〉版本考》,《文献》2013 年第 6 期;《清实录研究》,上海古籍出版社 2013 年)。《光明日报》甚至将《翁心存日记》誉为"晚清第五大日记"(见《光明日报》2011 年 11 月 13 日克清《"晚清第五大日记"记了什么》),有趣的是,《新作文·金牌读写》(高中生适读)2012 年第 3 期还将这篇文章予以摘编,作为高考热点押题素材,并评价说:"毋庸置疑,翁心存的日记是非常重要的近代文献,对近代政治、文化研究都有不可低估的意义。这也启示我们:记下所见、所闻、所感的点点滴滴,便能汇成一片大海,折射出时代、人生的诸多情状和滋味。"从中也可见出《翁心存日记》的多重价值。

王:长期以来,史学界围绕翁同龢研究,大多结合《翁同龢日记》展开,现在看来,这样的局限是显而易见的。包括《翁心存日记》等文献资料的出版,您认为在哪些方面有助于拓宽翁氏研究的领域?

张:《翁同龢日记》自然是研究翁同龢本人最为重要的资料,然而仅有这些明显不够。因为日记固然重要,但由于个人习惯和目的不同,详略侧重各有差别,对同一事物的看法,也因人而异。因此欲求对研究对象更为深刻全面的认识,还要关注研究对象的其他著述和研究对象之外的记载。如翁同龢的诗文、书信等,对于翁同龢研究也非常重要,但这方面的研究并不充分。仅以文献搜集而论,虽然《翁同龢集》已经尽了很大努力,还是难免遗漏,我在中国社会科学院近代史所图书馆见到过几封翁同龢的书信,就没有收入《翁同龢集》。最近出版的赵平先生的《翁同龢书信笺释》(中西书局 2014 年),搜罗了 858 通翁氏信札,是对翁同龢研究的一大贡献。而翁同龢的很多题跋,散见于各种古籍中（我们文学所图书馆的古籍里也有翁氏题跋），如果有心人能够整理出一本《翁同龢题跋》，对学术界也是有益的事情。

研究对象之外的文献记载，以家族文献最为自然贴近。因为他既可以提供一种外在于研究对象的他者视角，又具有极高的可信度。因此，欲要深入把握翁同龢本人，不研究其家族的影响也是不全面的。我曾写过一篇《廉正传四海——论翁心存的廉政克己及其对翁同龢兄弟的教育与影响》，就利用了《翁心存日记》等其他文献，说明翁同龢的"廉政克己"渊源有自，是翁氏家族中人共同追摹的精神范式。常熟翁氏能够绵延百年，至今仍代有闻人，与翁心存对子孙的教育与影响是分不开的。

即使是非家族性的其他文献，对于研究翁同龢也具有重要意义，非家族性文献常能够拓展研究视角，带来不少新的发现。如《徐兆玮日记》的出版，就足以证明沈鹏的上书并非翁同龢指使，且翁同龢及翁家是极力回避和阻拦此事的，而且根据《徐兆玮日记》，我们还知道《瓶庐诗集》中有伪诗，如《题秦权拓本》（始皇御极吞六国）就是沈石友的诗而误为翁同龢之作；另外，翁同龢师友门生的别集中，有大量与翁同龢有关的文献，如康有为有《怀翁常熟去国》，俞明震有《游破山寺睹翁常熟师遗墨感赋》、《止翁氏墓庐谒常熟师墓》，郭曾炘有《翁文恭公生日师郑吏部邀同人陶然亭为瓶社第一集并出遗墨传观敬赋长句》等等，不妨将之搜集起来予以研究。

最后，我觉得还有一点值得注意，即翁同龢研究原来多在史学界内进行，但这并不正常。因为翁同龢不仅是著名的历史人物，还堪称文学家、艺术家和学者，把翁同龢限制在史学视域里，是对翁同龢研究的窄化和矮化。如何从文学史、书画史、学术史乃至社会史、文化史方面对翁同龢做综合立体的透视，我认为是未来翁同龢研究的主要发展方向之一。

王：敬悉您在 2011 年整理点校《翁心存日记》、2013 年整理点校《翁心存诗文集》，在不断整理翁氏家族的文献资料。能否就此谈谈您正在进行的整理工作和计划？

张：前面已经说过，我的治学习惯是广泛收集资料和挖深井。既然对常熟翁氏发生了兴趣，那么《翁心存日记》的整理就不过是开始而已，顺理成章，我要完成翁心存除日记之外其他著述的整理，从 2011 年始，经过两年左右的努力，我将《翁心存诗文集》辑校完毕，交给凤凰出版社于 2013 年 12 月出版。这个整理过程的艰苦有别于《翁心存日记》，因为翁心存诗文资料不单藏于国图，还散见于上海和南京等地，一言难尽，就不多说了。该书一百万字，分五十卷，除诗歌中的十六卷有刻本传世外，其他三十四卷均从大量稿钞本中新辑而出，里面有非常重要的史料，如钱泳的墓志铭、乡试主考官的注意事项、顺天府尹的职责等。我的初步计划是将清代翁氏家族成员的所有文献逐步整理出来，然后在此基础上编纂《常熟翁氏年谱资料长编》，以后争取写出一本在全面占有资料基础之上的《常熟翁氏研究》。受翁万戈先生和翁以钧先生委托，我现在已经初步整理出《翁斌孙日记》，预计明年由凤凰出版社出版，我还请学界朋友整理出了《翁曾翰日记》（凤凰出版社 2014 年），今后，还拟在完成自己主要的编辑工作和科研工作之外，陆续整理翁同书、翁同爵、翁曾源、翁祥芝、翁之廉等人的资料，争取使未来的翁同龢及翁氏家族研究建立在一个更加清晰丰厚的文献支撑之上。

在整理翁氏家族文献的过程中，我感到常熟不仅是历史悠久的文化名城，而且留存下来的资料非常丰富，常熟市图书馆所藏古籍及乡邑著述的总量，在县级图书馆中首屈一指，是非常理想的区域文化研究对象。如果能选取若干或者全部有代表性的常熟文化家族，将有关他们人生的全部信息都提取和标注出来，然后综合绘制图表，加以论析，家族史和区域史研究必将呈现出动态、立体、多元的生动图景。中国古代社会的种种关系，政治、经济、文化、历史、地理、职业、生理等各种因素对家族人员成长的影响，可望借此图景窥见一斑。常熟历来有"翁庞杨季是豪门，归言屈蒋有名声"的说法，指的是清代常熟最有名的八个家族。我原来曾企图对这八大家族的资料全部予以整理和研究，但至今只写了本《清代杨沂孙家族研究》（中国社会科学出版社 2010 年）。清代杨氏家族虽然只出过杨希铨、杨泗孙、杨崇伊三名进士，但其他家族成员也颇有闻名之士，如杨岱以孝义显，杨景仁以政功显，杨沂孙以书法显，杨圻以诗歌显……仍无愧为名门望族，具有多方面的综合研究价值。但由于精力有限，兼之本人兴趣时常转移，恐怕做完翁氏家族资料整理与研究后，对常熟其他文化世家不一定会重点关注了。如果有人能接着做下去，我将十分高兴。

王：您坚持不懈地整理翁氏家族文献资料，作为翁同龢的家乡人十分感谢您。同时，也恳请您谈谈常熟该如何开展翁氏文献的出版研究工作，以进一步提升常熟文化影响力和软实力。

张：我们要相互感谢。在收集和整理翁氏家族文献的过程中，我得到了您与其他常熟人的热情支持和帮助。我记得咱们是 2009 年 1 月在北京中华世纪坛世界艺术馆举办的"传承与守望——翁同龢家藏书画精品展"上邂逅的吧。当时我参观结束，看到门口有常熟桂花酒卖，就随口问了一句，没想到您正好守在那里。之后就结下了友谊，帮我在常熟获得了许多珍贵资料，包括海虞翁氏族谱、杨氏宗谱、杨沂孙诗文资料等，同时我也得到了苏醒馆长与曹培根教授的不少帮助，如果说感谢，首先要感谢您和常熟人，"巧妇难为无为之炊"啊。

您说的"如何开展翁氏文献的出版研究工作，进一步提升常熟文化影响力和软实力"，我以为非常适时和重要。以前我们很多地方官员，宁愿花上百万甚至上千万元搞文化节、艺术节以招商引资，美其名曰"文化搭台，经济唱戏"，而不愿花几十万元甚至几万元去搞扎扎实实的文化基础建设。但是我国现在经济发展方式已经发生深刻变化，产业结构已由制造业、建筑业逐渐向服务业转移，一味吸引和增加投资已不符合国家经济发展的未来走向。而服务业的发展，与人的文化素质的提高密切相关。人的文化素质提高，不能靠短期的"文化秀"或开会喊口号，而要靠长期的文化政策以及在其支持下的文化整理、文化传播与学术研讨来实现。

最近，习近平总书记在中共中央政治局第十三次集体学习的讲话中明确指出："核心价值观是文化软实力的灵魂、文化软实力建设的重点。""培育和弘扬社会主义核心价值观必须立足中华优秀传统文化。"从这个意义上来说，翁氏文献的整理、出版与研究，应该成为常熟市文化基础工程的重要组成部分，成为常熟市文化软实力的重要开展方向。

王：作为中国历史上著名的文化世家，翁氏家族无疑堪称典型。在整理翁氏家族文献资料的过程中，您认为翁氏家族的文化遗产对于现代社会有何启示？

张：人们提起一个地方，往往最先联想到这个地方都出了哪些名人，这些名人的家族怎么样，因此，文化名人和文化家族可说是一个城市或地域最醒目的文化名片。翁同龢不仅是晚清知名度最高、影响最大的名人之一，他的家族也堪称中国历史上著名的文化世家。翁同龢及其家族展现出的价值理念、道德规范和立身处世之道，蕴含有非常丰富的正能量，具有很强的榜样性与践行性。这里略谈两点：

一是廉洁奉公。翁氏家族由寒士起家，后来渐至通达，出现两代宰执、两代状元、三世公卿、四世翰苑的盛况，但其家仍能保持本色，力戒奢靡，廉洁奉公。以两代宰执翁心存、翁同龢父子为例，翁心存历官三十余载，却连一顶夏天避蚊虫的碧纱帐都没有，所挂朝珠也从未超过百两银子。翁同龢于光绪二十四年被开缺回籍，行前，友人门生纷纷厚赠，翁同龢大多回绝。《翁同龢日记》光绪二十四年五月初二日记："那琴轩来，厚贶，却之。荣仲华遣人致书，厚贶，亦却之。"《那桐日记》光绪二十四年五月初二日亦记："未刻到翁师处送程仪千金，辞不受。"荣禄（字仲华）是维新派的死敌，不收他的赠金可以理解，那桐（字琴轩）是翁同龢的学生，平日关系素密，而亦却之，只能说是其廉正个性使然了。这种严于律己的官员在当时是楷模，在现代社会更是了不起的榜样。

二是注重家教。翁氏家族非常注意家庭教育的作用，家长不仅以身作则，能够上承祖德，而且训启后人，将家族文化精神发扬光大。如翁心存不仅清廉克肖乃父翁咸封，而且注意通过各种形式的家族教育，将这种优良传统灌输给子孙，以缅怀祖德，激扬后人。嘉庆二十五年，翁同书、翁同爵"皆失学"，翁心存"亲督课之"（《先文端公年谱》），道光十八年翁心存告养在籍，亦曾亲督课翁同龢及曾文等孙儿辈。除了亲课学业外，翁心存还常通过祭祀先人、编订先人文集、纂修族谱、耳提面命、文字训示等形式教育子弟。翁同爵、翁同龢兄弟训迪子孙，亦颇得翁心存教育的菁华。《翁氏家书》里收录了不少两人给后辈的信函，从其内容不难见出，克己知足、廉洁奉公，报国恩、扬祖德，已逐渐成为翁氏家族共同遵循和自觉维护的一种精神范式，家族子弟浸润其中，潜移默化，故能逐代传承、不坠家声。

我们今天高倡廉政建设，其方法不乏高明之处，但是家族教育始终是薄弱环节，不仅双职工家庭将子女教育推给了学校和各种辅导班，而且农村家庭也由于父母出外打工，出现了诸多留守子女，其家庭教育更加得不到保障。而家庭教育无疑是人成长的最自然的摇篮，常常影响到人一生的选择。家族文化如何作为一种软实力，为家族成员营造积极健康的文化氛围，进而影响其精神结构和政治表现，常熟翁氏为我们提供了最好的说明和借鉴。

王：2014年是翁同龢逝世一百一十周年。翁馆筹备创刊《翁同龢研究》，作为翁氏家族文献整理与家族文化研究专家，您对我们的刊物采编有些什么建议？

张：翁同龢纪念馆近年在推进翁同龢及其家族研究方面做出了不懈努力并取得了不凡成绩，大家有目共睹。而创刊《翁同龢研究》，是对翁同龢研究的深化与提高，也可以更好地宣传常熟文化，我认为不论是当地政府还是研究者，都应乐观其成，乐于相助。

我个人对《翁同龢研究》的建议有三点：

一是注意开放性。不能关门办刊，办成区域学者自娱自乐的刊物。像翁同龢这样的人物，已经不单单属于常熟，而是具有全国性乃至世界性影响的人物，要团结全国和海外对翁同龢研究有兴趣的学者，加强沟通与联系，共同努力，将《翁同龢研究》办成有深度、有品位、有影响的研究性刊物。

二是注意持续性。不能办办停停，"三天打鱼，两天晒网"，如果是年刊，就要想法组织好稿源，如高稿酬、专题高端学术研讨会、新书发布会等，都是吸引优质稿源的有效方法。另外出版时间要固定，在每年大致相同的时间段推出，给人形成系列印象，慢慢提升知名度与影响力，使《翁同龢研究》发挥出"常熟文化之窗"的作用。人们通过这个窗口，可以更好地了解常熟的文化；常熟也可以通过这扇窗口，展示和强化自己的文化软实力。

三是注意灵活性。刊名虽是《翁同龢研究》，内容不妨扩大至翁氏家族乃至常熟地域文化，但每辑要保持大多数文章是以翁同龢为研究对象，否则名不符实。可以每辑设立不同专栏，除以《翁同龢研究专题》为主要栏目不变外，其他根据内容可设立《翁氏家族文化》、《常熟地域文化》、《翁氏文化研究通讯》等专栏。

最后，祝愿《翁同龢研究》越办越好！

松禅书院

《画话》、《井蛙鸣》及作为文艺家族的翁氏

张 剑

一、《画话》与《井蛙鸣》的作者

　　2008 年，《上海图书馆未刊古籍稿本》（六十册）由复旦大学出版社出版。该丛书系从数以千计的上海图书馆馆藏古籍稿本中精选四十六种未刊明清学人著述，每种书前有解题，介绍该书的作者、学术价值、流传概况等。这批秘籍稿本的公布，实为学林之福。丛书第三十五册至第四十册，收录了题为"（清）翁楚"的一批著作，计《画话初稿》八卷、《画话》八卷、《补遗》不分卷、《画话附录》、《〈广川画跋〉钞》、《翁楚诗稿》六种。解题云：

　　　　《画话》稿本，附翁楚诗稿稿本，清翁楚撰。翁楚，生卒年不详。字
　　竹君，江苏常熟人。生平不详，从其诗中可以看出，翁楚家境穷困，为生
　　活计，不时地奔走他乡。翁楚是位饱学之士，却不事浊物，与他交好三十
　　年的诗人姚锡范，直到翁楚将手稿出示嘱其作序时，方知他的诗才。而翁
　　楚和杨沂孙能成为忘年交，也是因为他的才学。……翁楚的诗稿，序为他
　　的好友姚锡范所撰……翁楚，史不见传，志不见载，却以他的学识、他的
　　学力，完成了一部中国绘画史料辑录的巨著。今天我们从稿本中知道了翁
　　楚，将有更多的学者，从这个稿本中获益，翁楚该含笑九泉了。①

---

① 《上海图书馆未刊古籍稿本》（第 35 册），复旦大学出版社 2008 版，第 3—5 页。

但解题所云"翁楚诗稿稿本",笔迹与《画话初稿》八卷、《画话》八卷、《补遗》不分卷、《画话附录》、《〈广川画跋〉钞》等相比差异较大,笔者疑诗稿作者另有他人。细核文本及其他史料,果然发现诗稿的作者实为翁苞封,《画话》系列的作者则为翁楚封,且两人生平皆可考。

诗稿正文首行题曰"井蛙鸣",此当即诗稿题名,前又有姚锡范序云:

> 予与翁子竹君契好垂三十年,去日如驰,好音不作,而奔走衣食于歧路,又复各极困穷,生世艰难,维我两人实甚。客腊归自岭峤,旧雨觌面,共话贫辛,感慨系之矣。日者往访,竹君手函一编曰:"此仆平昔歌咏,子盍为我评点之。"予携归,循览动惊,太阿秋水,飞烁行间,而爱慕欣喜之私,转相骇异。……道光辛丑中秋日,世愚弟姚锡范子俊甫拜手序。

姚锡范,字子俊,昭文诸生。性好交游,著有《红叶山房骈体文》、《诗词》及《诗话》。由序我们知道,《井蛙鸣》诗稿作者字或号为"竹君",姚序又云"归自岭峤,旧雨觌面",可知两人相居不远,可能即为常熟或昭文人。因检《重修常昭合志》卷二十《人物志》,果有载:

> 翁苞封,字竹君,号石梅,常熟诸生。善各体书,工篆刻。性孤僻好洁,常客游。晚归里门,鬻字自给,夫妇躬爨汲,泊如也。[①]

又检诗稿中有《病遣二首》,其二有句云:"足疑团絮羞扶杖,头怯尖风羡珥貂。"下注:"邃庵侄赠余貂帽檐,以非寒士所服,未之制也。"邃庵为晚清体仁阁大学士翁心存之字,诗稿作者当系翁心存叔父行。因再检同治十三

---

① 常熟市地方志编纂委员会办公室标校:《重修常昭合志》,上海社会科学院出版社2002版,1219页。

年刊本《海虞翁氏族谱》，复得：

> 苞封，建辰嗣子，字竹君，号石梅，邑庠生，善各体书，工篆刻，性孤僻，好洁，常客游，晚归里门，鬻字自给。夫妇躬爨汲，泊如也。乾隆癸卯（1783，乾隆四十八年）九月廿七日生，道光壬寅（1842，道光二十二年）卒。配钱氏。葬九浙雨麓公墓右旁少下，子心谷殇，以兄孙同本为孙。①

《重修常昭合志》的相关资料当据《海虞翁氏族谱》撮述而成，《族谱》所载多世系、生卒及葬地信息，惜卒年缺月日。再检《翁心存日记》，知翁苞封卒于道光二十二年（1842）十月十一日，翁心存该日日记载："竹君叔自上年患疟，久未愈，大有老态，今年春发之，夏已渐愈矣，前月庆寿后闻其即觉不适，意谓旧疾复发无害也，乃今日日暮忽来赴，云已于本日未刻仙逝矣。立品甚高，竟潦倒没世，可伤也夫。"②《族谱》所载又当本于翁心存手稿《翁氏家传》：

> 苞封字竹君，楚封弟也，与心存同游于庠，工书善画，尤精于篆刻。性孤僻，好洁，初授徒里中。忽羡计然术，从人权子母，尽丧其赀。乃橐笔游山左，凡十余年，卒无所遇。心存视学粤东，延致廨舍，襄校试卷，客稍拂其意，辄谩骂之无少诎。晚而晦迹里门，鬻字自给。所居近石梅先祠，因自号石梅子。老屋一椽，不蔽风雨，夫妇卧牛衣中，躬自炊汲，饘粥不继，泊如也。年六十，卒。有子一人，殇，以兄孙为后。③

考定了翁苞封即《井蛙鸣》诗稿的作者，《画话》作者及其生平亦不难在

---

① 翁心存初辑、翁同龢等辑定：《海虞翁氏族谱》同治十三年刊本。

② 张剑整理：《翁心存日记》，中华书局 2011 版，第 588 页。

③ 《翁氏家传·翁苞封传》：国家图书馆藏《知止斋遗集》稿本。

《重修常昭合志》、《海虞翁氏族谱》和《翁氏家传》中检出：

> 翁楚封，《画话》四卷，稿藏青浦席氏，翁氏藏抄本。（《重修常昭合志》卷十八《艺文志》）①
>
> 楚封，建勋嗣子，字南瞻，一字二云，号湘帆。久客山左，工画山水，著《画话》若干卷，今藏青浦席冠甫家。乾隆丁酉（1777，乾隆四十二年）二月十四日生，道光己丑（1829，道光九年）十二月廿七日卒。配萧氏竹溪女，无子，以郢锡次子心田为嗣。（《海虞翁氏族谱》）
>
> 楚封，字南瞻，号二云，郢锡之弟。久客山左，年五十余乃归，归而遽卒。有一女，无子，以兄子心田为后，又蚤世，仅存一孙。二云工绘事，尤长于山水，著有《画话》一书，凡四巨帙，未分卷数。张诗舲中丞祥河拟为刊行而未果，今藏青浦席冠甫茂材家。（《翁氏家传》）

由此可知，《画话初稿》八卷、《画话》八卷、《补遗》不分卷、《画话附录》作者均为翁楚封，《〈广川画跋〉钞》也是翁楚封所钞。《画话初稿》每卷下皆注"常熟翁楚二云"，《画话》每卷下则注"常熟翁楚二云辑"。按翁楚即翁楚封，"封"字为行辈字，故有时可省略。

二、《画话》与《井蛙鸣》的意义

《画话》、《补遗》、《画话附录》的特点和价值，《上海图书馆未刊古籍稿本》解题中说得很清楚：

---

① 按：《合志》记载不确，《画话》稿本与钞本俱应在席家。《翁心存日记》道光二十六年五月十二日记："辰刻旭山来取二云叔所著《画话》五巨册去，此书去年春艺兰寄存予处，意甚拳拳，艺兰殁后，问之梦兰，云已录清本交席小米表弟收藏，此其稿本也。今旭山云小米书来，称有人欲刻此书，故索稿本校对，未知确否，只得付之。"

散见于正史、野史、文集、笔记以及其他各种著述中的种种画论史料，是中国绘画文献不可或缺的组成部分。这些正是翁楚《画话》刻意辑录的珍贵资料，而《画话》这种前无古人、后无来者的创例，都是该稿本的价值所在。翁楚《画话》稿本包括初稿八卷、《画话》八卷、《画话续》和《画话附录》，最后还附上自己的诗稿。初稿八卷、《画话》八卷以及不分卷的《画话续》，从历代各种著述中辑录出大量上古至清代有关绘画的资料；《画话附录》则是翁楚家乡常熟的画家遗闻轶事，以及他所见闻的常熟画事。后有《诸家画谱目》，列南齐谢赫《古画品录》至清唐岱《绘画发微》，许多重要文献虽未录，但目下未知的书目也在其中。《诸家画谱目》后抄录了宋董逌的《广川画跋》……翁楚《画话》，辑录绘画资料，来源广泛，不泛读饱看，不能成此巨帙；不熟知画事，更无由为此广搜博辑。因此可以断言，翁楚是位有深厚绘画造诣的文人，他不仅懂画理，晓画史，而且精于画法。他在记述家乡先辈友朋的画作时，字里行间透溢着对画法的熟识。应该说，这个稿本，穷其毕生之力，对后来的中国绘画史研究者，有着无量的功德。值得一提的是，《画话》的附录部分，对研究常熟地区，尤其是清代常熟的绘画，极有帮助，而他所记亲见亲闻的画和事，则更是鲜活生动的第一手资料。[①]

《井蛙鸣》诗稿的风格和艺术成就，姚锡范序也不吝赞美之词：

> 窃惟予与竹君相知最久，予性素好吟咏，竹君曾未与予谈诗，且其时常绝口风雅，今所诣若此，宜乎识前途者让君三舍也。诗格清刚隽上，不规规于汉魏唐宋，至识见清超，词华高雅，卓然有风人遗音。诚哉不言诗者独能深得诗教也。夫葩经传世，岂翊诗人，离骚成作，亦只言志。是编篇什不多，超越恒俗，绰有通流杰士之才，因之美其词章者不能不转惜其遇，激昂起舞，几欲唾壶击碎矣。

---

① 《海虞翁氏族谱》，第3—5页。

虽然在古籍文献电子化飞速发展的今天，再做《画话》此类的资料辑录，已变得越来越轻松，但回到当时的历史情境，还是应该对翁楚封这部穷毕生之力完成的巨帙肃然起敬，尤其是融入作者生命体验的《画话附录》，决不会随着电子技术的发达而减色。《解题》对《画话》"创例"和内容特点的评价十分准确，将《画话》定性为"一部中国绘画史料辑录的巨著"也比较切实。

至于姚锡范对翁苞封《井蛙鸣》诗稿的评价，由于站在朋友立场，有不少过分溢美之处。《井蛙鸣》共收诗一百三十余首，五七言律、绝、古体皆有，像姚锡范所溢美的"识见清超，词华高雅，卓然有风人遗音"的作品实在是少之又少，而是多写穷愁落寞之况：

避债台高别有天，异乡今日倍凄然。将余逆旅听残漏，摹汝空闺度瘦年。一样灯前抛玉箸，几回楼上掷金钱。关山难越愁无限，细雨斜风尚着鞭。（《小除夜颡史道中忆内》）

头白囊空返旧庐，一双清泪满衣祛。穷愁到此真难遣，那有闲心更著书。

天涯只自悔风尘，岂料刀环境更贫。几个十年经几变，故林相识有何人。（《得子俊书缕述贫况悄然得诗二首》）

真是囊空如洗，债台高筑。但作者拥有知心的妻子和朋友，也还可以尽情享受无边的风月，于是他用诗歌讴歌着这一切，消解和对抗着穷愁带来的生存压力：

柴门一别十年强，回首知心忆孟光。入室且欣藏有酒，看山依旧净如妆。幽禽对语当联句，野卉无言亦自芳。往事只休重感慨，人间何日不沧桑。（《初归》）

为妒梅花艳早春，天教风雪斗精神。翻将茅舍蓬门地，幻作琼楼玉宇人。剥啄无声容我懒，推敲有句忘家贫。何当迟到知心客，坐与谈来一味

真。（《己亥新正大雪连朝积二尺许，得诗一首寄子与》）

了无长物更何求，回首都成汗漫游。珠海客情同野马，金台旧梦亦闲鸥。风尘只剩心交重，天地能容诗卷留。好在西山仍屋脚，满林红叶照高秋。（《赠子俊》）

甚至在他的笔下，出现过心境安谧、带有几分陶渊明和孟浩然气息的山水田园之作：

随意出城郭，看山自在行。一痕原上草，总是道旁情。春水流不尽，白云何处生。故人在西麓，相见话新晴。（《西郊闲步访姚子俊锡范》

遥指沧州近，苍茫夜气微。野云随树转，明月带帆飞。村远鸡声小，鱼多水力肥。醉余清话久，不觉露滋衣。（《与诗塘观察舟行夜坐》）

作者似乎心与景偕，完全融化到大自然中去了。然而《井蛙鸣》的主要价值，却是那些直面穷愁、自然写实的诗作。因为写山水田园，《井蛙鸣》超不过陶、孟；写精神力量和超脱胸怀，也无法与苏、黄比肩。只有写作为下层文人自己的苦难经历，才带有独特的精神印记和生命特征，《井蛙鸣》中的这类作品，有时真给人句句锥心酸骨的感觉。最为典型的是那首《追悼亡儿》：

忆昔我为山左游，两儿幼小不解愁。大儿髫龄方六岁，小儿才过岁一周。老妻含悲下楼送，强忍径走不回头。当时未拟长游衍，客怀日日思乡县。懒云倦鸟知有时，头角峥嵘会相见。不道一年长子殇，七龄弱息死痘创。得书痛定旋自解，尚有一儿两岁强。既非巢覆无完卵，一雏虽失犹未妨。况我时时动归思，得归只在少得志。一索再索賧重绵，此后添一意中事。岂知落落寡世缘，飘泊天涯竟十年。鹪鹩一枝借方稳，恶耗千里惊来传。顿悟浮踪诚枉道，急趣归装装草草。顾外原非素位行，春梦醒时人已老。归来惨淡旧柴门，满目萧条见泪痕。自顾依然穷措大，抛书浪走吾之过。病妻瘦尽旧形容，孤苦伶仃人一个。妻言忍死盼天涯，为有征人未返家。大局还宜为君顾，苟延免使路人嗟。徐溯频年勤鞠育，始自孩提至入塾。八岁读竟四子书，十岁能书字盈幅。内而稼穑知艰难，外而庆吊走亲族。上而春秋入祖庙，奔走豆笾礼数熟。时而母忽病支床，兀坐床前不易方。侍汤侍药颇知谨，手能执觚口能尝。有时纳凉坐夜月，唐诗雒诵声琅琅。窥测人情度事理，出言辄中成人似。子弟能佳事最良，境虽贫困亦寻常。不望阿爷归载宝，望爷归乐宁馨郎。何期生命薄于纸，奇疾忽撄来若驶。医言喉风不可为，十一岁儿三日死。一番听罢黯神伤，不是儿亡是我亡。此后诒谋竟安在，孽由自作何由悔。伯道虽知有命存，西河抱痛宁无罪。我离老父事远游，劝驾者谁歧路绐。本之不立末焉生，宜我块然如木癡。君子达天无惧忧，穷通悟彻敢怨尤。妄想妄求前日事，吾生今始知行休。中夜忽然狂叫走，无后不孝伊谁咎。庙中何以对祖宗，地下无由见父母。浃背但觉汗流浆，抚膺频呼负负负。吁嗟乎！命在难从造物争，安贫守拙了余生。堪叹迂儒不悟此，谬作牢骚鸣不平。

　　诗作于道光四年（1824）。作者写他前此十年避债远走山东，斯时长子始六岁，次子心谷始周岁，离乡不到一年，长子患痘殇，又九年，心谷亦夭，作者闻讯归来，听病妻垂泪忆心谷的孝顺懂事，悲痛欲绝，以至深夜奔走狂号，万念俱灰。全诗明白如话，如闻人当面泣诉，深感命运之残酷和无常。这种再现日常化场景的诗歌写作手法，近宋而远唐，代表了宋代以来诗歌的一种新走向，在诗歌史上具有特别的意义。

　　我们知道，唐宋诗之争由来已久，南宋人严羽《沧浪诗话·诗辨》即批评"本朝诗"："近代诸公乃作奇异解会，遂以文字为诗，以才学为诗，以议论为诗。夫岂不工，终非古人之诗也。"以之与他所标榜的"盛唐诸人，惟在兴趣"、"以盛唐为法"（《沧浪诗话·诗辨》）相对照。严羽在这里很敏锐地发现了唐宋诗歌审美理想的不同，但处在那个时代之中，他无法完整观照。其实，以盛唐诗歌为代表的古典审美理想追求的是情与景的高度交融，并通过诗歌意象最终体现出"韵外之致"、"味外之旨"的"意境"[①]；而以苏、黄等为代表的北宋诗人，则追求一种新的审美理想，即情与事的结合，并通过诗歌"事象"最终体现出个性化、人文化的生命"境界"。这种新的审美理想与古典审美理想的最大区别是用

　　"事"替代了"景"，诗歌表现范围极度扩大了，因为"事"指人类生活中的一切活动和经历的一切现象，"景"不过现象之一而已。无事不可入诗，诗歌于是走向日常生活化。比起宋诗，清诗日常化的程度进一步加深，细节进一步清晰，主要原因之一是下层知识分子的数量增加了，这批历史的"小人物"，虽然接受了儒家正统思想的教育，但毕竟不在上位，用不着承担"温柔敦厚"的诗教任务[②]，他们中的大部分也不以诗人自居，无需面对来自前代诗歌的压力。对于他们来说，诗歌只是宣泄自我情绪、消遣有涯岁月、记载生活状况和确认士人文化身份的一种手段、一种生活方式，就像农夫耕田、商人买卖一样自然。他们的诗歌可能不够典雅、精致和优美，却真实，有一种原初的浑朴气象和扑面而来的生活气息，因此别有一番感染力。正是在这个意义上，《井蛙鸣》获得和彰显了它自身应有的价值。

[①] 古典审美理想的相关论述可参见廖可斌：《明代文学复古运动研究》第一章，上海古籍出版社1994年版。

[②] 即使是中上层的知识分子，其诗文也不再仅仅局限于敷宣王言，而是更加注意个性的表达。王汎森也认为，至少自明中后叶开始，士人和思想界"对普遍全天下的'理'的兴趣趋于淡化，而对私的、情的、欲的、下的、部分的、个性的具有较大的兴趣"，见其《晚明清初思想十论》，复旦大学出版社2008年版，第334页。

三、作为文艺家族的翁氏

翁楚封和翁苞封是同胞兄弟，因此《画话》与《井蛙鸣》作者的确认和意义的挖掘，使我们意外发现了清代常熟一个新的文艺家族。

综合《海虞翁氏族谱》可知，翁楚封和翁苞封共兄弟五人，其中长兄翁郢锡亦为才艺之士。郢锡原名晋封，字锡藩，号雪帆，生前曾任广东文昌县铺前司巡检，精医术，京师贵人多重之。乾隆三十七年（1772）六月廿六日生，道光二十五年（1845）十月十一日卒。同胞五人，就有三人以文艺或技艺显，堪称文艺之家，这是就横的层面来看；那么，纵向观照这个家族，是否仍当得起文艺家族的称号呢？

家族的五服制度，使我们不宜将命题做纵向的无限拉伸。根据《海虞翁氏族谱》和《画话附录》等资料，我们以翁楚封和翁苞封这一代为起点，向上下各延展四代。可以发现，向下四代中，此家族鲜有俊杰，但向上四代，却是人才辈出。

向上四代，追溯到了清初的翁叔元。

翁叔元（1633—1701），原名桸，字宝林，号铁庵。康熙十五年探花，历官翰林学士、工部尚书、刑部尚书等。翁叔元文章早年即传诵天下，文学修养深厚。著有《铁庵文集》、《梵园诗集》、《铁庵年谱》等。

翁叔元有两子：是揆、是平。翁是揆（1690—1749），字叙伯，号雨麓，由岁贡生选授山东濮州知州，擢沂州直隶州知州，一权东昌府，再摄曹、范两县，皆有政声。他虽无著作传世，但擅画，据《画话附录》记载，他的画风近于文徵明和陆治一派，曾与苏州蒋深和、释目存结画社。[1] 翁是平（1694—

---

[1] 翁楚封《画话附录》："曾伯祖沂州守雨麓公，讳是揆，字叙百，画格在文衡山、陆包山之间，尝与吴门蒋苏斋、目存上人结诗画社。"《上海图书馆未刊古籍稿本》（第40册），第41页。

1755），字秋允，号寄村，由岁贡生议叙授安徽无为州知州，历官至刑部浙江司员外郎。聪敏博学，精于琴理，工画花木，文华殿大学士、著名画家蒋廷锡（号青桐居士）尝请其画而署己名，人不能辨。《画话附录》赞他："诗宗韦、孟，书法《圣教序》，画仿徐崇嗣，最得青桐之微妙。"①又云："曾大父寄村公，于雍正癸丑任安徽无为州牧，政和事兴，州人爱之。逾年，以属员故罢吏议，去职，留滞任所，徜徉山水，诗酒陶情，游戏翰墨，一落缣素，即为人珍弄，比之米南宫。乾隆元年，开复起用，公赴京，濒行留诗十二章志别，而州之乡大夫士庶以及方外缁流，咸感德不忍别，乃相于赋诗赠行……"②可见翁是平诗歌和书法艺术亦很高妙。

翁是揆有两子：希祖、悦祖。翁希祖（1728—1799），字咏先，号咏谷，国子生，无子，以缵祖第六子建庚为嗣。翁悦祖（1732—1764），字诵清，号忼亭，太学生，曾任安徽桐城县县丞、署太平、桐城知县，任事果锐，有子名承素。

翁是平亦有两子：企祖、缵祖。翁企祖（1710—1801）③，字馨咸，号雩坛，国子生，捐授广东盐运司知事，署海挫场大使。企祖长寿而能诗，《画话附录》曾云："乾隆庚戌，先大父雩坛公致仕家居，时年八十有一……作耆年会，皆古稀以上者……诸公之诗，俱叙录于后。"④

翁缵祖（1715—1789），原名显祖，字衣言，号逸巢，乾隆辛酉顺天举人，选授四川平武县知县，护理龙安府知府，补绵竹县、署绵州及德阳县事，又补浙江富阳县、慈溪县，所在有能声。缵祖尝刊族谱，亦善画，《画话附录》云

---

① 《上海图书馆未刊古籍稿本》（第40册），第40页。

② 《上海图书馆未刊古籍稿本》（第40册），第29页。

③ 《海虞翁氏族谱》谓翁企祖"康熙庚寅二月十二日生，乾隆辛酉八月十五日卒，年九十二"。按"乾隆辛酉"当为"嘉庆辛酉"。

④ 《上海图书馆未刊古籍稿本》（第40册），第45页。

其："偶点笔作墨梅，不袭寻常蹊径。"①

翁企祖有五子：建基、建宇、建勋、建业、建台。其中翁建台字子民，号湘谷，太学生，善画，《画话附录》云："五叔父少府湘谷公，讳建台，字沼灵，设色花卉，亦秀丽，惜早年没，未臻大成。"②

翁缵祖有七子：建寅、建戊、建堂、建辰、建龙、建庚，建丙。其中第六子建庚过继给希祖为后。建庚字仓鸣，号柳溪，有五子，依次为郢锡、楚封、秦封、苞封和槐封；楚封过继给同曾祖的兄弟翁建勋（字载亦），秦封过继给同祖兄弟翁承素，苞封过继给同曾祖的兄弟翁建辰（字星北）。郢锡、楚封、苞封的才能，已见前述。

这一支翁氏的文艺之火，从翁叔元开始，代代相传，从未熄灭，尤其是绘画艺术的家学底蕴更为深厚。郢锡、楚封、苞封，成为这文艺家族的最后闪光。

值得注意的是，翁楚封、翁苞封这支翁氏，与政声、文学皆赫赫在人耳目的翁咸封、翁心存、翁同龢一支有着同源分流的关系。《海虞翁氏族谱》记载，"翁氏之先，出于姬姓"，明永乐中，翁景阳入赘常熟庙桥璇洲里，是为常熟翁氏始迁之祖。翁景阳四世孙（自始迁祖翁景阳为第一世计算，以下言第几世同此）翁瑞，字思隐，倜傥好义，有子三：臣、卿、相，由此以下常熟翁氏复分三支，曰：老大房、老二房、老三房。翁咸封一支属于老大房，翁楚封一支则属于老二房。两房兴衰并不同步。

老大房三传至第八世翁长庸，字玉于，号山愚，顺治四年进士，官至河南布政使司参政，奉母至孝，为官清廉，勤政爱民，人民呼为"翁佛子"。翁长庸长子第九世翁大中，字林一，号静庵，康熙三十六年进士，任福建上杭县知县。之后历第十世、十一世、十二世数代困顿不显，至第十三世翁咸封（字子晋，一字紫书，晚号潜虚），始中乾隆四十八年举人，嘉庆三年选海州（今连

---

① 《上海图书馆未刊古籍稿本》（第40册），第41页。

② 《上海图书馆未刊古籍稿本》（第40册），第41页。

云港市）学正，实心爱民，入祀海州名宦祠，然家境清贫如故。翁咸封次子第十四世翁心存，道光二年进士，官至体仁阁大学士，位极人臣。其子第十五世的翁同书、翁同爵、翁同龢也皆为朝廷重臣，至此老大房翁氏臻至极度辉煌，之后亦能瓜瓞绵绵，不坠家声。谢俊美先生曾精炼概括老大房翁氏："常熟翁心存一家，父子入阁拜相，同为帝师；叔侄联魁，状元及第；三子公卿，四世翰苑，如此功名福泽的，实属罕见。"①

老二房二传至第七世翁宪祥，字兆隆，号完虚，万历二十年进士，官至太常寺少卿；其兄翁蕙祥，字兆祯，号少崖，邑庠生，与诸弟以文行相砥砺；翁懋祥，字兆嘉，号具茨，万历四十三年举人，官山东滨州知州；弟应祥，字兆吉，号昇宇，万历二十八年举人，官山西朔州知州；愈祥（后过继给老三房继嗣），字兆和，号泰舆，万历二十六年进士，官礼部主事，改吏部主事。兄弟五人并著俊才。《画话附录》记云："太常少卿完虚公暨兄文学少崖公、滨州刺史具茨公、弟朔州刺史昇宇公、吏部主事泰舆公，联翩科第，先后服官，当时称为五桂。……周服卿之冕为作《五桂图》。"②之后第八世翁毓英（蕙祥子）诗歌古文，斐然成章；翁毓华（蕙祥子）沉潜好学；翁毓奇（懋祥子）少有俊才，与毓英号"翁氏二才子"。翁汉鏖（宪祥子），崇祯十五年举人，治经深于《春秋》，著有《春秋详节》；翁毓芳（宪祥子），国学生，乐善好施；翁毓澄（应祥子）潜心理学，深于易学。连翁宪祥之女翁静和也"豪于诗，精于书，妙于琴，尤喜画兰，故自号素兰，有《素兰诗集》二卷"③。第九世翁晋（毓英嗣子）善草隶和诗词；翁震（毓华子）长于歌诗；翁需（毓华子），顺治三年举人，任和州学正，上杭知县；翁铉（毓华子）少有才名；翁嗣齐（毓奇子）十岁能文。而至第九世翁叔元官至尚书，更是贵显。以下至第十四世翁楚封、

---

① 谢俊美：《常熟翁氏：状元门第　帝师世家》，中国人民大学出版社 1999 版，第 1 页。

②《上海图书馆未刊古籍稿本》（第 40 册），第 6—7 页。

③《上海图书馆未刊古籍稿本》（第 40 册），第 9 页。

翁苞封时，家道逐渐中落。

从明中后叶翁宪祥兄弟的五桂联芳，到清康熙间翁叔元的探花独秀，可谓老二房家道的上升期；而至道光年间翁楚封、翁苞封，则是老二房家道的下沉期，故翁心存在翁郢锡亡后感叹："尚书公（翁叔元）殁，其子孙尚有承平贵公子风，其后浸衰，或营微禄求小试，或以艺术游四方，迨君之亡，而家声日益沦替矣。"① 老大房的遭遇恰巧相反，除第八世翁长庸、第九世翁大中在清初稍振家声外，道光以前的老大房，基本处于消沉状态，但从道光朝伊始，在老二房运势将熄未熄之际，老大房却伴随着翁心存的发迹，开始了华丽辉煌的起飞。

余论

明清文学家族乃至历代文学家族研究，已经成为当前学术研究的一个热点，但热闹的同时也泥沙俱下，出现了选题无序化、概念模糊化、方法模式化、结论简单化等问题。近年来，包括笔者在内的一批学者，或致力于该领域的战略性布局，或致力于理论性建设和反思，或致力于实践性研究，已经取得一些成绩。② 但仍需要不断的呼吁和努力，才能使这一领域的研究得到良性和持续性发展。

---

① 翁心存辑：《翁氏家传·翁郢锡传》，国家图书馆藏《知止斋遗集》稿本。

② 战略性布局如梅新林、陈玉兰主编的《江南文化世家研究丛书》。理论性建设与反思如罗时进《家族文学研究的逻辑起点与问题视阈》，《中国社会科学》2012 年第 1 期；罗时进《关于文学家族学建构的思考》，《江海学刊》2009 年第 3 期；张剑《宋代以降家族文学研究的理论、方法及文献问题》，《文学评论》2010 年第 4 期；张剑《家族文学研究的分层与守界原则》，《华南师范大学学报》2011 年第 3 期。实践性研究如罗时进《清代江南文化家族雅集与文学创作》，《文学遗产》2009 年第 2 期；罗时进《清代江南文学发展中的"舅权"影响》，《江海学刊》2011 年第 5 期；徐雁平《清代文学世家联姻与地域文化传统的形成》，《华南师范大学学报》2011 年第 3 期；徐雁平《清代家集总序的构造及其文化意蕴》，《文学遗产》2011 年第 3 期；徐雁平《清代私家宅园与世家文学》，《西北师大学报》2011 年第 4 期。

即如对常熟翁氏的研究，就非常有必要厘清宗族（五服以外的同姓共祖者）、家族（五服之内共祖不共财）和家庭（五服之内共祖共财者）的概念，勿将宗族范围内的现象简单看作家族或家庭的问题。五服，应是文学家族研究和家族研究中最核心的概念之一。因为如果没有限制地一直上溯，每个人与他人都可能找到血亲或姻亲的联系，这就是俗话所说"五百年前都是一家"，从而消解了家族的意义，也无法处理复杂的社会关系。五服从制度层面将社会划分成了一个个容易管理和控制的家族单元，并浸成习俗，反过来强化着中国古代的宗法等级制度。乃至今天，我们还常以是否出五服论亲戚关系的远近。出了五服的族人，不论荣辱，在法律上和自己既无牵涉，在习俗上也可以无帮助之义务，彼此间影响非常有限。《红楼梦》中所谓的"一荣俱荣，一损俱损"，一般指五服以内甚至血缘更近的家族才合适。像常熟翁氏，在第四世翁瑞时已分为不同支派，至第十四世的翁楚封、翁苞封，第十五世的翁心存，老大房和老二房的关系早已出了五服，因此才会出现此盛彼衰、相互并无影响的现象。如果将常熟所有翁氏混为一谈，就很难得出令人信服的结论。

重视五服以内的家族文学或家族研究，决不意味着能够全然不顾宗族。有的族人虽在五服以内，但由于居于不同区域，基本上不相往来，更谈不上什么荣辱与共；有的族人虽在五服以外，但由于居于相近的地域空间或因职业、兴趣等关系，走动较为频繁，彼此间反而多少会受到影响。另外，以某人为基点建构的五服关系虽然组成了家族，但该人五服内的任何一点又可组成另一个家族，当我们以"某氏家族"而不是"某人家族"命名的时候，基点并非唯一，而基点只要超过两个（包括两个），总体上看，这仍是在宗族范围内讨论问题。我们的家族或家族文学研究，需要在总的宗族视野下，划分出不同层级，具体问题具体分析对待，庶几可以实事求是。

（作者系中国社会科学院文学研究所研究员）

解读翁同龢

——《海虞翁氏族谱》资料的发掘利用

卞孝萱　武黎嵩

　　《海虞翁氏族谱》一册，翁心存初辑，翁同龢等辑定，刊于清同治十三年，有翁同龢所作之《族谱后序》，略云："龢与仲兄乃克展先公手定之编，补辑完备。"南京图书馆之藏本，卷末有隶书"老大房十八世之善藏"，钤朱文"吴国翁之缮印"。据谱，之缮原名之善，乃同爵曾孙、曾纯孙、奎孙子。《清史列传·翁同爵传》："曾纯，荫生，浙江候补知府。奎孙，举人，工部主事。"谱中同治以后之史事，皆由翁之缮以墨、朱笔恭楷补录，与谱有同等珍贵的史料价值。本文引用谱，包括翁之缮所补。

　　据统计，自 1904 年至 2003 年，关于翁同龢研究的著作有十一部、研究论文有一百九十五篇。[①] 本文乃利用翁同龢本人所定稿的《海虞翁氏族谱》，对翁同龢及其家族，作一些深入的分析。先据《谱》编制海虞翁氏始祖翁景阳至翁同龢世系图及主要成员情况简表如下：

---

① 据翁同龢纪念馆编《20 世纪翁同龢研究》，苏州大学出版社 2004 年版。

翁景阳至翁同龢世系表

翁景阳 ── 世珍
　　　 └ 世宝 ── 廷秀 ── 瑞 ── 臣
　　　 　　　 └ 秋崖(无后) 　　 ├ 卿
　　　 　　　 　　　 　　　 └ 相

└ 拱辰 ── 万春 ── 长庸 ── 大中
　　　 　　├ 万年 　　　 南金
　　　 　　└ 慕江(无后)

骞 ── 汝弼 ── 恒
伟 　├ 汝为 ├ 谦（出嗣）
俶 ── 汝明（出嗣）└ 豫
　　　 ├ 汝霖（无后） 咸封
俸 ------ 汝明 ------ 谦 ── 泰封
　　　 　　　 　　　 └ 颖封

庆贻 ── 同爵 ── 曾纯 ── 奎孙 ── 之缮
　　　 　　├ 曾荣
　　　 　　└ 曾翰（出嗣）

人镜
心存 ── 同书 ── 曾文（早卒）
　　　 ├ 音保（早卒）├ 曾源
　　　 ├ 同爵（出嗣）└ 曾桂
　　　 └ 同龢 ------ 曾翰 ── 安孙 ── 之廉
　　　 　　　 　　　 └ 椿孙 ── 之循

翁景阳至翁同龢主要成员情况简表

（凡翁之缮所用墨笔、朱笔所补均注明）

世次	姓 名	行第字号	生 殁	科名	仕 宦	姻 娅	备 注
一世	翁景阳						自长洲县相城里，迁居常熟之西南乡四十九都庙桥璇洲村。是为海虞翁氏始祖。
二世	翁世宝						
三世	翁廷秀						力田，读书。自公以上配氏、葬地皆不可考。
四世	翁 瑞	字思隐。				配周氏。继配杨氏。	倜傥好义，尝以里民疾苦抗论于抚军之廷，得省里中徭役之半。以下分三支，曰老大房、老二房、老三房。
五世	翁 臣	字西江。思隐长子。					
六世	翁拱辰	字小江。万历十年卒。				配戴氏。	性憨直，喜清谈，不治生计。赠中大夫、河南布政使司参政。
七世	翁万春	字伯生，号芳庵。	嘉靖乙卯八月廿七日生，天启丙寅九月五日卒。年七十二。			配庞氏，贡生泰峰女。继配王氏，长洲翟扁里怡萱女。	攻读积学，垂老不遇，好为上泽之游。东涧老人铭公墓，称为孝友笃诚光明倜傥之君子。赠中大夫、河南布政使司参政。
八世	翁长庸	字玉于，号山愚。	万历丙辰七月廿二日生，康熙癸亥六月十六日卒。年六十八。	顺治丙戌举人，丁亥进士。	户部山东司主事，奉敕督榷芜湖钞关，出为山东滨乐分司运同，充丁酉山东乡试同考官，迁长芦转运使司运使，擢河南布政使司参政，分守河南道，诰授中大夫，以裁缺告归。	配杨氏，文学恒所女。	本姓邹氏。父讳孟孝，字达所。生七日而芳庵抱以为子。幼孤，奉母至孝。监榷芜关有溢额税银四万两尽入之官。又尝蠲复卢氏县石田数百顷，中州人民呼为翁佛子。有《宏农告夜录》、《春秋实筏》、《诗文集》。

续表

世次	姓名	行第字号	生殁	科名	仕宦	姻娅	备注
九世	翁大中	字林一，号静庵。山愚长子。	崇祯戊寅九月七日生，康熙丙戌二月廿四日卒。年六十九。	康熙己巳顺天举人。丁丑进士，赐二甲出身。	初考授内阁中书。后选授福建上杭县知县。充壬午福建乡试同考官。敕授文林郎。	配钱氏，户部郎中三峰女。	为政洁清自矢，除加派，实仓榖，立义学，禁溺女。卒于官，邑民醵金归榇。请祀名宦祠。古文、诗皆有集。
十世	翁倖	字天申。	康熙乙亥十二月五日生，壬辰六月廿五日卒。年十八。			配钱氏，遵王孙女。继配王氏，州同佑商女。	王氏既聘而天申卒，闻讣告绝粒衰绖奔丧……与从子妇钱夫人爨居相亲爱……吾宗不绝惟两母之力……乾隆五年旌表贞节，给银建坊，祀节孝祠，载郡邑志。
十一世	翁汝明	字文安。	康熙辛巳正月廿二日生，雍正乙巳三月五日卒。年二十五。			未娶。	工书法。累赠光禄大夫、大学士。
十二世	翁谦	字尊光，号赘庵。	康熙甲午一月十三日生，乾隆辛亥十二月六日卒。年七十八。			配王氏，太学生谦吉女。	四岁丧父……忍饥味道，不求闻达。累赠光禄大夫、大学士。
十三世	翁咸封	字子晋，号紫书，晚号潜虚。赘庵长子。	乾隆庚午四月五日生，嘉庆庚午四月十四日卒。年六十一。	乾隆癸卯举人。	选授海州学正。敕授修职郎。	配许氏，赠知县建平女。继配张氏，梅里庠生仲孺女。女适陆廷钺。	以经义教士，风气为开，学者日进，赏舍至不能容。祀名宦。研精经训，熟于注疏，有古文四卷、诗三卷、制艺一卷。累赠光禄大夫、体仁阁大学士。

续表

世次	姓　名	行第字号	生　殁	科　名	仕　宦	姻　娅	备　注
十四世	翁心存	字二铭，号邃盦。	乾隆辛亥五月十四日生，同治壬戌十一月初七日卒。年七十二。	嘉庆丙子举人。道光壬午进士。	翰林院庶吉士，散馆第一，授编修，大考升中允。充乙酉福建乡试正考官，广东学政。直上书房，授惠郡王读，擢侍读。充辛卯顺天乡试同考官，壬辰四川乡试正考官，江西学政。历左、右庶子，国子监祭酒，奉天府丞兼学政，大理寺少卿，再直上书房，授恭亲王读。以母老乞终养回籍。母卒，起复，仍直上书房，授锺郡王读。后补国子监祭酒，历内阁学士，工部、户部侍郎，充辛亥顺天乡试副考官，工部、刑部尚书，兼管顺天府尹事务，以失察通州捕役抢劫罢职。起吏部、户部侍郎，兵部、吏部尚书，调户部尚书、协办大学士，授体仁阁大学士、管理户部事务，充翰林院掌院学士，经筵日讲起居注官，上书房总师，诰授光禄大夫。咸丰九年以疾致仕。同治元年召起，以大学士管理工部，命在弘德殿行走，进授今上皇帝(穆宗)读。薨于位，晋赠太保，入祀贤良祠，赐祭葬，予谥文端。	配许氏，高安县知县秋涛女。一女适孝廉方正俞大文。一女适国子监司业归安钱振伦。	事迹具国史列传。著有《知止斋诗文集》。

续表

世次	姓 名	行第字号	生 殁	科名	仕 宦	姻 娅	备 注
十五世	翁同书	字祖庚，号药房。	嘉庆庚午六月九日生，同治乙丑十月廿七日卒。年五十六。	道光壬辰顺天举人。庚子进士。	翰林院庶吉士，授编修，充癸卯广东乡试正考官，贵州学政。历左、右春坊中允，特旨赴扬州军营，擢侍读学士，转侍读学士，詹事府少詹事，赏戴花翎。命帮办江北军务，升詹事，攻克瓜洲，赏穿黄马褂，以侍郎候补。授安徽巡抚，在任二年，有旨来京，另候简用。既交卸，坐苗沛霖入寿州事罢职，遣戍新疆，旋命赴甘肃军营，赐五品顶戴，晋四品顶戴，积劳成疾，卒于花马池，特旨开复原官，追赠右都御史，予谥文勤，诰授光禄大夫，振威将军。	配钱氏，庠生云襄女。	于书无所不通，强识善悟，精声音训诂之学，积书数千卷，皆经手勘，古文简劲，诗宗宋人，有集若干卷，《獬斋杂识》八卷。
十五世	翁同爵	字侠君，号玉甫。	嘉庆甲戌八月十五日生，【补】光绪丁丑八月初一日卒。	邑庠生。	候选训导。由二品荫生，授兵部主事，补职方司主事，武选司员外郎。京察一等，授湖南盐法长宝道，加盐运使衔，署湖南按察使、布政使，升四川按察使，陕西布政使。赏戴花翎，擢陕西巡抚。【补】调湖北巡抚，兼署湖广总督。	配杨氏，惠州府知府研芬女。	王氏既聘而天申卒，闻讣告绝粒衰绖奔丧……与从子妇钱夫人嫠居相亲爱……吾宗不绝惟两母之力……乾隆五年旌表贞节，给银建坊，祀节孝祠，载郡邑志。

续表

世次	姓 名	行第字号	生 殁	科名	仕 宦	姻 娅	备 注
十五世	翁同龢	字声甫，号叔平。	道光庚寅四月廿七日生，【补】光绪甲辰五月廿一日卒。	道光己酉拔贡。咸丰壬子顺天举人。丙辰一甲一名进士。	朝考一等，刑部七品小京官，候补主事。授翰林院修撰，充戊午陕西乡试副考官，留任陕甘学政，引疾回京。充壬戌会试同考官，是年山西乡试正考官，历左、右春坊赞善、中允，同治四年命在弘德殿行走，擢侍讲，右庶子、国子监祭酒，太仆寺卿，内阁学士兼礼部侍郎衔，赏加头品顶戴。【补】擢户部侍郎、左都御史，刑、工、户部尚书，入毓庆宫授今上（德宗）读，军机大臣，协办大学士，赏用紫辔，双眼花翎，光绪戊戌罢归。	配汤氏，萧山太常寺卿敏斋女。	
十六世	翁曾源	字仲渊，号寰斋。同书次子。	道光甲午五月廿二日生，【补】光绪丁亥十月十三日卒。	恩赐举人。恩赐进士。同治癸亥殿试赐一甲第一名及第。	考取国子监学政、学录，补正义堂学录。授翰林院修撰，充国史馆纂修。	配蔡氏，仁和翰林劭莘女。	

续表

世次	姓名	行第字号	生殁	科名	仕宦	姻娅	备注
十六世	翁曾桂	字子馨，号小山。同书三子。	道光丁酉七月卅日生，【补】光绪三十二年八月卒。	太学生。	刑部湖广司郎中。【补】授湖南衡州府知府，调长沙府，擢辰沅永靖道，调岳长沣道，署湖南按察司、布政司，擢江西按察司、布政司，浙江布政使护巡抚。	配徐氏，嘉定郎中季侯女。【补】继配张氏，华亭工部尚书诗舲女。	
十六世	翁曾翰	字季才，号海珊。同爵三子，同龢嗣子。	道光丁酉十一月廿七日生，【补】光绪戊寅卒。	咸丰戊午顺天举人。	恩赐由内阁中书，升典籍，赏加五品衔，协办侍读。【补】赏戴花翎，候选知府，内阁侍读。	配张氏，华亭工部尚书诗舲女。	
十七世	翁安孙	字定夫。曾翰长子。	咸丰戊午十一月五日生。		【补】正二品荫生，光禄寺署正。	聘阳湖恽氏。	
十七世	翁椿孙	曾翰次子。	咸丰庚申十二月十七日生。		【补】一品荫生。	【补】配同邑庞氏。	

针对图、表，结合有关文献，作如下分析：

（一）钱谦益《明滨州刺史具茨翁公（懋祥）墓志铭》云："其先大梁人，徙长洲之相城，再徙常熟。"（《牧斋外集》卷十）孙衣言《体仁阁大学士赠太保文端翁公（心存）墓志铭》云："明永乐中，有自长洲迁常熟者，遂为常熟人。"（《续碑传集》卷四）都未说明翁氏自长洲相城迁徙常熟的真相。据谱，翁寿一"生三子，其伯仲皆居相城，少子赘常熟之庙桥漩洲里，是为我景阳府君"。大家知道，在旧社会，生活艰难的男子，才做赘婿，在妻家中，地位低下，身份卑微。作为赘婿的翁景阳，是常熟翁氏的始祖。谱云："断自景阳公始，以谓不敢还有所摭取，以疑误后人。"这就是说翁寿一、景阳父子以前的世系，已不可考，修谱的翁心存、同龢父子，不做冒认名人为祖宗的蠢事。

（二）翁景阳（第一世）长子翁世珍，谱云："子孙务农，世次不可纪。"次子翁世宝，为翁心存、同龢之二世祖。

（三）翁世宝次子翁秋崖，谱云："无后。"长子翁廷秀，为翁心存、同龢之三世祖。谱云："力田，读书。"是常熟翁氏由农民逐渐向士人转化之始。

（四）翁廷秀子翁瑞（第四世），生三子：臣、卿、相。据谱：

翁臣：翁心存、同龢之五世祖。"是为老大房"，是本文叙述之重点。

翁卿："是为老二房。在明之季，太常公兄弟五人，并著于时。人国朝，尚书公又贵盛，厥后渐衰矣。"[1]今案："太常公兄弟五人"，指第七世翁蕙祥、懋祥、宪祥、应祥、愈祥。蕙祥，邑庠生；懋祥，明万历乙卯举人；宪祥，万历辛卯举人、壬辰进士；应祥，万历庚子举人；愈祥，万历戊子举人、戊戌选士。兄弟五人：一个秀才，两个举人，两位进士，故称"并著于时"。"尚书公"指刑部尚书翁叔元（第九世）。

翁相："是为老三房。子孙多务农。"

---

[1] 参阅翁同龢《族谱后序》："昔太常公兄弟五人，着于前朝，再传而司寇公陟登三事，公少遭闵凶，既贵不忘艰穷，故族谱之序，推言先世力耕勤俭之积，其言绝可悲，乃不数传而子孙陵夷，衰微极矣。"

（五）翁臣子翁拱辰（第六世），孙翁万春（第七世）。谱云：翁瑞（思隐）"倜傥好义"，翁拱辰"善清谈"，翁万春"好为山泽之游"，皆无科名、官职。翁万春是常熟翁氏老大房与名流交游之始，谱云："东涧老人铭公墓，称为孝友笃诚光明倜傥之君子。""东涧老人"指钱谦益，当时文坛领袖。据钱氏《翁芳庵合葬墓志铭》："翁自思隐公始大，诸孙鹊起，青紫映望。府君少负渊敏，思奋臂出其间。梦肠刻肾，攻苦绩学，屡阨童子科，垂老罢去。于是乎望尘息心，束身修行。横经籍史，以峙老学。作苦食淡，以治生产。夙夜曙戒，以教子姓。……宗有贵人，穷人子辄鲜衣危帽，矫尾历角。府君每唾之曰：吾翮下有翼，不能垂天，肯窃他人羽毛嚇腐鼠耶？"（《牧斋外集》卷十六）当老二房已经是"青紫映望"，老大房连一个秀才都没有，这对翁万春是莫大的刺激！他无子，不以侄继承，而抱邹氏之子为儿。翁心存、同龢等名人，实际上是邹氏的后裔。据谱，翁汝明（第十一世）"未娶无子"，"葬陈家山门邹氏族茔之左傍"。翁庆贻（第十四世）"未娶无子"，翁音保（第十五世）"早卒"，皆"葬陈家山门邹氏祖茔下"，可见邹、翁如同一家。

（六）翁长庸是第八世，谱云："本姓邹氏。父讳孟孝，字达所。生七日而芳庵抱以为子。"长庸，清顺治丙戌举人、丁亥进士。仕至河南布政使司参政，分守河南道，是老大房第一个有科名、官职的人。翁长庸连登两科的政治背景，需要说明。据《清史稿》卷四《世祖本纪一》：

顺治元年十月乙卯　即皇帝位。

元年十月己卯　以豫亲王多铎为定国大将军，率师征江南。

二年四月丁丑　克扬州，故明阁部史可法不屈，杀之。

二年五月丙申　多铎师至南京，故明福王朱由崧遁走太平，钱谦益等三十一人以城迎降。

二年六月辛酉　追故明福王朱由崧于芜湘。执福王来献。

二年闰六月癸巳　命大学士洪承畴招抚江南各省。

二年十月辛未　命江南于十月行乡试。

三年四月乙酉　命今年八月再行乡试，明年二月再行会试。

三年八月丁亥　浙江平。

三年九月己酉　故明瑞昌王朱谊汈谋攻江宁，官兵讨斩之。

当时清王朝虽已在北京建立政权，但南方尚未平定，南明抗清力量此起彼伏，屡挫屡战。《清史稿》卷五百《遗逸传序》云：“天命既定，遗臣逸士犹不惜九死一生以图再造，及事不成，虽浮海入山，而回天之志终不少衰。迄于国亡已数十年，呼号奔走，逐坠日以终其身，至老死不变，何其壮欤。”站在清王朝立场上的史臣，也不得不叹服明之“遗臣逸士”“皆大节凛然，足风后世者也”。清王朝为了笼络汉族士大夫，迫不及待地举行乡试、会试。“幼孤”的翁长庸，正急于求仕，遂于顺治三年（丙戌）乡试中举，次年（丁亥）会试中进士。

（七）翁长庸长子大中（第九世），康熙丁巳举人，丁丑进士，任上杭知县。谱云：“大参府君以进士起家，上杭府君继之。”“大参”指翁长庸，“上杭”指翁大中，两世进士，老大房引以为荣。翁同龢《族谱后序》云“吾大房支自参政公父子两世清宦”，“参政公父子”指翁长庸、大中父子。长庸被“中州人民呼为翁佛子”，大中被上杭民众“请祀名宦祠”，故曰两世“清宦”，更是老大房引以为荣的事。

（八）翁大中四子。第三子翁佽，第四子翁俸。翁佽四子：长子汝弼，第三子汝明。汝弼三子，次子翁谦（赘庵）。翁俸（第十世）无子，侄汝明承嗣。汝明（第十一世）无子，侄翁谦（第十二世）承嗣。翁俸卒年十八岁（虚龄），汝明未娶而卒，年二十五岁（虚龄）。翁俸、翁汝明、翁谦三世无科名、官职，老大房中落。翁同龢《族谱后序》云：“其后不绝如发，两世贞节母延之。”“两世贞节母”指翁俸聘妻王氏、汝弼妻钱氏，其节操详见翁咸封《潜虚文钞》卷一《王太孺人行略》、《钱太孺人行略》。

（九）翁谦三子。长子咸封（潜虚），第三子颖封。咸封（第十三世）乾隆癸卯举人，任海州学正。咸封二子：次子心存（第十四世）嘉庆丙子举人，道光壬午进士,官至大学士。其生平详见陈澄《体仁阁大学士赠太保翁文端公神道碑铭》、杨彝珍《体仁阁大学士翁文端公神道碑铭》、孙衣言《体仁阁大学士赠太保文端翁公墓志铭》(《续碑传集》卷四)老大房至翁心存而大盛。翁同龢在《族谱后序》中得意地说:"重以赘庵府君之纯孝,潜虚府君之阴德,蓄极而光。"

(十)翁心存四子:长子同书,道光壬辰举人,庚子进士,历任安徽巡抚,罢职遣戍,特旨开复。次子音保,早卒。第三子同爵,邑庠生,仕至湖北巡抚兼署湖广总督,出嗣翁颖封之子庆贻。第四子同龢,咸丰壬子举人,丙辰状元[①],仕至协办大学士、军机大臣兼总理各国事务。翁心存、同龢两世宰辅:翁心存曾授穆宗读,翁同龢曾授穆宗、德宗二帝读,两世为帝师。需要说明的是,翁同书获罪,未影响翁氏家族仕进。据《清史稿》卷三八五《翁心存传》:心存卒后,"赐其孙曾源进士,曾荣举人,曾钝、曾桂并以原官即用,曾翰赐内阁中书"。翁同爵于同治十三年九月为湖北巡抚,光绪元年五月兼署湖广总督,光绪三年八月卒于湖南巡抚任(见《清史稿》卷二百、二百四《疆臣年表四、八》)。仕途通达,未受同书牵连。

谱云:翁同龢"光绪戊戌罢归",应补:"宣统元年,吴中士大夫追念忠清,合词请为湔雪,恩准开复原官,旋予谥文恭。"(《碑传集补》卷一《翁同龢传》引《常昭合志》)光绪二十四年(戊戌)四月廿七日翁同龢"开缺回籍"是中国近代史上一件大事,谈者已多,本文不赘述,只据翁同龢本人的《日记》,以见他当时之心态;并据同时人张荫桓《戊戌日记手稿》[②],以见当时人对此事之观感。

---

① 胡思敬《戊戌履霜录》卷四:"(翁同龢)前大学士心存之季子,而今上授读师也。心存长子曰同书,巡抚安徽时,以纵匪为曾国藩奏劾,至革职拿问,文宗眷心存未衰,悯其老,恐以子故悲伤,丙辰廷试,擢同龢一甲第一以安慰之。"考辨如下:据《清史列传·翁同书传》:"咸丰十一年,召来京。寻以寿州绅练仇杀未能速办,部议销职留任。""同治元年正月,两江总督曾国藩奏劾同书于定远失守时,弃城奔寿州,后不能妥办,致绅练有仇杀之事。追寿州城陷,奏报情形前后矛盾。命褫职逮问,经王大臣等定撰罪名。奏入,上以同书遗误地方厥罪甚重,即照所报斩监候。"翁同书获咎在同治元年正月,翁同龢擢状元在咸丰六年,事在先。前后相隔五年。可见胡文敬所谓文宗因翁同书"革职拿问",恐翁心存"悲伤"而"擢同龢一甲第一以安慰之",其说大误。

② 张荫桓:《戊戌日记手稿》,澳门尚志书社 1999 年影印本。

《翁同龢日记》、张荫桓《戊戌日记》对照表

时间	《翁同龢日记》	张荫桓《戊戌日记》
四月廿一日癸卯 （6月9日）	是日宣麻：荣禄授大学士管户部，刚毅协办大学士调兵部，以崇礼为刑部尚书。	
四月廿三日乙巳 （6月11日）	是日上奉慈谕，以前日御史杨深秀、学士徐致靖言国是未定，良是，今宜专讲西学，明白宣示等因，并御书某某官应准如学，圣意坚定。臣对西法不可不讲，至贤义理之学尤不可忘。退拟旨一道……久跪膝痛，乏极。	昨日邸钞：荣仲华正拜兼总户部，刚子良参知调兵部，崇受之补刑部兼大金吾，政令一新矣。午后访常熟，适自园寓回，疲惫不支。……赴署阅邸报：讲求时务，变法自强。有或讬于老成忧国，以旧章必应墨守，新法必当摈除，众喙哓哓，空言无补之论。钦佩圣明。今日常熟所谓跪对数刻者，当系承旨逾时也。
四月廿七日己酉 （6月15日）	今日生朝……起下，中官传翁某勿入，同人人，余独坐看雨，检点官事五匣，交苏拉英海。一时许同人退，恭读朱谕："协办大学士翁同龢近来办事多不允协，以致众论不服，屡经有人参奏。且每于召对咨询事件，任意可否，喜怒见于词色，渐露揽权狂悖情状，断难胜枢机之任。本应察明究办，予以重惩，故念其毓庆宫行走有年，不忍遽加严谴，翁同龢著即开缺回籍，以示保全。钦此。"臣感激涕零，自省罪状如此，而圣恩矜全，所谓生死而肉白骨也。随即趋出，至公所小憩。……张樵野来。……明日须磕头，姑留一宿。	得常熟书……函末言归期甚近，容再趋辞，殊不解也。……润台、仲山先后来，乃知常熟有开缺回籍之谕，骇甚。夔石调京，仲华权直督，北洋之局一换也。……余亦往唁常熟。
四月廿八日庚戌 （6月16日）	午正二驾出，余急趋赴宫门，在道右磕头。上回顾无言，臣亦默然如梦，遂行。……未正三抵家，敬告先祠。……南书房王监斋到端阳例赏纱葛，余告以已出军机不敢领。对曰：奉旨仍赏。	今日上办事后退宫，常熟道旁叩谢。
五月二十日壬申 （7月8日）	六刻抵墓次。伏哭毕，默省获保首领从先人于地下幸矣，又省所以靖献吾君者皆尧舜之道，无龁龊之辞，尚不致贻羞先人也。	

续表

时间	《翁同龢日记》	张荫桓《戊戌日记》
十月廿四日 （12月7日）	鹿侄、景子以新闻报传廿一日严旨，臣种种罪状，革职永不叙用，并交地方官严加管束，不准滋生事端等因[①]，伏读感涕而已。	

从两部日记看出：（1）光绪二十四年四月廿三日，翁同龢向光绪帝长时间跪奏的内容是"变法自强"，反对"墨守旧章"。（2）正是在光绪帝、翁同龢讲求变法之时，那拉氏已安排好驱逐翁同龢出朝的人事：荣禄以大学士兼管户部；刚毅为协办大学士，调任兵部尚书；崇礼任刑部尚书，兼"大金吾"。（3）四月廿七日，翁同龢"开缺回籍"，张荫桓闻之"骇甚"，可见这个突变，出人意料。（4）翁同龢获罪之后，光绪帝仍照例赏纱葛，这是光绪帝对那拉氏的无声抗议。廿八日，翁同龢叩辞光绪帝时，帝"回顾无言"，翁"黯然如梦"，可见君臣内心之悲愤。（5）翁同龢返里后，在先人墓前反省，"所以靖献吾君者皆尧舜之道"，这等于是他向那拉氏抗议种种罪状皆强加于他的不实之词。

（十一）翁同书三子：长子曾文，早卒。次子曾源，咸丰乙卯恩赐举人，壬戌恩赐进士，癸亥殿试状元。老大房出了两位状元，一时传为佳话。郭则沄《十朝诗乘》卷二十："（翁）仲渊迭赐举人、进士，不由常格进，尤为殊遇。先是仲渊父药房中丞抚皖，以封疆失陷，为曾文正疏劾，系狱论死。文端公以痛子致疾，旋卒。上悯之，许中丞出狱治丧。事竣入狱，从宽遣戍。仲渊于其

①《清史稿》卷四三六《翁同龢传》："（光绪二十四年）八月，政变作，太后复训政。十月，又奉朱谕：'翁同龢授读以来，辅导无方，往往巧籍事端，刺探朕意。至甲午年中东之役，信口侈陈，任意怂恿。办理诸务，种种乖谬，以致不可收拾。今春力陈变法，滥保非人，罪无可逭。事后追维，深堪痛恨！前令其开缺回籍，实不足以蔽辜，翁同龢着革职，永不叙用，交地方官严加管束。'"

时擢列高第，亦出特恩。"今案，同治元年二月，翁同书"落职论死"（《重修常昭合志》），十一月，翁心存卒。二年，翁曾源（仲渊）擢状元。可见翁曾源未受其父翁同书牵连，反而因祸得福。

（十二）翁同书第三子曾桂，太学生，仕至浙江布政使。据《清史稿》卷二〇四《疆臣年表八·各省巡抚·浙江》：

光绪二十八年壬寅　聂缉椝浙江巡抚。诚勋暂护。

光绪二十九年癸卯　诚勋四月庚寅卸。翁曾桂护浙江巡抚。八月己巳，聂缉椝任。

翁同龢于光绪二十四年十月"革职，永不叙用，交地方官严加管束"。翁曾桂于光绪二十九年以布政使护理浙江巡抚，仕宦顺遂，未受叔父翁同龢牵连。

（作者卞孝萱系已故南京大学中文系教授、博士生导师，武黎嵩系南京大学历史学系讲师）

从翁心存、翁同龢日记的对读探究日记文献的一种特质

徐雁平

引言

学术研究，尤其是传统的文史研究，基本上是以现存的文献为基础进行历史还原与意义阐发，但作为研究基础的文献，其实并不十分可靠。文献并不是历史的全景式记录，文献的形成，在特定的时空下，有其表达意图、选材策略、叙述偏向。文献本身的局限性，前辈学人已有深刻认识。20 世纪 30 年代，傅斯年在北京大学兼课时，编有《史料论略（史学方法导论）》讲义，从"直接史料对间接史料"、"官家的记载对民间的记载"、"本国的记载对外国的记载"、"近人的记载对远人的记载"、"不经意的记载对经意的记载"、"本事对旁涉"、"直说对隐喻"、"口说的史料对著文的史料"八方面，论说"史料之相对的价值"，其中有"官家的记载时而失之讳"、"私家的记载时而失之诬"等论说。[①]陈寅恪在 1940 年发表的《顺宗实录与续玄怪录》一文有类似的论说："通论吾国史料，大抵私家纂述易流于诬妄，而官修之书，其病又在多所讳饰，考史事之本末者，苟能于官书及私著等量齐观，详辨而慎取之，则庶几得其真相，而无讳饰之失矣。"陈寅恪此文即以"品质绝不类似"的两类文献，揭示"宪宗与阉宦始终隐秘之关系"。[②]而傅斯年在前文中有"官府记载与野记之对勘工夫，

---

① 傅斯年：《史料论略及其他》，辽宁教育出版社 1997 年版，第 26 页。

② 陈寅恪：《金明馆丛稿二编》，三联书店 2001 年版，第 81 页。

最可以《通鉴考异》为例"之论。文献对照阅读，可以使相关论述得以相互补充、修正，尽量接近历史真实。傅、陈强调的是性质差别较大的文献的对勘，其实，在性质较为接近的文献之间也可进行比较阅读，在发现记录的差异之外，还可进一步探究文献的构成规则。本文选择的对勘文献是翁心存、翁同龢父子的日记。

翁心存（1791—1862）的日记稿本现存 27 册，记事起于道光五年（1825），止于同治元年（1862），间有缺损，原稿藏国家图书馆，近经张剑整理，由中华书局出版；翁心存之子翁同龢（1830—1904）日记的通行本是 1989 年至 1998 年由中华书局出版的《翁同龢日记》。[2]《翁心存日记》起于 1825 年，止于 1862 年；《翁同龢日记》起于 1858 年，止于 1904 年。父子日记有三年多的重叠时间，而整个时间跨度是 80 年，历经道、咸、同、光四朝。虽不敢妄援《史记》、《汉书》成书之例比附，但从某一侧面来看，翁氏父子有意无意中以"日记"撰写了"清祚衰落之际"的历史。[3]

翁氏父子日记中大致包含了三方面的内容，即个人传记、朝政演变史以及气候变迁史。他们的日记有多处不同寻常，其中的一点，就是父子用更多的心思与笔墨，较有系统地记录了 80 年间的天气变化。本文无力对全部天气记录予以考察，而是选择父子日记中特定的时段和事情，作一比较研究，以探求日记文献的一种特质以及使用中应当掌握的分寸。所谓特定的时段，是指翁氏父子同在北京的三年（1860—1862）；特别的事情，是指风沙天这一天气现象。如此选择，是因沙尘天容易判断，较具客观性，作为分析对象时便于把握，不似冷暖等因个人感觉差别较大而造成日记记录多有出入。

① 《史料论略及其他》，第 28 页。

② 张剑整理：《翁心存日记》，中华书局 2011 年版；陈义杰整理：《翁同龢日记》，中华书局 1989 年版。

③ "清祚衰落之际"乃张元济语，引自张元济《手稿本〈翁文端公日记〉跋》，见《翁心存日记》（前言），第 3 页。

一、翁氏父子日记与北京年均沙尘天天数

利用日记研究古代气候变迁的论著，最有名的当为竺可桢的《中国五千年气候变迁的初步研究》，在该文第四节"方志时期（1400—1900）"，"选择最冷的 17 世纪的两种笔记中所见的物候材料"作为论据，两种笔记即袁中道的《袁小修日记》和谈迁的《北游录》；而论述此前一时期，还引述《郭天锡日记》。① 近十年利用明清日记研究清代天气变化的论文，主要集中在《味水轩日记》、《翁同龢日记》、《湘绮楼日记》、《王文韶日记》、《畏斋日记》等文献，张学珍、萧凌波、满志敏、朱晓禧等学者的研究成果颇具建设意义。② 其中研究 19 世纪北京沙尘天气的论文，当以张学珍等撰写的《〈翁同龢日记〉记录的 19 世纪后半叶北京的沙尘天气》一文最有影响，现录该文结论如下：

> 依据清代《翁同龢日记》中天气状况的描述……分析发现公元1860—1898 年，北京年均沙尘天气记录为 10.4 天，即使不考虑与现代观测记录的差别，亦肯定高于 1990 年代 7.7 天／年的平均频次……公元1860—1898 年间，年沙尘日数和春季沙尘日数均呈波动减少之势；研究时段内，共出现 23 次 2 天以上连续（或持续）的沙尘天气过程，最长的一次持续了 4 天。③

---

① 竺可桢：《中国五千年气候变迁的初步研究》，《竺可桢文集》，科学出版社 1979 年版，第 490 页。

② 张学珍等：《〈翁同龢日记〉记录的 19 世纪后半叶北京的沙尘天气》，《古地理学报》，2006年第 8 卷第 1 期；张学珍等：《〈翁同龢日记〉中的冷暖感知记录及其对气候冷暖变化的指示意义》，《古地理学报》，2007 年第 9 卷第 4 期；萧凌波等：《〈湘绮楼日记〉记录的湖南长沙1877—1878 年寒冬》，《古地理学报》，2006 年第 8 卷第 2 期；满志敏：《〈王文韶日记〉记载的 1867—1872 年武汉和长沙地区梅雨特征》，《古地理学报》，2007 年第 9 卷第 4 期；朱晓禧：《清代〈畏斋日记〉中天气气候信息的初步分析》，《古地理学报》，2004 年第 6 卷第 1 期。

③ 张学珍等：《〈翁同龢日记〉记录的 19 世纪后半叶北京的沙尘天气》，《古地理学报》，2006年第 8 卷第 1 期。

在没有《翁心存日记》作比照的前提下，以《翁同龢日记》作为沙尘天气信息提取的文本，无疑具有较高的可信度，得出的结论也有创新性，但《翁心存日记》的面世使得以上结论必定要改写。《翁心存日记》的气候资料价值，整理者张剑已在该书《前言》中指出了翁氏日记中关于天象的详细记载，尤重日食、月食、星变及气候冷暖的变化，并称翁氏此举在古人日记中并不多见。在关于天气的诸方面记录中，对北京的沙尘天气记录相当仔细，以下录数则日记片段，一方面表现翁心存对沙尘天气现象的描述；另一方面表明本文界定沙尘天气的依据。

　　天明时微雪，须臾大风从北来，即晴，风暴甚，扬沙蔽天，终日不息。（道光十五年二月十日，1835.3.8）

　　清晨，大风霾，巳刻尤甚，日色无光，黄气四塞，甚可畏也。（道光十七年二月六日，1837.3.12）

　　晴，大西北风，午后愈大，尘埃涨天，入夜尤甚，寒月皎洁。（道光二十九年十一月十二日，1849.12.25）

　　四更星月皎然，甚凉爽，天明后晴热，午刻热甚，大风作，尘埃涨空，薄暮微阴。（咸丰二年四月十一日，1852.5.29）

　　日光淡淡，无风，而黄雾迷漫已数日矣，甚暖。（咸丰八年正月十五，1858.2.28）

　　晴，云气蒙蒙，日光淡淡，午后霾雾尘冥，燥热，酉刻小雨。（咸丰九年五月九日，1859.6.9）[1]

　　据《翁心存日记》关于沙尘天气记录的总体描述特征考察，如某一沙尘天出现后，次日的日记中仍有"日光淡淡"或"云气蒙蒙"等描述文字，即使其

---

[1] 依次见《翁心存日记》，第123、230、763、875、1294、1431页。

中没有出现"尘"、"霾"、"黄雾"等字词，也很可能是沙尘天的延续。不过，为慎重起见，此处暂不将此类天气视为沙尘天。此处以上引文界定的标准，并结合张学铭文断定《翁同龢日记》中沙尘天气的标准，对《翁心存日记》中的沙尘天气日数进行统计（见附表），现列结果如下：

（1）1835 年（1.13—12.31），共 23 天；

（2）1837 年（2.11—12.31），共 27 天；

（3）1838 年（1.1—7.25），共 17 天；

（4）1849 年（4.18—12.31），共 7 天；

（5）1850 年（1.1—12.31），共 10 天；

（6）1852 年（2.10—12.31），共 31 天；

（7）1853 年（1.1—10.6），共 18 天；

（8）1855 年（2.17—12.31），共 17 天；

（9）1856 年，共 12 天；

（10）1857 年，共 20 天；

（11）1858 年，共 35 天；

（12）1859 年，共 30 天；

（13）1860 年，共 16 天；

（14）1861 年，共 25 天；

（15）1862 年（1.1—12.20），共 25 天。

上列 15 年中，有 6 年因为翁心存外出，或日记缺损，对北京沙尘天气记录不完整，其中 1849 年尤为明显，故略去不计。除此之外的 14 年，共记录沙尘天数为 306 天，年均 21.9 天。翁心存与翁同龢 1860—1862 年同在北京，这一时段天气记录重合，以此三年计算，年平均沙尘天数有 22 天。总之，远远超过张学铭等所统计分析出的 10.4 天的年平均数。

翁氏父子日记中关于北京沙尘天年均天数出现一倍的差距，对于学术研究而言，是十分值得深入探究的问题。至此，尚要进一步探究的是，翁氏父子对沙尘天的判断标准是否一致的问题。以 1860—1862 年日记作比照，所得结论是：1860 年翁同龢记录 2 个沙尘天，在其父日记中出现；1861 年所记录的 10 个沙尘天，在其父日记中只有 1 个沙尘天未出现；1862 年所记录的 10 个沙尘天，在其父日记中有 3 个沙尘天未出现。从彼此相同的沙尘天记录中，可见父子的对同一天气现象的判断标准基本相同，对照列举几个日记片段：

丑刻大风作，吼声如虎，较前日更甚，天明后晴，黄霾涨天，日光韬景，午后愈甚，沙积地皆黄。（咸丰十年三月十日，1860.3.31，《翁心存日记》，第 1501 页）

大风沙。（同日，《翁同龢日记》第 1 册，第 47 页）

亢阳燀热，殊不可耐，清晨微阴，日色蒙蒙，午后微风，黄霾四塞，日如青铜，可畏人也。（咸丰十一年三月十二日，1861.4.21，《翁心存日记》，第 1599 页）

日蒙蒙，午后热风如炙，黄沙蔽天，一春不雨，此旱征也。（同日，《翁同龢日记》第 1 册，第 107 页）

清晨风色蒙蒙，日光淡淡，午刻大风作，黄霾涨天，白日韬影，未刻后愈甚。夜，风狂如虎，拔木揭屋，半夜后少息。（同治元年二月廿六日，1862.3.26，《翁心存日记》，第 1709 页）

晴。……午后大西南风起，几于拔木发屋，黄沙蔽天也。（同日，《翁同龢日记》第 1 册，第 188 页）

第一组引文中翁同龢的记录只是以三字总括；第二组引文中，关于日色、热的程度、沙尘程度描写一致；第三组引文中，关于晴、风起时刻、风力、沙尘程度描写一致，甚至"拔木揭屋"的比拟也接近。

总体看来，翁氏父子对沙尘天以及其他天气现象的判断标准基本一致。如此，则可初步断定《翁心存日记》中关于北京沙尘天气的记录相当可靠。

二、翁氏父子日记关于天气记录的差异

    探究翁氏父子日记中记录的北京沙尘天天数的差异，当首先从二人日记的特征入手。仍以 1860—1862 年的日记作对照分析，翁心存对天气的记载，确实非同寻常，这主要表现在两方面：其一，就目前所存翁氏日记来看，天气记录连续，不论是自己生病，还是皇帝驾崩，每日日记必先写天气；其二，如前文所述，对天气记录是过程性记载，不似通常日记以三五字了结，随举一例，如所记 1861 年 11 月 14 日天气："天未明前大风小雨，天明后时雨时止，巳刻稍露日光，午后渐晴，风仍未已。夜，仍风，月明如昼。"① 上引几个翁心存日记片段也大多显示一天之中早中晚几个关节点天气的转变，他的记录可以大致呈现一天天气变化的轮廓。可以说，翁心存积累了一份较为详细的气象资料，对研究 19 世纪北京天气变化而言，应是十分难得的材料。

    《翁同龢日记》关于天气的记载，在现存的古人日记中，也难得有一二与其相比；他的记载也比较有系统，所用文字也比较多，只是将其与父亲的日记相比，就可见分别。首先，翁同龢的日记在 1860—1862 年间，有不少没有天气记录的天数和漏记沙尘天气的天数，甚至还有几天日记缺失。经统计比照，得出以下结果：

    1860 年，无天气记录天数 98 天；漏记沙尘天数 14 天；

    1861 年，无天气记录天数 25 天；漏记沙尘天数 15 天；

    1862 年，无天气记录天数 11 天；漏记沙尘天数 14 天。

    1862 年情况比较特殊，翁同龢 8 月 17 日至 10 月 30 日不在北京，故这段时间笔者未作统计，而张学铭文未提及此事；同时，1860 年翁同龢的日记有 98 天无天气记录，两年缺记天数如此多，而张文以此文献，作为提取沙尘天

---

① 《翁心存日记》，第 1659 页。

天数信息的文本依据，风险颇大。更严重的是，正是在翁同龢这类没有记录天气的日期中，在《翁心存日记》中有沙尘天记录，如咸丰十年闰三月十三至十八日（1860.5.3—1860.5.8）翁同龢参加翰林院庶常散馆考试，日记中没有天气记录，而《翁心存日记》三月十六、十七日分别有"黄霾"、"黄埃漠漠"的记录。①

沙尘天作为一种特别或极端的天气现象，因其特征突出，故易识别。但以下两组文字，可见记录的差别。翁心存的日记因注意天气变化过程描述，故不易漏记一天中的天气变化；而翁同龢的天气记录，主要是把握某一特征，省略其他现象，故而缺略较多。

> 晴暖，巳刻风又作，午刻大风，黄霾涨天，日色暗翳。（咸丰十年三月十五，1860.4.5，《翁心存日记》，第 1503 页）
>
> 午后大风。（同日，《翁同龢日记》，第 48 页）
>
> 日出时风少息，须臾复作，黄土蒙蒙，白日暗彩，骤寒，复冰，风愈大，天地作金黄色。（同治元年二月二十七日，1862.3.27，《翁心存日记》，第 1709 页）
>
> 风仍大。（同日，《翁同龢日记》第 1 册，第 188 页）

如以选择性的天气记录，如《翁同龢日记》所记，对某一天气现象作较长时段的统计分析，出现偏差或错误的可能性势必较大。

从上列引文以及《翁同龢日记》中其他关于天气的记录来看，翁同龢对自然界变化的感受与关注绝不如其父，他似乎更留意书籍字画，日记中相关文字远多于其父所记。此外，《翁同龢日记》中关于天气的记录不但有缺失，而且在具体日记中的位置多不固定，有时在当天日记中间，有时在末尾，不似其父，

---

① 《翁心存日记》，第 1510 页。

每日日记，必先写天气；不过，翁同龢晚年日记中关于天气的记载稍详细，在日记中所处位置也较固定。与儿子重人文不同的是，日记中的翁心存似乎特别留意天文，观察自然，天气变化、草木荣枯、雨雪与庄稼的关系、旱涝对收成的影响，皆细细记录。故而可以初步断定：翁氏父子对自然界的不同感受以及日记中不同的记录方式造成天气记录的较大出入，进而影响到北京沙尘天天数统计分析的结果。

三、关于日记的体例及其使用

据学者研究，《翁同龢日记》有极少量内容被作者、出版者删改过，这主要是由于翁同龢在戊戌变法后，担心自己被牵连，对诸如与康有为交往之类的内容进行删改；此外，出版者张元济为尊者讳，对一些涉及人事评论的内容予以删除。[①]天气作为一种与人事是非无关的客观现象，没有删改的必要，故日记中所记当为一己经历、感受的真实记载。因而探求翁氏父子日记中天气记录的差异，似应回到日记文本本身，从日记的体例上进行考察。

史书撰写，有"笔法"之说，于动词、称谓、详略等皆有讲求，并于叙写法则中寄托微言大义。日记中也有这类法则存在，如黄侃在日记中对门下从学之士的称谓就有"书法"。[②]谢泳曾比较鲁迅与郁达夫的日记，选择了诸如五四运动、五卅惨案等六个重要的政治事件，发现鲁迅的日记从来不记政治事件；而郁达夫的日记则不同，譬如对"四一二"政变，则记录内容较多。然阅读者不能据此得出鲁迅不如郁达夫关心政治，而应注意"鲁迅日记整体风格的

①孔祥吉：《〈翁文恭公日记〉稿本与刊本之比较：兼论翁同龢对日记的删改》，《清人日记研究》，广东人民出版社 2008 年版，第 18—36 页。

②程千帆先生在《我与黄季刚先生》中指出："在校读季刚先生日记（迻录本）时，我偶然发现，季刚先生对门下从学之士或称弟某某，或只谓学生若干人，不知是何缘故。后反复思忖，方恍然有悟凡称弟某某者，必定是正式行过拜师礼节的，而仅称学生者，则没有行过这种礼节。"《程千帆全集》第 15 卷，河北教育出版社 2000 年版，第 94 页。

把握"，进而研究鲁迅简略单纯的日记中所隐藏的内心矛盾与紧张感。①

日记中的书写法则虽不能求之过深，但也不能忽略。读日记或利用日记时，要注意背后的记录、叙写法则对所记内容的选择、剪裁、取舍。此处以翁同龢光绪二十四年日记与孙宝瑄同一时间日记作比较②，其时二人皆在北京。

大风尘霾。（三月初八，1894.4.13，《翁同龢日记》，第 2682 页）

大风。（同日，《忘山庐日记》，第 48 页）

晴热，日光淡薄，午后大风起，尘霾，入夜尤甚。（三月廿六日，1894.5.1，《翁同龢日记》，第 2686 页）

晴，风，暮微阴。（同日，《忘山庐日记》，第 50 页）

晨有风色，卯辰间风起，萧条如秋，午正大风阴曀，黄沙四塞，薄暮乃晴，风亦止矣。（四月十八日，1894.5.22，《翁同龢日记》，第 2692 页）

晴。（同日，《忘山庐日记》，第 52 页）

晴，巳初大风起，尘霾蔽天，晚闻雷，雨不大，洒洒作声。（五月初四，1894.6.7，《翁同龢日记》，第 2697 页）

早风，午后阴。（同日，《忘山庐日记》，第 53 页）

翁同龢这年日记中记载了 5 个沙尘天，其中十一月二十日因为孙宝瑄日记缺失，未对照列出。如果仅依据孙宝瑄日记中关于北京天气的记录，可能构建出一个比较平和的天气图像，与翁同龢所经历的大不相同。查林则徐嘉庆二十一年正月至六月在北京的日记，所记主要是"阴"、"晴"、"大风"，根本没有沙尘天的记录。③翁氏父子、孙宝瑄、林则徐同为南方人，照常理，

---

① 谢泳：《鲁迅、郁达夫日记的比较阅读》，《教授当年》，暨南大学出版社 2010 年版，第 190—191 页。

② 孙宝瑄：《忘山庐日记》，上海古籍出版社 1983 年版。

③ 林则徐：《林则徐全集》第 9 册日记，海峡文艺出版社 2002 年版，第 43—46 页。

应对北京的沙尘天有特别的感觉，并很有可能将相关经历记录下来；但因为每人在记录时，有自己的选择和侧重，有自己的叙写法则，所以现存的记录出入很大，翁氏父子采用的是一种刻画性质的记录方法，林、孙采用的则是常见的简省记录法。就翁氏父子而言，虽然在记录法则上有差别，但合并考量，他们的天气记录方法和内容，在古代日记中难得一见，可以说自成一派。

余论

在清代北京的天气记录方面，因《翁心存日记》有一以贯之的记录方式以及对天气现象的格外留意，其价值应高于《翁同龢日记》，更接近历史的实况。翁氏父子关于北京沙尘天天数记录的明显差距，为勘察日记的特质提供了一个切入点。

现代文学研究学者谢泳在评说现代文学史料的价值时指出："我们宁信日记不信回忆录。回忆录不完全可信，是因为人的记忆容易出问题，更何况还有先入为主的判断在其中。……在这一点上，我还是坚持过去的一个看法，传记不如年谱，年谱不如日记，日记又不如第一手的档案。"[①] 在所列各类文献中，这一判断基本可信。但就日记本身而言，它还有局限性。日记是写给自己看的，还是写给别人看的？日记是否有其内在的记录规则？日记是否经过本人或后人的修饰？这些问题，在研究时要特别警惕对待。就上文所论翁心存、翁同龢父子日记而言，叙写法则，是造成差异的关键所在。

稍作推演，每种日记、每种文体、每种文献类型或多或少有独自的叙写法则，这些法则对文本信息和文字风格有内在的规定。"任何阅读对作品的具体理解都与体裁的限制密不可分，读者假设他手上的文本属于某一体裁，该体裁所特有的种种规范让读者有可能对文本所提供的资源进行筛选和圈定，然后通过阅读使之现实化。体裁，作为文学编码、规范集合、游戏规则，告诉读者应如何读文本，

---

① 谢泳：《中国现代文学史研究法》，广西师范大学出版社 2010 年版，第 140 页。

它保证了对文本的理解。"① 每一文献的特质，是在与其他类型文献的比较中显现出来，孤立使用一种类型文献，有较大的风险，陈寅恪曾指出单用金文石刻的局限："群经诸史，乃古史资料多数之所汇集。金文石刻则其少数脱离之片段，未有不了解多数汇集之资料，而能考释少数脱离之片段不误者。"② 每一类型文献有其局限性，但它们彼此关联，形成一个相互呼应、补充、修订的文献网络。

附录：《翁心存日记》所记北京沙尘天天数统计表

年 \ 月	1月	2月	3月	4月	5月	6月	7月	8月	9月	10月	11月	12月	总数
1835 (1.13—12.31)		2	3	11	6	1							23
1837 (2.11—12.31)			10	8	3	4					2		27
1838 (1.1—7.25)	3	5	5	3		1							17
1850 (1.1—12.31)	3	1	4	2									10
1852 (2.10—12.31)		3	5	7	9	2					3	2	31
1853 (1.1—10.6)		5	5	6	2								18
1855 (2.17—12.31)		2	2	3	7	3							17
1856		1	1	5	4							1	12
1857	2		3	7	3	4						1	20
1858		7	5	6	12	2	1	1			1		35
1859		4	5	8	4	6					2	1	30
1860	3	1	2	7	3								16
1861		4	2	5	6	1				1	3	3	25
1862 (1.1—12.20)	1	4	8	9	3								25
总数（天）	12	39	60	87	62	24	1	1		1	11	8	306

（作者系南京大学文学院教授、博士生导师）

---

① 安托万·孔帕尼翁著，吴泓缈、汪捷宇译：《理论的幽灵：文学与常识》，南京大学出版社2011年版，第149页。

② 陈寅恪：《杨树达积微居小学金石论丛续稿序》，第260页。

翁同龢书法艺术管窥

邵 宁

　　翁同龢（1830—1904），字声甫，号叔平，又号瓶生、瓶庐、松禅等，江苏常熟人。他是中国近代史上著名的政治家，中法战争、中日甲午战争、戊戌变法等晚清重要事件无不参与。在文化领域内，翁同龢学问博雅，长于读史作诗，精研书画，收藏亦富，尤其是书法的造诣已经为历史所公认，作为一个非专业的书家，翁同龢的书法为何能在强手如林的清代书坛脱颖而出？在晚清书坛帖学受到碑学剧烈冲击之时，翁同龢为何、如何以帖学书法名世？基于这几点考虑，笔者对翁同龢不同时期的书风、书论、书艺交游作了整理，找出其书风递变的依据，成此拙文。

家学渊源与翁同龢早期书风

（一）儒学文化背景与良好的家族书艺氛围

　　翁同龢出生在儒学文化发达的江南地区，其家族即是一个以儒学传家的世族。翁同龢祖父翁咸封，乾隆时举人，官海州（今连云港市）学政，在海州兴办石室书院，捐办义学，有《潜虚文钞》四卷、《诗钞》三卷、《制义》一卷传世。翁同龢父亲翁心存自幼随父读书，有知止斋诗集、文集传世。母亲许氏通晓诗、易与五经大义，尤其喜好披览史籍。长兄翁同书专心注疏考证。在浓厚的儒学文化背景中，翁同龢自幼通读四书五经，研究今文经学，接受了"修身，齐家，治国，平天下"的儒家人生理想，以经营天下为己志。

　　"学而优则仕。"明清以来，常熟翁氏是当地的一个仕宦世家，在科场扬名从而步入政界是这个家族的一大特点。如翁同龢之父翁心存，道光七年（1827）进士，道光十七年（1837）后，入值上书房，前后长达三十多年，先后授读的有恭亲王奕䜣、惇亲王奕誴、醇亲王奕譞、惠亲王绵愉、钟郡王亦诒、孚郡王亦譓等，还指导咸丰皇帝读唐诗，备受道光、咸丰两帝的宠眷和诸亲王的青睐，还曾历任工部、礼部、户部尚书，体仁阁大学士。同治元年（1862），再入值弘德殿，授读同治帝，死后谥文端。翁同龢长兄翁同书，则是道光二十六年（1846）进士，历任翰林院编修、贵州学政、詹事府中允等官。咸丰八年（1858），升任安徽巡抚，死后谥文勤。而清代科举考试（尤其是清中后期考试）中，舍文而论字的风气十分普遍，因此翁氏家族对其族人有着严格的书法教育，翁同龢十五岁起在常熟游文书院学习，后翁心存主讲游文书院。从翁同龢在这时所作的功课来看，停匀圆润，其在书法上下的功夫可见一斑。咸丰六年（1856），他在殿试中夺得一甲第一（状元），与其扎实的书法功底是密切联系的。

　　然而，出于对文化艺术的热爱，翁氏家族成员即使在科场得售后仍不忘寄情翰墨，如翁同龢长兄翁同书，曾奉命镇压太平军，"在扬州大营期间……丹黄始终不曾离手，他曾一度揣摩板桥（郑燮）书，'默思神韵，居然也能得到几分'"。持续的书法热情使得一些未在科场得售的家族成员也有一定书名，如翁同龢从兄翁同福，"本邑碑板匾额，大多出于其手"。据统计，翁氏家族擅书者很多，翁同龢祖辈中有翁振翼、翁谦、翁苞封、翁咸封、翁人镜、翁心传、翁心存，同辈中有翁同书、翁同爵、翁同福，小辈中则有翁曾源、翁曾翰、翁曾桂、翁斌孙等，受他们影响，包括外甥内侄、姻亲宜戚在内，形成了翁氏家族书艺圈。生长在这样一个有着浓郁书法氛围的家族中，翁同龢自然对书法有着执着的热情。这突出表现在他中得状元后，书法创作并未停步，而是逐渐递变，完成了一个书手向书家的转变。

（二）以帖为宗的书学理念

如果说良好的家族书艺氛围、热情是表象的话，那么维系这一家族书艺文化的则是其书艺理念。翁同龢祖辈翁振翼在康熙年间著有《论书近言》，为清初论书名著，其主旨在于崇扬帖学，如：

> 不学晋人法，总不成书。
>
> 法帖以《淳化阁》为正宗，苟能寝食其中，足矣。

翁同龢是否读过此书现在无考，但是我们从其父翁心存、其兄翁同书所作书法来看，明显是清代前期赵、董帖学书风的延续，这一审美理念长期以来被看成是正统观念而被文人士夫阶层所广泛接受。受父兄影响，翁同龢早年即接受了帖学书法的熏陶、训练，如其咸丰八年（1858）为其妻子的画像所作的一段题记，流畅婉转，深得帖学三昧。

嘉道之交，唐碑盛行的风气也影响到了翁氏书学理念，突出地表现在对"力"的追求上，翁同书说："凡作书，惟腕力是真境界，不识此语如何可行？"他还指导弟弟翁同爵、翁同龢习书："来书作字似《庙堂碑》，毕竟宜学欧、颜，方见齐整。"此时翁同龢习唐碑尚未跳出帖学范畴，如他创作的《赠济之一兄四屏》，融赵、董秀润与颜、柳骨力，显得气度不凡。而纵观翁同龢一生的书法创作，虽然后来逐渐融入了新兴的碑学审美，接触了碑学理念，但他对晋唐赵董的传统帖学书风始终着迷，甚至在其逝世前仍有"晨起再看赵字卷，见其方折，始知参用褚法"之语。换句话说，正统的帖学书风始终是像翁同龢这样的士夫阶层人物的钟爱，而从小耳濡目染的家族文化无疑在其中起了关键作用。

中年书风的转换

（一）碑帖兼收书法趣味的形成

翁同龢二十岁随父母入京，在北京度过了四十多年的人生时光。在政治上，他咸丰六年（1856）状元及第，授为翰林院修撰，从此跻身政坛，后任同治、光绪两帝老师，被清廷一步步擢拔为朝中要员。从政之余，翁同龢仍不放弃对书法的爱好与钻研，有时几乎每隔几天就要去琉璃厂寻访字画。这些经历被他一一记录在其日记中，成为我们研究的第一手资料。

从《翁同龢日记》的记载来看，他在琉璃厂多着眼于名家名帖，如：

> 游厂肆，得董临《阁帖》，价仅白金二两余，与去年所见绝似……笔画清迥，有天际真人之想。
>
> 于宝文堂得见《大观帖》五册，神采沉厚。
>
> 见《鼎帖》二十册，成邸所藏，中有《乐毅论》绝可爱。
>
> 见赵松雪致中峰和尚十八札，后附管仲经一札，叹为绝妙。

如此记载，不一而足，我们从中可以找到其帖学书法的审美根源。但是，翁同龢毕竟身处北京这样一个文化繁荣之地，碑学思潮已经在文人中得到了一定传播，在翁同龢接触的书友中，即有"道州何蝯叟、太原温琴舫、仁和张松坪、独山莫子偲、吴县潘伯寅、顺德李仲约、华亭沈均初、会稽赵㧑叔数君者"，这些人"皆重碑而不喜帖"，于是，我们在其日记中又见到了诸如"检壁橱，得《爨宝子》、《龙颜》两碑，甚喜"的记载。更值得一提的是，此时翁同龢已经接受了以碑学观念去品评帖学书法的新风，他对碑学理论家诸如包世臣的书论也做过研读，在其同治五年（1866）所作《题言卓林藏刘文清楷书百家姓册》中即写道：

> 诸城笔势近钟虞，六十年来抗手无。
>
> 参用北朝碑版法，评书精论是安吴。

可见，在北京的金石交流阅历使翁同龢的眼界拓宽，碑帖兼收的书法趣味开始形成。

（二）以颜体为宗的书法创作倾向：颜体书法与其性格、人生理想、政治身份的契合

尽管翁同龢对不同风格的书法都有爱好，但在其书法创作中，"要以得鲁公者为多"。清代取法颜真卿书法而名世的书家不乏其人，由此形成了所谓的"颜系书家群体"。在晚清书坛（同治、光绪间），公认得颜书精髓而又自出新意的当首推翁同龢。

早在三十多岁时，翁同龢便表现出了对颜真卿书法的偏爱：

> 得见颜鲁公《自书告身》，是内府物……颜书墨彩已脱，细视精神四溢，有怒猊抟石之势，叹其神勇，小字尤极开阔之妙，与《麻姑坛》小字本极似，神物也。
>
> 于博古斋得见颜鲁公告身墨迹……颜书古淡，洵是奇物。
>
> 于博古斋见杨协卿同年所藏宋拓《争坐帖》，令人目眩神夺，希世宝也。《争坐帖》是覃溪先生旧物，墨光如镜，较寻常所见本肥泽数倍，出字亦泐，首叶有覃溪题字，后幅有十余页，非一年书，内称在江西学政时，舟过滩触石，行箧皆入水，是帖在焉，为留半日，逐页整治，至试院曝干，益绝神采焕然，有诗记之，谓真是升山落水本矣。
>
> 杏农持示宋拓《争坐位帖》，肥泽可掬，大胜余本。伯寅示唐石《麻姑》小字记，较之停云刻有天渊之别，余所收秦氏本真不之道矣。一日获见鲁公双迹，辛可！

笔者认为，翁同龢热爱并取法颜真卿书法并非偶然，颜氏书法与其性格、人生理想甚至政治身份有某种惊人的契合。

翁同龢秉性正直，清人李伯元在《南亭笔记》中有这样一段逸闻：

某年西太后万机之暇，无可消遣，召令唱盲词者入宫，演说诸般故事。时翁同龢方在上书房课读，出一《放郑声》论题。西太后知之，不觉大怒，因令恭忠亲王向翁诘责，并问是何命意。翁曰："没有什么命意。"恭忠亲王再三究诘，翁厉声曰："七爷也是打上书房出来的，倒要请教七爷，什么题目可以出，什么题目不可以出？"恭忠亲王惶悚无地，曰："我的话说错了，师傅别生气。老佛爷既打发我来问师傅，叫我怎样回奏呢？"翁曰："就把龢刚才那番话奏上去就是了。"

《重修常昭合志·人物卷》对翁同龢的为人又有如下评述：

> 立朝数十年，矢诚矢敬，有古大臣风。顾以秉性正直，为小人所忌，遭谗罪废，朝野惜之。

这样一个性格耿介而又深受儒家思想熏陶的人，忠君爱国、治国平天下的人生理想一直支配着他的政治生涯。从悉心辅导同治、光绪两帝，到中法战争、中日战争中坚持主战立场，直至支持康梁的维新变法，翁同龢表现出一个士大夫努力挽回王朝颓势的巨大勇气。基于这样的人生理想，他自然会对唐朝中兴之臣颜真卿"惟有忠孝垂千秋"的人格风范赞叹有加，慕其人进而爱其书也就不足为奇了。

事实上，翁同龢在其书法创作中确实把刚正磊落的颜书风范看成是一种人格象征而加以强化。如自同治五年（1866）正月初六为常熟庞钟璐写"虎"字开始，每当新年或每逢寅年寅月寅日寅时，他都要书写"虎"字赠人，并有诗记之：

> 不画桃符画虎符，人皆笑我太迂疏。
> 须知正气森森在，疑有神灵百怪趋。

这里，"正气森森"的虎符不正是其人格的转化、其治国安邦理想的寄托吗?

另外，翁同龢取法颜书还有现实方面的因素。作为朝中大臣，写一手符合宫廷书法审美的字是一个必然选择，晚清宫廷书法审美，"颜体几为帝王家学"，慈禧太后喜欢写榜窠大字"福"、"寿"赏赐群臣，其风格就是典型的颜书风貌（当然是馆阁味浓郁的一路），翁同龢也赞扬其草书"极雄伟"。此外，同治、光绪两帝的习字教育也是由翁同龢一手施行的，在翁同龢的直接教育下，光绪帝的书法在清代帝王中可谓优秀，王文韶评曰"帝笔法雄劲"，这也从另外一个角度说明翁氏书法与宫廷书法审美的契合与相辅相成。翁同龢有时甚至还被指定代光绪皇帝作书以献西太后:

> 盖今逢皇太后五旬庆典，微臣适恭代上书，亦甚荣哉，白蜡笺飞金，高约八寸，宽约三寸余，每页十行，每行九字，先打比格，未错落，灯下再写备者一份……明早入内呈上，赏以二金。

可以说，翁同龢的理想与现实在书法中的交会即在颜体书法上，他一生孜孜以求的理想书法境界即是端庄凝重、雍容大度的气息品格，书格与人格达到了惊人的契合。

（三）中年书风的形成：打通唐宋、巧取近人的创作之路

就笔者所能见的资料，三十一岁的翁同龢书于咸丰十年（1860）所作《亡妻权厝志》是其早中期书风的分界。这件作品用笔精凝，体势上强化了颜书的横势，用笔取颜法，唯捺笔还保留有赵子昂的书法特征。到了他光绪六年写《受华七兄姻世大人六屏》时，其楷书已是明显的颜氏书法风貌了，用笔苍浑拙涩，气骨开张。

至于翁同龢中年书风的转变脉络，马宗霍在其《霋岳楼笔谈》中明确说："松禅……中年由南园以攀鲁公。""南园"即乾隆时期书家钱沣。据民国人

胡思敬《国闻备乘》记载：

> 同治时钱沣尚无书名，翁同龢学钱书，极力游扬，名遂高于刘墉、王
> 文治之上。

而在翁同龢同治三年（1864）十一月十日记中，我们找到了相关记载：

> 谒祁相国（祁隽藻），壁悬钱南园临《论坐帖》，极奇伟。相国指谓
> 余曰："试观其横画之平，昔石庵先生自称画最能平，此书家一大关键也。"

乾隆时期因为皇帝的爱好，书坛流行赵体书法，钱沣不随时流，独习颜书，必然曲高和寡，所以到了同治年间"尚无书名"，而翁同龢一见其临《争坐位帖》便叹为奇伟，可见钱沣书法艺术对翁氏的震撼，加之钱沣本人即是乾隆朝名臣，以直谏著名（翁有诗赞道："钱公立朝气谔谔，南庐夜直衣裘薄。圣明岂肯斥谏臣，当轴难辞下流恶。钱公书体迥出尘，落笔欲与平原亲。横平竖直立根椠，中有浩气盘轮囷。"），学习钱书便成了顺理成章的事情。更为重要的是，钱沣书法刻意强调粗犷朴实、不避笨拙的艺术特点感染了翁氏，他由钱书横画之平悟入，取得了颜书的"篆籀古意"。这种古意突破了当时帖学思潮的审美规范，而与碑学审美暗合。

然而，考察翁氏中年书风转变，又有一条脉络不应忽略。翁同龢同治九年（1870）三月十八日一则日记很耐人寻味：

> 于隶古斋见唐人写十一面《观音经》一卷……张文敏泥金小字《普门
> 六经册》，皆杨幼云物，精极，急以巨价得之，为之喜舞。

在这里，"精极"的唐人经卷、张照写经册让翁同龢"为之喜舞"，我们

可以这样理解：翁同龢中年书法审美与创作尚未完全进入质朴、拙涩的境界，帖学的优美典雅在其看来依旧是那么迷人。与前文所列咸丰六年（1856）为其妻子的画像所作的一段题记作对比，同治年间至光绪初年，翁同龢行书趋于苏轼风味，尤其对苏轼扁阔的体势与肥劲的用笔把握很到位，同早年取法赵董相比，取径苏轼而入颜真卿堂奥是翁同龢中年书风转变的另外一个标志，而把宋代帖学流畅的笔意融入到颜体书法创作中去，则表现出一种独具匠心的大家气息。这集中反映在光绪六年（1880）所作《论画语》中，在翁的笔下，颜之端庄、苏之流利得到巧妙的融合，此作打通唐宋，可谓精极，为其中年代表作。

行文至此，如果我们把他光绪六年（1880）所作《论画语》与光绪八年（1882）所作《哲句轴》相比，同样是写颜，《哲句轴》风格豪迈，气局开张，近于碑味（金石气）；《论画语》风格流美，气局内敛，近于帖味（书卷气），似乎非常矛盾。但笔者认为，这即是翁同龢中年书风的特点，特殊的时代让翁同龢碑帖兼修，从苏轼那里得到了颜书的酣畅畅达，从钱沣那里得到了颜书的古拙凝重，深厚的帖学功底是他在书法创作中游刃有余的基础，融入拙涩的碑学审美则是在这一基础上的创新。从翁同龢晚年书风演变来看，《哲句轴》无疑是其"帖底碑味"书法的滥觞。

融碑入帖的翁体与翁同龢晚年书学思想

（一）碑学审美意趣在翁氏晚年书法中的广泛渗透

所谓碑学审美意趣，主要是指在书法风格上，表现为强调沉雄豪放的气势；在体势上，强调横势，左右开张；在用笔上，强调笔画中实、苍茫。翁同龢大约在六十岁前后，在书法中有意识地融入了上述审美意趣。如光绪十七年（1891）临王羲之草书扇面，他跋道：

　　右军以龙象之力，左规右矩，若误以快马入阵喻之，隔一尘矣。

这里，我们可以明显觉察出其临古而出己意的用心，有意识地将帖学经典作品往碑学审美上靠，写出了时代特色。而在其以后的作品中，尤其是晚年罢官回乡后所作的书法中，更大量融入了上述所说的审美意趣，翁氏行书面目大体成熟。

需要指出的是，受清末研习北碑风气影响，翁同龢对北碑也有接触，在其日记中也有临北魏碑的记载，而且他有独到的见解。光绪七年（1881），他在给他孙子翁安孙的信中写道：

> 若写六朝书，则必须悬臂，笔势要长，否则局促，转嫌其俗，知之。

这段话与稍后成书的《广艺舟双楫》中康有为所论异曲同工：

> 六朝笔法……其意势舒长，虽极小字，严整之中无不纵笔势之宕往。

而要找翁氏书迹，则笔者认为其光绪十八年（1892）为吴大澂所书"玉珺山房"横幅中题跋文字可为印证，但可能是因为个人秉性及书写习惯所致，翁同龢并未像同时代的赵之谦、陶睿宣、张裕钊那样直接取法北碑，写出纯粹意义上的北碑书法。所以，正如他感叹的那样：

> 写碑极不惬……意在学六朝，适形佻险，无复法变，欲重写又力不及，奈何奈何。

北碑书法对翁同龢来说始终是隔着一层，其书法是"碑味书"而非"碑体书"。

（二）碑味书法内核——篆隶笔意在翁氏晚年书法中的体现

关于翁氏晚年的书艺，历来评价甚高，徐珂在其《清稗类钞》中说：

> 叔平相国书法不拘一格，为乾嘉后一人，说者谓相国生平虽瓣香覃溪、南园，然晚年造诣，实出覃溪、南园之上，论国朝书家，刘石庵外，当无其匹，非过论也。光绪戊戌后，静居禅悦，无意求工而超逸更甚。

杨守敬则直截了当：

> 松禅学颜平原，老苍之至，无一稚笔。同治、光绪推为天下第一，洵不诬也。

两家都指出了翁同龢书法雄厚老苍的风貌，而对产生这一面貌的内核——笔法问题则未详述。笔者认为，"翁体"书法面貌的形成，源于其在今体书法（主要为行、楷）中融入篆隶笔意。

"所谓'篆隶笔意'，旨在今体书的形式美内融入篆书与隶书的某些形式技巧成分，以增其古意。"那么，篆隶笔意如何融入"翁体"书法中的？让我们先来看两则翁氏晚年书论：

> 季直（张謇）荐一风水师……又论书，语甚多，谓陶心耘用捲笔非法，极服𬙊叟直起直落，不平不能拙，不拙不能涩，石庵折笔在字里，𬙊叟折笔在字外。
>
> 𬙊叟书自入蜀而一变……叟于篆日写数十，于张迁、衡方各临百通，笔势乃如蛟龙翔舞，而兢兢于悬臂，中锋横平竖直，岂狂怪一流哉！

可见，翁同龢（包括其门生张謇）对何绍基书法用笔极为赞叹，何氏用笔

"直起直落"摒弃了复杂的动作，"平"、"拙"、"涩"、"横平竖直"更是摒去了帖学书法的形式美要素，而与篆隶古法相通。通过查找翁同龢早年中年日记，我们找到很多他在日常书写过程中的临池心得，这些心得不外乎"藏锋"、"中锋"、"腕力"、"篆意"的体验，而纵观翁同龢晚年书法，在今体书中运用篆隶笔意去书写已经达到纵意所适的境界，取径何绍基而得篆隶古意则被他视为正途：

> 写大字，始悟万法不离回腕纳怀，外此皆歧途。

另外，翁同龢晚年还兼写篆隶，其用笔与其今体书实无二致。

正是篆隶笔意在今体书中的应用，翁同龢书法的精神气质才得以充分体现。对此，胡传海先生在其所著《老罴当道——翁同龢的生平与艺术》一文中有了深刻论述，在此不赘。

（三）翁同龢晚年书法思想管窥

翁同龢晚年静居常熟虞山时，有了大量时间去品评书画、题跋作文，我们也可从这些文字中找出其书艺思想的要点：

1. 不拘一格的创作观

翁同龢在其七十一岁时所题《梁山舟碑板异文录跋》中写道：

> 人之学囿于所习，书道亦然。习欧则欧，习褚则褚，未肯少越，以为规矩、体势当尔也。山舟论书，谓止有看帖无临帖……其实随手变体，汉人已然，六朝三唐尤趋尚笔势，乌得尽以六书为绳削，山舟盖取其大意而已。

这里，翁氏借梁同书《碑板异文录》道出了他的书法创作观，即随手变体、法为我用，结合他一生读帖习字的历程，秦篆汉隶、魏碑唐楷、宋元明清法书他都曾欣赏、涉猎。可以说，翁同龢一生的书法实践即是熔铸诸体成"翁体"的过程，他晚年不无自谦地说"余书以意行，不守法度，今老矣，虽悔莫及"。而从发展的眼光看，这正是其魅力之所在。

2. 碑帖并重的书史观

晚清是中国书法碑学兴盛之时，身处潮流，翁同龢"看包慎伯文，叹其雄健"，但更多时候是以一个帖学家的立场去观察碑学。面对滔滔碑学，其在七十二岁时题白玉本《十三行》中有"近人别具谈碑口，顿觉承平老辈稀"之叹，而他在七十四岁时为常熟邵松年所编《古缘萃录》中碑帖二卷作跋时，更清晰地表达了他的碑帖观：

> 曩在京师谈金石者，道州何蝯叟、太原温琴舫、仁和张松坪、独山莫子偲、吴县潘伯寅、顺德李仲约、华亭沈均初、会稽赵㧑叔数君者，皆重碑而不喜帖。南归后，见武进费西蠡所作汉碑宋帖，各有古拓，叹为绝伦。今又见伯英此编，其精且博，与费君等而区碑帖为上下两卷，窃喜与余有同志焉。
>
> 夫有宋诸刻，纵多糅杂，山阴法乳，赖以津逮，论者乃于北碑南帖强为轩轾，抑已偏矣。

现在我们回头看光绪三十年（1904）翁同龢逝世前所作的这篇书论，会发现碑帖并重的书史观早在清末就已在文人中形成并流传。翁同龢从其自身书法实践出发，形成了自己的理论见解，让我们看到晚清书坛思潮的一个侧面。

余论

以翁同龢身兼官僚与文人的双重身份来看，其书法观始终带有矛盾意味，一方面作为文人的他热爱书法，另一方面作为官僚的他又时刻提醒自己以济世为己任，不可玩物丧志，因此在其日记中常表达出这样的矛盾想法：

> 终日观帖，有沉溺之意，戒其失足与酒色等耳，凡沉湎者闻正言则以为迂，好聚图书者闻玩物丧志之说则以为陋，盖志已先荒矣，可不戒哉。

他反复表示书画为"无谓事"（在其日记中多次提及），又情不自禁地"终日观帖"，这种矛盾心态导致了他既不像专业书画家（如赵之谦、吴昌硕）那样对艺术创作有着强烈的创新精神，又不像一般士子官僚那样能写馆阁书就已经满足。所以，当我们把翁同龢与赵之谦相比较，就有了有趣的发现，他们早在同治三年就有了交往，当翁同龢还在以苏字面目创作书法时，赵之谦已经能写出充满革新风味的碑体行书了。这里，在对艺术创新的敏感度上翁似乎不及赵，但是，翁同龢经过几十年的苦心经营，在帖学书法领域内终于打开一条新路，融入碑学审美，使之超越了当时普通书手而与赵之谦相颉颃，故马宗霍说：

> 然若赵之谦辈之写北碑，倡条冶叶，悦目偶俗……故翁叔平于是时独摒北碑而宗平原，亦欲以老苍起其颓颜，作中流之砥柱也。

可以说，翁同龢的书法经历是一个有独立思考能力的人面对纷繁复杂的现实作出自我发现的过程，其书风的递变出乎自然，品味其书，让我们感叹，让我们陶醉。

（说明：本文原有附录翁同龢书法作品二十三幅，此处从略，谨此向作者表示歉意。）

（作者系中国书法家协会会员）

同和讲堂

我与翁同龢研究

谢俊美

自 1981 年研究生毕业留校至今，我以中国近现代史为基础，大致进行了下述四个专题的研究，并均写成相关专著，它们分别是：《政治制度与近代中国》、《盛宣怀与中国通商银行》、《东亚世界与近代中国》、《翁同龢传》及已列入国家社科出版基金赞助、即将出版的《翁同龢年谱长编》。这四项研究主要扣住近代中国社会的一个最大特点"变"来展开。《政治制度与近代中国》是我的导师陈旭麓"中国近代社会的新陈代谢"的分支，是导师指定的研究题目。当初，陈师对我说：钱实甫先生对近代政治制度变化作了基础研究，但未讲为什么"变"，"变"中有什么特点，这个"变"与整个近代中国社会的"变"有什么关系。你要做这方面的研究。前后历时近十年，基本完成了这一研究课题。我读研究生时，陈师给我们讲授近代社会的新陈代谢，毕业留校后，我担任他的学术秘书，继续协助他搜集有关近代社会变迁的资料和进行相关研究，直至他 1988 年去世，前后在他身边学习了十年。他的近代中国社会新陈代谢的观点基本源于文明冲击论，但我经过深入研究，认为近代中国社会变迁除了西方文明冲击外，还和日本对中国不停地侵略以及马克思主义在中国的传播与共产主义运动的开展有关，提出引起近代中国社会变迁的三种势力说。《东亚世界与近代中国》一书，实际是陈师"中国近代社会的新陈代谢"研究的深化与发展，此书从研究到出版前后历时近二十年。《盛宣怀与中国通商银行》是 1980 年参加盛宣怀档案资料整理的产物，并形成为我日后研究生毕业论文的主体。因为中国通商银行是国人自办的第一家银行，所以这一研究颇为国内外所关注，转载报导不少。我读研究生时，陈师正应上海人民出版社之约，主编《中国近代历史小丛书》。我毕业后留校又在他身边，遂选择翁同龢这个人物展开研究。在上述四个专题研究中，翁同龢研究历时最久，费力最多，至今已有三十年之久。人们誉我为翁同龢研究的领军人物，是对我研究的肯定和鼓励，我认为这一说法基本属实，并不为过。到目前为止，虽有学者对翁氏家族有关人物的史料进行整理出版，但环顾国内外，对翁氏进行如此长时间系统深入的研究，除我之外，尚无第二人。

一

我对翁同龢这个人物，起先可以说一无所知，除了在南开大学读书时，老师讲戊戌变法时提到他，其他几乎什么也不知道。后来之所以决定对他进行研究，除了因为陈师主编《中国近代历史》小丛书外，还有另外的一些原因。历史的主体是由人的活动构成的，研究历史，离不开对人物的研究。中国近代史相对于古代史而言，虽然时间短，但与现实关系密切，今天是近代史的延续，要说清楚现代的一些问题还得追根寻源，上溯到近代。古代史上的一些重大事件和人物，经过历朝历代学者的研究，大致已经清楚。但近代史则不一样，许多人与许多事均无人去研究。有些人和事虽有研究，但因研究的观点、立场、方法不同，研究的结果也不尽相同，甚至存在争议。在翁同龢死后八十年里，除了他的函稿、日记被影印外，几乎无人对他进行研究，这些是我最终决定研究他的一个原因。历史上的关键人物往往对历史进程起到至关重要的作用，我不是说其他历史人物不重要、不要去研究，但我认为研究历史人物就必须先要去研究关键人物。为此我还专门发表过一篇《关于近代人物研究之我见》的长文，谈了我对人物研究的看法。翁同龢为同光两朝帝师，身膺部院数职，两入军机，有凡晚清重大朝政活动，诸如洋务运动、中法战争、中日甲午战争、戊戌变法、中外交涉、金融货币、赈灾等等无不参与，要想把近代史上这些事情搞清楚，还离不开对他的研究，这是我决定对他进行研究的又一个原因。

近代人物中，曾国藩、左宗棠、李鸿章、张之洞等是地方实力派，他们生前留下大量的奏折、函稿，死后就有人将它们编纂成集子，对他们的研究，相对来说比较容易。翁同龢是朝廷中枢核心人物，他的言论多于奏疏，他在参与许多带决策性的事情时，一般多无存稿。翁同龢与他们在近代史上的角色是不一样的。由于角色不同，他留存的文字，除了日记外，其他的几乎很少。

1983年3月，当我最终确定研究翁同龢时，尚不知这项研究的深浅，完全凭个人的主观想法。21日，当我向陈师汇报时，他对我说，"翁同龢是一个正派官僚，原来是保守派，后来因与光绪帝在一起，因光绪帝关系，受压制排挤而倾向支持改革，成为改良派"；又说，真要研究的话"要掌握翁的个性"，"这个人物不太好研究，难度很大"，要我慎重考虑一下，甚至说实在不行，换个人物研究也行。他当时正研究洋务运动与中国近代化的关系，认为李鸿章是中国近代化的开拓者，随口说比如研究李鸿章，或者其他什么人，反正他要我再去考虑考虑。听他这么一说，我一连好几晚未睡好，我知道这是陈师出于对我的关心和爱护，他是我的导师，他的话我不能不听。但我又是个性很强的人，自己确定了的事一般不轻易改变，一定要坚持去做。所以，仍坚持要研究翁同龢。而且我还认为学术研究贵在创新，重复别人的研究实在没有必要，陈师反对学生研究他所做的课题，认为争抢导师的课题是件非常可耻的事。他的这些教导对我来讲，可以说是刻骨铭心。它直接影响了我日后对自己研究生的指导，学术领域浩瀚广阔，题目众多，自己完全可以任意选择。陈师的教导坚定了我决心研究的信念。既然翁同龢没人研究，那我就要去研究他。陈师见我如此执着，最后也就同意了。从此，我开始踏上了漫长的翁同龢研究之路。

二

史学研究不同于文学创作，文学创作可以虚构、夸张、想象，但史学研究强调的是真实，来不得半点虚假，必须详尽地占有史料。史料不外以下几种：官方档案、当事人的文字、与当事人相关的其他同时代人的资料，再就是民间传说之类，俗称"野史"的内容。其中官方档案、当事人的史料是主要的。在真实史料严重缺乏的情况下，野史一类的史料可以作为参考。按照以上要求，翁同龢的史料除了他的日记和部分诗文函稿外，其他的少之又少。所以，对我来说，首要的任务就是要去广泛地搜集翁同龢资料。

翁同龢的日记为我搜集资料起到了"索引"的作用，但他日记的书写真草相间，字迹很不易辨识，且多有涂改，更加重了阅读的困难。借助《康熙字典》、《草书汇》、《四书字典》、《辞源》等工具书和请教有关研究古籍的老师，花了近一年半的时间，将日记分类，按时序分成任职、折件、事件、交往人物、函稿、宫廷教育、家庭、诗文、书画、其他等十多个目录，并分别进行摘抄，而后"按图索骥"，去一一查找。凡是日记上提到的，尽量去找到。后来还做了"时人论翁"、"后人论翁"、"事件真相"等目录，凡是与翁同龢有关的文字一一随时记下来，仅这项目录式的线索资料就摘抄了二十多万字，几乎将日记抄了一半，古代学者强调抄书有一定的道理，它有助于我们加深对史料的消化和理解，有助于驾驭史料，而不是被史料拖着跑。这种研究方法首先要归功于当年我在南开读书时所受到的训练。1964年，我系参加唐山丰润县"四清"运动，我和另外两位老师一起担任县委书记左林的秘书，整天为他整理材料，分类汇报各乡各村运动情况。农村情况复杂，后来我们研究了这种分类法，汇报方便，写报告也快。其次，要归功于我参加盛宣怀档案资料的整理，我从许多老一辈学者那里学会档案整理、阅读、编辑的方法。所以，我看了《翁同龢日记》后，马上就萌发了采用分类搜集资料的办法，后来事实证明这种搜集资料的方法行之有效。只要看到有关资料就能大致知道它属于哪一类、什么时候、什么性质，这对日后的专题研究也十分方便。

我是一名高校教师，日常以教学为主。所以，研究翁同龢只能利用课余时间和寒暑假开展。此外，我还要为研究室处理日常事务，辅导研究生，为陈师作讲课记录，为他搜集"近代社会新陈代谢"的资料。家中还有生病的老人，上小学的儿子，在乡下的年老父母，这些均需要照顾。时间对我来说，分分秒秒都很宝贵。为了研究翁同龢，三十多年来除了外出开会、出国访学，自己从来没有节假日，没有星期天，中午也少有休息，每天晚上一般工作到十一点才休息。年年如此，月月如此，这并非虚言。直到近年，因为年龄的关系才稍稍放松一点。每到这时，我常常独自仰望星空，耳听四周高楼内传出的麻将声，心中不免有些茫然。在旁人看起来我很辛苦，但是当你找到需要的资料时，心中不知有多么的高兴，这就是幸福。我从小生活在苏北农村，家中生活很苦，糠菜是日常主食。是父母节缩衣食培养我读书，没有他们，哪有我的今天。抗日战争和解放战争时期，我们家乡牺牲了很多人，我小学的同学中不少是烈士子弟。他们连父亲都没有，我比他们好，有父母关爱，为什么不好好读书呢？否则，对不起这些烈士。每当我经过他们的陵园，总是燃起要把书读好的强烈念头。所以，数十年来，我一直把能有书读看作是一种幸福，能从事学术研究看作是一种幸福，能为国家社会做点贡献，更是莫大的幸福。利欲是影响人进步的一堵墙，谁能冲破它，就能轻松自如。心无旁骛，有规律的读书、学习、研究有益于身心健康，这是千真万确的。许多前辈学者享有大年与此分不开。

翁同龢研究的一个最大难度，就是他参与朝廷的重大活动是当时的政府行动，而不是他一个人的独立行动，他是参与者，而不是决断者，更不是决策者。因此，如果不能了解他当时参与这些活动的真相，就很难说清他在这些活动中充当的角色和所起的作用，更不能对他作出相应的评价。因此，要搜集他的资料必须以晚清社会为背景，广泛地去搜集，就现有的资料而研究是无法研究翁同龢的。个别人虽然掌握一些有价值的史料，但无法对他进行总体研究。因此，要求研究者必须有很深厚的功力，熟悉了解世界近代史、中国近代史，熟知晚清的档案资料，这是一个残酷的事实。从某种意义上讲，翁同龢研究难度要远远大于对曾国藩、左宗棠、张之洞这类人物的研究，没有对 19 世纪和 20 世纪中外历史的了解，就根本无法去研究翁同龢。而到目前为止，清代高层核心人物的传记出版少之又少，难度进一步加大。

本着先近后远的原则，从 1983 年起，我先后查阅校图书馆古籍部、上海图书馆古籍部、上海辞书出版社等所藏翁同龢及与翁同龢有关的资料。华东师大所藏图书极为丰富，我前后通读了《清实录》，泛览了有关清政府镇压太平军、捻军、回民起义的《方略》，中日、中俄、中法交涉资料，《大南实录》，朝鲜、越南、俄国、日本的近代史，李鸿章、张之洞、左宗棠、丁日昌、袁甲三、王文韶、奕䜣、文祥、崇厚等数十人的年谱、日记、传记、墓志铭、文集等，以及赵烈文、李慈铭、李棠阶、曾纪泽、殷兆镛、张佩纶、张謇等十多人的日记，通读了中国史学会主编的《中国近代史资料丛刊》。花费近两年的业余时间，将台湾沈云龙先生主编、文海出版社影印出版的《近代史料丛刊》，总计近两千册，都逐本逐页翻检过。在阅读上述档案资料的过程中，摘录了近百万字的资料，不仅加深了我对近代史诸多细节的了解，而且对近代史上的一些重大事件和相关人物有着与众不同的看法。在论及这些事件和有关人物时，尤其是与翁同龢的关系时，较能客观地加以把握。但更重要的是，通过广泛阅读式的搜集，翁同龢这个人物形象逐渐清晰地展现在我的面前，心中已经知道写他的什么和如何写他了。

翁同龢是常熟人，但常熟在哪里？至少在 1983 年 10 月之前，我未到过常熟。1983 年 9 月，记得有次我给政教系新生上课，班上学习委员钱玉瑛同学（今为苏州大学教授）对我说，她是常熟中学毕业的，并说常熟市政府在虞山镇，虞山上有翁同龢的墓，常熟有汽车通上海。她还向我介绍了他的中学历史教师蔡玉祺，说他也是华东师大毕业的，另外还介绍了一位名叫周穗成的在政协工作的干部，说将来有事可与他联系。她的这番话引起了我的关注。要搜集资料，常熟当然不能不去。行前，与我一起读研究生的同学胡逢祥（今为华东师大教授）告诉我：苏州师专有个叫许正义的老师编有《翁同龢年谱》，正患重病住院，你有什么问题可赶紧去请教他。同年 12 月 18 日，我向系里请假，一早就到人民广场汽车站花 2.1 元买了一张去常熟的汽车票。车上有幸遇见了师专的陈信诚先生，他也是华东师大毕业的，知我是华东师大的老师，一路上非常热情，并向我介绍了常熟图书馆的印俊先生，说需要的话，他可以陪我去见他，请他帮助我。下车后，他又把我送到师专。当时华东师大历史系毕业生正在师专实习。当天带队的袁家毅老师告诉我：许正义快不行了，赶快去向他请教。他又向我介绍了另一位华东师大毕业的杨增麒老师，第二天就买了一点水果，与陈信诚、杨增麒两位老师去市人民医院看望了许正义，向他询问了有关翁同龢的几个问题，见他病得很重，不忍心打扰他，便匆匆告辞了。回沪前又一次去看他，他要把他编的《翁同龢年谱》送给我，被我当场婉拒了，许老师此举也许意有所在，但我做学问有一个原则，就是不与他人合作（上级指示除外）。自己写自己的文章，写起来比较自由。在常熟数日，所见资料不多。翁同龢的从政活动主要在北京。他带"罪"在籍，身无自由；在籍史料有限，且价值不高，遂决定到其他地方去查找。

从 1984 年起，我先后利用三个暑假和两个寒假前往北京搜集有关翁同龢的资料，当时每月工资才一百多元，要养家糊口，不得不借住在北京内兄家。从朝阳门外红庙坐电车到西华门中国第一历史档案馆，路上要花费一个多小时，中途还得在什刹海换车，到文津街下车。为了争取时间，赶在档案馆八点开门就进去，往往天不亮就乘头班车，路上买两个馒头，带点冷开水。赶到时，正好档案馆开门。有一次，车子开得快，到档案馆时，门还未开，中华书局总编李侃在此晨练，见到我十分惊讶。他听我说明情况后，十分感动。后来我的《翁同龢传》由中华书局出版，与他的大力支持分不开。在档案馆，我将道、咸、同、光四朝《军机录副》按类逐年逐卷阅读一遍，一件不漏。又查考咸、同、光三朝朱批奏件和专卷，如五宇号案卷、胜保案卷、杨乃武案卷、戊戌专卷、历次科场案卷、钱粮案、西征协饷卷、中日台事交涉卷、琉球交涉卷、朝鲜甲申事件卷、中日长崎事件交涉卷、海军衙门卷等许多专卷。每天第一个到馆，最后一个离馆，管理员宋秀元、周爱莲和一位姓赵的女士为我查抄资料的执着行为所感动，在每天闭馆前先将我第二天要看的案卷提前调出来，这样我第二天一开门就不用再等了。中午，档案馆工作人员吃饭、休息，我便到馆外啃馒头。有幸的是，我在这里认识了也在查资料的孔祥吉先生和其他北京的学人。孔祥吉见我吃得较差，便将家中带来的饭菜分点给我。这种"分饭相赠"至今令我难以忘怀，此后我们一直是好朋友。在京期间，又到国家图书馆善本部查找资料，在中华书局陈铮、陈东林、侯明等的帮助下，在那里查看了翁氏家书，找到了翁同龢与潘祖荫、吴大澂、李文田、汪鸣銮、王懿荣等许多人往来的函稿，翁同龢父亲翁心存的日记。记得寒假的一天到国家图书馆善本部查资料。这天查资料的连我只有两个人，管理员走到我面前对我说："谢先生，您这样聪明，怎么不去炒股票，赚大钱，在这里抄资料，太清苦！对您来说不是太可惜了吗？！"当时社会上炒股成风，一夜暴富的人很多，知识分子下海经商、炒股票的也很多。我笑笑说："炒股票，一是我没钱，二是我不会。抄资料，搞研究，我还可以。人各有志，从来上智不贵物，世间最宝贵的是精神，我看重的是精神。"也就是这一次来京查资料，快近旧历年底，尚未购到回沪车票，只得到西单用高价买到一张到合肥的车票，车上挤满了人，我见到火车上的一位解放军战士，告诉他我的情况后，在徐州站由他与另两位乘客用手把我托起送到车门，下车后再排队购买汽车票，直到小年夜才几经辗转回到家。

此后又去天津、南京、合肥、寿州、苏州、南通、杭州、长沙、广州等地搜集资料，其间也有利用参加学术会议的机会，到当地图书馆和有关大学图书馆查找。那时，图书馆查资料已开始收费。在苏州大学图书馆，幸亏钱玉瑛同学帮忙，不但未收费，而且钱玉瑛还帮我摘抄了许多资料。到合肥、寿州，查到不少翁同书的资料。为此，我后来专门写了一本《翁同书传》。在南京，经人介绍认识新任江苏省副省长张绪武，因他的介绍，翁开庆、翁万戈先生知道了我在研究翁同龢。1987年10月30日，两位先生亲自到我当时住的南京西路家中看我，经过这次见面，我与他们建立了良好的联系，我直率地向他们提出，请他们向我提供他们手中藏有的翁同龢资料，后来翁万戈先生从美国给我提供了一份《家藏先高祖遗留文献资料目录》，我根据研究需要，挑选了其中一部分，由万戈先生复印邮寄给我，我在《翁同龢传》中运用了，因为这些资料是未刊，国内罕见，因而是书出版后，引起了学界的关注，后来万戈先生将他保存的有关翁同龢的资料交由台湾艺文书局影印出版，可能是每册的编审专家对资料不熟悉，或是其他什么原因，存有删节、遗漏的现象。与当初万戈先生复印给我的同样资料存有诸多不同之处。

在搜集资料的过程中，陈师建议我先写一本十万字的《翁同龢》小册子，纳入他的近代史小丛书，另要我顺便编一本《翁同龢集》，认为这既可方便自己查阅，亦可有利于他人和后人研究，并说搞好了，他可以代我向出版社推荐。小册子后来由上海人民出版社出版，当时《文汇报》的《学术之窗》专栏作了报道，称"是书是国内出版的第一本有关翁同龢的学术专著"。《翁同龢集》，因中华书局正点校出版《翁同龢日记》，所以，只收奏折、函稿、诗文，附录年谱和未刊的《甲午日记》、《随手记》，约计九十万字。初被列入国务院古籍整理出版计划，但因无钱，一直拖到国家编写新清史，才由清史编委会出资，由中华书局于 2005 年出版。是书因是从无到有，每件资料都是查抄而来，编辑十分不易。其价值最高的是书中一千三百多件函稿，有助于人们研究。但问题也出在这部分，大部分函稿无时间年月，需要考证。有些函稿事涉隐秘，无发信人和收信人，《朴园越议》函稿中就存在这问题，因此有搞错的。个别函稿的时间在排印时也有搞错的，只好留待日后再版时再去订正。

三

史料是研究的前提和基础，史料可以作为文献整理出版，供学者研究参考，但它本身不是研究。任何历史研究都是世界观与史料的对话，历史研究需要多种思维，如理论思维、逻辑思维、形象思维、批判思维、宏观思维、辩证思维等等，但关键是研究者拥有什么样的世界观，唯心的还是唯物的，不同的世界观对历史的解读是不同的。在诸多思维中，理论思维和形象思维要求较高，何为理论？我的理解是"理由事生，论从史出"。即从史料的分析中得出相关的结论。形象思维是研究人物的要素，是讲他是一个什么人。要将研究人物的"个性"、"独特"之处写出来。陈师会写古体诗，他要我读马列著作，读唐宋传奇、古今小说，要我读唐诗、宋词、元曲，他说做历史研究，要有"文采"，要有点"奇气"。研究历史的人要在"才、学、识"三方面下苦功夫。所谓"才、学、识"，即今天的"文、史、哲"。即要有翔实的史料、文学的才华、哲学的思辨，才能成为一流的学者。

陈师对我们说过：研究历史可采用两种方法：一是从历史事实出发，引出古为今用，以古鉴今的作用；二是从现实政治生活中回到历史，进行探索，提出带理论性的观点。历史是昨天的政治，今日的政治即明天的历史。但我没有采用他的第二种研究方法，而是遵循南开读书时，郑天挺、王玉哲、杨志玖等老师的教导，就史论史，从史料本身得出有关结论。1994年9月，我受聘为日本神户学院大学访问教授。其间，应京都大学人文科学研究所邀请，作关于翁同龢研究方面的学术讲演。所长狭间直树教授问我是哪一派？在日本，史学界有关西学派和关东学派。他知道中国有京派和海派之分。京派重视史料，海派注重观点。他看了我的《翁同龢传》后，认为史料翔实，观点新颖，便提出我属于何派的问题。我说：我的大学受的教育是京派，研究生的教育是海派。我的治学，是京海融于一体。

如何研究翁同龢？

首先，要了解翁同龢所生活的那个时代的人们，他们是用什么样的世界观观察周围发生的一切和处理他们所遇到的问题。从鸦片战争到1911年前，中国人观察和研究问题主要用传统的变易观，其间亦有退化史观、循环史观、变易进化史观等，民国以后才用进化史观，直到1949年后才采用唯物史观。对研究者来说，最大的困惑是无法体察被研究者当时所处的环境、心态，常常凭一束资料就用今天的思维方法和眼光去评判。我讲这些，是说我们研究者必须要了解翁同龢所处的那个时代的思维方式和行为方式，那是君主专制、等级森严的社会氛围，我们总不能认为前人总是下愚无知，他们的见解都是荒谬的，古人都错了，只有我们是正确的。只有懂得这些，才能对翁同龢展开研究。

其次，研究翁同龢必须有一个"大纲领"，这个"大纲领"，就是当时的中外大势。清王朝所面临的困局，外国列强在不同时期对中国所实行的侵略方针，清政府如何应对。在这一背景下，国内历史发展的动向如何，那时的农民起义、洋务运动、维新变法等多带挽救民族危亡的性质，不了解这些，翁同龢研究就根本无法进行。

再次，有了"大纲领"，下面就是如何具体入微地进行叙述。当时中国已是一个半殖民地半封建社会，"变"是近代中国最大的特色。要把"变"字融在论述翁同龢每一件活动中，才能反映时代在他身上的变化。传统的宫廷教育是怎样的？翁同龢与其他师傅对同、光两帝教育有什么不同？"变"在哪里？一方面是外国驻使北京，中国向西方派驻使节，但传统的宗藩政治还在存在。翁同龢奉旨担任总理衙门大臣，办理对外交涉，是如何想？如何做？他任户部尚书在处理国家财政与办理国防时，是如何考虑的？结果如何？作为一名经生文人，作为军机大臣，他对军事一窍不通，如何评价他在甲午中日战争中所作所为？他与康、梁的交往是事实，为什么不承认举荐过康、梁？戊戌变法期间，他究竟想些什么？等等。即使史料缺乏，也要作出合乎历史逻辑的分析。只有这样深入细致的论述，才能将一个鲜活的翁同龢写出来。

另外，研究翁同龢，切忌不能跟着历史跑，首先要弄清当时历史的是与非，也不能跟着几十年流行的观点跑，人云亦云，更不能从"乡愿"出发，为之辩护，历史事实是客观存在，无法改变。历史研究就是对历史事实进行不断的解读，通过不断的解读，使人们对历史的认识不断加深，任何隐恶扬善之举都不是严肃的研究态度。在甲午战火纷飞的年代，他与孙毓汶、张荫桓还讨论碑帖字画，有悖常理？应站在历史的高度，进行历史评判。光绪帝对翁同龢最了解，所写的将翁同龢开缺的谕旨，内容应当是真实的。将他革职编管的谕旨究出于何人之手？虽说法很多，但所写内容均很具体，并非泛论，如指责他"授读以来，辅导无方，从未以经史大义剀切敷陈，但以怡情适性之书画古玩等物，不时陈说"，看看《翁同龢日记》，所记购买字画碑帖古玩与友人讨论与此相关的内容比比皆是，如何评说？！同光年间，理学的代表人物是曾国藩、倭仁和李棠阶等人，他们强调世道人心，将顾炎武的经世思想同理学的克己修身、治国平天下的主张柔在一起，终以"削平大难"，让清王朝又苟延残喘了几十年。章太炎直斥潘祖荫、翁同龢的学问属于小学，非理非儒，并不纯粹！有一定的道理。明清以来，自段玉裁研究说文解字，江声研究音韵训诂，苏常地区学者多偏于碑帖、字画、古籍收藏、鉴赏和重印。翁、潘等人的学识显然受此影响，不能适应同、光朝局变化的需要。谕旨又说其"往往巧籍事端，刺探圣意"，这些话只有出自光绪帝和光绪身边近臣之口。"办理诸务，种种乖谬，以致不可收拾"等等，这些都应放在历史天平上去分析评判，既不能为之讳，又不能视而不见，加以回避。许多参劾他的人，如徐桐、于荫霖、王鹏运，大多为平日与翁同龢关系较近的人，有些如王鹏运还是他的学生，这些都无法回避，我们不能用这些人"心怀叵测"，是"守旧派"这类简单的言词去"驳斥"，均值得深入去研究，包括我本人在内。该肯定的肯定，该否定的否定。因此，要有辩证思维，既不要去肯定一切，也不要去否定一切。

然后，研究翁同龢，切勿"自说自话"。近代重大历史活动往往是通过一个群体来进行的，参与者众多，角色不同，作用也不一样。因此，研究翁同龢时，不能仅用翁同龢的资料发论，还要参考其他相关人物资料。讲洋务、轮船招商局，讲海军，讲汉阳铁厂，必须参阅李鸿章、沈葆桢等人的资料；讲收复新疆，讲中俄伊犁交涉、中日若干交涉，必须参看左宗棠、李鸿章等人的资料。这样才能作客观的论述，得出的结论才能让人信服。

最后，至于行文，无论何种文体，大致必须做到"清、真、雅、正"四字。历史线索清晰，史料力求真实可靠，文字表达典雅可读，得出的结论能教育人、鼓舞人，传达的历史信息要正确。

四

好的选题、正确的研究思路、丰富翔实的史料，又有导师的指导，这是翁同龢研究取得成功的原因。从 1984 年发表第一篇有关翁同龢的论文，至今共发表有关翁同龢的论文约四十篇。从 1987 年出版十万字的《翁同龢》，此后又陆续出版近五十万字的《翁同龢传》、三十八万字的《常熟翁氏》、二十五万字的《翁同书传》、二十二万字的《百年家族：翁同龢家族》、十万字的《大家精要：翁同龢》、九十万字的《翁同龢集》以及即将出版的一百三十万字的《翁同龢年谱长编》，这是三十年汗水的结晶，几乎占我全部出版著作的一半。有人称我"为国内研究翁氏第一人"，我认可这一说法。

我对翁同龢的研究，扩大了翁同龢的影响，加深了国内外对翁同龢的了解。如今翁同龢事迹展已成常熟传统文化的一个品牌。而国内外学术界对我的翁同龢研究也给予了充分肯定。1994 年我在京都大学演讲时，有位日本教授这样评价说：萧公权先生对翁同龢的研究多于主观推理，高阳先生的《翁同龢传》系文学作品，有戏说成分，"唯谢先生用史料来研究翁氏"，"当今以史料来进行研究（翁氏）的，当推谢先生"。台湾的学者王家俭、陈三井、胡春惠等见到《翁同龢传》后说："《翁同龢传》一鸣惊人，海内外瞩目。"同年，出席韩国举行的日清战争（即中日甲午战争）一百周年国际学术研讨会，有"韩国研究中国近代史泰斗"之誉的首尔大学东洋史学系主任闵斗基教授会后，特邀我结合翁同龢研究，向该系研究生作如何治学的学术讲演。至于国内史学界对这一研究评论更多，中国史学会原会长、著名历史学家戴逸教授为《翁同龢传》所写序言，代表了老一辈学人对这一研究的肯定。去年他看了我的《东亚世界与近代中国》一书，给我来信，倍加鼓励："与君相识多年，足下风骨俊朗，勤奋著作，文藻秀逸，史才纵横，神思敏捷，自成一家。"此外，如金冲及、李文海、章开沅、张宪文等许多学者对翁氏研究多有评价，此处就不一一说了。

从 2008 年起，历时六年，编著《翁同龢年谱长编》，全书一百三十万字，可以说是集翁氏研究之大成。三十年中，我对翁氏研究最大的困难是没有经费，至今计划中的《翁同龢研究论文集》尚未出版。万万想不到这部年谱长编经有关出版社推荐和专家审定，由全国哲学和社会科学规划办公室调研处批准，列入国家出版资助项目。这是国家对翁同龢研究的肯定和支持，令人高兴。专家们对这部年谱长编给予了很高的评价："该成果资料丰富，选择得当，解读准确，详略合理，考辨详慎，体例合理。对谱主事迹、相关史事、国内外背景把握得当，是一部学术水平较高的年谱长编。"现在这部年谱长编正式交付出版在作最后校对，不久将与广大读者见面。

对翁同龢三十多年的研究，感慨良多。一、当年我看过郭沫若编写的《蔡文姬》话剧，郭老曾借曹丕的口说：屈原、司马迁、蔡文姬（蔡琰）他们的文字是用生命在写，而我们的文字只是用笔墨在写，这是他们文字感人的奥妙。对一个学者而言，只有当你把你的研究当着一项事业去做，全身心投入，认真去做，不畏劳苦，不怕艰难，才会出众、出奇。二、翁同龢是文人从政，本身学问很深，要研究他，本来就很不容易，因此，研究他需要有扎实的功力。何为功力？资料厚，理解深，解读透。因此，要广读书、深钻研、勤写作。对学者而言，为人为学当恒守"清、勤、慎、诚"四字，清可去浊，涤除名利欲望之念，保持心灵纯净；勤可医惰、补拙、戒懒；慎可戒骄。三者的前提是须以诚字为本，诚者，信也。言必由衷，文必求实。若能守此四字，可以成就一番事业。三、要把研究同课堂教学、社会历史文化教育结合起来。三十年中，我在研究翁同龢的过程中，随时将研究的成果充实到教学中去，不仅丰富了教学内容，而且也引起了学生对翁同龢的兴趣，增强了学生对翁同龢的了解和认识。至今，学生们仍记得我给他们讲翁同龢为杨乃武平反昭雪的内容。在研究中，还积极配合常熟市政府筹建翁同龢纪念馆、成立翁同龢研究会，推动当地的廉政文化建设；积极参与翁同龢与甲午战争、与戊戌变法学术研讨会，翁同龢诞辰 100 周年纪念活动，为市民讲堂宣讲翁同龢为官清廉事迹，收到了良好的社会效果。

　　我对翁同龢的研究，只是作了一次学术探索。作为近代史上的一位重要人物，翁同龢还有许多问题有待我们去作进一步深入的研究。让我们戒骄戒躁，继续努力，共同前行。

（作者系华东师范大学历史系教授、博士生导师）

翁氏研究大有可为

——翁氏文化研究研讨会发言摘要

【编者按】2013 年 7 月，《江苏历代名人传记丛书·翁同龢》举行新书首发式。常熟市翁同龢研究中心借此机会，邀请与会学者集思广益，共同探讨进一步繁荣和发展翁氏文化研究的课题。这里刊发的是此次研讨会的发言摘要。

重返历史现场（常熟理工学院教授　沈潜）

作为文史工作者，特别是历史工作者，能否和如何重返历史现场？这是常熟人写常熟人的一次尝试，接下去如何推动和深化翁氏研究、翁氏文化的传承和弘扬。假如我们温情地解读《翁同龢日记》，值得开掘的路径有很多，比如：

身体史的关注。历史的本质是人的历史，身体是人类活动的基础。从身体史的视角切入，也许可以看到许多以往被忽略了的丰富内容。由日记不难发现，翁同龢的身体状态几乎一直与疾病相缠，身体的变化起伏以何种方式、在多大程度上对他的日常生活安排与社会行为抉择产生影响，这是个值得关注的话题。

阅读史的追踪。一个人的阅读史，就是一个人的精神发育史。翁同龢一生好学，有着数十年如一日的良好阅读习惯。借助日记的追寻，翁同龢不同时期的经史文本阅读，清晰地再现他个体生命的知识结构、思想底色、价值系统，包括文化品格、道德修养、个性特质的构建与铸造、丰富与绵延。

情感史的解析。如何走进历史人物丰富的内心世界，切入活化情感的话题，最能倾听个体生命历经悲欢离合的喜怒哀乐，并由此烛照心灵意志的坚毅或脆弱。这样的人物书写，显然可以避免千人一面的脸谱化，凸显独一无二的个性化。循着翁氏日记的日常记录，不难触摸到一个真实的、有血有肉、有情有义的翁同龢。

交游史的梳理。从年少到暮岁之年，翁同龢一生交游遍及海内。日记保留了大量繁复的人事交往记录。从始于家族乡里，经读书应试、父辈提携，至"学优则仕"、步入官场，翁同龢依托血缘、地缘、业缘，逐步形成、聚合了一个知识与人际网络。将这一社会交游圈加以身份的、职业的、区域的、年龄的梳理分类，可以窥探他不断生成并拓展的人际关系网络与社会交往空间。

收藏史的盘点。翁氏日记充分显示，收藏是翁同龢坚守的一种生命姿态，一种难以割舍的文化情怀。不同阶段的不同收藏对象，均与自身坚守的文化精神契合。细心盘点，有助于我们透过惊涛骇浪的政治风云，见出翁同龢内里持续保持的本真与安逸的文化秉性与痴情。

家教史的重温。以儒家的道德伦理学说为中心，以诗书立门户、以孝悌为根本的家教，重视对子孙后代的教育和培养，并且身体力行，在行动上做出榜样，堪称翁氏家族的优良传统。翁氏不以追求权势、财富为目的，而以读书力学、著书立说为职志，透过家学、家教、家风等因素，重视自身的文化积累与建设，凸显家族的品行修养与文化传承。其中，最值得关注的是翁氏家书。家书是翁氏家族一笔弥足珍贵的文化资源。透过温情的家书阅读，可见翁氏成员如何言传与身教，如何注重富于生命力的人文教育和文化关怀，如何助成了一个代相传续、经久绵延的书香世家。

挖掘翁氏家族"与时俱进的精神"（上海师范大学教授　徐茂明）

《翁同龢》一书确实如各位专家所言，具有很高的价值。此书的价值可以从学术价值和社会价值两个方面来看。学术价值主要体现在两个方面：（1）新史料的挖掘。（2）新方法的应用。当今历史研究中，最主要的一个理论就是社会史的理论。从 20 世纪 80 年代至今已有三十余年，学术界的社会史研究已经从原来的社会生活史发展到社会文化史等等，这好像是个专家的理论概念，但实际上我们可以看到社会史研究一步步地走入我们以往所忽视的社会当中去，以前我们所忽视的那些东西重新被史学家们重视起来，如下层社会的日常生活等，我们也可以从本书中看到丰富的交友史、情感史、家族绵延史以及比较深广的社会背景的挖掘、解析。

该书的社会价值。对于社会价值最核心的就是此书本身挖掘翁氏家族的价值。翁氏家族作为江南著名的文化世家，它的价值在哪里呢？我说就体现在它的家训，体现在"綵衣堂"上的那副对联"绵世泽莫如为善，振家声还是读书"。现在一直强调选人要德才兼备，以德为先，这副对联就强调了这样一个意思，它的家训也强调这一道理。翁同龢父亲翁心存在家训里强调"居乡则为端人正士，出仕则为良吏忠臣"，就是在家乡就要做个端人正士，成一个好榜样；做官的话做个忠臣良吏，这样观点在中国传统社会里由来已久，向上追溯几百年。这个家族有一种内在的凝聚力，就是这个家族的"家风精神"。翁氏家族是个传统家族、文化世家，在近代社会的急剧转变当中，它有变革、改革的精神，从"修身、齐家"到"平天下"，我们可以看到翁氏家族的学术在发展，治家的观念在发展，为官之道也在发展，也就是与时俱进的改革精神，如果没有这种与时俱进的精神，他是很难承担起"中国维新第一导师"这样一个名号的。翁氏家族的精神会一代代地影响翁家的后裔，以及我们整个江苏人、整个中国人，这就是本书的价值。

感触立体的、有体温的翁同龢（中国作家协会会员　金曾豪）

几年前，我在一个座谈会上讲的一个观点就是希望纪念馆能给我们还原一个立体的、活生生的、有体温的翁同龢，并且能通过这个人物看到那个时代，给我们一点人生的启迪，看了这个传记，我也有这个期待，希望看到的不是翁同龢人生履历和人生经历的罗列，而是一个立体的、有体温的人物，在这个方面，两位作者尽了自己的努力，达到了相当高的高度。

作为一个本地作家、翁先生的同乡，我特别留意翁先生开缺回籍回到故乡以后的、也是他人生最后的岁月，曾经想把翁先生这几年的经历写一个文学作品。因为翁先生回来不是衣锦还乡，他是带着壮志未酬的大遗憾回来的，他人虽然回来了，但他还是心系朝廷、情系民生，发生了很多故事，这些故事也是很动人的，这次两位作者在本书里把这段也写得非常精彩。

近年来，翁馆做了许多开创性的工作。今年已经完成了"柏园"的恢复和状元文化的延伸以及与企业家联手开发文化产品，还有一些比较有分量的书出版，如新版《翁同龢日记》等等，我觉得这些都非常好。刚才听到王馆长所说，希望政府支持把纪念馆和翁氏故居分开来，就是挺好的。我觉得现在纪念馆放在故居里面是不利的，里面的厅堂里都布置着版面，如果王馆长所想的能够实现的话，我觉得是个很大的提高，至少一个历史的现场出来了，如果能布置翁先生书房的话，虽然原物没有了，但是我们可以研究，精心地找几个亮点出来，尽量还原历史的场景，我觉得这将是纪念馆的精彩之处。

圆形人物翁同龢：政治家、文化家、教育家（翁同龢研究会理事长 钱文辉）

文学理论上讲一个人不能写成一个扁形人物，而要写成个圆形人物，《翁同龢》把翁同龢写成了圆形人物，他既是政治家，又是文化大家，以前只注重翁同龢是个政治家，而文化方面的成功只当作他的一个侧面，不知道翁同龢是个有文化情怀的政治家，这本书把两个"家"都写出来，特别是他作为一个文化大家。翁同龢是诗人、大书法家、鉴赏家、收藏家，还是个大教育家，此书把关于他文化方面的一些情景、一些成就、一些职责，基本上都写出来了，很不简单。两个"家"合在一起，在中国近代政治家里面有哪个人能达到他这样的成就？很少，几乎没有，这是翁同龢的一个特色所在。同时，这部书既写了所谓的历史进程，又写了他的心路，以前我们只看到翁同龢的历史投影，较少注意他的内心历程。

此书的出版，使翁同龢研究更加深化、细化。研究的渠道也应该拓宽，如翁同龢的文化情怀，很大一部分表现他是个大教育家，我觉得翁同龢是晚清最大的一个教育家，因为翁同龢是两朝帝师，当过学政和许多科考的主考官，乡试、会试、殿试的读卷官。我看《翁同龢文献丛编》，其中第三册讲到翁同龢怎么样批改学生考卷，也是当今许多语文老师应该学习的，他是以鼓励为主，而且让主考官自己根据题目先写文章。细细研究这些，可以看到翁同龢的确是个大教育家。从他培养的学生，如南通的状元张謇、江西的文廷式等等，没有翁同龢就不会有他们后来的地位和成就。这样一位晚清的大教育家，在晚清的政治家里面也是少有的。如果在这些方面再深入研究，就很好。

更正戏说和胡说，弘扬正气（翁氏后人　翁以钧）

作为翁氏后人来讲，我希望常熟（的专家学者）进一步解放思想，不要设置某些条条框框，此书是省里的项目，在人物、时间、字数等方面有条件和要求，但是希望在此之后，能再接再厉，敞开自己的思路，实事求是，就像钱老师说的，"求真"、"求实"、"求细"，在现在的基础上再写一下。

现在网上和一些小报上有很多关于翁同龢戏说和胡说的东西，有些人一看到这些内容，就马上利用这些内容当作打击翁同龢、抬高李鸿章最好的材料，把它作为了历史。而且现在一些报纸一写，其他的报纸也争相转载，因为这些东西最吸引人，如湖南的一个读者说，他以前对翁同龢非常崇拜，但看到了这些就觉得翁同龢是个千古罪人，这就是春秋笔法了。我觉得这些戏说和胡说的东西太多了，为了弘扬正气，我们应该去做些事情，别的地方可能不关心翁同龢如何如何，但在常熟，在某些报纸和网络上能够把它订正，真正的历史事实要让大家知晓，如李鸿章被罢官之后，在他的海军衙门里还留着800多万两白银，这些都是谁拨给他的，这些材料史书上都有。把李鸿章写成洋务运动的第一人，对此我们没有意见，但不能为了抬高李鸿章而非要压翁同龢，这不是学历史和做历史（工作）的人应该干的事。

在《近代人物研究》里，有一篇戴鞍钢写的文章，题目是《晚清政坛和翁同龢的操守》，题目短，文章也不长，戴先生研究历史经济学很专长，但研究翁同龢是研究翁同龢的操守，我觉得他写得很好，他把翁同龢一生为官、为民以及怎样做人等等都写了出来，也举了很多事例，这些事例都不是新发现的，但是他把这些事例集中起来，很有力量，很不错。翁同龢一生的操守如何呢？晚清有这么多一品、二品的高官，哪个能以操守来论事呢？把这些拿出来就是在弘扬翁同龢了，包括刚才提到的翁同龢的清廉，翁同龢经济上清廉，政治上爱国。特别是爱国这一点不能忘记，无论官做得多大，都不能忘了爱国。如有一位提督不愿打仗，中法战争时逃跑，中日甲午战争更要逃跑，这就是拥兵自重，把手握重兵当成当官的资本，这也是腐败的根子。

翁同龢是代表江浙文化的最后一人（南京大学社会学院博士　陆远）

第一，我觉得翁同龢这个人物，不仅要从乡邦的角度来看，还要放在很长远的，甚至千年以来整个中国历史流变的大格局下来看，如何讲这个问题呢？常熟在所有县级市中，其历史渊源的长久在中国罕见。更罕见的是，晚清和民国的人写的笔记和小说等都会提到"翁常熟"。可以说在翁同龢时期，常熟这个地方直接参与了中国内阁中枢、权力中心。反过来说，翁同龢参与军机的几十年促使常熟历史文化在中国历史上达到最高峰，在中国的政治格局里面也是最高峰，这是一件非常了不起的事情，可以说翁同龢是代表江浙文化的最后一人。在翁同龢之后，江浙地区的知识分子基本上慢慢地退守了，因为宋代以后中国儒学从北边往南边推，其脉络的演变也以江浙、两湖和往南的两广为中心，梁启超在《清代学风之地理的分布》里说，有清一代，江浙地区，就是苏锡常太、浙东、皖南等地区，基本上是中国学术的中心。如中国人民大学杨念群教授《何处是江南》所说，江南不仅仅是青砖黛瓦、马头墙、小桥流水，其实江南也是中国数千年文化传统正宗道统的所在。清朝先是康熙时压制南方人，大兴文字狱，到满汉大臣一起参与军机，再到曾国藩、李鸿章等人的兴起，是整个南方人参与中国权力中心的开始，翁同龢达到了一个顶点。所以写翁同龢不仅是写翁同龢一个人的历史，也不是写一个家族的历史，而是写近代二三百年整个中国历史流变的一个缩影。我觉得在此书基础上完全可以以翁氏一家为视角，写一部更全面、更透彻的中国近代政治和历史文化变迁的著作。

第二，翁氏文化从晚清一直延续到现在，尽管后来整个中国的社会结构被彻底打乱了，但实际上传统社会中的乡绅势力，大家族之间相互织织绊绊的联系，直到今天的中国权力格局中还在体现。一个明显的例子，如俞家与翁家，以及常州恽氏，常熟钱氏、庞氏等都有联系，甚至张之洞、李鸿章等家族都有关系。这些是我们去理解二三百年来中国政治生态非常重要的方面。以翁同龢个人为出发点去研究翁氏家族在中国历史上的变迁，那也是非常重要的事。

随着时代的发展，翁同龢研究会有更大的成果（常熟市文广新局文物总监　周公太）

翁同龢早期受家族文化的熏陶，走了一条江南名门望族子弟都必走的道路。翁家慢慢地通过几代人的努力（不仅翁氏家族，引申到其他名门望族也是这样），到翁同龢时达到了顶点。书中有两个章节，第十、十一章，一般的传记不会重点写的：一个是关于翁同龢的收藏，翁氏家族是收藏之家，其父翁心存和兄长翁同书都爱好收藏，翁同龢受家族（收藏）文化的熏陶，也喜爱收藏。二是翁同龢与江南文人的交往。翁同龢不仅与京城的文人，同时也与江南（包括常熟）的一些书画家、诗人交往，书中把他们的交往过程写得很细，充实了许多新的资料。我认为任何著作都不可能面面俱到，都或多或少的存在缺陷，包括文字上面，我也校对了，如年号、年代的区别，但总的来说这部书是成功的，三年来，两位作者废寝忘食，通读资料，写出这么一本书，弥足珍贵。今后我们的翁同龢研究也会随着时代的发展，以及对翁同龢和翁氏家族深入的了解，会有更大的成果。作为一个文物工作者，我也期待在省里各个学术机构和常熟市政府的重视下，除了翁同龢，会有更多的（常熟）名人被纳入到丛书中去。

翁同龢的探索为先驱者提供了经验教训（江苏省近现代史学会副会长　杨颖奇）

翁同龢一生经历丰富，学问渊博精深，有很多方面值得我们去深入研究，如政治思想、教育思想、文化思想、改革思想以及书法艺术等等，有很多的亮点和贡献，特别是我们一提到翁同龢就想到戊戌变法，翁同龢作为中国维新第一导师，他能够观察到世界潮流的发展趋势，能力主变法维新，能够对一些封建体制进行改良、改革，对一个旧官僚来说，有这样的改革思想是难能可贵的。他的改革是指使中国能在富国强兵的道路上快速发展和进步，在这方面充分体现了翁同龢改革的勇气、智慧和魄力，他有很大的功劳。不幸的是，最后改革遗憾地失败了，但翁同龢作为改革的设计师或者指导者、推动者，自己也做了仕途、人生甚至是生命上的重大牺牲。另外，虽然改革失败了，翁同龢晚年也幽居瓶庐之中，但是历史仍然在向前发展，并不因为变法的失败，而使改革发展的潮流停止。这股潮流依然在中国的大地上涌动着，并且改革的潮流进一步演化为革命的洪流，最后通过辛亥革命结束了清王朝的统治，建立了中华民国。这个结果可以说是和翁同龢的初衷相违背的，他改革目的并不是想在当时的中国建立共和制，而是想使清朝的统治更加稳固，能在富强的道路上发展，但实际上，翁同龢的改革思想和戊戌变法恰恰为后来的革命者提供了教训、经验和启示，即在当时的世界潮流下，在中国，改良的道路是走不通的，唯有革命才是当时中国正确的选择，所以改革虽然失败了，但戊戌维新以及翁同龢的探索和作为先驱者客观上为后代提供了经验教训。从历史来说，也是翁同龢所做的重要贡献。

在内涵上挖掘翁氏文化（常熟理工学院教授　曹培根）

《翁同龢》一书成功探索了如何在内涵上挖掘翁氏文化。翁同龢是以其爱国思想和行动影响了晚清政局的重要人物，对国家和民族做出了有益的贡献。这一忧国爱民，坚持变革，以天下为己任的精神和襟怀值得我们敬仰。翁同龢为官四十多年，状元宰相、两朝帝师，开缺回籍、两袖清风，其道德操守、清廉作风，值得后人传颂。《江苏历代名人传记丛书》总编、南京大学宋林飞教授在《翁同龢》首发贺信中指出，"翁同龢是一个值得写的历史名人"，"通过这个人物，可以让我们更清晰地理解历史，启示未来，理解我们在民族复兴之路中的历史责任"。普及翁氏文化乃至中华优秀历史文化，旨在帮助大家更好地了解与弘扬优秀的历史文化传统，提升文明素质和精神境界，需要有更多的像《翁同龢》一书这样的著作，以正确的史学观，依托第一手史料，以及把握融通史料，以通俗生动的表达方式撰写通俗性传记。《翁同龢》一书作者进行了有益的探索，为翁同龢这样的人物撰写传记，采用纵横交错的记述方法，即纵以时间为序一气呵成记述翁同龢一生，横以主题记述传主人物特质，着力展现翁同龢爱国情怀、文化情怀、民生情怀、桑梓情怀的方方面面。

翁同龢研究还有很多可为之处（江南大学教授　刘桂秋）

"翁氏文化研讨会"的初衷，是以常熟为基点，以翁同龢纪念馆为基点进一步开展翁氏文化的研究。相对于其他门类的研究，翁同龢和翁氏文化研究已开展了很多年，成果丰硕，但不是说在这方面的研究已没有可为之处了。我这几年的学术志趣也偏于实证考据类，如我们已有好几本有关翁同龢的传记，也有好几本有关翁同龢的年谱，成果丰硕，但到了这样一定的阶段，我们能不能在前人的基础上做一点比较成规模的、集成性的研究。

第一，我们在已有的几本年谱的基础上，能否像《梁启超先生年谱长编》那样，写一部大规模的、集成性的、详尽的《翁同龢年谱长编》。我请教翁以钧先生，谢俊美教授所整理的《翁同龢集》大概占翁同龢所有文字材料的多少？翁先生说大概十分之一，可能还不到，虽然翁先生说现在编写《翁同龢全集》的时机还没到，但我们可以在现有各种翁同龢文字集的基础上，编一个相对比较全的翁同龢文字集或作品集。

第二，我到常熟来一看，特别是到翁馆来一看，非常敬穆。无锡也有许多的名人纪念馆。如钱钟书纪念馆、薛福成故居等等，但是那些纪念馆只有个外观性的东西，而翁馆除纪念馆本身之外，我粗浅地了解到翁馆也做了这么多的研究工作，作为一个文化圈里人，我的设想是：翁馆除了纪念馆之外，能否赋予它另外一个功能，就是成为翁同龢研究的一个基本的资料中心，任何一个搞翁同龢研究的人首先要到这里来找资料。

第三，翁氏文化研究关涉到家族文化史。鉴于翁氏家族在常熟的影响和地位，常熟家族文化研究应以翁氏文化研究为中心，然后带动整个常熟家族文化和名人文化研究，以及整个常熟的历史文化研究，进一步梳理和挖掘常熟深厚的历史文化内容。

期待更为全面的翁同龢传记（中国书法家协会会员　邵宁）

王忠良、沈潜先生合著的《翁同龢》是当代翁同龢研究的新成果。对比不同版本的翁同龢传记著作，我们可以发现不同时代人们对于同一个历史人物的不同解读。这本书从"人"出发，以翁同龢政治生涯为主线，利用丰富的史料，采用夹叙夹议的方式解读翁同龢以及他所处的时代，为今人勾勒出一个正直的晚清时代士大夫官僚的形象。作者既把翁同龢放置于宏观的时代背景中解读，又在家庭、情感等微观细节上把握翁同龢，让读者感受到一个有血有肉的历史人物形象。当然，限于篇幅，翁同龢文学、书法、绘画、收藏等方面的记述显得相对简略，期待作者能在以后出版更为全面的翁同龢传记著作。

翁同龢研究当"考其事而辩其诬"（翁同龢纪念馆原馆长　朱育礼）

拜读大作，笔端饱含感情，引用史料亦较慎重，为我们展现了翁同龢这位乡先贤"居庙堂之高则忧其民，处江湖之远则忧其君"的古仁人形象。在座诸位均赞许此书是两位作者回馈桑梓的佳作，与我所见正同。我在十多年前曾对翁开庆、翁万戈两位先生说过：我写文恭公传，当秉清人蔡上翔《王荆公年谱考略》之宗旨："考其事而辩其诬。"正如近来一些主流媒体播映的《走向共和》和一些有关近代中国海军之纪录片以及某些报刊，都强加翁同龢许多不实之词。我在有关电视纪录片中，只听到上海复旦大学的葛剑雄先生替翁同龢说了一句公道话：户部拨款要考虑平衡的。所以我不得不考其事而辩其诬了。

学术观点不同本属正常，对乡先贤也不必写得过分完美，但一定要为之辩诬。我现在写的《翁同龢与海军经费》、《张之洞与翁同龢的"孽缘"》等也是如此。现在这本《翁同龢》中，对翁氏为清廉举例不少，对"朋谋纳贿"辩诬，似过于简略，遗漏了俄使巴百罗福为行贿事欲访翁府或邀翁同龢到使馆密商，遭到翁同龢拒绝的关键细节。此宜设专章，广征博引，论证纳贿为必无之事，以彰显其清白家风与躬行实践的廉政思想。

政治精英　精神贵族（江苏人民出版社社长助理兼四编室主任、编审　韩鑫）

书稿为我们呈现了一个政坛中的精英，一个精神贵族。晚清社会，欲望横流，身处其中，精神如何安放？封建官场自有其丰富性和复杂性，晚清政局眼花缭乱，相互倾轧如火如荼，成熟往往不得不远离坦诚，变得世故乃至腐朽。翁同龢身处其中，进退取舍尽显睿智境界和高贵气质。他进则以赤子之心励志报国，维新图强，被康有为称为"中国维新第一导师"；退则回到故乡，体恤民生，修志编史，研读典籍，会见贤达，爱好书画，修心养生，更以修身进德的规勉教育扶植后人晚辈，其严格管教、呵护有加殷殷切切，令人钦佩之至。翁同龢一生勤勉地活着，干净地活着，优雅地活着。他的人生选择告诉我们，贵族精神代表一种尊严，一种高尚的品行。当岁月老去，一切都变了，唯一不变的是他的志向。虞山巍峨，大江东去，月出尚湖，星汉灿烂。翁同龢的精神永远映照在"宁向直中取，不向曲中求"的尚湖之上，他将永远是常熟人的精神领袖，也永远激励我们塑造君子人格，用道德的光辉滋养人生！

营造共识，打造翁氏文化的新格局（翁同龢纪念馆馆长　王忠良）

《翁同龢》的写作，立足于设身处地，知人论世，于温情解读中真实还原翁同龢的历史影像，体现时代的历史观，体现区域的个性化，体现翁同龢"人"的性情、"真"的历史、"变"的心路，这是我们努力的方向。当然，重要的不是结果，而是我们不断探索、追求的过程。

现今，历史研究的视野、方式都在不断变化，社会生活的观念、理念也在不断提升。随着"辛亥革命"一百周年纪念活动的举办，大量晚清史料、民国史料的挖掘，新观点、新发现不断呈现，近代历史面貌需要重写，也必将重写。翁同龢的个案研究，即是一个很好的切入点，以此为抓手，将有助于推动常熟文化新的建设进程。因此，我们只有摈弃"错识"，改观"旧识"，开创"新识"，营建"共识"，才能打造翁氏文化研究、发展的新格局、新世界。

翁同龢是一个值得写的历史名人（江苏省政府参事室主任　宋林飞）

翁同龢是常熟的历史名人，也是江苏和中国的历史名人。在中国由传统向现代转型的历史进程中，他扮演了一个重要的角色。他的历史价值，不仅在于他作为"帝师"的特殊身份使他成为中国近代史上举足轻重的人物，成为洋务运动、中法战争、甲午战争、戊戌变法等重大历史事件的见证者和局中人，更在于他的辉煌与失落、坚守与挣扎、守旧与开新，都染上了那个内忧外患时代的浓重底色，揭示了民族的深重灾难和艰难抉择，也预示了民族变革的未来路向。通过这个人物，可以让我们更清晰地理解历史、启示未来，理解我们在民族复兴之路中的历史责任。所以，翁同龢是一个值得写的历史名人。

中国和世界的常熟翁氏文化（常熟市人民政府副市长　陶理）

作为吴文化的发祥地，常熟是江苏省县级市中唯一的国家历史文化名城，深厚的传统积淀和丰富的人文资源，成为我们建设现代城市、构建特色文化的独特资本。常熟历史文化名人是常熟人的骄傲，更是常熟现代化发展的独特生命力。植根于江南常熟的翁同龢及翁氏文化，作为近世的典型代表，不仅体现了常熟的历史文化，也凸显了常熟的优势文化，更是引领常熟的品牌文化。我们更应该看到，翁同龢、翁氏家族文化不仅属于常熟，更属于中国和世界。21世纪的今天，世界步入了城市化、国际化的发展阶段，保护历史文化已是全球共识。因此，如何保护与传承、如何开发和利用，探索文化事业发展与文化产业拓展相结合的道路，用文化来提升常熟的核心竞争力，这是我们当代文化建设工作者必须担当的历史责任和使命。

新书《翁同龢》圆了常熟人的梦（常熟理工学院世界史研究专家 杨增麒）

全面、完整地研究翁同龢，由常熟人来撰写翁同龢的传记，一直是我们常熟人的宿愿。《翁同龢》能在此时此刻推出，凝聚了我们几代常熟人的研究成果和几代翁馆人的努力奋斗。《翁同龢》新书的面世，实现了我们常熟人的一个梦想。

《翁同龢》写得好，好在哪？写出了翁同龢的"人"、翁同龢的"情"。政治传记到人物传记，翁同龢同时又不是普通的人，此书也没有忽略作为一个国家优秀人物的一面。此书还有教育后人的作用，翁同龢做人正直，做事勤奋，持家节俭，刻苦读书，为官清廉。根植于翁氏家族的文化传承、优良品质是读书、为善，建议进一步研究翁氏家族文化及其对现代的影响。

江南视野

明清时期苏州的宗族观念与文化世族

徐茂明

　　目前学术界的家族研究存在着区域性的不平衡，徽州、浙南、江西、福建、广东等地区的宗族，因为其典型意义而成为学者研究的首选，而环太湖的江南核心地区，在发达的经济和文化的遮蔽下，在人口流动的冲击下，宗族组织与职能相对被弱化，加之当地宗族意识的淡漠，以至于一些学者认为江南没有宗族。而事实上，环太湖的江南宗族有着自己鲜明的特色，这些家族大多经由科举或经商而显达，仕宦与经商"迭相为用"是其职业选择的原则，诗礼传家、尚文重教是其家风的基本特色。日本学者滨岛敦俊称江南宗族为"士大夫型宗族"[①]。面对这种文化型的江南家族，学术界的研究方向也主要是关注这些家族的文化基因与成就，对于宗族自身的组织结构、宗族观念、宗族与地方社会之关系等问题则论述较少。[②] 本文作为苏州文化世族研究课题之一部分，主要从苏州的宗族观念与宗族建设之关系角度，探讨明清苏州文化世族形成之主导力量，同时对苏州文化世族之内涵、类型及与地域社会之关系作初步分析。

---

① "士大夫型宗族"之说，系据 2009 年 11 月中国东南地域文化国际学术研讨会上常建华教授之发言。

② 详见徐茂明：《明清江南家族史研究之回顾与展望》，载王家范主编《明清江南史研究三十年：1978—2008》，上海古籍出版社 2010 年版。近年翻译出版的日本学者井上徹著《中国的宗族与国家礼制》（上海古籍出版社 2008 年版）一书，从国家礼制的角度分析了江南地方家族发展的原因，对于研究江南特别是苏州的宗族制度贡献甚大。

一、六朝以来的国家制度与苏州宗族观念

苏州宗族制度的发展可以上溯到孙吴时期，支撑着孙吴政权半壁江山的就是当时的吴郡"顾陆朱张"四姓和吴兴沈氏、义兴周氏等豪门右族。南朝之后，随着门阀政治的衰落，江南宗族组织也开始分化，"士大夫以下，父母在而兄弟异计，十家而七矣。庶人父子殊产，亦八家而五矣"[①]。隋唐之后，随着科举制度的逐步确立，士族门阀制度日趋没落，到宋代已经形成名副其实的"科举社会"。在科举社会，科举资格和官僚身份不能世袭，社会阶层流动加速，加之家产均分的继承制度，士大夫难以避免家族身份和地位没落的宿命。苏轼认为："今世之公卿大臣贤人君子之后，所以不能世其家如古之久远者，其族散而忘其祖也。"[②] 为了避免这种宿命，北宋中叶理学家张载最早提出了设立宗子、重建宗族的设想，主张宗子的人选应该兼顾嫡长与仕宦两个条件，并优先考虑仕宦的条件。理学家程颐也主张以有官职的族人担任宗子，他还认为士大夫应该建立自己的家庙，并且突破以往士大夫只能祭祀近四代祖先的古制，主张士大夫可以祭祀始祖与先祖，这为宗族由小宗向大宗的发展提供了理论根据。在张载、程颐等人的倡导下，经过朝廷的讨论议定，宋仁宗时的家庙制度得到恢复，但对于建立家庙者的政治地位要求更高了，只有三品以上的高级官僚才有资格建家庙。这种严格的家庙资格，大大限制了士庶百姓尊祖敬宗的愿望。因此，南宋理学家朱熹设计了更为详尽的宗族制度方案《家礼》，提出了宗族祠堂与祭礼的具体设想，他主张在正寝之东建立祠堂，奉祀高、曾、祖、考四代神主。《家礼》对南宋以后中国社会的宗族组织与宗族观念影响深远。在理学家们积极鼓吹宗法理论的同时，苏州士大夫范仲淹创立的范氏义庄，为

---

① 《宋书·周郎传》，中华书局 1987 年版，第 2097 页。

② 苏轼：《苏东坡全集·应诏集·策别十三》，中国书店 1986 年版，下册，第 743 页。

宗族组织的发展提供了一个可以仿行实践的样板，对苏州以及其他地区的宗族发展产生了重要的示范推动作用。

明代的家庙令最早制定于明太祖洪武年间。据《大明集礼》卷六《宗庙·品官家庙》记载，明初士大夫普遍受《朱子家礼》的影响，品官之家在正寝之东建立祠堂，祭祀四世之主，至于庶人则无祠堂，只能在居室中间或他室祭祀二代神主。至嘉靖十五年(1536)，由于礼部尚书夏言的奏请，世宗皇帝"诏天下臣民祀始祖"。此举影响深远，它打破了宗法制度有史以来只有皇帝才能够庙祀始祖的特权，实现了宋儒程颐所提出的士大夫也能够奉祀始祖的愿望。此前，民间虽然也有祭祀始祖的习俗，但那是临时性的墓祭，而不是永久性地将始祖的牌位放置在家庙或祠堂中奉祀。由于朝廷在祭祀始祖权力上的宽容，使得家庙向联宗祭祖的大宗族方向发展，在嘉靖朝形成了建宗祠、祀始祖的热潮。嘉靖之后，这一热潮一直延续下去，从而有力地推进了民间宗族组织的迅速发展。①

从苏州来看，虽然国家在宗族制度上有所放松，一些士绅家族的组织也获得了一定程度的发展，出现了一些名门世家，但庶民百姓的家族组织并未普遍建立，他们甚至连祭祀祖先的权限都不清楚。清康乾年间，常熟人王应奎发现："今人拘五庙、三庙、二庙、一庙之说，谓士庶人止应祭一代，而不知其非也。"②事实上，在苏州真正同财共爨的大家族还是不多。从《明清以来苏州社会史碑刻集》所收录的一百五十八个家庭情况看，苏州人的家庭规模比较小，二、三代同居的小家庭占77.84%，每个家庭平均六至八人；四、五代同居的大家庭占22.15%，每个家庭大约八至十人，但这些家庭只含有两个核心家庭，仍属于主干家庭的范畴；真正构成共祖家庭的只有四个。小家庭和累世同居的大家庭之外，是家庭的另一种格局，即大宗族——小家庭，这种联宗扩大血缘圈的现象

---

① 冯尔康等：《中国宗族社会》，浙江人民出版社1994年版，第165—171、212—217页。关于明代宗族祠庙祭祖的礼制，详细情况可以参考常建华著《明代宗族研究》，上海人民出版社2005年版。

② 王应奎：《柳南续笔》卷4，《庶人祭高祖》，中华书局1983年版，第174页。

从明代中叶一直持续到清末民初，宗族的扩大与家庭的缩小同步发展。苏州家庭结构以小家庭为主，大宗族与累世同居的大家庭居于次要地位，这是由商品经济发达与社会流动性大造成的。[①] 这一家庭规模与1930年代费孝通对吴江开弦弓村调查结果亦很接近，"中国农村家庭，平均的人数大约是在四至六人之间。所谓大家庭，看来主要存在于城镇之中，很明显，它们具有不同的经济基础"[②]。

家庭的小型化也淡化了宗族的血缘观念，以敦亲睦族为宗旨的宗族观念在民间依然比较淡漠。明代中后期苏州人黄省曾批评说："今九族昆弟互谋交争，鲜有亲睦者。"[③] 清初顾炎武对此也是深恶痛绝，他说："呜呼！至于今日，而先王之所以为教，贤者之所以为俗，殆渐灭而无余矣！列在缙绅而家无主祏，非寒食野祭则不复荐其先人；期功之惨，遂不制服，而父母之丧，多留任而不去。"[④] 顺治三年，常熟孙朝让感叹说："呜呼！世之有力而能文者，往往构园林、广甲第而宗祠不立，著书盈缥架而谱牒阙如，此皆忽宗谱之传而尊祖敬宗之心已薄也！"[⑤] 江西人魏禧也有类似的看法："江南世家大族广园囿第宅，而无宗祠以安先祖，合其族人；著书汗牛马，于谱系则阙然，自高曾以上，有不能举名氏者。"[⑥] 川人唐甄在江南所见，简直令人发指："吴人发塚，非异人，即其子孙也。贫无所计，则发其先祖父母之尸而焚之，而鬻其地，利其藏中之物。得利之厚者，有金玉之带、珠凤之冠、千金之木、珍异之宝，盖先世之贵

① 唐力行：《从碑刻资料看明清以来苏州社会的变迁——兼与徽州地区比较》，《历史研究》2000年第1期。

② 费孝通：《江村经济——中国农民的生活》，商务印书馆2001年版，第43页。

③ 黄省曾：《吴风录》，《笔记小说大观》第6编第5册，（台北）新兴书局1983年版，第2876页。

④ 顾炎武：《华阴王氏宗祠记》，《顾亭林诗文集》，中华书局1959年版，第114页。

⑤ 王鸿飞：《双浜小志》，见沈秋农、曹培根主编《常熟乡镇旧志集成》，广陵书社2007年版，第846页。

⑥ 魏禧：《吴君幼符家传》，《魏叔子文集外篇》卷17，康熙十年易堂刻本，第25页。

者也。吴中之人，视为故然，未有以为不义而众诛之者。"①魏禧、唐甄都是游访或寓居江南的外地人，唯其是外乡人，才会具有"他者"的眼光，对比出江南人的宗族观念何其淡漠！

明清苏州人的宗族意识还存在着士人与庶民的差异。明弘治《吴江县志》卷六《风俗篇》指出："祭祀薄于祖先，厚于姻亲，急于鬼神。然大家世族能依古礼者多。"道光年间，常熟士人邹珏捐献二、三千亩祖传田地，建立义庄、义塾、义冢、祭田、书田、公田等，以保障族人生活，此举受到林则徐、翁同龢、庞钟璐等朝野官绅的一致赞赏，并被推崇为敦亲睦族的典型事迹，但在普通民众世俗眼中却是一种傻子的行为，"世多有笑之者"。这种士庶观念的差异，让林则徐也感慨不已！②民国《吴县志》也有类似的记载："宗祠之立，在士大夫家固多，而寒门单族鲜有及之者，以故祭礼愈形简略，奉神主者惟有家堂而已。"③

宗族观念之士庶分隔，虽然有家风传承的文化因素，但根本原因还在于经济因素。人口繁衍，聚族而居，是在相对静态的农业社会中形成的家族自然状态，而要将这种散漫的家族成员，组织成为一个谱系清晰、管理严密、生活保障的宗族组织，则需要坚实的经济基础。清道光间苏州《丁氏义庄记》称："苏郡自宋范文正公建立义庄，六七百年，世家巨室踵其法而行者指不胜屈。要皆赀力殷富，号称素封；或入朝登显秩，归而出其俸余，以赡支族，势分崇厚，故为之易成也。"④而对于绝大多数家庭而言，经济状况兴衰靡常，很难有稳定的经济力量支撑家族组织和家族活动的运作。据光绪间常熟人郑桢观察："闾左之少有积储而粗成家业者，或及身而不能保守焉，或一传而即磬废无存焉，

① 唐甄：《潜书·吴弊》，中华书局 1984 年版，第 171 页。

② 王国平、唐力行主编：《明请以来苏州社会史碑刻集》，苏州大学出版社 1998 年版，第 222 页。

③《吴县志》卷 52 上《风俗》，苏州文新公司民国（1933）铅印本，第 11—12 页。

④ 王国平、唐力行主编：《明清以来苏州社会史碑刻集》，第 257 页。

或再传而田宅尽为人有，子孙零落，藉佣以图糊口焉，宗业就湮，祀事无寄。"① 从苏州的宗族组织看，绝大多数是缙绅所创，"赀力殷富"的"素封"之家尚在其次，因为缙绅家族由科举入仕者多，常世代蝉联，形成显宦世家，不仅资产丰饶，同时享有各种特权，与地方政府关系密切，成为民间权威人物，由其出面主持宗族，较之单纯的富室庶民，更易成事，且能世泽绵延，使宗族维持并发展下去。

苏州虽然"亲亲"的宗族观念比较淡漠，但从明代开始，通谱联宗的风气却是日渐兴盛。清初有人发现："近世人诗文标目，于同姓人称家某人。考宋元以前文字，皆无此称。"据常熟王应奎考证，这种"同姓称家"的风气可能开始于明代中叶。②应该说，王应奎的推测是有一定道理的，明代中叶，士人"同姓称家"风气的形成，可能与嘉靖十五年朝廷"诏天下臣民祀始祖"的新政有关。祭祀始祖的仪式显然扩大了宗族组织的规模，原先已经疏远甚至失去联系的宗族房支，通过共祖的关系而联结为一个庞大的宗族。宗族组织的建立，可以整合宗族内的各种政治资源与社会资源，提升族人的地位，因而受到人们的欢迎。但联宗过程中所包含的功利性目标，侵蚀着血缘性宗族组织的敦亲宗旨。顾炎武将通谱联宗的功利性归结为政治权利与经济利益两大类，他批评说："近日同姓通谱最为滥杂，其实皆植党营私，为蠹国害民之事。"③"同姓通宗而不限于奴仆；女嫁死而无出，则责偿其所遣之财；婚媾异类而胁持乡里，利之所在，则不爱其亲而爱他人！"④功利性的目的不仅可以将不相干的家族连为同宗，而且还可以将原本血脉相连的族人离散开来。康熙年间常熟人严龙翔愤

① 王鸿飞：《双浜小志》，第 845 页。《明清以来苏州社会史碑刻集》收录有 11 块族产碑，其内容大多为请求官府保护，以免族产被盗卖等。可见在商品经济侵蚀下，族产保存之不易。参见唐力行：《明清以来苏州的社会生活与社会管理：从苏州碑刻的分类说起》，《上海师范大学学报（哲社版）》2009 年第 3 期。

② 王应奎：《柳南续笔》卷 4，《同姓称家》，第 197 页。

③ 顾炎武著，黄汝成集释：《日知录集释》卷 23《通谱》，岳麓书社 1994 年版，第 809 页。

④ 顾炎武：《华阴王氏宗祠记》，《顾亭林诗文集》，第 115 页。

然指斥说："人情慕富贵而厌贫贱，苟同姓氏，其声华势利之赫奕者，即强置称谓，谬缔宗盟，虽谓他人父、谓他人昆，不惜也。至于宗支不甚疏远，其或不幸而食贫居贱，则将以赘疣视之，必去之而始快。"①在功利原则的支配下，明代苏州人虽也流行编修家谱，但相当部分是为了装饰家族门面，少有"敬宗收族"的实事求是之心。为满足这些人的虚荣，苏州甚至出现专门替人伪造家谱的行当。清初，苏州阊门内天库前，造伪谱者竟"聚众为之，姓各一谱，谱各分支。欲认某支，则捏造附之，贵显者则有画像及名人题赞，无不毕具。且以旧绢为之，或粉墨剥落，或字画糊涂，示为古迹"。伪造家谱不仅规模化，而且专业化。时人李延昰云："此古来所无而今始有之者。"②

二、苏州士人与宗族建设

苏州人宗族观念淡漠，在士大夫看来，这不仅仅是一家一族的盛衰问题，而且是一件关乎社会和谐与王朝巩固的大事。从北宋名臣范仲淹开始，苏州士人就不断为宗族的重建而努力。范仲淹创设的范氏义庄，除保证族人的基本生活外，还具备教育子弟、支援族人参加科举考试的职能。明朝洪武年间朱元璋因为苏州张士诚政权的抵抗而迁怒于江南，对江南士人与富民阶层实施了无情的打击政策，"芟夷豪族，诛求富室"，昆山豪族沈万三、顾阿英均被谴戍远方，客死他乡，至于被杀害的苏州士人名流更不知凡几。在这种血腥的政治环境中，"于是人以富为不祥，以贵为不幸，或举秀才，辄相仇讐，故多废诗书而略典礼"。③苏州世家大族的发展因此而被阻断。当然，除了这一特殊的政治原因外，中国传统的家产均分制，科举功名的不确定性，以及整个社会淡漠的宗族意识，

---

① 王鸿飞：《双浜小志》，第 847 页。

② 李延昰：《南吴旧话录》，上海古籍出版社 1987 年版，第 92—93 页。

③ 乾隆《吴江县志》卷 38《崇尚》，《中国地方志集成·江苏府县志辑》第 20 册，江苏古籍出版社、上海书店、巴蜀书社 1991 年版，第 173 页。

都对世家大族的发展规模构成了严重侵蚀。

明代宣德以后，随着政治环境的改善，苏州的宗族建设问题被再次提上日程，这以宣德年间江南巡抚周忱和苏州知府况钟对范氏义田、祠堂、书院、家庙等的清理与重建为标志。① 嘉靖以后，朝廷对民间家庙祭祀制度的放宽，更进一步激发了苏州士大夫们对宗族建设的热情。归有光（1506—1571）在《家谱记》中指出："古人所以立宗子者，以仁孝之道责之也。宗法废而天下无世家，无世家而孝友之意衰，风俗之薄日甚有以也。"② 他还继承程颐的宗法理论，主张祭祀始祖、复兴大宗，说："夫古者有大宗而后有小宗，如木之有本而后有枝叶。继祢者、继祖者、继曾祖者、继高祖者，世世变也，而为大宗者不变。是以祖迁于上，宗易于下，而不至于散者，大宗以维之也。故曰：大宗以收族也。苟大宗废，则小宗之法，亦无所恃以能独施于天下。"③

对于明代苏州以归有光为代表的士大夫的宗族建设活动，井上徹给予了较高的评价，他认为："明中叶以后，宗族形成活动在府城、县城相当兴盛。这一现象的背景，是当时由苏州那些开明士大夫的城居化表现出来的时代潮流。"不仅如此，这些士大夫们在城居化的同时，并没有完全离开乡村，而是往返于城乡之间，对于自己出生地的乡村宗族建设，他们同样关心，"而且就活动内容全部依据宗法观念这一点来说，与府城、县城中开展的活动没有什么区别。因此，不论在府城、县城举行的，还是在乡村举行的活动，可以说都具有同质性"。④ 然而，由士大夫们倡导的宗族建设活动，且不谈是否能被普通庶民百姓所接受，即使是士大夫家族内部，也未能统一思想。如归有光家族，除了其父祖三代近支外，其他远房族人基本上没有敦亲睦族的观念，"贪鄙诈戾者，

---

① 井上徹：《中国的宗族与国家礼制——从宗法主义角度所作的分析》，第144页。
② 归有光：《家谱记》，《震川先生集》卷17，上海古籍出版社2007年版，第437页。
③ 归有光：《谱例论》，《震川先生集》卷3，第60页。
④ 井上徹：《中国的宗族与国家礼制——从宗法主义角度所作的分析》，第156、164页。

往往杂出于其间"，"死不相吊，喜不相庆，入门而私其妻子，出门而诳其父兄"。甚至有人用变质发馊的食物来祭祀祖先，所以归有光痛呼："归氏几于不祀矣！"① 可见，在明末清初，宗族建设的道路依然是任重道远。

清初顾炎武通过对比汉唐与宋明的宗室用人政策，发现国祚之长短与朝廷是否重用宗室成员相关联，宋明两朝宗室成员基本上养尊处优、游手好闲，"名为天枝，实为弃物"。在国家大厦将倾之际，竟无一人可以依峙。所以他认为，"自古帝王为治之道，莫先于亲亲"②。他在河北闻喜县裴村拜谒唐代巨族裴氏宗祠之后，更是痛心疾首道："自治道愈下而国无强宗，无强宗是以无立国，是以内溃外畔而至于亡。然则宗法之存，非所以扶人纪而张国势者乎！""夫不能复封建之治，而欲藉士大夫之势以立其国者，其在重氏族哉！其在重氏族哉！"③

义庄作为宗族组织稳定发展的物质基础，其产权属于宗族公有，其来源则是族人自愿奉献，因此捐设义庄，首先需要族人有敦亲博爱之胸襟。然而，六朝以来苏州人淡漠的宗族观念严重制约了宗族义庄的发展。明代中叶以后，苏州先后发展起来的世家大族虽然很多，编修家谱者也不在少数，但对于宗族建设的具体实践却没有显著发展。据学者统计，苏州历经宋、元、明三朝，义庄义田仍是寥寥无几，大体只有宋代设立了四个和明代设立了八个义庄。迨至道光末年，义庄的数量仍然有限。④ 即使在晚清同光时期，苏州义庄发展进入一个史无前例的高潮，但在乡村地区，义庄还是比较少见。宣统年间陈宗爔在《甪直曹氏义庄记》中依然批评道："世禄之家，席丰履厚，能为本支百世谋之者已难得矣，至于掺奇计赢，节衣缩食，俭一身以裕一家，俭一家以裕一族者，

---

① 归有光：《家谱记》，《震川先生集》卷 17，第 436 页。

② 顾炎武著，黄汝成集释：《日知录集释》卷 9《宗室》，第 333—337 页。

③ 顾炎武：《裴村记》，《顾亭林诗文集》，第 106、107 页。

④ 范金民：《清代苏州宗族义庄的发展》，《中国史研究》1995 年第 1 期。

殆更难焉！"①

即使是编修家谱与祭祖仪式，也有许多不符合宗法精神。乾隆时廖鸿章在为苏州西山明月湾吴氏家谱作序时指出："近代士大夫家不鲜谱牒，或曰族谱则绌世宗而详其族，或曰宗谱则略其族而引其宗，或曰近谱，是其先不至于遐远莫考者，而竟狃于近而不为溯。"②这种有宗无族或有族无宗的家谱，与宋明以来士人所倡导的宗法祭祀原则相去甚远。即使是主张恢复"小宗"的宋代苏轼，也指出："今夫天下所以不重族者，有族而无宗也。有族而无宗，则族不可合。族不可合，则虽欲亲之而无由也。族人不相亲，则忘其祖矣。"③而主张恢复"大宗"的归有光，则将大宗与小宗比作树根与树干，二者是相互依存的关系："无小宗，是有枝叶而无干也；有小宗而无大宗，是有干而无根也。"④后人基本上继承了"大宗"的宗法精神。明于宗法的人都认为："《大传》以别子为祖，继别为宗，宗其继太祖者为大宗，宗其继高祖者为小宗。其宗法之明如此者，是以周道亲亲在于尊祖，尊祖故敬宗，敬宗故收族。收族何始？当以迁某郡者始。"⑤从苏州现存的家谱看，那些士绅家族所修家谱，基本上有比较明晰的大宗与小宗的世系，比较符合宗法精神，而其他非士绅家族，可能由于家族文献缺征，或族人对宗法知之不深，所修家谱就会出现诸多问题，或牵强附会，或缺略不全。另外在祭祖仪式上，太湖东西山地区表现出很大的随意性，据乾隆时金友理所见："祭先，类用俗节，疏数惟意，且不遵考亭四代之制，亲疏无杀，男女无别，苟简亵玩，概不中礼。"⑥这表明，民间百姓日常家族生活中所践行的宗法礼制与宗法精神，与士大夫们所倡导的宗法目标尚

---

① 《甪直曹氏义庄记》，现存苏州甪直保圣寺内。

② 廖鸿章：《明湾吴氏世谱序》，民国《洞庭明月湾吴氏世谱》卷首。

③ 苏轼：《苏东坡全集·应诏集·策别十三》下册，第743页。

④ 归有光：《平和李氏家规序》，《震川先生集》卷2，第39页。

⑤ 夏荣荃：《题明月湾吴氏续修世谱序》，民国《洞庭明月湾吴氏世谱》卷首。

⑥ 金友理：《太湖备考》，江苏古籍出版社1998年版，第299页。

有一定差距。

至于晚清，时局大变，冯桂芬在继承顾炎武宗法思想的基础上，又竭力鼓吹恢复宗法。他认为宗法是"佐国家养民教民之原本"，不仅能够弥补官府统治之不足，消除"盗贼"、"邪教"、"争讼械斗"等问题，而且可以强化政府基层组织的管理功能："以保甲为经，宗法为纬，一经一纬，参稽互考。常则社仓易于醵资，变则团练易于合力。……今保甲诸法之不行者，以无宗法为之先也。"① 也正因为宗族的诸多社会功能，因而在晚清天灾频繁、战乱不断的情况之下，宗族建设成为从朝廷官员到地方士绅一致的目标，宗族组织因此而获得迅速发展，苏州的义庄绝大多数建于晚清，总数近两百个，成为江南义庄最集中的地区。

三、文化世族与地方社会

尽管明清两代苏州地区的宗族观念比较淡漠，家族组织的普及与社会职能的覆盖范围也远不及徽州等山区，以致研究宗族制度者都不看好以苏州为中心的江南平原。但是，在明清两代士大夫的努力之下，苏州的家族组织还是获得了一定程度的发展，许多家族借助于科举与经商的阶梯而成为绵延数百年的世家大族，苏州也因此而成为文化世族聚集的中心。

明清"文化世族"是一个可能会引起质疑的概念。研究中国古代史的学者基本上都认为"世族"是五代以前的一个社会现象，宋代以后基本就不存在了。事实上，今人论及中国上古和中古时期的"世族"，主要还是从政治特权与社会地位着眼。《孟子·梁惠王下》曰："仕者世禄。"因为这种政治权力与社会地位是世代继承，所以才被称为"世族"。秦始皇废封建，立郡县，可以说是对世族的第一次毁灭性打击。正如《隋书·经籍二》所云："秦兼并天下，

---

① 冯桂芬著，戴扬本评注：《校邠庐抗议》下篇《复宗法议》，中州古籍出版社 1998 年版，第 168 页。

划除旧迹，公侯子孙，失其本系。"①其后虽有东晋门阀世族政治之反复，但就政治世族的历史命运而言毕竟是明日黄花了。"世族"从字面上讲就是世代继承之族，宋代以后，由于世卿世禄和门阀政治的消亡，政治上的"世族"不复存在，但以文化"世"其家的家族还是层出不穷，所以形成了一种"文化世族"。如果要追根溯源的话，宋明以后的"文化世族"还是起源于中古时期的士族。

苏州宗族的文化特色早在孙吴时期就已初步显现，陈寅恪曾将孙吴时期吴郡（今苏州）顾氏等士族群体称为"文化士族"，以与义兴（今宜兴）周氏等"武力强宗"相对应。孙吴灭亡之后，江南人的价值取向由尚武转为尚文，原先的武力强宗也大多演变为"文化世族"。②隋唐之后，随着科举制度的确立和经济中心的南移，以苏州为代表的江南世家大族的文化特色也更加显著。江庆柏将明清江南望族的基本特征归结为文化型家族，具体表现在："家族以实现本家族的文化性为自己追求目标，家族成员具有强烈的文化意识，他们所从事的职业也以文化型为主，或具有文化特征；家族具有良好的文化环境和文化习惯，充满浓厚的文化气氛；家族具有相当的文化积累，并有一定的文献储存；家族内进行着广泛的文化交流。"③换言之，文化型家族首先要有强烈的文化追求目标；其次，职业要以文化型为主，并有良好的家族文化环境；再次，家族要有相当的文化积累。凌郁之对文化世家还提出了道德的标准，认为世家应该是有着优良家风的礼仪之家和道德之家，行善和读书是世家传承的秘法。④显然，这些标准对文化世族的形成都是重要条件，但如果将所有条件汇集在一起，必然会限制对文化世族的确认。我们以为，狭义的文化世族，是指那些世代绵延，

---

① 《隋书》卷33《经籍志二》，中华书局1973年版，第990页。

② 万绳楠整理：《陈寅恪魏晋南北朝史讲演录》，黄山书社1987年版，第154—155页。

③ 江庆柏：《明清苏南望族文化研究》，南京师范大学出版社2000年版，第39页。

④ 凌郁之：《苏州文学世家与清代文学》，齐鲁书社2008年版，第21页。

并在相关的文化领域取得了丰硕成就的，典型的如艺术世家文氏、文学世家叶氏与沈氏、经学世家惠氏、藏书世家瞿氏等。但在实际生活中，人们对文化世族的确认，主要还应该立足于家族的文化特性，也就是说从家风与家学的角度来甄别，那些家风清白、家学深厚、尚文尚教，而且世系绵延久远的家族都可以列为文化世族，这包括一心向学的儒商或儒医世家。清代苏州科第世家潘氏对于婚姻对象的选择有着比较严格的标准，基本是与士人家族结为婚姻，但与世代业贾的吴趋汪氏有着密切的联姻，从一个侧面表明其态度，即对汪氏的文化认同。

从宽泛的角度出发，苏州文化世族大致可分为三种类型。第一种是官宦型的文化世族，这种家族科举功名兴盛，而且进入仕途的人数也比较多，有的还升迁到朝廷较高的官位，因此而成为声势显赫的官宦大族，即使是致仕归里，他们对地方社会发展仍有着重要影响力。这种家族也可称之为"科举世家"，如吴县莫厘王氏、昆山徐氏、长洲彭氏、吴县大阜潘氏、常熟翁氏等等。莫厘王氏在明清两代共有进士 12 人，举人 16 人，其中状元 1 名，探花 1 名。昆山徐氏在清初形成了以"三徐"为核心的科举仕宦并盛的局面，徐乾学、徐秉义兄弟皆为探花，小弟徐元文为状元，徐乾学官至刑部尚书，秉义官至礼部侍郎，元文则官至文华殿大学士，"一门鼎贵，位极人臣"。长洲彭氏是继徐氏之后又一个著名的科举世家，仅清朝就产生了 14 名进士和 32 名举人，其中状元 2 人，探花 1 人。康熙时彭启丰官至兵部尚书，晚清彭蕴章官至文渊阁大学士，前后辉映。大阜潘氏后来居上，成为继彭氏之后的科举世家兼官宦世家，先后涌现了 9 名进士，其中状元 1 人、探花 2 人，至于低级功名生员则达 140 人。常熟翁氏则在晚清将苏州科举家族的功名与影响力推至顶峰。

第二种是学术型的文化世族，这种家族虽然也有一定的科举功名，但仕途不畅，大多致力于某一文化领域的研究与创作，并世代传承，积累了丰硕的文化成就，形成风格独特的家学，在该领域产生具有重要影响的文化名人。有学者说："文化积累和文学传承是文学世家形成的基本规律。"①
其实，除文学之外，其他文化领域中的文化世族，也可以适用这条规律，如艺
术世家、藏书世家、史学世家、经学世家、医学世家等等。在苏州，具有全国
性影响的文化世族有明代书画艺术世家文氏，文学世家皇甫氏，清代文学世家
叶氏与沈氏，经学世家惠氏、藏书世家瞿氏，等等。明代中叶以文徵明为代表
的文氏家族，在诗文、书法、绘画、篆刻和园林、室内设计方面均取得斐然的
成就，并影响一代士风。稍后的苏州"皇甫四杰"（即皇甫冲、皇甫涍、皇甫
汸、皇甫濂兄弟），亦以诗名独步当时，文坛领袖王世贞称：万历年间，皇甫
百泉（汸）先生已名重天下，"海内欲得先生言者愈益迫，贽币之刺，且暮溢
于门，一伺其出游，捧觚翰而拟其后者踵相接于道"。②吴中叶氏既是科举世
家，又是文化世家，明清两代叶氏共有进士 39 人、举人 78 人，其中叶绍袁所
在的汾湖一支就有进士 10 人、举人 17 人、秀才 95 人。汾湖叶氏在明清之际
不仅形成了著名的女性作家群，同时叶燮在诗歌理论上也取得了空前的成就，
其代表作《原诗》是继刘勰《文心雕龙》之后我国文学批评史上最富有创造性
的一部文艺美学著作，远远超过清代的其他几部诗话。③而与汾湖叶氏世代联
姻的吴江沈氏则是另一个以曲学名世的文化世族。沈氏肇兴于明代中叶，万历
以后，"科名接踵，代不乏人，五凤八龙，誉起江表"。《五凤》系指万历年
间沈氏五世孙中沈璟、沈瓒、沈琦、沈玧、沈珣五人先后进士及第，被人誉为
"沈氏五凤"，而六世孙中沈自继、沈自征、沈自友、沈自籍、沈自炳、沈自
然、沈自驹、沈自东具有才名，里人呼为"八龙"。沈氏不仅男性取得了很高
的科名与文学成就，该家族的女性，以沈宜修为核心，形成了一个家族女性作
家群，积极影响着七、八、九世的家族女性，同时还对家族子孙后代的人生

---

① 李真瑜：《明清文学世家的基本特征》，《中州学刊》2006 年第 1 期。

② 王世贞：《皇甫百泉庆历诗集序》，《弇州续稿》卷 42，《景印文渊阁四库全书》，第 1284 册，
（台北）商务印书馆 1986 年版。

③ 李泽淳：《论叶燮及其〈原诗〉6》，《古籍整理研究学刊》1998 年第 4、5 期合刊。

理想和价值取向都产生了深远的影响。①

第三种是儒商型的文化世族，这种家族大多由商贾起家，然后通过科举之阶进入仕途，但科举功名的数量与层次都不及官宦型的科举世家，而且其族人始终没有放弃商业，经商与科举成为这种家族内部分工合作的两个重要支柱。这种家族也可称之为"儒贾迭相为用型"，如吴趋汪氏、东山席氏等。吴趋汪氏本是从徽州迁居苏州的商贾世家，但始终没有放弃其科场的努力，在清代中叶先后培养了4名进士、14名举人，到清末民初，汪氏子弟积极向教育界发展，出现了像汪懋祖这样的著名教育家，其影响所及，对苏州乃至整个中国都影响深远。东山席氏家族是洞庭商人中的杰出者，早在明代后期就已经是江南的富商巨贾，到了近代，席氏又迅速发展为上海滩上著名的金融世家。席氏在商界获得巨大成功的同时，始终没有忘记对子孙的教育和文化上的努力，江南著名的书坊"扫叶山房"就是由洞庭席氏所开设，前后延续三四百年历史。清代雍正年间，席钰、席鏊父子先后考取进士、举人，乾嘉时期，席鏊的孙女席佩兰是袁枚的随园女弟子之一，在诗词方面享有很高的声誉。②

对苏州文化世族的类型划分只是就其主要特色而言，事实上，各个文化世族内部的职业选择并不是绝对不变的，他们的特色也常常相互兼容。官宦型文化世族也是通过科举之阶晋身上流社会的，因此其本身就是具有深厚的文化素养，而仕途宦海的变幻莫测，也使得许多官僚转而退隐乡里，成为乡绅或"专业"的文化人。如书画世家文氏、文学世家沈氏与叶氏、经学世家惠氏等都是仕途的失意者。而清代著名的科举世家彭氏与潘氏，同样也有部分族人由于种种原因而淡出官场，钻研理学，潜心诗歌，成为著名的学者或诗人。

苏州的文化世族大多集中于城市或市镇，由于仕宦与经商的流动，以及经济利益的冲击，致使其与国家基层组织之关系显然不及皖南和浙南等地区的单

---

① 郝丽霞：《吴江沈氏文学世家研究》，复旦大学出版社 2009 年版，第 27—28 页。

② 马学强：《江南席家——中国一个经商大族的变迁》，商务印书馆 2007 年版，第 55—61 页。

姓宗族村落那么密切。在皖南、浙南等山区，由于地理环境和社会文化传统等因素的制约，宗族聚族而居的现象比较普遍。清人赵吉士在《寄园寄所寄》卷十一中指出："新安有数种风俗胜于他邑：千年之冢不动一抔；千丁之族未尝散处；千载谱系丝毫不紊。主仆之严，数十世不改，而宵小不敢肆焉。"近人许承尧进一步解释说："徽俗，士夫巨室，多处于乡，每一村落，聚族而居，不杂他姓。其间社则有屋，宗则有祠，支派有谱，源流难以混淆。主仆攸分，冠裳不容倒置。"① 像徽州那样理想的宗族状态，在一个充满流动性的江南社会是很难保持的。因此，尽管江南地区是士大夫麋集之地，他们也始终积极倡导着宗族组织的建立，但宗族组织在乡村中的发育程度却始终没有相对闭塞的山区那样典型。出生于苏州吴江的著名社会学家费孝通，曾以自己的亲身经历指出，大家族和宗族是"城市居住倾向的乡绅固有的组织"，主要存在于村镇之中，在农民当中则是非常少见的。② 因而在江南地区，国家或士绅对地方基层社会的控制与管理，很难像在徽州山区那样，可以借助宗族的组织直接进行。

文化世族虽然在宗族制度上与国家基层组织相分离，但文化世族在地方社会中的文化示范效应始终是士大夫们所期待的。太仓吴伟业反复强调说："自古公侯之子孙涵濡教泽，敦诗习礼为天下先，而后遐陬蓬蔚之儒始得奋其智能，以鸣跃乎当世。"③ "世家大族，邦之桢干，里之仪型，其有嘉好燕乐，国人于此观礼焉，四方于此问俗焉。"④ 太仓大儒陆世仪也说："予尝慨礼仪由贤者出，今之号为贤豪者，往往营心利禄，而于尊祖敬宗之道则废而不讲，风俗之不古，世道之不治，未必不由此于此！"⑤ "夫风俗之淳厚，非必尽由在上之人有以风厉之也。一邑之中有一二世家大族，以礼义廉耻治其家，则相观而

---

① 许承尧：《程且硕〈春帆纪程〉》，《歙事闲谭》卷8，黄山书社2001年版，第258页。

② 井上徹：《中国的宗族与国家礼制——从宗法主义角度所作的分析》，第5页。

③ 吴伟业：《苏小眉山水音序》，《梅村文集》卷2，宣统二年刻本，第12页。

④ 吴伟业：《顾母施太恭人七十寿序》，《梅村文集》卷7，第4页。

⑤ 陆世仪：《孔蓼园宗庙礼则序》，《陆桴亭先生遗书·文集》卷4，光绪元年刻本，第8页。

善磨砺，而兴起者多矣。"①事实上，苏州世族之所以能够绵延不绝，而且层出不穷，应该说与文化世族自身的文化传统和社会示范效应是分不开的。从宋真宗《劝学文》倡言"男儿欲遂平生志，六经勤向窗前读"，到明代江南民间流行的《勉学歌》，无不将乡里科第成功者的荣耀作为激励世人读书向学的榜样，而文化世族则是科第成功的典范，也正是在他们的引领之下，苏州文风蔚起，人才辈出。正如归有光所言："吴为人材渊薮，文字之盛，甲于天下。其人耻为他业，自髫龀以上，皆能诵习，举子应主司之试，居庠校中有白首不已者。"②

　　苏州文化世族并不是一个个孤立的家族，他们通过复杂的血缘关系、师生同年关系与同乡地缘的网络形成了苏州文化世族群。他们作为社会上流阶层，或为朝廷权臣，或为地方大绅，或为文化领域的巨擘，甚至是地方上有着巨大影响力的绅商，他们兼跨国家与社会两个层面，始终与国家和社会发生着密切的互动关系。在承平年代，他们通过对地方社会公共事务（主要是善堂、善会、义田、义庄、书院、义塾、会馆、公所等）的组织管理，对苏州社会的稳定发展发挥了一定的积极作用，这一方面的典型代表有苏州彭氏与潘氏等家族。而在晚清社会急剧变动的过程中，苏州的文化世族同样发挥着重要的作用。太平军攻占苏州之后，许多文化世族中的生员、举人、进士们立即响应曾国藩檄文之动员，积极筹办地方团练，并策应清军反攻苏州成功。而在战后的社会重建过程中，苏州文化世族之代表潘氏又积极联络上下，利用其广泛的社会资源，促成了苏州减赋之成功，完成了明清数百年来苏州人减赋之宿愿。③总之，苏州文化世族作为苏州社会中的一个重要群体，其

①陆世仪：《龙城郝氏宗谱序》，《陆桴亭先生遗书·文集》卷4，第11页。

②归有光：《送王汝康会试序》，《震川先生集》卷9，第191页。

③参见徐茂明：《同光之际江南士绅与江南社会秩序的重建》，《江海学刊》2003年第5期；《国家与地方关系中的士绅家族——以晚清江南减赋为中心》，《晚清国家与社会》，社会科学文献出版社2007年版。

兴衰起伏不仅是明清苏州社会发展的重要内容，同时还影响着苏州社会文化
的发展方向。

结语

宋明以来，苏州的宗族观念与宗族组织有着自己的特色与发展道路。与
皖南、浙南等偏远山区相比，地处江南经济中心的苏州，虽然士大夫们在宗
族建设上开风气之先，但由于地理环境、经济发展、社会风尚等因素的制约，
苏州人的家庭规模以二三代聚居的小家庭为主，宗族观念始终比较淡漠。这
种宗族淡漠观，首先表现在对祖先不敬，为了经济利益，族人盗取祖先墓葬
的事例时有发生；其次，对于族人的疾苦漠不关心，北宋苏州范仲淹开创的
宗族义庄，在清代中叶以前始终得不到大的发展；第三，对于祭祀祖先的权
力与仪式理解不清，各行其是，混乱无序；第四，编修家谱只图装饰门面，
而不尊重事实，伪造家谱成风。苏州人的宗族观念还有着士庶之分，不同阶
层之间存在较大的差异。对于宗族组织的建构，主要还是士大夫们的理想追
求，从宋代范仲淹，到明代归有光、清初顾炎武、晚清冯桂芬，都曾经为恢
复宗族组织而不断呼吁。宗族组织的构建需要较强的经济基础和熟悉儒家文
化的人才，因而大多数的家族组织都是由城市或市镇中的士绅或富商建立，
而在广大的农村社会，农民的家族组织大多是处于自然的状态，缺少系统的
组织和经济基础。苏州宗族组织的大发展是在嘉道以后特别是太平天国战争
之后的几十年中，主要还是由于同光之际国家需要迅速恢复社会秩序与家族
重建要求的耦合所致。明清苏州士大夫和富商们所建构的宗族，有许多都属
于文化世族，这是苏州宗族组织区别于其他地区宗族组织的一个显著标志。
这些文化世族大致可以分为三种类型，即学术型、官宦型、儒商型。在基层
社会中，苏州文化世族虽不像山区单姓村落那样将血缘与地缘紧密结合在一
起，对地方社会具有绝对的控制力，但他们在文化教育与地方公共事业等方

面，同样发挥着不可低估的作用。苏州社会的变迁与文化世族的发展具有密切的关系。

（作者系上海师范大学人文与传播学院教授、博士生导师）

明清以来常熟庞氏家族与区域社会互动

解 军

家族是构成传统中国社会的基本单位。文化家族的基本特征，在于家族以实现本家族的文化性为追求目标，具有强烈的文化意识和良好的文化环境，并有相当的文化积累。[①] 清时期，江南经济繁荣，文化发达，出现了众多的文化家族。江南文化家族作为江南区域文化的重要标志，既孕育和诞生于江南区域肥沃的文化土壤之中，又伴随着江南区域文化的发展而发展。本文以常熟庞氏家族作为研究的实证文本，考察这一文化家族兴起和发展及其在地方社会中发挥的实际历史作用，并就文化家族与区域社会互动的历史原因作些探讨。

一、庞氏家族的兴起与鼎盛

明清时期，常熟相继涌现出许多闻名于世的文化家族，清代更有翁、庞、杨、季、归、言、屈、蒋的"八大家"之说。此外还有钱氏、俞氏、曾氏、张氏、严氏、瞿氏、邵氏等名门世家。庞氏家族便是其中之一。

据《海虞庞氏家谱》[②] 记载：明朝初年，世居今江苏吴江松陵镇的庞漤，为避战乱迁至常熟西乡塘桥（今属张家港市），成为海虞庞氏始祖。庞漤生有仲敬、仲宽、仲铭、仲鉴、仲宏五子，以仲宽一房最为繁盛。仲宽育有琪、珪、

---

① 江庆柏：《明清苏南望族文化研究》，南京师范大学出版社 1999 年版，第 39 页。

② 《海虞庞氏家谱》（以下简称《庞氏家谱》），清同治癸酉（1873）刊本，常熟市图书馆藏。

瑛、瑢四子，以庞琪子孙繁衍尤盛。迁居常熟后，庞氏历经近十代的努力，勤俭兴业，耕读传家，至清乾隆年间成为与萧氏、钱氏、黄氏并称的西乡著姓。由嘉庆年间庞大堃中举人起，始以科举仕途闻达，此后出现了"一会员、一探花、兄弟翰林"的科甲盛事。庞氏就此成为常熟县城众所瞩目的文化世家。

史载，至清乾隆年间，西乡塘桥有嘉荫堂、翼风堂、贻安堂三个兴旺发达的庞氏支族。据族谱世系，可见贻安堂一支在科举仕途上鼎盛时期的概况。十六代庞大堃（1786—1858），敬熙长子，嘉庆举人，官国子监崇志堂学录。后辞归乡里，专事著述。庞大奎（1788—1864），敬熙次子，嘉庆进士，殿试三甲十四名。后授翰林院庶吉士，先后在湖北江夏、武昌、汉阳任职，为官清廉，爱民如子。十七代庞钟璐（1822—1876），大堃子。道光二十七年（1847）殿试钦点一甲三名，探花及第。1854年授翰林院侍讲学士，署国子监祭酒，后升任内阁学士兼礼部侍郎。1860年起历任江南团练大臣、工部尚书、刑部尚书，著有《文庙祀典考》、《琴均轩诗赋稿》等。十八代庞鸿文（1845—1909），钟璐长子，光绪进士，翰林院庶吉士，授编修。研究经史，对军事、律法、盐政、粮漕、水利等治国之道多有研究。曾任湖北学政，先后主持广西、云南等省乡试，选拔人才不拘一格。后调任国子监司业，擢升太常寺少卿、通政使副使。庞鸿书（1848—1915），钟璐次子，光绪进士，授翰林院编修。历任山东监察御史、湖南巡抚、贵州巡抚。在职期间抑粮价、革弊政、办矿业、建学堂，政绩昭著。[①]

学者指出，明清时期江南的著姓望族，其望族身份和社会地位，大多主要依靠科举入仕的努力奋斗得以争取和维持。[②]换言之，渴望出人头地的家族只有鼓励族中子弟埋首于四书五经，熟谙八股制艺，通过读书登第，"学优则仕"，才能光宗耀祖，跻身望族之列。江南向为人文渊薮，从秀才、举人到进士的科

① 常熟市地方志办公室标校：《重修常昭合志》，上海社会科学院出版社2002版，第1089页。
② 吴仁安：《明清江南著姓望族史》，上海人民出版社2009年版，第66页。

举晋级，竞争异常激烈。作为外来移民的庞氏家族，同样希望通过积极参加科举考试，将其作为博取功名的阶梯，进而提高自身的社会名望。

从明初始迁祖庞漾由吴江松陵来到塘桥，最初在潘姓家开的豆腐店帮佣，入赘为婿，子孙繁衍，后来靠数代经商，家业大振。晚年庞漾曾口占一绝："闻说天涯若比邻，鹪鹩何树借栖身。菑畲播种堪收获，卜世还需勖后人。"① 诗句表达了对于子孙后代勤俭持家、刻苦耕读的勉励。此后，庞氏一直秉承着"读书为善、务本力田"② 的家训，勤俭兴业，耕读传家。

作为塘桥庞氏三堂之一的贻安堂，取"藏书数万卷，以是诒吾子孙"之意命名。庞漾第二子仲宽一房的后代、第十二世孙庞鹏举，有藏书楼名"步云楼"，插架逾万卷。子庞泓（1710—1743），诸生，日夜诵读，得善本必手自校勘，兼收唐宋碑帖，辑《步云楼书目》。庞泓子清标承继父业，又得数千卷。③ 庞钟璐少小就在祖父庞敬熙的指导下学习《孝经》、《尔雅》；父亲庞大堃亲自授教四书五经，还为他和堂兄庞钟琳延请教席，学习句读经义。庞钟璐考中进士后，父亲告诫："汝祖父毕生勤苦，未获一第，汝可食其报而隳其绪？"④ 家书以祖父受挫于科场竞争的事例，要求儿子读书积德，继续努力。在庞大堃送给儿子的诗句中，又有"愿儿益自励，勿负天恩隆"⑤，"春华幸努力，勉共继家声"⑥。可见庞氏家族重视子孙的不断努力，在取得成就时能给予子孙及时的家教劝告。

以耕读起家的庞氏家族，通过重视对家族成员的文化培养，经过读书科考，

① 《庞氏家谱》卷21，《百源公自述》。

② 《庞氏家谱》卷22，《庞氏宗祠记》。

③ 江苏省常熟地方志办编：《常熟市志》（修订本），上海辞书出版社2006年版，第815—816页。

④ 《庞氏家谱》卷21（下），《先考子方府君行状》。

⑤ 《海虞庞氏诗钞》（第3册），《儿捷南宫第一廷试特擢第三纪恩志感》，常熟市博物馆藏。

⑥ 同上，《送鸿文鸿书两孙随母入都》。

"以学行闻"。^①至明清两代实现了家族的历史性转型，一跃成为常熟八大著姓之一，排在翁氏之后第二位。首创庞氏家族进士功名的庞大奎病逝后，其墓志铭就出自同为曾任清朝体仁阁大学士、吏部尚书翁心存之手，翁心存挽诗称赞他："早年文笔轶群伦，领袖南宫第一人。"^②庞钟璐的墓志铭由状元翁同龢撰文、榜眼杨泗孙书写、探花潘祖荫篆额，可见当时庞氏家族日益鼎盛的社会地位。

二、庞氏家族与区域社会

作为明清常熟的地方望族，庞氏通过各种途径和形式，积极参与了地方各项社会活动。这既维护了家族声誉，促进着自身的发展，也维护了地方稳定，提升了家族的社会地位。其薪火相传，生生不息，影响着一方水土的社会文化风尚，成为了地方社会上举足轻重的力量。

（一）文化领域的实践创造

常熟有着浓郁深厚的尚文传统，素以"学道名邦"著称。身处其间的庞氏家族，自觉不自觉地受到了地方文化氛围的熏陶，通过自身的努力，或著书立说，或致力于地方文教活动，也在一定程度上促进了常熟地方的文化发展。

史载，明嘉靖年间的第六代庞大用，"精毛诗，学与瞿文懿（景淳）、严文靖（讷）诸公齐名，所谓虞山十杰者也"。^③到了第十五代庞敬熙（1765—1833），一生虽然未能科举入仕，乡居六十年里专心治经，遍览子史百家，有《群经献疑》十卷、古文三卷、诗两卷传世。同时开馆授徒，吸引了众多族中

---

① 《庞氏家谱》（卷21）（上），《封文林郎翰林院庶吉士例晋奉政大夫廪膳生藕香庞公墓志铭》。

② 翁心存：《知止斋诗集》（卷13），《挽庞星斋》，清光绪三年（1877）刊本，常熟市图书馆藏。

③ 《庞氏家谱》（卷21）（上），《封文林郎翰林院庶吉士例晋奉政大夫廪膳生藕香庞公墓志铭》。

子侄和乡里弟子慕名求教。庞纯熙（1766—1810），敬熙弟。古文得力于左马庄骚，诗近李义山，词学东坡。庞大堃博通诸经，潜心经学，著述宏富，晚年专心小学，在音韵方面成果颇多，有《唐韵辑略》五卷、备考一卷，《形声辑略》一卷、备考一卷，《古音辑略》两卷、备考一卷，《等韵辑略》三卷等，受到江南士林推崇。此外，庞大堃还一度应聘在县学游文书院任主讲，被尊为常熟境内的一代经学大师。

跨入近代社会，特别是面对 20 世纪初充满新陈代谢的历史条件，庞氏家族的成员表现出了与时更新的趋向。如庞鸿文、庞鸿书兄弟，既有探求经史的传统，也有对新知新学表现出的自觉兴趣。1898 年戊戌政变后，庞鸿文托病还乡，居家十年，除诗文创作外，更热心办学，讲求实业；同时参与乡邦文化建设，出任县志总纂，历八年之久完成《常昭合志》五十卷。1902 年，庞鸿文与邵松年等乡绅将游文书院改为常昭学堂并任堂长，成为当时邑内较早创办的新学之一。1911 年，庞树典担任常昭公立高等小学石梅西校校长，1911—1912 年，兼任常熟县立女子高等小学校校长。

假如把视域延伸到民国时期庞氏家族的第十九代，以"树"字辈昆仲为例，更是顺应世变的时代潮流，成为新一代地方文化界、商界精英的典型：庞树柏（1884—1916），字檗子，别署剑门病侠。十五岁进江苏师范学堂，肄业后加入中国同盟会，又任教于江宁思益、上海澄衷等学堂。1900 年参与组织"三千剑气文社"，为南社发起人之一，兼《南社丛刻》词部编辑。同年主持《常昭月报》，以推广教育，改良社会为宗旨。辛亥时任上海圣约翰大学国文教授，并参与擘划上海光复，策动常熟光复。诗文秀丽，尤工填词，有《庞檗子遗集》行世。庞树森（1886—1971），早年毕业于两江高等学堂，1908 年日本东京帝国大学法科毕业。历任太仓、江宁县地方审判厅推事，江苏省政府机要秘书、政务厅厅长及常熟县、昆山县县长、常熟县商会会长等职，其间兼任江苏政法大学教授。抗战期间避居上海，拒绝出任伪职。1946 年任江苏省临时参议会议员，后任议长，临时主持过省政府工作。1949 年 1949 年后任上海爱国女校校长，兼苏南区政治协商委员会副主席、苏南行政公署委员、苏南土改委员会副主任等职，著有《地政通诠》。庞树灿，常熟县立初中肄业，1927年考入苏州万国魔术会，两年后入世界魔术学院进修，1949年后组织华特生巨型魔术团。曾任江西省戏剧家协会副主席、江西省政协委员、中国杂技艺术协会理事，著有《华特生魔术》、《魔术种种》等。此外，庞鸿文次子庞树阶（1875—1949年前后），1918年任常熟县劝学所所长。著有《束柴病叟诗》，为清末民初著名诗人。

可以说，庞氏家族秉持了崇尚读书的好学精神，在整体上显示了鲜明的文化型特质，涌现出一批卓有成就的文化学者。在梳理《江苏艺文志·常熟卷》的基础上整理成的一份《明以来常熟庞氏家族著述一览表》中，出自庞氏家族成员的著述，涉及范围有传统经史领域，也有大量的传统诗词创作。此外，还有积极参与乡邦文化事业的表现，如书院讲学、方志编纂乃至开办新学等等。这些丰富的文化实践和创造，使庞氏家族世传儒雅，代有闻人，自明清以降始终保持了自身不变的文化本色，从而形成了源远流长的家族文化链，也为丰富常熟地方文化留下了珍贵的精神财富。

（二）家族生活的自治保障

作为社会的细胞体，家族的稳定是地方传统社会秩序稳定的重要因素。庞氏家族为确保家族稳定，把建宗祠、设义庄看作家族的"长久"之计。[①]祠堂作为传统家族的象征，可以激发族人对于祖先的敬重、长辈的孝敬，产生同宗共祖的荣誉感和自豪感，为强大宗族力量起到促进作用。庞氏营建宗祠，始于乾隆三十年（1765），为"入庙思敬，上承祖考、下励子孙"，将宗祠取名"思敬"。[②]有祠必有田，宗祠与义庄互为表里，二者不可缺一。自北宋范

---

① 《庞氏家谱》（卷22），《常熟庞氏义庄记》。

② 《庞氏家谱》（卷22），《本支宗祠记》。

明以来常熟庞氏家族著述一览表

姓名	科举功名	著述
庞浩然		家训
庞复		隐居图诗跋
庞瀚文	诸生	尚论斋笔记
庞洽		敬亭诗钞
庞泓	诸生	步云楼书目、步云楼诗文集
庞沛	附贡生	怡云楼诗草
庞龙		搴兰集、行舟十咏
庞敬熙	廪生	群经献疑 10 卷、海虞庞氏家谱 20 卷、诗古文集 5 卷
庞纯熙	廪贡生	映雪山房诗草 1 卷、映雪山房诗 3 卷乐府 1 卷、京华课草 2 卷制艺 6 卷
庞大堃	举人	易例辑略 1 卷、周礼注疏节要 6 卷、仪礼注疏节要 4 卷、四书异同说 6 卷、说文校勘记 15 卷、形声类篇 2 卷余论 1 卷、形声类篇校勘 1 卷、职方地理考 1 卷、恒星考 1 卷、琴韵轩文 1 卷诗 2 卷、自叙年谱 1 卷遗训 1 卷、庞氏音学遗书 4 种 15 卷
庞钟璐	探花	知非录（一题庞文恪公年谱）1 卷、文庙祀典考 50 卷首 1 卷、读均轩馆赋偶存、读韵轩遗稿
庞文骐		十愿楼诗草不分卷
庞钟瑚	举人	庞钟瑚文集
庞鸿文	进士	（光绪）常昭合志稿 48 卷首 1 卷末卷、海虞物产志、闇谷笔记 2 卷、在山小草堂杂著 2 卷、在山小草堂文钞 2 卷、在山小草堂诗钞 3 卷
庞鸿书	进士	读水经注小识 4 卷、补元和郡县志四十七镇图说 1 卷、国史河渠志稿 28 卷、读史舆地辩证 8 卷、铜鼓轩杂著 4 卷、铜鼓轩文钞 4 卷、铜鼓轩诗钞不分卷
庞树松		鼠吓正编 2 卷补编 1 卷、红脂识小录、吴梼杌、侬雅、灵蕤阁诗话
庞树柏		清代女纪、默泪龛笔记、抱香簃随笔、藨香残芬录、今虞初志、龙禅室摭谈、庞檗子遗集 2 种 2 卷、龙禅室不分卷、灵岩樵唱、今妇人集、玉玿珠馆词 1 卷、湘心词、衮香词、碧血碑杂剧、玉钩痕传奇、花月痕传奇

（注：本表整理自《江苏艺文志·苏州卷》第四分册，江苏人民出版社，1996 年版。）

仲淹在家乡苏州置办范氏义庄，对后世产生了深远的影响。清政府出于维护地方社会利益和致力社会救济事业考虑，倡导家族行为，以兴建祠堂、设立家塾、置办义田、纂修族谱作为维持强化宗族的要务。有清一代，江南各地义庄数量之多，规模之大，兹有《清代常熟文化家族义庄规模及分布一览表》可见一斑。

以庞氏为例，义田之举由第十四代庞榕创议，其子庞焕若、庞燦若秉承父

清代常熟文化家族义庄规模及分布一览表

义庄名称	地址	创建时间	创建人	义田数量（亩）
卫氏义庄	钓渚渡卫家塘	康熙年间	卫肇吉	1596
杨氏敦本义庄	恬庄镇	乾隆五十四年	杨继祖	3312
临海屈氏义庄	南门莲墩浜	嘉庆十五年	屈成霖	1300
归氏义庄	城内文昌巷	嘉庆十五年	归　景	1000
王氏义庄	东张墅	道光九年	王文澜	1200
俞氏义庄	南门外石逊步桥	道光十四年	俞廷柏	1300
龚氏义庄	东唐墅	道光十四年	龚　骏	1000
萧氏义庄	西乡	道光二十年	萧安福	500
庞氏裕后义庄	塘桥镇街西	道光二十一年	庞德辉	739
黄氏义庄	大墅桥	道光二十二年	黄　浩	500
邹氏义庄	陈墅桥	道光二十三年	邹沛霖	3070
周氏义庄	西徐市	道光二十四年	周　诰	510
庞氏承裕义庄	塘桥镇街东	道光二十五年	庞　榕	862

（本表整理资料主要依据冯贤亮著：《明清江南地区的环境变动与社会控制》第 500 页，上海人民出版社 2002 年版。）

命，先后置田七百余亩。① 现存《庞君晴岚孝廉增置义田记》碑刻载："君之先德上舍君，心慕范氏义庄，始有创举之志，常以勖其长公理问君，理问君既承命，经营四十年。"② 经过几代人的努力，庞氏家族义田数量达到 1601 亩。③

结合庞氏义庄赡族的具体规条，如"贫乏不继者按户给发，五口以上每年

---

① 《庞氏家谱》（卷 22），《常熟庞氏义庄记》。

② 《庞氏家谱》（卷 22），《庞君晴岚孝廉增置义田记》。

③ 据《庞氏家谱》（卷 18），《造呈庞氏裕后堂义庄规条》、《造呈庞氏承裕堂义庄规条》载：裕后堂义庄建庄始有义田 509 亩，承裕义庄建庄始有义田 728 亩。

白米三石，制钱三千文；五口以下每年白米二石，制钱二千文；三口以下每年白米一石，制钱一千文"，如"无恒产而鳏寡孤独，不能自赡之家，每季给白米三斗"，如"不能自办丧葬者赴庄领取棺木、即葬者费，制钱二千；幼殇者给棺木，不给葬费；如远年停棺欲葬者，给葬费制钱二千文"，如"男女七十岁以上，每口按季给米三斗，十六岁以下减半"等。规条中明确奖惩细则，如"抚孤守节者，重阳节加给棉花二十觔"；"能添置田五百亩或有捐足千亩者，呈明立案，续行勒石永保"；"族中孤寡给米外，每年加给棉花十五觔，以资纺绩"；"其荡检踰闲，不守本分者，不给"；"不准预支、代支，其有病故者，即报明注销，如有冒领查出，将经领人月末扣还"；"葬费给银不葬者，追还"；"领银而不赴试者，追还原银"①等等。这些条文包含了对族人的救济及其规则，以及自觉遵守宗族生活秩序的行为规范。论者认定，江南农村经历了明清之际社会大变动，之所以仍然保持基本稳定，与义庄、义田的大量存在有密切关系。这种救济行为，能有效调节家族内部关系，增强家族凝聚力，形成一种具有浓厚的血缘性和自足性的乡族，使乡间的社会生活呈现出一定的有序性，地方秩序因此得到了改善。②庞氏建义田之举，虽不无强化宗族团结的考虑，但它旨在效法先贤范仲淹，用义田的收入来赡养、救济穷人，仗义疏财，为地方社会做一些善事，充分体现了义庄的社会教化、救济与保障的功能。

（三）社会公共事务的积极参与

介入地方公共事务，维护地方社会秩序的稳定，向来是江南世家望族的传统。庞氏家族也不例外。

明代嘉靖年间，常熟因遭遇倭寇之乱，乡里骚然，庞焕"招集流亡，时加

---

① 《庞氏家谱》卷 18，《造呈庞氏承裕堂义庄规条》。

② 钱杭、承载：《十七世纪江南社会生活》，浙江人民出版社 1996 年版，第 108 页。

存恤"①。起事于 1851 年的太平军烽火燃遍大江南北，严重动摇了传统社会秩序。百姓饱尝战争之苦，庞钟璐抱着入世治平的精神，咸丰十年（1860）临危受命任江南督办团练大臣。就任后团结乡绅，组织乡兵武装，与太平军作战数十次。庞氏族人也积极予以支持与协助，在"守乡民团御者，或仓卒未具食"的情况下，母亲赵太夫人"手自炊爨给之"。②族叔庞希亮、族弟庞钟祥因此阵亡。在维护地方社会稳定方面，庞氏家族的确发挥了一定的作用。1911 年武昌首义，各地光复响应，庞树柏在常熟县内首举义旗，迫使知县翁有成交出县印，随后又倡议革除县署粮差③，为区域社会开了近代民主风气之先。

水利为农业社会的命脉所系。常熟地形襟江，吐纳潮汐，不时发生水旱灾害。康熙四十八、四十九年（1709—1710），"汗莱弥望，几成平陆"。熟谙河渠水利的庞鹏举为此"呈请开浚，邑令以公周知水利，每事谘访，迄于告成"。④并多次参与地方水利治理及修建桥梁等事务。道光三年（1823），常熟大水溢境，庞敬熙"言于邑令，亟濬三丈浦以工代赈"。其仁心为质、引义慷慨的行为为时人所称颂。⑤

除了"赡养贫乏族人"，庞氏义庄对族外人亦多有资助。如庞邦正"为甲赋长解运白粮入京，凡贫弱小户不能输者，辄代清偿"⑥。如庞鹏举"慨输赈栗，见被灾者加意任恤"⑦。再如庞洪坤等集资建造博济堂，"初结惜谷会，续举施诊、施药、施衣棺、惜字、收埋诸善事"；庞钟瑚等捐建崇善堂，庞联

---

① 《庞氏家谱》（卷 10），《容之公派叔温公支世系统》。

② 《庞氏家谱》（卷 21）（下），《庞母赵太夫人墓志铭》。

③ 吴正明：《常熟掌故》，江苏文史资料编辑部 1992 年版。第 86 页。

④ 《庞氏家谱》（卷 21）（上），《例赠修识郎太学生南池庞公墓志铭》。

⑤ 《庞氏家谱》（卷 21）（上），《封文林郎翰林院庶吉士例晋奉政大夫廪膳生藕香庞公墓志铭》。

⑥ 《庞氏家谱》（卷 10），《容之公派叔温公支世系统》。

⑦ 《庞氏家谱》（卷 21）（上），《例赠修识郎太学生南池庞公墓志铭》。

奎等又设儒寡儒孤局，"架盖草堂收养，全活百四十余口"①。庞氏家族赈济灾荒的社会善举可谓代有相传。

以上事例可见，庞氏家族无疑在政治、经济等常熟乡村社会的公共生活中发挥了作用，显示了主导者与组织者的能量。可以说，明清时期的常熟文化家族，由家族发起的慈善组织或团体几乎遍及城镇和乡村。包括庞氏家族在内的文化世家，他们大多能积极协助和参加帮困济贫、筑路造桥、民间助赈等一系列地方公益事业。通过倡导并践行赈灾救济、捐资办学、慈善教化等公益活动，既能沟通家族与乡里的关系，提高文化家族的地方形象，也在一定程度上介入了地方施政的各个领域，有效地缓和了地域社会矛盾，成为地方社会稳定发展不可低估的重要力量。

三、庞氏家族与区域社会互动的历史动因

如上所述庞氏家族与区域社会的互动，考察其历史动因，大概有以下几方面的因素：

（一）区域环境的影响

地处江苏东南部的常熟，以历史悠久、山川秀丽、物产丰饶享誉江南。庞氏身处这样的环境中，无疑使他们有足够的时间去从事与区域社会互动的相关事业。同时，与中原地区的战祸频仍相比，江南社会环境相对稳定。虽然明清鼎革之际遭受战祸的程度较之前厉害，但也能凭借着得天独厚的生态环境迅速得到恢复。稳定的社会环境，使得家族可以相对从容地着眼于谋求家族内部发展与提高自身社会声望的问题。庞氏家族义庄的顺利施行，就得益于稳定的社会环境。尤为注意的是庞氏家族依托的地域人文环境。自春秋时期常熟言偃师

---

① 常熟市地方志办公室标校：《重修常昭合志》，上海社会科学院出版社2002年版，第277、288页。

从孔门，"文开吴会"、"道启东南"，崇文重教传统渐趋养成。据统计，自隋朝至清末，常熟一地出了 8 名状元，9 名宰相，483 名进士，6200 余名举人、秀才。明清时期，常熟不仅作为经济上的富庶之区存在，更以文化发达而称誉，产生了众多的文学家、藏书家、书画家、弹琴家、医家等，还出现了如虞山诗派、画派、琴派、印派等独特的文化流派。

综观明清时期的常熟文化家族，大多有着体恤民生、热心地方公益事业的善举。这些家族的公益活动及其精神，又往往彼此呼应和效仿。在这样浓厚的文化氛围和人文风尚中，常熟庞氏不断经年累月，形成了一个颇多文化建树和社会资望的典型著姓望族。

（二）社会形势的变迁

研究表明，明清时期的江南出现了前所未有的历史大变动。嘉道之后，从鸦片战争到太平军起事的长期内乱，搅乱了整个传统社会制度。江南区域社会环境急剧变化，中央政府对地方的控制力日益削弱，地方官府加强民间防卫和秩序维护的能力也越来越下降，不得不依靠地方乡绅发挥调适的作用。时人感叹："自寇乱以来，地方公事，官不能离绅士而有为。"由此，江南文化家族得以介入参与地方事务的处理，也为地方士绅的应时崛起创造了有利条件。清政府发动地方士绅，委以团练、赈济、教化等重任，江南士绅亦因其切身利益关系而自觉地承担起社会文化秩序重建和维护的角色。[①]一时纷纷训练乡勇，清查保甲、坚壁清野、地方自保，办团经费均来自民间。庞氏家族中以庞钟璐为代表的一批人，顺势而为，担当起维护地方社会秩序的中坚力量。

至 1905 年，科举制的废止造成了相当深远的社会影响，传统士人开始向近代意义上的知识分子真正转化。如果说在充满新陈代谢的历史条件下，庞氏家族中依旧有着以庞钟璐为代表坚守并维护传统的类型，那么，随着 20 世

---

① 徐茂明：《江南士绅与江南社会（1368—1911）》，商务印书馆 2004 年版，第 96 页。

纪以来近代新式工商业的涌现和近代社会文化生活的变迁，更出现了以庞树柏为代表顺应时事、适时而动的人生新选择。庞树柏以沐浴新学的教育背景，称得上是庞氏家族中成长起来的一个新型知识分子。庞氏新一代通过从事新闻报界、加入近代社团、投身实业等近代文化事业以及商业性的活动，涉足地方政坛，关心家乡事务，从而提升了自身的实力，成为地方新精英中的代表。毫无疑问，社会形势的变动促进了家族及其成员的转型，它是庞氏家族与区域社会互动的重要条件。

（三）儒家经世精神的传承

传统社会中，士阶层作为中间力量，向有"以天下为己任"的匡时济世的精神修养。庞氏家族所处的苏南地区有着浓厚的儒家经世传统，对当地士人的经世理想和实践产生深远影响。他们往往能够通过自己的财力和号召力，积极协助地方政府的各项活动，并积极支持、参与地方公益活动。[①]文化家族多饱读之士，经久的文化熏染使得他们能够始终做到心存天下，庞氏家族亦然。如地方遇到水灾饥馑，庞氏家族能够积极参与治水、慷慨赈灾。

显然，庞氏积极参与地方社会事业，无论是以编族谱、立族约、建义庄、设义塾等为表现形式的家族自治保障行为，还是参与地方赈灾、社会救济等事务及公益事业的活动，应是一种作为士阶层的主体自觉。这些活动，不仅完善了自我道德，提高并扩大了家族的地方威信和影响力，而且很大程度上为维护一方社会秩序的稳定起到了重要的作用。

综上所述，以耕读起家的庞氏家族，通过科考成为闻达于地方的著名文化望族，然后通过自身的文化实践和创造、家族生活的自治保障，并积极介入地方公共事业，由此与区域社会之间发生着互动。这种互动的根源，一方面源自于"士"阶层的文化责任自觉，另一方面也来源于特定的区域环境和急剧变迁

---

① 江庆柏：《明清苏南望族文化研究》，南京师范大学出版社 1999 年版，第 308 页。

的时代背景。可以说，这种与区域社会的互动是双向选择的必然结果。正是由于这种双向互动，使家族自身在坚守家族本位以及维护地方社会秩序稳定的同时，也在某种情况下推动着区域社会的变迁。

（作者系上海师范大学历史系博士研究生）

学子习史

文化生态视野下近代江南官绅的日常生活
——以翁同龢与家乡常熟文化场域之互动为例证

孙 政

翁同龢（1830—1904）是中国近代著名的爱国政治家、文化艺术家。长期以来，学界不乏对翁同龢政治业绩、为官操守、教育思想、家族藏书等多方面的研究，取得了丰硕的学术成果。但以往研究更多关注政治层面，缺少立足于日常社会史视野的解读和挖掘。本文借鉴西方社会学的"场域"理论，以翁氏日记为切入点，通过梳理翁同龢在不同人生阶段与家乡常熟的因缘，借此考察近代官绅如何依托区域文化生态空间拓展日常的社会交往、交流活动。

一、翁氏与故乡常熟的因缘

翁同龢一生与家乡常熟的因缘，可以划分为三个不同的历史阶段：

（一）早年乡里求学

翁同龢从五岁起与母亲一起回常熟，至十九岁随父亲重返京城，在故乡生活了十五年之久。1843年考入常熟县学游文书院，1845年就读府学紫阳书院。1847年因"品学端敏"被书院推举为优秀生员，得到府、院嘉奖。第二年在参加生员入国子监的贡监科考中获得"选拔第一，科试正案亦列第一"的优异成绩。从五岁到二十岁前的人生段，是形成学养、兴趣和爱好的重要时期，也是知识体系、价值系统，包括文化品格、道德修养、个性特质日趋成型的重要时期。翁同龢虽然生在京城，但从小生活在尚文崇教的江南吴地，通过私塾、书院的求学，在经史典籍的饱读中接受了儒家传统文化的系统教育，也在世道离乱的鸦片战争前后逐渐有了一份担当时代责任的觉悟。可以说，故乡的滋养见证了他求学成长的青少年生活。

（二）中年省亲修墓

1862 年至 1872 年的十年间，随着父亲翁心存、大哥翁同书和母亲的相继离世，人到中年的翁同龢遭遇了一系列家庭变故。父亲、大哥去世后，由于当时南方太平军战事没有结束，灵柩不能护送回乡。妻子汤松 1858 年去世后，灵柩同样因战乱一直未能归葬入土。1868 年，随着南方太平军和北方捻军战火的熄灭，京杭大运河恢复开通。当年 9 月，翁同龢就回籍葬亲事宜奏请，旨令准假，前后不过两个多月时间。至 1872 年 2 月母亲因病去世，翁同龢经奏准，于当年 5 月与三哥同爵等家眷沿运河扶柩南下，历经两个月后再度踏上故土，将母亲与父亲合葬。此后近三年里在籍丁忧，至 1874 年 8 月启程回京。因十多年里迭遭家庭变故，翁同龢先后几次扶柩南归，贴近了与乡音乡情的距离。在丁忧服丧的三年里，翁同龢出外游览、读书校诗、省亲访友、鉴赏书画，以鲜活生趣的书生秉性，滋长着与时俱增的文化情怀。

（三）晚年开缺回籍

1898 年戊戌变法前夕，翁同龢因朝中顽固派的陷害而开缺回籍。从当年 7 月初离京返乡，到 1904 年 7 月病逝，在家乡度过了他最后六年的垂暮人生。罢归后，翁同龢在亲友资助下，于虞山鹁鸽峰的翁氏丙舍旁择地造房，新居落成后起名"瓶庐"，寓"守口如瓶"之意，随后从城内迁到新居，过起了看似"惟农与鱼鸟相亲"的生活。不过，"身在江湖，而神驰魏阙"。回籍后的翁同龢通过书信和报纸，依旧关注着朝局变幻和君国命运。从义和团反帝风暴、八国联军入侵北京、两宫出逃西安、列强逼签《辛丑条约》，以及清政府推行新政改革、日俄战争爆发，无不在他的日记里留下了喜忧交加的心情。政治上的重压、精神上的落寞、经济上的窘迫，让翁同龢的晚年乡居生活非同寻常，其间不少子姓至亲、故友门生不时前来探望并给予接济。

二、翁同龢依托的常熟文化生态空间

梳理翁同龢在不同人生阶段的家乡生活后可以看到，古城常熟不同形态的文化空间，无不是这位出身江南的官绅在认知成长、知识拓展以及文化情怀、社会交往上得以依托的重要载体。这些文化生态空间大体有以下几类：

（一）家居寓所

一是綵衣堂。这是翁同龢青少年生活的主要居所。綵衣堂原名"森桂堂"，为明代成化、弘治间常熟桑家所建，后数易其主。1833 年翁心存买下后扩建修缮，取二十四孝中"彩衣娱亲"的典故，改为"綵衣堂"，作为孝养母亲的场所。綵衣堂东侧辟了一座题为"知止斋"的藏书楼，楼上藏书，楼下会见宾朋，供吟诗论文、赏书品画之用。翁同龢从小在这样一个环境幽雅、充满文化气息的綵衣堂内学习、生活。中年三次还乡的翁同龢，第一次住在綵衣堂内，第二次住在五兄所购，与仲氏相邻的新屋，1872 年 7 月 27 日记："仲氏比邻之屋今归余家，五兄积廉俸所购也，本意奉亲，今乃挈余同居。五兄住柏古轩，余住新厅。"① 第三次返乡住处，日记虽未明确提起，应该也是入住新屋。中年乡居生活，他检录藏书、家谱，校对先公诗集，修建先祠，给好友写信致意，与友人谈艺论道，借书抄录，手书《法华经》，在官场烦忧中寻求人生的自我调节。

二是瓶隐庐。作为翁同龢削籍归隐后的寓所，瓶隐庐依山傍水，松柏掩映，距翁氏祖坟咫尺之遥。这座简朴的仿京式院落分前后两厅，前厅为书斋和卧

---

① 陈义杰整理：《翁同龢日记》，中华书局 2006 年版，第 929 页。

室，后厅为客厅与仆人住处；院墙西南角建有一座"乾坤一草亭"。在此期间，他和不少乡绅诗文酬唱、切磋技艺，形成了一个志趣相投的文人交际圈。赵宗建、吴鸿伦、药龛、俞钟銮、叶茂如等都是瓶隐庐的常客，彼此吟诗论道、赏画研碑。1899 年 7 月 17 日，翁同龢约赵宗建、吴鸿伦、姚福奎、药龛前来一聚，开卷品赏王石谷传世名画《长江万里图》。当天的日记写道："五人综计三百六十四岁矣，谁欤画五老图耶？"① 当时，瓶隐庐显然成了常熟士绅文化交流的重要场域。

（二）学舍书楼

学馆书院作为晚清教育的主要场所，承载着知识传播与文化传承的功能。

虞山东麓的游文书院创建于 1725 年（雍正三年），取《汉书》"游文于六经之中"的意思，与春秋先贤言子精通文学相契合。② 书院依山而建，环境幽静，整个书院布局把讲学、藏书和祭祠三大部分联成一起。当时，受聘书院的学师多为地方知名学者，书院学生基本上从常、昭两县生员中择优录取，书院的考课主要是制艺和诗赋。游文书院旁有梁昭明太子的读书台，园内有焦尾轩、雅集亭、巫公祠等胜迹，临近有吴文化先贤仲雍和言子的墓道，附近的小三台还有大量摩崖石刻群。少年翁同龢就是在这样一处充满文化气场的环境下读书求知，不断成长。

虞山北门报慈桥畔的旧山楼，是翁同龢好友赵宗建所筑的藏书楼，收藏各种书籍、书画、碑帖数万卷。赵宗建是翁同龢的早年同窗好友，旧山楼因此成为翁同龢经常光顾的地方。正像他在《赵曼华画扇卷》一文中写道："故登赵氏之堂，益然有古趣，虽偏僻如余者，每旬日辄思过二赵语也。"③ 旧山楼

---

① 《翁同龢日记》，第 3213 页。

② 常熟市地方志编撰委员会办公室标校：《重修常昭合志》（上），上海社会科学院出版社 2002 年版，第 305 页。

③ 翁同龢著：《瓶庐丛稿》第 3 卷，商务印书馆 1935 年版。

表一：翁同龢晚年以三峰寺为空间载体文化交往一览表

时间	交往对象	交往内容
1898 年 7 月 20 日	药龛、戒乘、海明	问候拜访、吃斋
1898 年 8 月 2 日	药龛	吃斋、探病
1899 年 3 月 24 日	药龛	洗拓、吃斋
1899 年 7 月 7 日	玉峰	问候拜访
1900 年 5 月 24 日	药龛、汪柳门、费念慈	问候
1900 年 10 月 25 日	药龛、汪柳门	吃斋
1900 年 10 月 26 日	药龛	吃斋
1901 年 2 月 23 日	药龛	赏书画、题词
1901 年 4 月 20 日	药龛	问候拜访
1901 年 6 月 9 日	药龛	看汉碑
1901 年 6 月 24 日	药龛、陆吾山	拜访、吃斋
1901 年 7 月 22 日	药龛	问候拜访
1901 年 11 月 14 日	药龛	药龛赠《论语注疏》
1902 年 3 月 30 日	药龛	问候拜访
1902 年 5 月 20 日	药龛	问候拜访
1902 年 5 月 24 日	药龛	吃斋、游玩、赏碑
1903 年 3 月 7 日	药龛	探病
1903 年 7 月 2 日	药龛	问候拜访
1903 年 10 月 8 日	药龛	问候、探病
1903 年 10 月 22 日	药龛	问候拜访
1904 年 2 月 21 日	药龛	赏字画
1904 年 3 月 21 日		吃斋、游寺

（此表整理自陈义杰整理：《翁同龢日记》第 6 册，中华书局 2006 年版。）

里彼此交流的频频聚会，在《翁同龢日记》里留下了不少记录：

　　1873 年 4 月 4 日：诣赵价人昆弟，桃花正开，风景秀丽，饮于旧山楼，李升兰、季君梅、庞昆圃、夏范卿价人亲家。皆在座。日落时徘徊花下，抵家曛黑矣。①

　　1873 年 10 月 14 日：晨从兄泛舟报慈桥，应赵价人昆仲之招，庞昆圃、宝生、季君梅、曾伯文皆在。看石谷画帖十二幅、廉州《虞山十景》册。饮半乘兴坐竹兜游三峰，坐良久，复诣赵氏晚饭，同散，抵家曛黑。②

　　1874 年 4 月 29 日：晨从兄泛舟北郭。是日宝生尚书移樽赵氏为别，昆圃、君梅、赵氏昆弟，主客七人，盆兰正盛，牡丹亦开，饭罢久坐。③

　　十多年后回忆与赵氏兄弟夜宿共话，翁同龢还有"旧山楼下萧萧雨，七十年前古桂香。相与披图溯遗迹，更无人识乐宾堂"④ 的感慨。旧山楼无疑是他在家乡文化交往的重要空间。

① 《翁同龢日记》，第 968 页。

② 《翁同龢日记》，第 995 页。

③ 《翁同龢日记》，第 1030 页。

④ 翁同龢：《己丑八月宿次公北墅，重观〈乐宾堂图〉，因题截句》，朱育礼校点：《翁同龢诗集》，上海古籍出版社 2009 年版，第 153 页。

表二：翁同龢晚年以旧山楼为空间载体文化交往一览表

时间	交往对象	交往内容
1898 年 7 月 15 日	赵宗建	问候拜访
1898 年 7 月 20 日	赵宗建	问候拜访
1898 年 8 月 2 日	赵宗建、俞钟銮、汪柳门	品茗、聚会
1898 年 10 月 12 日	赵宗建	问候，安慰赵宗建失孙
1898 年 10 月 18 日	赵宗建、汪柳门、汪伯春、曾朴	问候、同赴三峰游玩
1898 年 12 月 28 日	赵宗建	问候、探病
1899 年 2 月 23 日	赵宗建	赏碑
1899 年 3 月 13 日	赵宗建、吴鸿伦、叶茂如、俞钟銮、翁曾桂、翁曾荣	聚会赋诗、登楼凭眺
1899 年 3 月 24 日	赵宗建	问候拜访
1899 年 5 月 4 日	赵宗建、陆云生、宗月锄、钱志尹、沈公周、陈馨山、归选青、俞钟銮	探病、聚会
1899 年 7 月 7 日	赵宗建	问候、赏花
1899 年 7 月 15 日	赵宗建、刘葆真	问候，同游兴福寺，品茗
1899 年 8 月 28 日	赵宗建	看帖题词
1899 年 8 月 31 日	赵宗建、陆云生、陈馨山、俞钟銮、赵君默	聚会
1899 年 10 月 7 日	赵宗建	赏碑看书
1899 年 10 月 13 日	赵宗建、费念慈	赏碑
1899 年 11 月 7 日	赵宗建、翁曾荣	浏览赵宗建藏书
1899 年 11 月 26 日	赵宗建	问候拜访
1899 年 12 月 14 日	赵宗建、朱伯言	问候拜访
1899 年 12 月 28 日	赵宗建	问候拜访
1900 年 1 月 6 日	赵宗建	问候拜访
1900 年 2 月 6 日	赵宗建、俞钟銮	论时事
1900 年 2 月 13 日	赵宗建	问候拜访
1900 年 3 月 17 日	陆云生、宗舜年、俞钟銮、翁曾荣	聚会
1900 年 4 月 5 日	赵宗建	问候拜访
1900 年 4 月 8 日	赵宗建、费念慈	问候拜访
1900 年 4 月 22 日	赵宗建	问候拜访
1900 年 4 月 25 日	赵宗建、陆云生、庞鸿文	聚会
1900 年 5 月 1 日	赵宗建、朱伯贤	赏花
1900 年 6 月 18 日	赵宗建	探病
1900 年 6 月 19 日	赵宗建	探病
1900 年 6 月 20 日	赵宗建	探病，送人参

（此表整理自陈义杰整理：《翁同龢日记》第 6 册，中华书局 2006 年版。）

常熟古里的瞿氏敦裕堂藏书楼（今铁琴铜剑楼），也是晚年翁同龢钟情的又一处文化生态空间。敦裕堂由瞿绍基建于乾隆末年，与山东聊城杨氏海源阁、浙江钱塘丁氏八千卷楼、浙江归安陆氏皕宋楼并称"晚清四大私家藏书楼"，以藏书质量高、数量多而著称于世。传到第三代瞿秉渊（镜之）、秉清（濬之）兄弟，承继世业，所藏更多宋元佳刻、旧抄精品。1873年初秋，翁同龢和庞钟璐一起前往，惊叹"如游群玉，目不给览"，欣羡地和瞿氏兄弟说："假我二十年力，当老于君家书库中矣。"次年早春，他又独自拜访了瞿氏兄弟，借阅了宋刻本《老子》、《传灯录》及五十多种汉碑。

（三）园林寺庙

明清以来，常熟是江南造园胜地，各类园林达一百二十多处。既有兴福寺、三峰寺等寺院园林，也有文人士绅的私家园林。翁同龢中年省亲守墓之余，因无公事烦扰、官场应酬，有了充裕的时间与家乡的文人学士广泛接触，为此经常游园赏艺。如与杨中鲁游燕园，往三峰寺与药龛品评书画，去兴福寺摩挲唐石。其中，以上述旧山楼所在的半亩园雅集最引人瞩目。

据志书记载，半亩园为赵宗建父亲赵奎昌于道光年间在宅东辟地而建。乾隆年间，赵氏曾祖赵同仁在此购得明代吴讷别业"思庵郊居"和魏浣初"乐宾堂"两处遗址建宅；祖父赵元恺经义典籍，名噪一时，购有明代瞿式耜的"东皋草堂"；三世以重风仪、善诗文名闻乡里，邑称报慈里赵家。半亩园背依葱郁虞山，园内秀石错落，有总宜山房、古椿书屋、拜诗龛、过酒台、非昔轩等景观。[①]赵宗德、赵宗建两兄弟，一个工画，一个精鉴赏，不仅喜宾客，善饮酒，更是家富珍藏，通经博闻，又轻财好施。他们的风仪和志节，一直为翁同龢所钦佩。

以园林为中心的文化场域，还有城西山塘泾岸的明瑟山庄(今虚廓园前身)。

---

① 《重修常昭合志》（上），第447页。

1845 年起，曾之撰的父亲曾熙文在明万历间钱岱所筑"小辋川"部分遗址上建成明瑟山庄，作为致仕归隐、课子自娱之所，还请画家吴隽绘《山庄课读图》一帧，邀请当世名流题诗。曾翁两家为累世之交，早逝的曾日章是曾之撰兄长，也是翁同龢少小交好的同学。曾之撰以文才著誉于乡邦，翁同龢丁忧期间多次应邀参加游园聚会，北上前还为《明瑟山庄课读图》题记。

寺庙是僧人修行的清静之地，寺庙园林不仅景色幽美，又不乏历代文人雅士的碑刻题词和楹联诗文，自然景观与人文景观相交织，包含着历史文化价值。三峰、兴福、宝岩、维摩、藏海等寺院，是翁同龢与友人经常相偕参访的文化场域。以虞山北麓的三峰寺为例证。明万历年间，高僧汉月法藏在三峰开法，一时门徒极盛，并成丛林，与灵隐寺、天童寺均为近代禅宗祖庭。翁同龢与三峰寺结缘，起于该寺住持药龛和尚。药龛为三峰名僧硕揆禅师九代法嗣，精研大乘，旁及子史百家，工诗，能文善画，尤爱收藏，道行名闻于江南。早年扶母枢南归安葬期间，翁同龢就多次往访三峰寺，和药龛谈诗论理，鉴字赏画，有时留饭僧寺，甚至寄宿寺内。削职归里后，一年之内与赵宗建、汪鸣銮、费念慈等多次参访，与药龛一起问禅学佛，书画共赏。翁同龢晚年还将家藏元僧世殊银字《楞严经》六卷补书四册送交三峰寺保存，并为重修三峰清凉禅寺志撰序。三峰寺成为翁同龢晚年文化交往的重要文化场域。

（四）古玩书肆

古玩书肆作为珍贵文物的交易场所，也是近代常熟文人学士的钟爱去处。翁同龢爱好文物、书画收藏，藏玩之间领悟文化精神与感受艺术熏陶。乡居日记显示，每次进城去，翁同龢总要往古玩铺去，见到散佚的碑帖、书画、古籍等珍品，就会不失时机地与商贾议价收藏。1872 年 8 月 31 日："偕儒钦、湘渔步入书肆，无所见。"9 月 10 日："与儒钦步衢街中，入书肆，无可观。"9 月 19 日："购得《校官碑》稍旧之本，因手装之，又得《史晨奏铭》亦百年前拓本也。"①9 月 22 日："复于市中得古玉玦一，日利玉印一。"1903 年 2 月 3 日记载："归过市，于沈姓书摊买书数本。"②

无论是古玩收藏还是书摊寻访，作为一种背负历史、寻旧怀古的雅好，翁同龢不仅丰富、充实着家藏珍品，也丰富了业余文化生活情趣。通过古玩书肆的出入，以"各携字画，畅观其乐"的交往方式，与志趣相投的知识人品鉴得失，翁同龢为自己营造、开拓了一个合乎兴趣的独特文化空间。

（五）茶馆报刊

茶馆作为大众化的交流与交往空间，在近代公众生活中扮演着重要的角色。在翁同龢与家乡的因缘中，茶馆同样是他与地方文人雅士交流的场所。1873 年 9 月 30 日记："泥行出城至市楼小饮，东来馆。"12 月 19 日记："饮茶于寺。"③1889 年 8 月 31 日记："晨步行出北门，至宝慈桥饮茶。"9 月 12 日记："饮茶市中。"9 月 14 日记："破晓偕价人炭桥吃面，飞舟阁饮茶。"④晚年乡居期间，翁同龢爱去的茶馆是创建于 1888 年（光绪十四年）的南门得意楼。定居鹁鸪峰后，经常雇小舟进城去得意楼喝茶。去世前一年的农历六月，他仍"步出南门饮茶三层楼"。茶楼老板邹荫安曾任当地丐帮帮主，因地位低下，书法名家不肯为他的茶楼题匾。翁同龢闻讯后主动为他题写了"得意楼"匾额，得意楼因此名声远扬。

报刊是纸质的文字传播载体，可以起到舆论导向、娱乐大众的作用。翁同龢无论中年省亲，还是晚年归隐，日记里不时有着读报的记录。1874 年 1 月 17 日："见《申报》邸抄肃顺克复，马回伏诛，左帅晋协办大学士。"1889

---

① 《翁同龢日记》，第 937 页。

② 《翁同龢日记》，第 3429 页。

③ 《翁同龢日记》，第 1005 页。

④ 《翁同龢日记》，第 2307 页。

年 9 月 24 日："见《申报》廿六日上谕祈年殿被灾。"[①] 身在故土家园的他依旧不忘心系朝廷、关心国事。晚年退隐山林，更是坚持天天读报的习惯。当时常熟城内既有日销数达三百多份的《新闻报》，也有各销二三十份不等的《中外日报》、《申报》、《同文报》等，读者对象以官场士绅和学界为主。借以《申报》、《新闻报》、《中外日报》等构建的文化舆论空间，翁同龢随时关注着外界的时局变幻。

四、翁同龢与常熟文化生态空间的互动

西方社会学家布迪厄认为：社会空间中有各种各样的场域，场域作为社会个体参与社会活动的主要场所，其中有内含力的、有生气的、有潜力的存在。以场域理论来分析，翁同龢正是依托了家乡常熟的不同文化空间，不仅实现了自身不断拓展的知识框架与视野，也在知识传递中扩大了文化交往的人际网络，进而影响着一方水土的人文风尚。

（一）构建知识与人际交往空间

晚清常熟知识人在特定的社会语境和关系网络中，借助各种文化空间、公共领域以及社会建制展开公共交往，并以此作为背景，进行着知识人自身的文化生产、社会交往及其知识人际网络的构建。梳理翁氏日记后不难发现，翁同龢在家乡的日常社会交流活动，主要就是借助各种文化空间场域展开的。

以游文书院为例。少年翁同龢在此不仅学习读经、练习制义与书画，还结识了一些对其一生有过重要影响的师友。邑志记载，翁同龢在读前后受聘游文书院的学师，除父亲翁心存外，还有言朝标、许廷诰、陶贵鉴、庞大堃、邵渊耀等人。曾日章、潘欲仁、赵宗德、赵宗建、杨沂孙、杨泗孙、庞钟璐、吴鸿

---

① 《翁同龢日记》，第 2309 页。

纶、吴庆增等人，则是相当知交的书院同学。其中，吴鸿纶、姚福奎、宗廷辅以及赵宗德、赵宗建兄弟，杨沂孙、杨泗孙兄弟等人，还成了他私交终身的挚友。吴鸿纶温和孝友，弱冠有文名，家有名为"壶隐园"的藏书楼。赵氏有收藏数万卷古籍、书画、碑帖的旧山楼，翁心存早年又在城北赵家坐馆教过书，翁同龢从小与赵家兄弟关系密切，也是那里的常客。在以书院为中心的文化场域，翁同龢和同学读书会友，与曾日章等创办"诗文之社"，效慕前贤，赋诗吟文；又向王宪中、屈茂曾、刘雨寰以及堂兄翁同福等名家学习书法。处在游文书院的求知场域，翁同龢通过共同的机遇和共同的角色参与，逐步形成并且聚合着新的知识与人际网络。

以家居綵衣堂为例。当年翁同龢虽然还在孩提时代，但以父亲在朝的地位和声望，乡居所交朋友多是当地名家，不少主讲学师、时贤名流经常出入翁府，《翁心存日记》记录了大量与钱泳、黄廷鉴、孙文杓、吴宪澄、周壬福、王宪成、杨希铨、杨希钰等学者、官绅之间的交往。借助綵衣堂寓所，从小与父辈师友结识交往，为翁同龢后来日益拓展的师友交际网络奠定了基础。

翁同龢中年和晚年的乡居生活，更是依托瓶隐庐、旧山楼、三峰寺等文化空间，与在籍官绅友人结伴相随，雅集交流，从事着知识人之间书画鉴赏、诗文唱和、修志研讨等丰富生动的文化事业。投身在这些文化场域的知识人，以彼此投合的知识类型、道德价值、文化品位，各自建构了日益拓展的知识与文化网络。1872 年丁忧期间的日记里，这样的文化雅集随处可见。1874 年 3 月 22 日："邀吴冠英儁来写真……价人、君梅先后来。夜招杨咏春、书成、庞氏昆仲、吴儒卿及冠英饮，冠英亦讲金石，而咏春深于籀古，剧谈甚快。"[1] 4 月 23 日："晚招咏春、书城、昆圃、宝（生）、申兰、君梅、次侯饮，为咏春洗尘也。"[2] 这些独特的文人雅集方式，体现了相互吸纳提升的底蕴。翁同

---

① 《翁同龢日记》，第 1023 页。

② 《翁同龢日记》，第 1029 页。

龢后来形成的书法艺术，被近世誉为"同光间天下第一"，与这些文化切磋的游园聚会有着密不可分的关系。

（二）引领并浓郁区域文化氛围

以自然宗法家族社会为基础的传统士绅，在既定的血缘、地缘关系中生活，他们所拥有的空间观念具有浓厚的乡土性和草根性，其共同体交往方式是以自我为中心，以熟人为社会半径，伴随着血缘、地缘和学统的关系。①

上述家居住所、学舍书楼、园林寺院、古玩书摊、茶馆报刊等组成的各类场域，作为进行文化交往的实际生态空间，如同一个又一个"点"，串起了近代常熟文化人公共交往的空间网络。在翁同龢置身的场域里，大多是关系到历史与文化的活动。每次回乡，他通过自身的积累和努力，穿行在各个文化场域之间，尤其是以瓶隐庐、旧山楼、三峰寺为主要交流场所，开展了以文化为主题，包括交友赋诗、文物收藏、书画鉴赏等多种形式在内的文化艺术交流。这些充满文化气息的活动，不仅保存了许多优秀的传统文化遗产，而且在辐射中得以扩散和传递，一定程度上有助于区域社会形成浓厚的文化氛围，进而推动区域文化生态的构建。

（三）推动地方公益事业的发展

士绅作为传统社会的精英人物，是介于国家与地方之间的中间力量，有着"以天下为己任"的使命感。他们凭借着自身的文化修养、学术成就，拥有了自身独特的文化特权。②如上所述，翁同龢依托家乡文化场域构建的人际网络，集结了以他为中心的地方士绅共同体。就此进一步考察他们对地方社会的作用，

---

① 参见费孝通：《乡土中国》，三联书店 1985 年版，第 21—28 页。

② 有关"文化权力"的概念与内涵，可参见徐茂明著：《江南士绅与江南社会（1368—1911）》，商务印书馆，2004 年，第 61—67 页。

就不仅仅在文化领域，还体现在参与教化民众、介入地方事务上。

祠堂、义田和族谱一直是宋明以来传统世家望族"敬宗收族"的普遍模式。翁氏家族作为常熟著名的文化世家，始终把建祠堂、设义田、修族谱视作家族生活自治保障的基本要务。翁氏祠堂建于1607年（明万历三十五年），经过数代经营，于1860年（清咸丰十年）兵乱后焚毁。1872年归里后，翁同龢与三哥将"榛荆塞路，颓垣尚在"①的石梅翁氏祠堂加以重建。义庄是以义田为主体，以赡养贫困族人为宗旨的家族共同体，对后世有着广泛而深远的影响。同治年间，翁同龢与三哥为了赈济族内贫困，又在常熟阜成门外开设翁氏义庄，置田一千多亩，还在先祖遗产中拨出两百亩作祭田之用，至1891年奉旨颁以"谊周族党"额。祠堂、义田作为弘扬家族文化的场域，体现了翁氏以诗书立门户、以孝悌为根本的家教，重视对子孙后代德行善举的教育和培养。正如在1874年重修《海虞翁氏族谱》后序中，翁同龢引述"夫富贵不足保，而诗书忠厚之泽可及于无穷"②的家训，也是告诫族中子弟保持世代诗书富贵之家的传统绵延。即使在被开缺甚至编管的晚年，每一次关系乡里的社会事务，都少不了翁同龢的热心介入，比如平息西乡百姓抗租抢粮事件、参与《常昭合志稿》的编纂等。

可见，无论是以编族谱、立族约、建义庄等为表现形式的家族自治保障行为，还是参与地方赈灾、社会救济等公益事务的活动，翁同龢积极介入地方社会的活动，无不表现出了士阶层自觉的家国情怀。这些活动，不仅提高并扩大了家族的地方影响力，也在很大程度上为构建区域文化生态、维护区域社会秩序的稳定起到了重要的作用。

总之，翁同龢与家乡常熟不同时段的历史因缘，处处留下了依托多元化的江南古城文化生态空间进行交往、交流的身影与心影。借助不同形态的文化场

---

① 《翁同龢日记》，第932页。

② 翁心存编订、翁同龢、翁同爵重修：《海虞翁氏族谱》，清同治十三年（1874）刊本，常熟图书馆藏。

域，翁同穌不断构建并拓展着自身的知识与人际网络。在此基础上通过一系列文化活动的参与和创造，又对区域文化事业产生了重要的影响。

（作者系苏州科技学院人文学院 2013 级硕士研究生）

从礼物的流动看翁同龢的人际交往

——以《翁同龢日记》为中心

费 燕

《翁同龢日记》记录了大量翁同龢与许多亲友、官员等人的礼品往来及皇帝太后的赏赐，礼物包括了金钱、食物、藏书、衣物、药品、诗集等等。同时，从这些礼品的往来馈赠中，大致可以了解到与翁同龢日常往来的人员，最多的是清廷官员，其次为皇亲贵族，翁氏亲属、门生等等。在众多礼物往来中，帝后对翁同龢的赏赐、与皇亲国戚的互赠是十分重要的一部分。它与翁同龢的仕途生涯紧密相连，从一个侧面折射出了翁同龢政治生涯的起伏跌宕。纵观翁同龢一生，对待别人的礼品馈赠，一向比较谨慎严格，不随意接受他人的馈赠。在无法推辞的情况下，即使接受也会寻找时机进行回赠。如果遇到一些生活有困难、暂时需要帮助的亲友同僚或是平民百姓，他也会尽力给予关怀和帮助。通过翁同龢礼物的流动，来区别其对待礼物馈赠的差别和态度，从中反映出翁同龢的社交手段以及原因。仔细研读《翁同龢日记》，我们可以大致了解两朝帝师翁同龢的为人品性、社会交往圈以及他的政治生涯。

一、翁同龢礼物往来与仕途变迁的关系

1830 年，翁同龢出生于北京城。随后又跟随祖母和母亲回到了故乡常熟，并在那里开始了求学之路。翁氏家族在苏南地区是文化世家，在这种文化氛围的熏陶之下，翁同龢从小也十分喜爱阅读，阅读成了他的兴趣爱好。在此扎实的基础上，翁同龢于 1843 年考上了常熟县学游文书院。两年后进入了苏州紫

阳书院。1856 年考中状元，开始进入官场。此后大致分成三个时段，即咸丰、同治时期，同治与光绪的转换期及光绪帝时期。

通过对《翁同龢日记》进行分析，笔者梳理了 1866 年至 1898 年间翁同龢受到赏赐的次数，更加清晰地展示出三个时期的赏赐与翁同龢政治仕途的关系。

表一：翁同龢受赏赐次数与政治仕途之间的关系

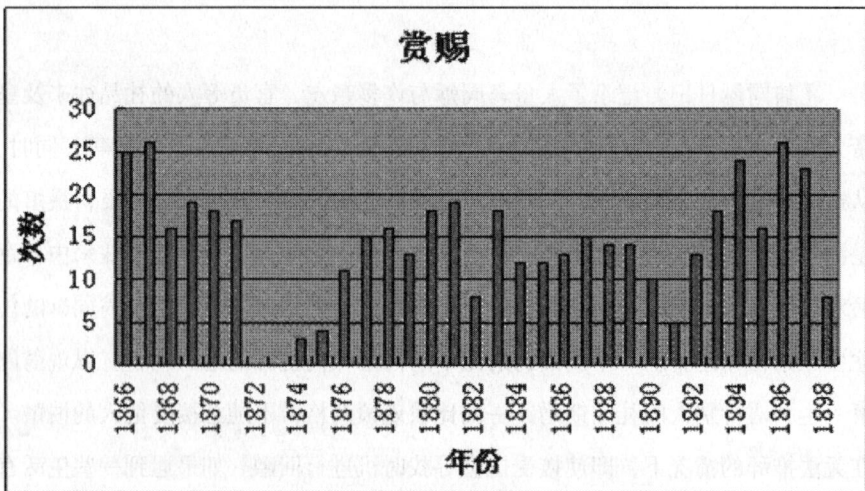

（资料来源：根据《翁同龢日记》六册整理而得。）

从图表一中的数据大致了解到，从 1866 至 1871 年翁同龢受到的赏赐是非常多的。首先，慈禧是同治的生母，对于同治帝生活学习各个方面的照料肯定是无微不至的，那作为同治帝的老师肯定也十分受重视，赏赐不断。其次，翁同龢因材施教、方法得当，受到小皇帝喜欢。因为翁同龢的父亲翁心存生前也是帝师，所以翁同龢耳濡目染，对于教授的经验比别人丰富。当时同时担任帝师的还有倭仁、徐桐，他们讲课晦涩难懂，而翁同龢则把所讲内容"编成一个个小故事，每个故事加上标题，再配上一幅工笔画"①，这样容易理解，也有

---

① 谢俊美：《翁同龢评传》，南京大学出版社 1998 年版，第 21 页。

趣生动，自然更适合幼儿的教育。所以这一期间，正是翁同龢仕途风生水起的时候，他逐渐受到了皇太后的信任和青睐。不料母亲去世，翁同龢辞职在乡守孝，所以在1872年、1873年这两年间，翁同龢的赏赐次数为零。待三年期满后回京复职，同治帝却因病驾崩。

同治、光绪交替时期，翁同龢另谋他路，选择了小皇帝光绪的生父——醇亲王，走的是"朴园路线"①。从《翁同龢日记》的记载中可了解到，从1875年开始，翁同龢与醇亲王之间往来变得十分频繁，几乎每月都会有礼物相互赠送，尤其是在三、四月间，几乎天天都有礼物赠送，至于多到什么程度，如四月十六日的日记中记载："醇邸屡馈食物，不能悉记。"② 他们之间赠送的礼品既有食物、甜点、瓜果，也有诗稿、画卷、鲜花等。1875年，翁同龢担任光绪师傅之后，赏赐逐年增多，又重新得到太后的信任和重用，而后的仕途之路也是扶摇直上，可以说，选择走"朴园路线"的确是正确的。

光绪时期，翁同龢逐渐得到了光绪的信任，同时对光绪的教导有方也得到了太后的认可和倚重，仕途之路更加光明、顺畅。但是结合图表二，我们也可了解更多的信息在翁同龢1865年任弘德殿行走，开始担任同治的教学任务之后，至其母亲1871年去世回籍办理丧事，每年对其赏赐都是比较多的，平均在20次以上，最高为26次。但是，在担任光绪皇帝的师傅之后至光绪亲政之前，虽也屡有赏赐，但是频率明显低于同治时期，平均每年大概在13.5次。在光绪帝1889年亲政之后，平均每年赏赐的次数已略微上升，接近16次。这一点也显示出他的地位接近政治权力中心，让慈禧太后不得不猜忌，为日后被开缺回籍埋下隐患。

---

① 高阳：《翁同龢传》，黄山书社 2008 年版，第 46 页。

② 陈义杰整理：《翁同龢日记》，中华书局 1993 年版，第 1124 页。

表二：1866—1898 年间翁同龢接受赏赐的次数和频率

年份	赏赐次数	年数	平均每年赏赐的次数
1866—1871	121	6	20.2
1875—1889	202	15	13.5
1890—1898	143	9	15.9

（资料来源：根据《翁同龢日记》六册整理而得。）

二、翁同龢礼物往来与社会交往圈

社会交往，简称"社交"，是指在一定的历史条件下，人与人之间相互往来，进行物质、精神交流的社会活动。翁同龢的社交圈大致可以分为：皇室贵族、政府官员、家族亲友、师徒门生等几种。在人与人之间的交往中，经常伴随着礼物的往来。翁同龢主动赠与他人和接受他人赠与的关系与次数可如下图所示：

表三：翁同龢主动赠送礼物情况表

年份 对象　　次数	1858—1861	1862—1874	1875—1898	1899—1904
政府官员	14	79	337	101
翁氏亲属		8	14	1
皇室贵族		4	40	
门生			4	5
僧寺			5	7
救助及其他	7	13	19	12

（资料来源：根据《翁同龢日记》六册整理而得。）

表四：翁同龢礼物受赠次数表

对象\次数\年份	1858—1861	1862—1874	1875—1898	1899—1904
政府官员	52	180	770	259
翁氏亲属		8	15	22
皇室贵族		1	86	
门生		1	15	17
僧寺	1		1	11
其他		12	1	14

（资料来源：根据《翁同龢日记》六册整理而得。）

由图表三、四可知，在与翁同龢礼物往来最为频繁的首推政府官员。翁同龢一生为官四十载，官至户部尚书，又身为两朝帝师，与官员之间的往来自然必不可少。其中与之往来较为密切的官员有庞钟璐、孙家鼐、赵宗德等。首先是刑部尚书庞钟璐，道光时期的进士。他与翁同龢的礼品往来很频繁，经常相互赠送，有比较风雅的书画等，但也不乏像银两、菜、药物等生活用度。他们的关系非比寻常，彼此非常信任。其次是同与翁同龢担任光绪帝师的孙家鼐。他们之间经常互相帮助，赠送经书、佛手之类，友谊长达二十多年。除了上述的两人之外，与翁同龢有礼物往来的官员还有很多，例如李鸿藻、王拯、李鸿章、倭仁等。

除了政府官员以外，翁同龢与家族亲戚之间的礼物往来是最多的。特别是在翁同龢晚年遭贬回到常熟，生活较为拮据，受到亲属的馈赠尤其多。由此可以看出他与翁氏家族成员关系很融洽。翁同龢除了与同辈之间往来比较频繁，与侄辈们的感情也是非常亲密的，对其照顾有加。而他的侄子们也十分敬重他，在他晚年也经常给予关心和帮助。与门生如文廷式、汪鸣銮、张謇等的交往也非常重要。在他们中，汪鸣銮与翁同龢的礼品往来是最多的。从这一点足以证明，汪鸣銮与翁同龢的师生情谊之深。而他也是翁同龢门生中，受赠次数相对较多的，如1894年7月4日日记："祝汪柳门生日，昨日送四菜四点。"①汪鸣銮在翁同龢的晚年也十分照顾，经常赠送各种东西，在这一方面南通的张謇也做得很好。翁同龢在被罢官回乡之后，其生活并不是很富裕，所以这些门生也经常来接济老师。张謇因住南通，与常熟隔江而邻，还能亲自搭船去探望老师，在当时的情况之下是非常难得的。正所谓锦上添花易，雪中送炭难。汪鸣銮与张謇对老师的关心和照顾，不因其地位、官职的降低而改变，十分值得我们后人学习和敬仰。

除此以外，我们还可以通过表3、表4的对比清楚地看到，翁同龢的交友圈随着仕途的上升而在不断扩大。其中在1875—1898年，即翁同龢仕途不断上升时期，礼物往来是明显高于其他几个阶段的。而且翁同龢的受赠次数是远超出赠送他人的次数的，这一点也可以反映出当时翁同龢地位之高、身份之尊。但是在翁同龢遭到贬谪之后，翁同龢的交友圈却在大规模地缩小。从表中可以看到，首先是皇亲国戚与翁同龢已没有往来。其次，政府官员与翁同龢的往来也明显减少，且没有达官显贵。从中我们可以看到，翁同龢的仕途起伏与社会交友圈是紧密相连的，礼物往来赠送是其反映的一个缩影。

三、翁同龢礼物馈赠的特点及其态度

在这一章节中，主要是从生育、婚聘、寿辰、丧葬四个场合的礼物赠送来论述。通过对这四个方面的数据整理，再进行对比分析，来了解翁同龢在不同场合之下礼物往来的不同处理态度及其原因。

---

① 《翁同龢日记》，第2704页。

（一）身份尊卑有别，礼物贵贱不同

在人的一生中，生育、婚聘、寿辰都是值得庆贺的事情。翁同龢身为朝廷官员，与之交往的贵族、同僚、亲友非常多，这些社会交往也是不可避免的。

清朝的封建等级观念根深蒂固，所以阶级身份的不同，赠送的礼物也是有所区分的。翁同龢也谨守这一规矩，对封建制度十分维护。根据日记记载，在生育和寿辰时期，翁同龢赠送给皇亲国戚的礼物大多都是如意，比较郑重与传统。因为在清朝，如意被赋予了驱邪、吉祥的含义，成为人们承载美好安康愿望的贵重礼品。所以，如意经常是臣子们进献给皇室寿辰的礼品，皇室也常常赏赐给王公大臣。逐渐地，如意成了上层人的权力和财富象征。如意除了有表达对新生儿或是寿辰之人的祝福之外，还表明了受赠送之人的身份和权力的不同。而赠送婚聘的礼物，几乎都包括了如意、羊、酒、茶、烛，很少会送礼金。这也说明了赠送的礼物都必须是符合礼仪规范的，既突显贵重又包含了美好寓意，同时还代表了所赠对象的身份地位不可逾越。

但是在赠送与同僚或是亲友时，就相对随意一些，可根据个人爱好赠送，每次都不一定相同。比如食物、衣料、书籍等等。即使有时赠与贵重的东西，也是略有区别的。如 1885 年 6 月 7 日日记中记载："荣仲华昨日酉初得子，即贺往，谈许久。送如意一柄，极小。"[1] 虽然赠送与荣仲华的也是如意，但是尺寸比较小，和平时赠与皇亲贵族的如意还是有所区分的。翁同龢在日记中特意强调这柄如意的规格，由此可见，他对于礼仪规范是十分在意与遵守的。

（二）亲疏远近有别，庆贺方式不同

当一户人家中有喜事时，亲戚朋友都会前往祝贺，大多数也会随带贺礼，而主人也会置办酒水邀请客人热闹一番。翁同龢作为一名朝廷官员，除去与亲

---

[1]《翁同龢日记》，第 1937 页。

友之间的交往，还要妥善处理上下级之间的关系，许多场合都需要去祝贺。但是从翁同龢的日记中，又发现许多有趣的地方。如1871年12月31日："恭邸四十寿，送如意一柄，遣人祝之。"[①]1885年1月5日："诣恭邸祝寿，未下车。"[②]1896年9月12日："午初三刻行，顺路贺恭邸生孙。"[③]这三次的庆贺基本都没有像我们所想象的，翁同龢带着礼物亲自前去庆贺，和主人家有一起喝酒闲谈。要么是派一个人去送礼，要么是顺路恭喜一下，从这里我们可以看出，一是翁同龢平时公务繁忙，时间并不充裕；二是这里的庆贺更多情况下是例行惯例，更像是完成一项任务。

难道翁同龢庆贺的方式都是这样的吗？1885年6月7日日记："荣仲华昨日酉初得子，即往贺，谈许久。"[④]从这三言两语中便透露出了翁同龢迫不及待的心情，以及两人的声气相投和情谊之深。由此，我们可以看出差别。对于感情深厚的亲朋好友，翁同龢才会为他们的喜事真正感到高兴，才会亲自前往。所以，我们从这些地方可以观察到，并不是所有的庆祝都是发自内心的。有时候只是出于礼节，或者说是束于环境的无奈之举，翁同龢虽然位高权重，但也需要维护好与其他官员的关系。这也是他为官世故圆滑的一面。

（三）礼物赠送与否取决于场合大小

在所整理的四种场合中，关于生育、婚聘所记载的资料是比较少的，但是在仅有的这项记录中，所涉及的几乎都是馈赠与亲王、贝勒之类的皇亲国戚。在我们的日常生活中，一般情况下，家里有新生儿降临和嫁娶都是比较亲近的一些亲戚朋友到场庆祝。同样，翁同龢在这种情况下，选择赠送礼物的对象也

---

① 《翁同龢日记》，第892页。

② 《翁同龢日记》，第1894页。

③ 《翁同龢日记》，第2932页。

④ 《翁同龢日记》，第1937页。

是慎重的。在朝做官，所结识的人很多，但不可能每个人都得他去赠送。因为翁同龢身份显赫，需要他去赠送的自然是更为尊贵的。除了帝后之外，与皇亲国戚联络好感情是十分必要的。但是翁同龢的身份又要比一般官员都要尊贵，这些场合中一般都是官员子女的婚嫁或是迎来新生儿，并不是官员本人有事庆贺，所以他不需要费力讨好。

在寿辰中，翁同龢赠送的对象皇亲贵族占了 26.3%，同僚占了 61.4%，这些同僚大多也是有权有势的大人物。在这一场合中，朝廷官员所占的比例大大提升，这也说明了处理好同僚关系非常重要。

但是在丧葬中，包含的人员就相对广泛一些，既有身份高贵的达官贵人，也有比较普通的小官和下层百姓。这时，对于受赠的对象则有一种救助和荣耀在里面。当时亲人为逝者料理后事需要一笔很大的开销，这时候赠送的银两是对贫困百姓的救助。同时，能得到官员或者是高官的吊唁，对于家属来说也是一种荣耀。所以在这种场合下，更容易受到下层百姓的感激和爱戴，也能获得更好的名誉。

（四）对待礼物的不同态度

翁同龢身为两朝帝师，官居一品，地位显赫。身份如此尊贵，周围想要巴结他的人数不胜数。在一般情况下，对于别人赠送的礼品，翁同龢都是拒绝的。即使是对于亲友的赠送，也是很有分寸地进行取舍。

在翁同龢的日记中，关于日常礼物往来这一项，记录得十分细致。例如赠送者、赠送物品、数目以及接受与否等都一一记录在案。从日记中，我们可以了解到，在处理一般官员赠送的礼物时，翁同龢都是"却之"。一次，一位浙江的官员胡晋生去京城拜访翁同龢，并留了四百金，在翁同龢知晓这件事后，赶紧派人去送还。但是，胡晋生却意外死亡了。即使如此，翁同龢还是坚守自己的原则，经过几番波折，把钱如数地交给了胡晋生的亲戚。除了这些暗藏巴结之意的官员，还有些人则是直接带有目的的，想通过讨好翁同龢，为自己谋得利益。1895 年，当时的翁同龢任户部尚书，刘鹗为了得到营办铁路的权力，就费力巴结迎合，从他的爱好着手，献上名画等厚礼，但是遭到了翁同龢的拒绝。由此我们可以得知，翁同龢为人清正，秉公办事，不接受他人贿赂。他遵守自己的原则，不被利益所蒙蔽，这在当时腐朽的清王朝中是屈指可数的官员了。

可是，有时候过于秉持原则也是不可取的。特别是身为朝廷的重臣，不可能每次都能如愿拒绝，翁同龢有时候的决定也是迫于无奈。首先当送礼者是皇亲国戚或是权倾一方的官员，就很难回绝他们的礼物。因为，他们的权势地位都不容小觑，要想仕途顺利，这些大人物都不能得罪，不能回绝他们的示好，所以翁同龢只能接受。但是他也不能白白接受他们的馈赠，只能在适当的时机进行回礼。大多时候是在婚聘或是祝寿时去送礼，上文也有提到，所以这种贺礼大多也是徒于表面形式，只是为了维持表面的关系。

其次，翁同龢对于自己的友人所赠也是比较谨慎的。除去几位私交甚好的朋友之外，像贵重的礼物或是银两一般都不接受，有时馈赠一些诗、水果或是较为平常的生活用品，在盛情难却之下，才会适当挑选几样以表心意。翁同龢为官初期曾在外地担任考官，当地的太守、县令等也经常会赠送一些食物、茶叶、菜、席等，大多数他都是不接受的。但有时礼物较轻，实在又不好再三推辞的情况下，才会接受。即使这样，他也会"作诗谢之"，或是回赠他们一些东西，甚至会转赠别人，与大家一起分享。

翁同龢为官四十余载之久，与他能够妥善处理人际关系是紧密相连的。不管是接受还是拒绝他人的礼物，都是一件很困难的事情。因为一旦接受馈赠，翁同龢就要背负上这一人情债。任何事物都有两面性，一旦拒绝馈赠，就会和许多的同僚或权贵之间的关系变得恶化，这是不利于仕途发展的。这里翁同龢处理得也比较巧妙，对于亲王、贝勒、重臣等充分保留了他们的颜面，暂时收下礼品，再找时机进行回赠。既还了人情债，又不至于把关系弄僵，给双方的关系发展都留有余地。虽然这些做法显得有些世故而圆滑，这只能说明翁同龢也是封建体制中的一员，他也需要遵守游戏规则。

结语

礼物往来是人们之间情感维系的纽带，处理好与他人的礼物的往来，是生活中的一门学问，也是人们生活平稳、事业顺利的基础和保障。礼物的往来贯穿了翁同龢的一生，特别是在其为官的四十多年中，礼物的流动最为频繁。从礼物的往来频率中，我们可以了解到翁同龢的主要社交圈：朝廷官员、翁氏亲属、门生等。同时，这些礼物往来的活动又与翁同龢的政治仕途休戚相关，其中帝后对翁同龢礼物的赏赐、与皇亲国戚的往来等对其影响最大。由表及里，根据翁同龢对礼物赠送的不同态度，进一步探讨翁同龢为人处世的态度和原则。首先，通过《翁同龢日记》的记录，他对待别人赠送的礼物，大多都是"拒之"，由此可以看出翁同龢清正廉洁的品性。但如果是达官显贵赠送时，他不好直接回绝而收下后，只能再寻时机回赠。这也体现出翁同龢在官场中圆滑世故的特性。同时，他在日常礼物往来中又是十分注重封建礼仪和规矩，足以说明翁同龢是个封建制度的维护者，具有一定的局限性。以上这些的礼物往来都抹上了一层浓浓的政治色彩。虽然翁同龢身份显赫，又是两朝帝师，却仍旧关心民间疾苦、乐善好施、知恩图报，不管是赶考的学子还是生活困顿的平民，都曾受到过他的救助。

因此，从礼物的流动这一角度来解读《翁同龢日记》，能够从不同的方面来了解翁同龢、解读翁同龢，为研究翁同龢增加新的视角。

（作者系南通市开发区竹行中心幼儿园教师）

新书品评

史料丰富　翔实可读

——《入蒙与旅欧》读评

曹培根

常熟翁氏望族后人翁之憙（1896—1972），字克斋，自号翠岭归客，为翁斌孙幼子。高祖翁心存、曾祖翁同书、曾叔祖翁同龢、祖父翁曾源均为翁氏望族重要人物。翁之憙善书画，著有《西山（虞山）胜迹图卷》、《虞山游记诗钞》。翁之憙继承了翁同书藏书归翁曾源的部分，多为古籍善本。1950 年夏，天津解放不久，翁之憙将家藏善本绝大部分捐献国家，其子翁宗庆抄录有《常熟翁氏捐献书目册》一部。翁之憙为天津市医学图书馆创建人之一，但人们对其生平事迹知之甚少。2013 年 6 月，中西书局出版翁之憙著，翁万戈、翁以钧、翁以思整理的《入蒙与旅欧》，翔实地记录了翁之憙入北洋军阀徐树铮幕时跟随徐树铮收复外蒙、考察欧洲各国政治的重要史实外，弥补了常熟翁氏望族特别是翁之憙的生平事迹文献。

一、文献史料丰富

《入蒙与旅欧》包括《徐树铮入蒙纪实》与《旅欧鸿爪》两个部分。翁之憙的《徐树铮入蒙纪实》写于 1965 年，1987 年发表在《天津文史资料选辑》第 40 辑，内容为徐树铮收复外蒙全过程的真实记录，为翁之憙亲历、亲见、亲闻的重要文史资料。其中，对徐树铮入外蒙的背景、入蒙后的一系列举措、外蒙复杂的政治局势、册封活佛事宜及外蒙撤治后的严峻局面作了详细阐述。《旅欧鸿爪》翔实记录了翁之憙跟随徐树铮考察欧洲各国政治之情形，有不少关于世情百态的描写，末篇对徐树铮之遇害始末作了真实的记录，具有重要的史料价值。

二、记事翔实可读

翁之憙日记具有翁氏家族日记的风格，与其高祖翁心存、曾叔祖翁同龢的日记一样，记录翔实，文笔优美可读如小品文。例如《旅欧鸿爪·途次俄、德、法》：

岁次乙丑正月初三日时西历一九二五年一月廿六号　予以奉特派考察欧、美、日本各国政治专使徐君又铮树铮电调即定于是日首途。是日星一下午十一时潘凤言及丽芬夫妇偕六妹及予妻送予至东站。行前向慈亲叩辞，慈亲意不忍，不令叩头，遂止，予乃怅怅别老母作万里行矣。到站，站上军士甚多，维时风大甚寒，来送者有葛玉群德润、王松午涛、张叔诚文孚、张子厚万禄、刘耀辰、姚鸣山、王健亭、于一之国翰诸君。车以十二点一刻行，车为交通叶誉虎总长所特挂，尚安适。同行有褚瑞符其祥、宋任东子扬、李友嵩鼎、司临之可庄、褚哲文宏潘，予与友嵩、哲文寝前客厅，睡不安，风沙甚大，抵唐山后护路警士即下车。

初四日一月廿七号星二　八时过山海关，见直军所掘战壕井然在目，远望九门口，不胜家国之感，喋血果何为邪？一点半过兴城，四时半渡大凌河，河面宽，已冰，浮沙蔽之。晚天色如墨，火星过车窗如雨，绚丽可观。抵皇姑屯，有奉军宪兵上车，询问颇详，但有礼貌。夜十一时半抵奉天南满站（奉天有两站：一为南满站；一为新车站，在西便门）。下车候良久，不得脚夫，亦无旅馆人，予与友嵩照料行李到大和旅馆，日人所设，极整洁（南满铁路建筑之一部分），日人经营不遗余力，规模颇饶西洋式。时晏不得食，令侍者向日本饭馆叫面饭各一盂，筷碗皆日本制，宛如置身扶桑矣。写信。两点后入寝。予与友嵩同室，每人日金六元，两人同室九元（日金每元合津钞七角），褚、宋一室，褚、司一室，均毗连。俄闻邻室鼾声大作，予久久始入梦。

初五日廿八号星三　晨八时兴，入浴甚畅。浴后整容自伤，流血甚多，不慎可戒。侍者多日人，言语不通，索绿茶乃来红茶，可发一笑。馆有电话，日人所设，不能通外间（奉有两电话局），故外间有电话来，友嵩及予均须步行至悦来栈也。午餐时大仓洋行日人某及《奉天每日新闻》日人记者某来，予以不谙日语未得谈，统由任东晤洽。饭后褚、宋出拜客，予与友嵩亦乘汽车（馆中代赁，亦南满铁道会社所设，日人为司机，车中设备颇精适，每小时日金七元，较外间为昂），出城到新兵工厂访振伯兄之麟，以年假振伯未到厂不值。厂址甚宏大，惜未得一参观，既至王家胡同振兄家，兄方睡，促起畅谈时局。振见老，谓战事今已平，颇思引退。振意徐公宜早归，长安棋局未可必，殆有不可支持之势。非谓归即可高屋建瓴，但易运筹，且宜不露头角云云。继至杨邻葛宇霆参议、张雨帅处，均未晤，投刺而出。访尹参谋凤鸣字晓冈，谈甚欢，所居至整洁，闻奉天赁宅不易，每间至少五元。又访于君珍济川（奉天全省警务处长），谈次知昨派人到站接，相左也。于君统制保甲及警察，人甚谦抑而精悍。三时半归旅舍，朱将军子桥庆澜之少君琴舫桐来访，人甚精爽，小坐而去……

三、导读整理周到

《入蒙与旅欧》由翁万戈、翁以钧、翁以思精心整理，导读整理十分周到。翁之憙为翁万戈先生的生父，他以九十四岁高龄亲自写的《序曲》、《入蒙与旅欧之间》、《入蒙与旅欧尾声》、《后记》不仅为《入蒙与旅欧》导读，同时，也提供了常熟翁氏望族特别是翁之憙生平事迹的重要文献。例如，叙述"作者家世"：

　　本书是民国头十五年中一项第一手历史资料。作者是我生父（我出嗣于他的二哥），名翁之憙（1896—1972），字克斋，自号翠岭归客，江苏常熟人（简称"克斋公"）。他被卷入北洋军阀安福系徐树铮的"入蒙"与"旅欧"，与其家世、教育有莫大的关系，所以此处要详细介绍……斌孙公既守旧，给克斋公很坚实的中国经典教育；又维新，把他送到英国教会在1902年创办的天津新学书院 Tientsin Anglo-Chinese College。1913年前他在保定读书，1913年入了新学书院中学三年级，1915年升到该书院大学文科，1918年毕业。他连获了五年奖学金。毕业后留校做了一年的英文教员，所以他的中、英文都是优等。斌孙公在天津居住的房子坐落在英租界，这大概也是受苏慧廉的影响。

　　翁以钧先生的《〈入蒙与旅欧〉出版补记》，记录了《入蒙与旅欧》的整理过程，补叙翁之憙生平事迹，同时，对《入蒙与旅欧》涉及的人物详加注释，既为读者导读，又提供了翁之憙及其家族交往人物的重要资料。

　　翁以思及其两个儿子为《入蒙与旅欧》整理提供了翁之憙《旅欧线路图》和全书图片摄影。书中收录了大量珍贵的历史照片，如墨索里尼与意大利国王、徐树铮与欧洲各国政要合影等，使全书图文并茂，更增加了可读性。

　　　　　　　　　　　　　　　　　　　　　　（作者系常熟理工学院教授）

心契天下的传承与守望

——《江苏历代名人传记丛书·翁同龢》读后

李 政

出差在外，常常被问起"你是哪里人"，当对方听说我是江苏常熟人时，往往会顺口说起沙家浜，或者晚清历史人物翁常熟（翁同龢），不少外地人把"龢"误读为"酥"、"稣"，网上也时有这样的讹误。作为常熟人，在感到遗憾的同时，应该考虑的是如何提升家乡名人的知名度和影响力。翁同龢作为晚清卓有成就的政治家、文化名士、书法大家，是常熟文化一张厚重的名片。向以才俊辈出、文化馨传而驰名的翁氏一门，是常熟一城之荣，亦是中国文化世家传承守望的杰出代表。

近日，常熟文史学者王忠良、沈潜著作《江苏历代名人传记丛书·翁同龢》（以下简称《翁同龢》）由江苏人民出版社出版发行，借助对翁同龢人生轨迹、心路历程的重温，人们可以穿越时空隧道，渐行渐入中追寻一个人的荣辱沉浮，一个家族的前世今生，乃至一个时代的惊心动魄，一段历史的风云激荡……这对于认识、感知翁同龢，理解常熟翁氏的文化精髓，进而打造和提升常熟文化的软实力及城市影响力，功莫大焉。

名人传记，第一要务是注重史实，不依靠想象也不需要想象，在掌握大量第一手文献史料基础上安排叙事，以时间为经，以事件为纬。要做到这一点，首先必须阅读，注重积累，因为诚实的创作绝无捷径可达。读书只有博广，作者的思想才会活跃，在创作过程中才会以独到的才情融会贯通、条分缕析。《翁同龢》的作者力求用真人实事来表述，在纵横捭阖间提炼出人物的精神特质，实现历史与现实的双重观照。同时，力求通过人文的视角透视一个家族表现出的有着久远历史的精神力量，这种精神力量就是文明，就是文化。在这本书中，这种找到通道挖到根上，向着内涵深处的开掘，应该说是作者的一个目标，读罢全书可知这是一次成功的探求。作者非常注重第一手的文献史料，如《翁同龢文献丛编》、《翁心存日记》、新版《翁同龢日记》、《翁同龢诗词集》等，这是穿透历史迷雾、解读翁同龢的首要立足点和出发点。翁同龢留下的文字，朴茂处明白如话，文采处灿如虹霓，文心道义亮若子夜星悬，读后才知何为力透纸背，高山仰止。那些搭进了漫漫岁月、一点一滴累积起来的文史信息，便是采撷史料后构架翁同龢跌宕多彩一生的基石。

对于翁同龢这个人的表现，在真实的史事叙述上，离不开对其情感的阐发，"情"与"境"交融，勾画一幕幕动人的历史情景。情感的力量是人物形象鲜活丰满、作品产生魅力引起共鸣的基础，与读者相通的情感表述与抒发，无疑是这本书留在人们心中的一个深刻的印记。这中间，有翁同龢对早逝的汤夫人的深情依恋，有内忧外患的心急如焚，有诗书雅集眷念故土的游子情怀，有对民生维艰的忧虑，有慨当以慷、救亡图存的家国情怀……引用翁同龢留下的文字片断，丰富和延展了翁同龢的内心活动与性格特征，一腔热血，一颗真心，真实生动，让人身临其境。此外，还适当加入了文化散文、文史随笔的因子，呈现在读者面前的《翁同龢》是一部具有较严谨的史学品格，同时在艺术风神上深具特色，投注了作者认知和有节制情感的人物传记。

常熟作者作本地历史人物的研究有一个好处，即深谙常熟风情、方言、地名、人名，如翁同龢文献中述及常熟的祭灶、谢红之类，外地学者可能搜查典籍也不一定能获知确切含义。但是作者作乡贤传记，往往会自觉不自觉地回避传主的缺陷，为尊者讳。通读《翁同龢》，则可发现本书作者力图呈现出一个真实的翁同龢，如指出他接受传统教育，缺乏近代政治学、军事学、经济学的知识；以翔实的史料阐述翁在筹建铁路论战中墨守成规的守旧心理；作为一位忠君爱国的传统士人，他在维新变法中守旧与开新的矛盾心态，思想根基和变革理论"还囿于传统观念的束缚，囿于传统的知识资源和传统的话语情境中寻找、理解和阐释"。

一部《翁同龢》，几乎倾尽了作者的全部力量，他们调动多年的积累和思维成果，潜心为历史人物翁同龢作客观记述，重新发现、审视他身上的精神亮色，突显了人格的魅力和文化的力量。

多年以后，当后人问起今天的我们都做了些什么的时候，我们给他们展示的应该是那些有价值、永远不会沉沦的历史，经过搜亡辑佚、去伪存真，焕发出新的活力，比如如今的《翁同龢》以及与翁氏相关的学术研究，这也恰是文化工作者应该具有的历史使命感。"情不知所起，一往而深"，每个人总有自己的感情寄托，可以是一个人，一件事，一座城，面对丰厚的历史文化遗产，只有这样的虔诚和专一，才能把过去和未来紧紧联系在一起。

（作者系常熟电视台纪录片《常熟人》栏目编导）

研究综述

近十年来翁同龢研究综述（2004—2014）

文 澹

翁同龢（1830—1904）是晚清政局中举足轻重的关键性人物之一，学界围绕他的是非功过，历来众说纷纭。1994 年和 1998 年，中国史学会、常熟市政府先后在常熟举办翁同龢与甲午战争、戊戌变法学术研讨会；2004 年为纪念翁同龢逝世一百周年，又在南京召开专题学术讨论会，与会学者就翁同龢的思想及其生平业绩等问题展开了广泛而热烈的讨论。[①] 当年出版的《20 世纪翁同龢研究》[②]，汇集了翁同龢去世后一百年来有关翁氏评价的代表性论文六十多篇，内容涉及其政治思想、外交方略、与洋务运动和戊戌变法关系，以及教育观、人才观、人际交往等多方面，这些成果无疑将翁氏研究推向了高潮，也为此后的研究奠定了良好的基础。近十年来，学界在有关翁同龢的研究领域，无论是在视野的拓展、视角的转换，还是在文献资料的整理发掘，均有新的进展，并取得了令人可喜的研究成果。

一、举荐康有为说

由于康、梁在戊戌政变后屡有申说，清廷上谕也言之凿凿，长期以来，翁

---

① 沈潜、陆玉芹：《纪念翁同龢逝世一百周年学术座谈会综述》，《学术月刊》，2004 年第 12 期；翁同龢研究会编：《纪念翁同龢逝世一百周年文献专辑》（内部资料）。

② 翁同龢纪念馆编：《20 世纪翁同龢研究》，苏州大学出版社，2004 年。

同龢"荐康"说几乎得到学界的普遍认同。但何炳棣先生早在20世纪40年代曾撰文指出："翁、康关系如何先不论，荫桓之荐有为，则无可疑者"，"荫桓引有为戮力改革，实隐然为变法之领袖，非荫桓之先启沃君心，则变法之计不能遽入"。换言之，真正向光绪帝举荐康氏的并非翁氏，而是康有为的同乡、户部左侍郎、总理衙门大臣张荫桓。随着20世纪90年代张荫桓《戊戌日记》稿本的披露，王贵忱、苏晨、李吉奎、范耀登等再次论及张荫桓与"荐康"的关系。但因翁氏"荐康"说的长期影响，学界对此说应者寥寥。

马忠文通过这一学术史专题回顾，再据以翔实史料，进一步爬梳翁、张、康之间关系后认为，以往研究无论持翁氏"保康"之说，还是张氏"荐康"之论，大多以非此即彼的方式加以判断和理解，难免各执一词。欲厘清这桩扑朔迷离的近代公案，必须重新梳理甲午到戊戌期间三人的真实关系；需要考虑到当事人后来推诿责任、窜改毁弃文献、隐讳与夸大事实的种种倾向，以及政变前后清廷高层派系斗争的政治背景等因素。概言之，翁氏"荐康"说的兴起与张氏"荐康"史实的隐没不彰，除了康、梁"作伪"的因素，还要从政变前后复杂的政治斗争中去寻求答案。作者撰文指出，既往研究认为军机大臣翁同龢是联系光绪帝与变法领袖康有为的桥梁，他曾向皇帝举荐过康氏，在戊戌变法中扮演了极为重要的角色。但此说并无事实依据。真正的荐康者应是户部左侍郎、总理衙门大臣张荫桓。甲午至戊戌时期，康有为在京政治活动的支持者正是张氏。他不仅全力支持胶州湾事件后康氏的上书活动，并且在召对时推荐康氏的变法书籍，积极推动康氏进用。翁同龢作为知情者，在办理公务的层面曾给予谨慎的支持，但并未"荐康"。翁、康关系始终比较疏远。翁同龢"荐康"的说法出现于政变后，首倡者为流亡海外的康有为。翁氏"荐康"的官方定论，则是政变后清廷派系斗争的产物。[1]

---

[1] 马忠文：《张荫桓、翁同龢与戊戌年康有为进用之关系》，《近代史研究》，2012年第1期。

二、开缺、革职原因

1898 年 6 月 11 日《明定国是诏》颁布后不久，身为军机大臣、户部尚书兼总理衙门大臣的翁同龢即被开缺回籍，戊戌政变后再遭革职，交地方编管。翁同龢何以被逐出政治舞台，一直是戊戌变法史研究中的重要课题。

大部分学者认为，翁同龢被开缺、革职，是慈禧太后反对变法的重要安排，光绪帝出于被迫。但萧公权、孔祥吉等学者认为，是光绪帝主动罢了翁同龢的官。杨天石就此撰文指出，揆诸史实，光绪帝与翁同龢之间关系的恶化应是主因，而慈禧太后方面则是次因。翁同龢被"开缺"出于光绪皇帝本意，而非慈禧太后干预。人们之所以易于认定慈禧太后是"罢翁"事件的主谋，其原因盖在于认定慈禧太后是铁杆顽固派，而又不很了解翁同龢与光绪帝之间师徒关系的发展与变化。换言之，翁同龢罢官出于光绪帝主动，慈禧只是顺水推舟。[①]西太后最初并不反对变法，关于翁同龢被罢官出于西太后懿旨的各类记载，不是出于传闻，就是出于猜测，无一可以视为确凿有据的信史。

谢俊美通过梳考迄今为止的多种说法后认为，将翁同龢开缺回籍的只能是慈禧太后，开缺时间及革职编管则是军机大臣荣禄、刚毅一伙人从中做了手脚。具体而言，翁同龢在甲午战争中坚持主战，反对慈禧太后对日求和，上折奏请停止慈禧太后六旬万寿庆典，支持光绪帝维新变法等，是慈禧太后下令将他开缺、革职的主要原因。[②]

马忠文则从戊戌年翁同龢开缺前后的清廷满汉关系切入，指出翁氏戊戌年被罢官的原因是多方面的。翁的开缺从根本上说是由最高统治者决定的，但出

---

① 杨天石：《翁同龢罢官问题考察》，《近代史研究》，2005 年第 3 期，收入杨天石著：《晚清史事》，中国人民大学出版社，2007 年；孔祥吉，村田雄二郎：《罕为人知的中日结盟及其他——晚清中日关系新探》，巴蜀书社，2004 年。

② 谢俊美：《翁同龢开缺、革职原因考》，《江海学刊》，2008 年第 3 期。

于为尊者讳的考虑，翁本人对此避而不谈，将刚毅的排挤视为主要原因，也不无理由，至少刚毅对翁的排挤应是重要原因之一。① 茅海建认为：翁氏开缺原因主要是慈禧太后防止翁坐大，以保持中枢运作在其操控之下，当日下旨命"具折谢恩"，更是明宣慈禧太后的权力范围。然若称慈禧太后罢免翁，为打击变法派，似过高估计了慈禧太后的政治预见力，此时变法刚起步，慈禧太后也不明了变法的最后走向。② 马勇则认为，翁同龢被开缺回籍既有政敌的报复与暗算，也有自身的失误、不检点，但根本原因似乎是慈禧太后与光绪帝为了新政顺利推行，为了大清王朝的根本利益而作出的选择。③

上述学者选取不同的视角考察翁氏罢官原由，尽管意见纷呈，颇显分歧，但有助于丰富和深化对此问题的理解与认识。

三、思想倾向、为官操守

翁同龢身处晚清政治舞台，一生充满矛盾的思想演变，学界就此多有关注，并存在改革派、守旧派的不同看法。

李元鹏从晚清传统社会变迁及政治事件的发生对翁同龢的影响入手，认为两次鸦片战争、洋务运动及社会环境的变化后，翁同龢从理论上认识到西方军事科学可抵御外侮，洋人非夷狄之辈。但作为清流派的代表，作为儒家精神的代言人，他又害怕西学影响传统的道德伦理、社会生活及思想意识。从感情上，他又维护着传统，因此在欲变、欲不变中犹豫、徘徊。甲午战后至戊戌政变前成了洋务派"中体西用"论的赞同者，成了洋务观的实践者。④ 有学者分析了

---

① 马忠文：《戊戌年翁同龢开缺前后清廷满汉关系管窥》，《清代满汉关系研究》，社会科学文献出版社，2011 年。

② 茅海建：《从甲午到戊戌：康有为〈我史〉鉴注》，三联书店，2009 年，第 418 页。

③ 马勇：《翁同龢罢官记》，《传记文学》，2008 年第 12 期。

④ 李元鹏：《从固守传统到中体西用——翁同龢心路历程探析》，贵州师范大学，2004 年。

翁同龢的爱国思想，既有与传统儒家思想一脉相承的痕迹，又在新的历史条件下延展出新的特色，表现在坚决反对外来侵略、维护国家主权、从赞同洋务到支持维新等方面；同时认为其爱国思想是在民族危机、西学东渐的浪潮、儒家匡时济世的传统的共同作用下形成的。[①]上述观点，不乏追踪翁同龢思想的过程演进，具有接陈启新的矛盾特征分析。

但就后世大多视翁同龢为改革派的观点，马忠文提出了质疑。他在厘清翁同龢开缺前后朝野的反响后发现，当时各界对其罢官原由虽有不同，但几乎都认为翁为守旧者。这种一新一旧的极端反差，并未得到学界应有的重视。事实上，翁在政变后被打入康党是各种力量政治斗争的产物，翁不是因支持康梁变法而成为康党，而是在被打成康党后变成维新人物的。戊戌政变后，康梁在海外宣扬翁同龢支持变法，清廷也因翁曾力荐康梁支持变法为由将其革职，这些使得翁氏改革的新派形象得以确立。翁同龢身上的"新"色彩是被强加上去的，带有鲜明的政争意味。同时作者指出，揭示戊戌年春翁氏"旧"的一面，只是出于恢复其本来面目的考量本身，并没有对其做出否定性评判的意味。谨慎与稳重在一定条件下也会表现为"守旧"，这样的"旧"比起那些漫无章法、急功近利的"图新"并非毫无意义可言。[②]

也有学者从传统的封建科举选官制度入手，认为科举制度造就了一个因循守旧、暮气沉沉、鄙视自然科学的封建文官集团，翁同龢就是其中的典型代表，因此面对严重的民族危机和政治危机，也就不能振衰起弊，有所作为。[③]还有学者指出，康有为尊崇翁同龢是"中国维新第一导师"并不符合实际。翁同龢是一位饱读诗书的旧文人，也是一位在官场中有着丰富经验的政客，绝不是一个自觉地追赶世界潮流、对工业文明成果有着身体力行的明智官僚。翁同龢对

---

① 陈丽峰：《试论翁同龢的爱国思想及其成因》，《历史教学问题》，2005 年第 4 期。

② 马忠文：《从朝野反响看翁同龢开缺前的政治倾向》，《南京大学学报》，2013 年第 2 期。

③ 楼宏峰：《科举误国——从翁同龢看传统文官体制下晚清政局的必然走势》，《贵州文史丛刊》，2005 年第 2 期。

"维新变法"有兴趣，把康有为等人作为一种决策集团外的政治力量巩固自己在朝内、朝外的地位，但他既没有自己的哲学和变法理论，也拿不出有关变法的纲领和相应的一整套的实施办法。①

翁同龢作为甲午战争的主战派代表，一直为学界所称颂。但姜鸣对此不无己见，在他看来，翁同龢主战的出发点是相信海陆军尚堪一战，但在整场战争中除了高唱主战宏论，以及在马关议和前力主"宁赔款，不割地"以外，未见其实质性的赞划和补救。作为想辅佐皇帝、独振乾纲的"后清流"官员，有心杀贼，无策典兵，不知道如何去迎接日本的挑战。进一步分析，也暴露出整个清政府中枢确不具备与日本相匹敌的具有世界眼光和手腕的政治家集团，比之于十年前中法战争时的决策圈和激扬文字的"前清流"，并无大的长进，这就是翁同龢们的悲剧所在。将翁同龢的主战心路放在晚清"清流"现象中加以考量，从中看到的是传统士大夫在新旧交替时代面前的无奈和徘徊。②

人物研究离不开对个人操守、品行的认识。近年来基于反腐倡廉的现实关怀，学界结合翁同龢在晚清政坛为官数十年的从政品格、操守等精神遗产，做了鉴往知来的有益探讨。2011 年，翁同龢纪念馆编纂出版的《碧水琴川——翁同龢精神遗产与廉政文化》，汇集了谢俊美《晚清官场勤政廉洁的典范——翁同龢》、戴鞍钢《晚清政坛与翁同龢的操守》、杨增麒《勤政——翁同龢清正为官的重要表现》、李梦芝《为官清正，操守廉洁——对翁同龢回籍安葬父、兄、妻一行的考察》、田玉洪《清洁自持翁同龢——从礼单观察翁同龢的官场人生》等 38 篇文章。以上论文从不同视角、材料、方法，充分论证了翁氏勤政廉洁、尽忠职守、洁身自爱的从政操守。

---

① 山谷：《翁同龢：维新还是守旧》，《国学》，2011 年第 8 期。

② 《失鹤零丁——寻访两代帝师翁同龢故居》，辑入姜鸣著：《天公不语对枯棋：晚清的政局和人物》，三联书店，2006 年。

四、文化艺术

　　翁同龢不仅是晚清史上的著名政治家，也在学术、诗词、书画、收藏等领域有着极深造诣，以往有关研究关注甚少。近年来，戚学民通过考察翁同龢学术宗主与交游，指出翁氏学术较为驳杂，但对阳明学有特别喜好，其论学宗旨和读书记录、人际交往都显示了阳明学的深刻影响。他与好友豫师、李鸿藻、徐桐等帝师对阳明学的学术倾向，超越了个人喜好，与晚清阳明学的复兴有着重要的关系。[①]黄永辉、王倩分别就其诗学交游、诗学思想、诗歌思想内容及其艺术风格等作了系统探讨。[②]罗勇来分析了翁同龢碑帖兼容的书学思想和书法艺术，认为其书法艺术在深厚的传统技法与性情抒发之间达到了和谐、自然、统一的完美典范。[③]邵宁也以翁氏书法为个案，力求勾勒一个比较全面的翁同龢书法形象及晚清书坛状况，明确了翁同龢在晚清书法史上的地位。[④]江山就翁同龢收藏古籍版本的鉴定方法作了探讨。[⑤]胡燮敏则结合翁氏日记、诗文，整理归纳了所记家乡常熟的民俗风情，包括祭祖、结婚、祝寿、丧葬以及俚语乡谚、迎神赛会等习俗，认为他的民俗观体现了儒家的尽忠保国、家庭的尽孝报族、家乡的眷土恋民等思想。[⑥]

[①] 戚学民：《翁同龢的学术宗主与交游兼论其对晚清学术的影响》，《近代史学刊》第10辑，华中师范大学出版社，2013年。

[②] 黄永辉：《翁同龢诗歌研究》，暨南大学，2008年；王倩：《翁同龢诗歌研究》，吉林大学，2012年。

[③] 罗勇来：《翁同龢碑帖兼容的书法艺术》，《书画艺术》，2004年第6期。

[④] 邵宁：《翁同龢书法研究》，南京师范大学，2006年。

[⑤] 江山：《翁同龢古籍版本鉴定方法述略》，《苏州科技学院学报（社会科学版）》，2010年第2期。

[⑥] 胡燮敏：《翁同龢与常熟风俗》，政协江苏省常熟市委员会、江苏省中国近现代史学会编：《翁同龢与戊戌变法》，内部资料。

五、人际网络与日常生活

翁同龢立朝四十余载，遍交海内，社会关系广泛而复杂，其人际网络一直为论者所重视。以往翁氏人际关系研究，主要涉及与慈禧、光绪帝、李鸿章、荣禄、刚毅、奕䜣、康有为、张謇、张元济等关系，在已有基础上，近十年来的相关研究出现了一些新走向。

前述马忠文《戊戌年翁同龢开缺前后清廷满汉关系管窥》一文中就翁同龢与刚毅、荣禄之关系多有考辨，认为戊戌年春策动将翁罢职最有力者是军机大臣刚毅而非荣禄。由于康有为、梁启超在政变后极力攻击荣禄，将其视为慈禧发动政变的帮凶。受其影响，人们多将荣禄视为排挤翁氏的主要人物，这与实际情况不符。作者认为，翁同龢开缺虽与刚毅、荣禄等满洲权贵难脱干系，但必须全面考量，似不可简单视为满汉矛盾的产物。陈晓平也认为，翁同龢与荣禄自1870年起保持了几十年的友谊，到甲午战争时期因政见不同而发生冲突。1900年慈禧西逃抵达西安，准备将罢官归里的翁同龢赐死，经荣禄两次大力求情，翁氏因此逃过一劫。[①] 贾熟村考察了刘铭传与翁同龢兄弟的恩怨，认为双方在修筑铁路等方面存在不同政见，但并未太多地影响他们的私谊。同时基于赫德致翁函、电文和翁氏日记的记载，研究了赫德与翁同龢的往来。[②] 陆玉芹着重梳理了甲午战争中分别代表帝后两党的翁同龢与徐用仪之关系，指出两人在和战、割地和赔款等问题上多次相争，但并无证据证明徐用仪的罢官是由翁同龢指使的。[③] 另外，也有学者就翁同龢与王蓉洲、谭钟麟、赵宗建、吴昌

---

① 陈晓平：《翁同龢与荣禄的私交》，《南方都市报》，2012年8月16日。

② 贾熟村：《刘铭传与翁同龢兄弟的恩怨》，2005年10月12日新浪军事：http://jczs.sina.com.cn《赫德与翁同龢》，《东方论坛》，2010年第5期。

③ 陆玉芹：《甲午战争中的翁同龢与徐用仪》，《盐城师范学院学报》（人文社会科学版），2011年第2期。

硕等不同层面的交往事迹做了专文考辨。[①]朱育礼、朱汝稷探讨了作为晚清政治精英世家常熟翁氏与湘乡曾氏之关系，认为两大家族同秉修齐治平之训，同具经世致用之学，同为朝廷重臣，又同处于国家危急存亡之际，他们审时度势，倡办洋务，推行新政变法，都属政治精英。难能可贵的是两家的父子兄弟都能捐弃私怨（尤其是翁同龢以德报怨），共纾国难。在洋务、外交、财政等方面精诚合作，为维护国家利益做出了重大贡献，并成为谊延数世的君子之交。[②]以上对翁氏人际交往的研究，不仅包括同僚、同年、同乡及师生等关系，还扩展到了中外关系、家族关系等层面。

近年来兴起的社会文化史研究，使传统的政治骨架增添了社会生活的血肉，人物形象更为丰满和立体，翁氏的日常生活同样被纳入了研究视野。仲伟行考证了翁氏开缺回籍后的生活居处，认为翁氏晚年除山居于瓶隐庐外，在城区的居所则从塔前张宅至南泾堂翁宅，再移至翁宅后门报本街，直至去世。[③]周立人通过对翁氏晚年日常生活的考察，揭示了翁氏的爱国情怀、乡梓情怀、民生情怀，再现了翁氏晚年乡居生活的真实图景。[④]沈潜结合 1872—1874 年翁同龢在籍丁忧的日记梳理，追踪了他借助书楼居所、园林寺院、古玩书摊等故乡常熟多元化的文化场域进行交往、交流的身影与心影，认为乡居期间的翁同龢在传统的血缘、地缘和学缘基础之上，为自己的日常生活构建了一个集聚乡邦文人绅士的文化交往空间。借以翁同龢在这一场域的交往惯习，不难看出他内在的生活

---

① 钱文辉：《翁同龢与王蓉洲》、陈可畏：《翁同龢与谭钟麟的交谊》，中共常熟市纪律检查委员会、常熟市委宣传部等编：《翁同龢精神遗产与廉政文化》（内部资料）；吴正明：《翁同龢与赵宗建》，常熟市翁同龢研究会、常熟市历史文化研究会编：《翁同龢研究》第 2 期（纪念翁同龢诞辰 180 周年）；侯开嘉：《吴昌硕与翁同龢交往事迹考辨》，浙江省书法家协会编：《沙孟海论坛暨中国书法史学国际学术研讨会论文集》，浙江古籍出版社，2010 年。

② 朱育礼、朱汝稷：《常熟翁氏与湘乡曾氏之恩怨》，中国社会科学院近代史研究所政治史研究室、杭州师大浙江省民国浙江史研究中心编：《政治精美与近代中国》，中国社会科学出版社，2013 年。

③ 仲伟行：《翁同龢晚年居处考》，《近代中国》，2007 年第 18 辑。

④ 周立人：《翁同龢晚年思想述论》，《历史教学问题》，2008 年第 1 期。

方式、精神气质和思想性格。① 陈艳飞则以《翁同龢日记》与家书资料为依托，对翁同龢及其家人的日常健康维护与医疗活动进行了详细梳理和论述。②

六、翁氏家族文化

翁氏家族在藏书、文学、书画艺术等方面卓有成就，为海内外所瞩目。曹培根著《常熟翁氏藏书世家》，从翁氏文化世家入手展示其家族的文化精神，全面反映翁氏在藏书、文学、书画艺术等方面的成就及翁氏明清官绅名宅文化。③ 沈潜撰文指出，翁氏家族在代代传承的家风熏染下，通过科考而仕途进身，由耕读之家而酿成文化世家，以读书力学、著书立说为职志，重视自身的文化积累与建设，凸显家族的品行修养与文化传承，秉承了清廉自律、志在报国的优良家风，堪称地域文化的独特精神坐标。④

此外，有关翁氏日记的文本史料价值，以往研究往往侧重与重大政治事件相关联的钩沉，近年来又有新的视域延伸。沈渭滨结合翁同龢在日记中对同治帝得病到死亡的逐日记载，给出了同治帝的真实病情及死因。⑤ 也有学者就日

---

① 沈潜：《试论翁同龢的江南区域交往空间——以 1872—1874 年在籍丁忧为视界》，《江南社会历史评论》第 6 期，商务印书馆，2014 年。

② 陈艳飞：《翁同龢家族的日常生活史——以健康维护与疾病治疗为例的探讨》，华中师范大学，2014 年。

③ 曹培根：《常熟翁氏文化世家》，广陵书社，2009 年。

④ 沈潜：《常熟翁氏家族源流及文化传承》，《苏州科技学院学报（社会科学版）》，2012 年第 6 期。

⑤ 沈渭滨：《从〈翁同龢日记〉看同治帝病情及死因》，《探索与争鸣》，2006 年第 1 期。

记的文献特质①、日记的戏曲史料价值②以及基于日记的历史气候变化③,从不同的角度研究、开掘了翁氏日记所负载的丰富历史信息。

七、文献资料的整理出版

近十年来,翁氏家族文献的整理与研究,更是有了可喜的新进展。

首先是翁氏日记、文集、诗词、信函的整理。《翁同龢日记》继 1925 年张元济影印本、1970 年赵中孚编辑的台湾排印本和 1985 年起陈义杰整理的中华书局版本之后,2011 年推出新版《翁同龢日记》八册④,新版本首次由翁氏后人以家藏日记手稿原件为底本,并增补了翁同龢早年日记两种以及军机处日记、自订年谱等,编者逐字校订,查漏补缺,对历次删隐做了完整复原,可称目前翁氏日记中最完整的一个版本。为便于读者查阅,新版本编制了日记的人名索引作为附卷。⑤诗文编纂工作,谢俊美所编《翁同龢集》,包括奏疏、函稿、诗词联对、文录、松禅自订年谱、甲午日记和随手记及附录七部分。其中奏疏 100 多件,函稿收录 1300 多件,诗近 700 首、词 10 首、联对 50 副、文录 141

① 徐雁平:《从翁心存、翁同龢日记的对读探究日记文献的特质》,《南京大学学报》(哲学·人文科学·社会科学),2013 年第 3 期。

② 曾凡安:《论〈翁同龢日记〉的戏曲史料价值》,《戏曲艺术》,2010 年第 2 期;黄卉:《同治光绪年间清宫演戏宫外观众考——以〈翁同龢日记〉为线索》,《北京大学学报》(哲学社会科学版),2013 年第 4 期。

③ 张学珍:《〈翁同龢日记〉记录的 19 世纪后半叶北京的沙尘天气》,《古地理学报》,2006 年第 1 期;张学珍、方修琦、齐晓波:《〈翁同龢日记〉中的冷暖感知记录及其对气候冷暖变化的指示意义》,《古地理学报》,2007 年第 4 期;费杰、胡化凯、张志辉、周杰:《1860—1898 年北京沙尘天气研究——基于〈翁同龢日记〉》,《灾害学》,2009 年第 3 期;张学珍、方修琦、郑景云、郝志新:《基于〈翁同龢日记〉天气记录重建的北京 1860—1897 年的降水量》,《气候与环境研究》,2011 年第 3 期。

④ 翁万戈主编、翁以钧校订:《翁同龢日记》(8 册),中西书局,2011 年。

⑤ 翁以钧编著:《〈翁同龢日记〉人名索引》,中西书局,2013 年。

篇，成为研究翁氏生平、翁氏家族和晚清社会的重要资料。① 朱育礼、朱汝稷校点《翁同龢诗集》②，汇辑了迄今能搜集到的翁氏全部诗词作品，据《瓶庐诗秒》、《瓶庐日记》等多种版本等校标，并辑补佚诗 100 余首。《上海图书馆藏翁同龢未刊手稿》辑录 432 件罕见的翁同龢手稿墨迹，分为"尺牍辑萃"、"诗文辑佚"、"语录辑要"和"杂件辑存"四部分，计有尺牍、诗、文、语录、封面题词、杂件六类，展示了翁同龢不同时期的书法艺术成就，有着弥足珍贵的文献史料价值。③ 书信是研究历史人物的原始资料。赵平把现存翁同龢与同僚的 858 封书信加以辑录，就致信人概况、与致信人交往、书信所涉相关背景及疑难词句进行笺释，将原本不被重视的书法作品转化为书信集文本。④ 其次是翁氏家族成员日记的整理。翁心存是翁同龢之父，是道光、咸丰年间的朝廷重臣，张剑先后倾心整理《翁心存日记》⑤、编校《翁心存诗文集》并出版⑥。包括翁同龢嗣子翁曾翰、侄孙翁斌孙、曾孙翁之熹等家族成员的日记也陆续整理出版。⑦ 这些近代文献史料的整理出版，对研究晚清史及翁氏家族无疑有着弥足珍贵的学术价值。

此外，在史料考订方面，仲伟行著《〈翁同龢日记〉勘误录》，将日记稿本与排印本对比，纠排印本之字句脱漏、衍误等 7000 多处。⑧ 卞孝萱、武黎嵩利用《海虞翁氏族谱》加以考订补遗，编制了海虞翁氏始祖翁景阳至翁同龢世系图及主要成员情况简表，并结合相关文献相进行解读。此外，针对新编《翁

---

① 谢俊美编：《翁同龢集》（上下册），国家清史编纂委员会《文献丛刊》，中华书局，2005 年。

② 朱育礼、朱汝稷校点：《翁同龢诗集》，上海古籍出版社，2009 年。

③ 上海图书馆编：《上海图书馆藏翁同龢未刊手稿》，上海科学技术文献出版社，2010 年。

④ 赵平：《翁同龢书信笺释》，中西书局，2014 年。

⑤ 张剑整理：《翁心存日记》（1—5 册），中华书局，2011 年。

⑥ 张剑辑校：《翁心存文集》（2 册），凤凰出版社，2013 年。

⑦ 张方编校：《翁曾翰日记》，《中国近现代稀见史料丛刊》第一辑，凤凰出版社，2014 年。

⑧ 仲伟行：《〈翁同龢日记〉勘误录》，上海古籍出版社，2010 年。

同龢集》在时间考订、文本移录、断句标点、人物注释上存在的讹误，姜鸣、李红英、都樾等学者就此多有考订和修正。[①]李红英结合国家图书馆藏翁氏家书，就《翁同龢集》中所收书札加以考证，纠正函稿中的系年错误 400 余处，总计 18 万字，陆续刊出。[②]这些力求文献资料的真实准确，便于读者对史料的利用和史事的判断。

八、几点思考

学问无止境。检视近十年来学术界对于翁同龢的研究，并未因十年前翁同龢逝世 100 周年纪念的高潮而沉寂，无论是在研究视域、研究方法以及研究资料等多方面，均有丰硕的成果，取得了许多新的进展。在此基础上如何将翁氏研究引向纵深拓展，笔者认为，不妨在两方面加以推进：

一是继续开拓新文化史的视野。史学是人学，社会生活史是以人的生活为核心连接社会各部分的历史。将日常生活、社会网络纳入研究视野，有助于深入人的社会行为、生活方式与观念世界，从日常生活中发现历史。就深化翁氏研究而言，由日记不难发现，翁同龢的身体状态几乎一直与疾病相缠，身体的变化起伏以何种方式、在多大程度上对他的日常生活安排与社会行为抉择产生影响，从身体史的视角切入，也许可以看到许多过往被忽略了的丰富内容。再譬如，翁同龢一生有着良好的阅读习惯养成，借以关注不同时期的经史文本阅

---

① 姜鸣：《〈朴园越议〉研读——评新近编校之两种翁同龢史料文献》，清华大学学报（哲学社会科学版），2009 年第 3 期；都樾：《翁同龢致张謇文稿系年考订》，南通大学学报（社会科学版），2011 年第 1 期。

② 李红英：《国家图书馆藏翁同龢致翁斌孙家书系年考（1887）》，《盐城工学院学报（社会科学版）》，2013 年第 1 期、《国家图书馆藏翁同龢致费念慈书札考释》，《三门峡职业技术学院学报》，2013 年第 1 期、《翁同龢致阎敬铭手札系年考》，《古籍整理研究学刊》，2013 年第 4 期、《国家图书馆藏翁同龢致翁斌孙家书（1898—1902）系年考》，《历史文献研究》第 33 辑，华东师范大学出版社，2014 年。

读，可以再现他的知识谱系、思想底色、价值系统的构建与铸造、丰富与绵延。此外，有关情感史、交游史、收藏史、家教史等等，同样有着不容忽视的历史意味。类似多维的视角观照，虽然不无"碎片化"的影像，但可以从历史的宏大表象下挖掘出少为人知的潜流，对追寻翁同龢的心路历程形成一种多侧面的解读，将"碎片"串联组合，有益于整合起个体生命鲜活生动的立体形象。王忠良、沈潜的新作《翁同龢》就在这方面作了一些尝试，作者把历史对象置于宏观的时代背景中解读，又在家庭、情感等微观细节上把握，写出翁同龢的乡情、亲情、友情，体现"人"的性情、"变"的心路，刻画他在矛盾纠结中传承并守望一生的家国情怀、文化情怀、民生情怀，于温情解读中力求贴近翁同龢生动的、真实的内心表达，力求逼近一个有血有肉有体温的生命影像。①

二是切入区域社会史的研究视野。以此为视角，把考察点放置在地方社会历史脉络中去理解，一定程度上可以避免大而粗、笼统而宏观的弊端，有助于给传统的政治史研究带来新的思路和面貌，多姿多彩的叙事中更能接近于历史的真实可靠。通过碎片的拾掇，重新拼贴出一幅整体政治史的图像。结合翁同龢研究来说，他不仅是有全国影响的历史人物，更是江南区域社会的标志性人物。作为区域社会的代表性士绅，伴随不同时期的社会变迁，翁同龢及其家族的人生事业及其精神内涵，在多大程度上体现了与区域社会的双向互动，不失为考量传统社会下的士绅演化的典型个案文本。在 2013 年翁氏文化专题研讨会上，就有学者指出，有清一代，江浙地区基本上是中国学术的中心。时至晚清曾国藩、李鸿章等人的兴起，是整个南方人参与中国内阁中枢、权力中心的开始，到翁同龢参与军机的几十年达到了一个高峰。因此可以说，翁同龢是代表江浙文化的最后一人，之后的江浙地区知识分子基本上慢慢退守了。在此意义上说，研究翁同龢就不仅仅是一个人的历史，也不是一个家族的历史，而是整个中国近代以来历史流变的一个缩影。以翁同龢为视角和出发点，去研究翁

---

① 王忠良、沈潜：《翁同龢》，江苏人民出版社，2013 年。

氏家族在中国历史上的变迁，完全可以写出一部更全面、更透彻的中国近代政治生态和文化变迁的历史著作。[①] 这是非常有见地的，也是今后翁同龢研究值得探索的一个方向。

我们相信，随着研究范式的转换与视野的拓展，随着翁氏文献资料的不断开掘发现，翁同龢研究必将迎来更加广阔的学术空间。

---

① 《观点：重返历史现场，温情解读翁同龢》，《翁同龢纪念馆馆讯》第 11 期（内部刊物），2013 年。

附　　录

翁同龢研究论著索引（2004—2014）

一、专著

翁同龢著，张修龄、马卫中注：《翁同龢选集》，人民文学出版社 2004 年版。

翁同龢纪念馆编：《20 世纪翁同龢研究》，苏州大学出版社 2004 年版。

谢俊美：《翁同龢集》（全 2 册），中华书局 2005 年版。

翁同龢研究会编：《翁同龢遗墨》，上海人民美术出版社 2005 年版。

胡传海：《老罴当道: 翁同龢的生平及其艺术》，上海书画出版社 2005 年版。

刘学慧：《翁同龢》（全 2 册），北京图书馆出版社 2007 年版。

上海书画出版社编：《翁同龢手札》，上海书画出版社 2007 年版。

高阳：《翁同龢传》，黄山书社 2008 年版。

中华世纪坛世界艺术馆、中国嘉德国际拍卖有限公司编：《传承与守望：翁同龢家藏书画珍品》，文物出版社 2009 年版。

谢俊美：《大家精要·翁同龢》，云南教育出版社 2009 年版。

朱育礼、朱汝稷校点：《翁同龢诗集》，上海古籍出版社 2009 年版。

上海图书馆编：《上海图书馆藏翁同龢未刊手稿》（全 2 册），上海科学技术文献出版社 2010 年版。

上海书画出版社编：《翁同龢墨迹》，上海书画出版社 2010 年版。

仲伟行：《〈翁同龢日记〉勘误录（附：甲午日记）》，上海古籍出版社 2010 年版。

张剑整理：《翁心存日记》（全 5 册），中华书局 2011 年版。

翁万戈编、翁以钧校订：《翁同龢日记》（全 8 册），中西书局 2011 年版。

谢俊美：《翁同龢评传》，南京大学出版社 2011 年版。

刘东主编：《近代名人文库精萃：翁同龢　康有为》，太白文艺出版社 2012 年版。

徐克明：《翁同龢对联选（注释本）》，中国楹联出版社 2012 年版。

王忠良、沈潜：《江苏历代名人传记丛书：翁同龢》，江苏人民出版社 2012 年版。

张剑辑校：《翁心存诗文集》（全 2 册），凤凰出版社 2013 年版。

翁之憙：《入蒙与旅欧》，中西书局 2013 年版。

翁以钧：《〈翁同龢日记〉人名索引》，中西书局 2013 年版。

赵平笺释：《翁同龢书信笺释》，中西书局 2014 年版。

张方整理：《翁曾翰日记》，凤凰出版社 2014 年版。

《翁同龢瓶庐丛稿》，上海远东出版社，2014 年。

《翁同龢文献丛编》，上海远东出版社，2014 年。

李红英著：《翁同龢书札系年考》，黄山书社 2014 年版。

闻慧主编：《文汇雅聚·翁同龢特辑》，文汇出版社 2014 年版。

翁万戈、翁以钧、翁同龢纪念馆编：《翁同龢瓶庐丛稿》，上海远东出版社 2014 年版。

翁万戈辑：《新政·变法》（翁同龢文献丛编之一），上海远东出版社 2014 年版。

翁万戈辑：《考试·国子监（上、下）》（翁同龢文献丛编之二），上海远东出版社 2014 年版。

翁万戈辑：《内政·宫廷（上、下）》（翁同龢文献丛编之三），上海远东出版社 2014 年版。

翁万戈辑：《中法越南之争》（翁同龢文献丛编之四），上海远东出版社 2014 年版。

翁万戈辑：《甲午战争》（翁同龢文献丛编之五），上海远东出版社2014 年版。

翁万戈辑：《外交·借款》（翁同龢文献丛编之六），上海远东出版社2014 年版。

二、论文

黄国光：《翁同龢藏书三种概述》，《文献季刊》2004 年第 1 期。

陆萼庭:《典礼背后的世俗心态——读〈翁同龢日记〉中的清宫演戏资料》，《中华戏曲》2004 年第 1 期。

纪振奇、谢俊美：《翁同龢与近人教案及在华传教士的交往》，《西北第二民族学院学报（哲学社会科学版）》2004 年第 2 期。

孔祥吉、村田雄二郎：《〈翁文恭公日记〉稿本与刊本之比较——兼论翁同龢对日记的删改》，《历史研究》2004 年第 3 期。

邹建东：《山水清音　平淡天真——翁同龢山水画赏析》，《东南文化》2004 年第 3 期。

肖雪花：《翁同龢研究文献资料整理出版概述》，《图书与情报》2004年第 4 期。

谢俊美：《翁同龢与晚清政局》，《天津师范大学学报》（社会科学版）2004 年第 6 期。

罗勇来：《翁同龢碑帖兼容的书法艺术》，《书画艺术》2004 年第 6 期。

沈潜：《晚清社会转型与翁同龢思想的演变》，《苏州大学学报》（哲学社会科学版）2004 年第 6 期。

李元鹏：《从固守传统到中体西用——翁同龢心路历程探析》，《2004年贵州师范大学硕士学位论文》。

谢俊美：《忧时爱国维新进步——纪念晚清政治家翁同龢逝世 100 周年》，

《人民论坛》2004 年第 11 期。

沈潜、陆玉芹：《"纪念翁同龢逝世一百周年学术座谈会"综述》，《学术月刊》2004 年第 12 期。

楼宏峰：《科举误国——从翁同龢看传统文官体制下晚清政局的必然走势》，《贵州文史丛刊》2005 年第 2 期。

杨天石：《翁同龢罢官问题考察》，《近代史研究》2005 年第 3 期。

贾学政：《翁同龢"罢退"之原由》，《大庆师范学院学报》2005 年第 3 期。

付少娉、翟卫彦：《翁同龢开缺原因之分析》，《郧阳师范高等专科学校学报》2005 年第 3 期。

陈丽峰：《试论翁同龢的爱国思想及其成因》，《历史教学问题》2005 年第 4 期。

蒋励、周浩明：《江南民居生态新解：从常熟翁同龢故居看江南地区民居生态因素的利用》，《中国科技信息》2005 年第 9 期。

杨天石：《翁同龢罢官问题新探》，《北京日报》2005 年 10 月 31 日。

沈渭滨：《从〈翁同龢日记〉看同治帝病情及死因》，《探索与争鸣》2006 年第 1 期。

张学珍、王丽岩、方修琦、田青：《〈翁同龢日记〉记录的 19 世纪后半叶北京的沙尘天气》，《古地理学报》2006 年第 1 期。

曹培根：《翁氏家族及其创作》，《常熟理工学院学报》2006 年第 1 期 。

邵宁：《翁同龢书法研究》，2006 年南京师范大学硕士学位论文。

王铭珍：《翁同龢笔下的紫禁城火灾》，《新安全》2006 年第 4 期。

陈秀芹：《论翁同龢与李鸿章的恩恩怨怨》，《文教资料》2006 年 23 期。

贾熟村：《翁同龢笔下的同文馆》，《北京社会科学》2006 年第 5 期。

房永兴：《翁同龢、张謇与甲午战争》，《台兰世界》2006 年第 11 期。

李扬帆：《云中漫步：翁同龢的状元人生》，《世界知识》2006 年第 16 期。

蒋励、周浩明：《再看彩衣堂——常熟翁氏故居生态新解》，《古建园林技术》2007 年第 2 期。

张学珍、齐晓波、方修琦：《〈翁同龢日记〉中的冷暖感知记录及其对气候冷暖变化的指示意义》，《古地理学报》2007 年第 4 期。

田冰凌：《作为命运的历史——评潘小平新作〈翁同龢〉》，《安徽文学》2007 年第 10 期。

仲伟行：《翁同龢晚年居处考》，《近代中国》第 18 辑（2007 年）。

周立人：《翁同龢晚年思想述论》，《历史教学问题》2008 年第 1 期。

黄小峰：《翁同龢的一天》，《中华文化画报》2008 年第 2 期。

南田：《状元老家翁同龢》，《苏州杂志》2008 年 4 期。

陆昱华：《翁同龢与荫堂——翁同龢尺牍赏读》，《书画艺术》2008 年第 5 期。

启明：《改革名臣翁同龢的夕阳挽歌》，《文史春秋》2008 年第 6 期。

杨军医：《管窥 1897 年袁世凯的维新变法思想——从袁世凯上翁同龢的一封说帖谈起》，《科教文汇》2008 年第 10 期。

《翰墨流传——翁同龢书画珍藏》，《紫禁城》2008 年第 11 期。

吴正明：《药龛和尚与翁同龢交游考》，《常熟理工学院学报》2008 年第 11 期。

马勇：《翁同龢罢官记》，《传记文学》2008 年第 12 期。

黄永辉：《翁同龢诗歌研究》，2008 年暨南大学硕士学位论文。

钱汉江：《翁同龢：知难而上的改革者》，《深圳商报》2009 年 1 月 13 日。

常熟市政协：《戊戌变法 110 周年与翁同龢生平与思想研讨会在常熟举行》，《江苏政协》2009 年第 1 期。

郎绍君：《艺术收藏的价值——有感于翁同龢的收藏题跋》，《中国书画》2009 年第 1 期。

翁万戈：《翁氏六代珍藏及其文化意义》，《收藏》2009 年第 2 期。

姜鸣：《〈朴园越议〉研读——评新近编校之两种翁同龢史料文献》，《清华大学学报》（哲学社会科学版）2009 年第 3 期。

鲁昱熙：《百年家传　世纪珍藏——侧写〈传承与守望：翁同龢家藏书画珍品展〉》，《中外文化交流》2009 年第 5 期。

卞孝萱：《〈海虞翁氏族谱〉补》，《淮阴师范学院学报（哲学社会科学版）》2009 年第 5 期。

王栋、孙静：《浅析翁同龢早期书法艺术》，《大众文艺》2009 年第 15 期。

卞孝萱、武黎篙：《解读翁同龢——〈海虞翁氏族谱〉资料的发掘利用》，《古典文献研究》2009 年第 12 辑。

谢俊美：《翁同龢：一位清廉的政治家》，《人民日报》2009 年 7 月 17 日。

费杰、胡化凯、张志辉、周杰：《1860—1898 年北京沙尘天气研究——基于〈翁同龢日记〉》，《灾害学》2009 年第 3 期。

若水：《两朝帝师一代书家——读翁同龢墨迹》，《收藏界》2009 年第 9 期。

余音：《翁同龢屈尊拜访康有为？》，《文史春秋》2009 年第 12 期。

王莉萍：《翁同龢与张謇的科举情缘》，《长江文化论丛》2009 年刊。

曹培根：《翁同龢的书学文献》，《常熟理工学院学报》2010 年第 1 期。

曾凡安：《论〈翁同龢日记〉的戏曲史料价值》，《中国戏曲学院学报》2010 年第 2 期。

江山：《翁同龢古籍版本鉴定方法述略》，《苏州科技学院学报（社会科学版）》2010 年第 2 期。

丁帆：《翁同龢——形出而神入的削籍臣子》，《苏州杂志》2010 年第 3 期。

郭连保：《并非维新派的翁同龢》，《文史天地》2010 年第 3 期。

孙振民：《王懿荣翁同龢的书法及其市场行情》，《收藏家》2010 年第 4 期。

吴才兴、高婷：《翁同龢政治改革思想的演变形成》，《华中师范大学研究生学报》2010 年第 4 期。

滕艳红：《常熟翁氏藏书特点与思想浅析》，《长春金融高等专科学校学报》2010 年第 4 期。

贾熟村：《赫德与翁同龢》，《东方论坛》2010 年第 5 期。

林文仁：《翁同龢罢退事件中的派系倾轧》，《大经贸》2010 年第 5 期。

刘诚龙：《李鸿章与翁同龢：家仇是如何变成国恨的》，《百家讲坛》2010 年第 5 期。

邵宁：《翁同龢与沈周〈游张公洞图〉》，《艺术百家》2010 年第 7 期。

张岩岩：《论两朝帝师翁同龢的教育思想》，《理论界》2010 年第 8 期。

凌并文：《解读翁同龢〈山水图轴〉》，《艺海》2010 年第 8 期。

王庆环：《翁同龢后代向北大捐赠〈勺园祓禊图〉》，《光明日报》2010 年 9 月 15 日。

何雁：《翁同龢后代翁万戈：六世家藏传奇》，《人民日报》（海外版）2010 年 12 月 10 日。

都樾：《翁同龢致张謇文稿系年考订》，《南通大学学报》（社会科学版）2011 年第 1 期。

徐春平：《清代广东学政翁心存旧事》，《收藏》2011 年第 1 期。

湛庐：《翁同龢的几首佚诗》，《文献季刊》2011 年第 2 期。

张剑：《翁心存日记及其历史文化价值》，《中国典籍与文化》2011 年第 2 期。

张学珍、方修琦、郑景云、郝志新：《基于〈翁同龢日记〉天气记录重建的北京 1860—1897 年的降水量》，《气候与环境研究》2011 年第 3 期。

陆玉芹：《甲午战争中的翁同龢与徐用仪》，《盐城师范学院学报》（人文社会科学版）2011 年第 2 期。

《翁同龢的孤寞晚年》，《文史月刊》2011 年第 5 期。

张剑：《翁心存日记中的名人佚闻》，《文史知识》2011 年第 5 期。

富察·建功：《侍卫眼中的翁同龢》，《紫禁城》2011 年第 6 期。

张树基：《长江之图疑有神 翁子得之忘其贫——翁同龢与〈长江万里图〉》，《东方收藏》2011 年第 6 期。

康路、王默之、刘千瑜：《翁氏六代的传承和守望——翁万戈先生访谈》，

《收藏》2011 年第 7 期。

　　山谷：《翁同龢：维新还是守旧》，《国学》2011 年第 8 期。

　　徐雁平：《〈翁心存日记〉价值之初估》，《中华读书报》2011 年 10 月 19 日。

　　房学惠：《旅顺博物馆藏〈翁同龢等人肖像册〉及相关问题》，《收藏家》2011 年第 12 期。

　　李琳：《〈翁同龢日记〉：一个更精良的版本》，《中华读书报》2011 年 12 月 21 日。

　　马忠文：《张荫桓、翁同龢与戊戌年康有为进用之关系》，《近代史研究》2012 年第 1 期。

　　《新版〈翁同龢日记〉出版》，《史林》2012 年 2 期。

　　谢贵安：《从〈翁心存日记〉看清代实录馆的修纂与运作》，《史学史研究》2012 年第 4 期。

　　郑行健：《翁同龢与刘鹗》，《苏州杂志》2012 年第 5 期。

　　沈潜：《江南文化的精神坐标：以常熟翁氏家族为例》，《东吴学术》2012 年第 6 期。

　　沈潜：《常熟翁氏家族源流及文化传承》，《苏州科技学院学报》（社会科学版）2012 年第 6 期。

　　陈晓平：《翁同龢与荣禄的私交》，《南方都市报》2012 年 8 月 16 日。

　　《翁同龢手札选》，《书法》2012 年第 10 期。

　　孙贵颂：《是非功过翁同龢》，《文史月刊》2012 年第 12 期。

　　李元鹏：《试析翁同龢与张之洞的思想轨迹》，《兰台世界》2012 年第 18 期。

　　王倩：《翁同龢诗歌研究》，《2012 年吉林大学硕士学位论文》。

　　赵平：《关于戊戌政变后翁同龢一封密信的辨正》，《常熟理工学院学报》（哲学社会科学版）2013 年第 1 期。

　　李红英：《国家图书馆藏翁同龢致翁斌孙家书系年考（1887）》，《盐城工学院学报》（社会科学版）2013 年第 1 期。

李红英：《国家图书馆藏翁同龢致费念慈书札考释》，《三门峡职业技术学院学报》2013 年第 1 期。

马忠文：《从朝野反响看翁同龢开缺前的政治倾向》，《南京大学学报》（哲学·人文科学·社会科学版）2013 年第 2 期。

侯东菊：《翁同龢与篆刻家交游考略》，《书法赏评》2013 年第 2 期。

徐雁平：《从翁心存、翁同龢日记的对读探究日记文献的特质》，《南京大学学报》（哲学·人文科学·社会科学版）2013 年第 3 期。

李红英：《翁同龢致阎敬铭手札系年考》，《古籍整理研究学刊》2013 年第 4 期。

黄卉：《同治光绪年间清宫演戏宫外观众考——以〈翁同龢日记〉为线索》，《北京大学学报》（哲学社会科学版）2013 年第 4 期。

《翁同龢书法欣赏》，《吉林广播电视大学学报》2013 年第 4 期。

杨煜达、成赛男、满志敏：《19 世纪中叶北京高分辨率沙尘天气记录：〈翁心存日记〉初步研究》，《古地理学报》2013 年第 4 期。

郑元英：《张謇与翁同龢的师生情谊》，《江海纵横》2013 年第 Z4 期。

张光武：《张謇、翁同龢情结和张謇、李鸿章心结》，《东方早报》2013 年 8 月 6 日。

孟学华：《晚清帝师翁同龢的维新思想研究》，《兰台世界》2013 年第 9 期。

戚学民：《翁同龢的学术宗主与交游兼论其对晚清学术的影响》，《近代史学刊》2013 年第 10 辑。

韦力：《翁同龢跋〈道德经〉》，《收藏》2013 年第 13 期。

舒习龙：《翁同龢与实录圣训编纂》，《西华大学学报》（哲学社会科学版）2014 年第 1 期。

郁乃尧：《"中国维新第一导师"翁同龢晚年的生活》，《江苏地方志》2014 年第 1 期。

李善强：《杨葆光与翁同龢的交游与唱和》，《淮北师范大学学报》（哲学社会科学版）2014 年第 1 期。

王忠良：《翁同龢与光绪朝的立嗣风波》，《历史教学问题》2014 年第 2 期。

吕传彬：《晚清改革名臣翁同龢的最后岁月》，《档案天地》2014 年第 2 期。

李娜：《翁同龢"荐康"之说考辨》，《鸡西大学学报》2014 年第 2 期。

李红英：《国家图书馆藏翁同龢致翁斌孙家书（1898—1902）系年考》，《历史文献研究》2014 年总第 33 辑。

朱浩云：《翁同龢书艺及市场走向》，《东方收藏》2014 年第 5 期。

沈潜：《翁同龢与江南区域社会的互动——以 1872—1874 年在籍丁忧为考察时段》，《江南社会历史评论》第 6 期（2014 年）。

陈艳飞：《翁同龢家族的日常生活史——以健康维护与疾病治疗为例的探讨》，2014 年华中师范大学硕士学位论文。

后记

沈　潜

在学界师友的关心和瞩望下，经过一年多的积极筹备与努力，《翁同龢研究（2014）》终于要和读者见面了。这里就本刊栏目设置、第一期选稿情况略加说明。

在本刊设置的栏目中，《瓶庐论丛》、《松禅书院》、《同和讲堂》作为主要板块（栏目名称均取自翁同龢的字或号），要在围绕翁同龢一生言行，包括政治、思想、文化、艺术、收藏等方面，以及文献资料研究，并扩大到其家族研究，加以综合、立体的透视。我们相信，历史人物的研究，需要焦点、散点交叉互补的透视，才能获致更为多元并蓄的学术空间。

本期《瓶庐论丛》辑录的九篇文章，论题比较广泛。其中，翁同龢开缺原因素为学界众说纷纭的研究热点。这次选载的两篇论文，一是杨天石《翁同龢罢官问题考察》，二是马忠文《从朝野反响看翁同龢开缺前的政治倾向》，循其信实的史料解读、叙事脉络，力图还原历史场景与语境，不乏辩证的新意。戴鞍钢《晚清政坛与翁同龢的操守》、戚学民《翁同龢的学术宗主与交游兼论其对晚清学术的影响》、王忠良《翁同龢与光绪朝立嗣风波》，以及朱育礼、朱汝稷《常熟翁氏与湘乡曾氏之关系》等文章，分别涉及翁同龢政治思想、为官品格、学术宗旨、家族交往等专题研究。贾熟村《刘铭传与翁同龢兄弟的恩怨》，钱文辉《翁同龢与王蓉洲》、赵平《小状元翁曾源》，则是切入翁同龢的人际交往梳理。

2014年适逢中日甲午战争一百二十周年、翁同龢逝世一百一十周年纪念。

本期特别增设了《甲午镜鉴》专栏，集中转载了戴逸《甲午战争深刻影响世界历史》、谢俊美《甲午战争的历史文化反思》、翁万戈《"主战"与"主和"是甲午战争伪问题》、李刚《翁同龢：甲午年时的执着与梦想》四篇文章。文章以宏观的视野、深入的背景，审视了甲午战争对当今中国的警示意义，分析了翁同龢在甲午战争时的心境与处境，富有深刻的历史启示。今后，凡与翁同龢有关的历史专题，我们会以专栏形式继续予以动态关注。

《专家访谈》是本刊力求努力的一个特色栏目，致力于通过专家引领，为该领域研究提供开启新视野、新方法、新资料的引领作用。本期推出《坐实文献资料　拓展研究视域》一文，受访者张剑近年来悉心整理、编纂并出版了《翁心存日记》、《翁心存诗文集》等翁氏家族文献。访谈中就翁同龢研究的若干问题，特别是倡导坐实翁氏文献资料的整理及开掘，尤为值得瞩目。

《松禅书院》栏目，分别刊有张剑《〈画话〉、〈井蛙鸣〉及作为文艺家族的翁氏》，卞孝萱、武黎嵩《解读翁同龢——〈海虞翁氏族谱〉资料的发掘利用》，徐雁平《从翁心存、翁同龢日记的对读探究日记文献的特质》以及邵宁《翁同龢书法艺术管窥》等一组文章。这些论文立足于不同的文本分析，或探幽发微，或考订补遗，或审美鉴赏，旨归于翁氏及其家族文化内涵、文献资料、文化成就的发掘，值得一读。

本刊为了既立足"疆界"又能超越"疆界"，设置了《江南视野》的栏目。这次刊发的徐茂明《明清时期苏州的宗族观念与文化世族》一文，探讨了明清苏州文化世族形成的主导力量，同时对苏州文化世族之内涵、类型及与地域社会之关系作了精辟分析。解军《明清以来常熟庞氏家族与区域社会互动》一文，考察了庞氏家族兴起和发展及其在地方社会中发挥的历史作用，并就文化家族与区域社会互动的历史原因作了探讨。前者着重层面，后者坐实个案，对我们开展包括翁氏家族在内的江南文化世家研究，具有一定的开拓性学术价值。我们希望把翁氏研究的触角，真正由点及面地拓展、延伸到江南区域社会的视野中去。

《同和讲堂》是由翁同龢研究中心联手常熟市社科联共同承办的开放式学术沙龙，邀请各地、各领域的专家学者，结合翁氏研究到江南区域社会历史研究等话题，在宽松的氛围中开展学术交流。本刊首次刊发了谢俊美《我与翁同龢研究》一文，作者是学界公认的翁同龢研究开拓者，文章回顾了作者三十年来致力于翁氏研究的历程，个中滋味酸甜苦辣，再现了一代学人艰辛困苦、锲而不舍的治学精神，读来令人感佩。同时刊载的还有 2013 年翁氏文化专题研讨会上各地学者的发言摘要，同样不无集思广益之意。

《学子新声》一栏收录的两篇习作，出自常熟理工学院历史学专业学子之手。这些年来，该校学生坐实区域历史文化资源，就地取材，围绕翁氏研究作为毕业论文选题，作了不少有益的尝试。文章虽不无稚嫩，但体现了翁同龢研究后继有人的愿景可观。

最后一栏《新书品评》，便于了解有关翁同龢研究领域的最新成果。此外，自 2004 年举办纪念翁同龢逝世一百周年学术研讨会已有近十年，创刊号为此就十年来翁同龢研究现状作了专文述评。

总之，本期所收各篇论文，尽管论述主题、切入视角、理论背景、展开方式、具体结论各不相同，但均有作者各自独特的观察视野和分析方法。需要说明的是，本期所收文章大多已正式发表于各类报纸杂志，征得作者的同意，我们准备有选择地陆续加以辑录。在此，谨向各位专家学者表示诚挚的谢意。期待日后能有更多新人新作。

本刊创办过程中，我们有幸得到了著名历史学家戴逸、汤志钧、杨天石、来新夏等学界名望耆宿的热情鼓励，史坛先进书赠翁同龢纪念馆的翰墨，也是鞭策我们不以自限、勉力以赴的精神动力。限于编者学识，加之时间匆迫，专刊难免存在问题多多，敬请各位同仁和广大读者批评指正。

2014 年 10 月

（作者系常熟理工学院历史学教授）

图书在版编目（CIP）数据

翁同龢研究.2014 / 王忠良主编.—上海：文汇出版社，
2015.5
ISBN 978-7-5496-1470-7

Ⅰ.①翁… Ⅱ.①王… Ⅲ.①翁同龢（1830～1904）
—人物研究—文集 Ⅳ.①K827=52

中国版本图书馆CIP数据核字（2015）第087242号

翁同龢研究2014

主　　编 / 王忠良
责任编辑 / 李　蓓
特约编辑 / 姚　远
装帧设计 / 刘　啸

出版发行 / **文匯**出版社
　　　　　　上海市威海路755号
　　　　　　（邮政编码200041）
印刷装订 / 苏州华美教育印刷有限公司
版　　次 / 2015年5月第1版
印　　次 / 2015年5月第1次印刷
开　　本 / 787×1092　1/16
字　　数 / 250千
印　　张 / 23
印　　数 / 1-3000

ISBN 978-7-5496-1470-7
定　　价 / 48.00元